道光涪州志

道光二十五年

【清】德恩　修　【清】石彦恬　李树兹　纂

重庆市涪陵区地方志办公室　整理

李世权　点校

國家圖書館出版社

图书在版编目（CIP）数据

道光涪州志 /（清）德恩修；（清）石彦恬、李树兹纂；李世权校注；重庆市涪陵区地方志办公室整理 . — 北京：国家图书馆出版社，2019.6

ISBN 978-7-5013-6626-2

Ⅰ .①道…　Ⅱ .①德…②石…③李…④李…⑤重…　Ⅲ .①涪陵区—地方志—清代　Ⅳ .① K297.193

中国版本图书馆 CIP 数据核字（2018）第 018442 号

书　　名　道光涪州志
著　　者　（清）德恩 修　（清）石彦恬　李树兹 纂
　　　　　李世权 校注
　　　　　重庆市涪陵区地方志办公室 整理
责任编辑　廖生训

出版发行　国家图书馆出版社（北京市西城区文津街 7 号　　100034）
　　　　　（原书目文献出版社　北京图书馆出版社）
　　　　　010-66114536　63802249　nlcpress@nlc.cn（邮购）
网　　址　http://www.nlcpress.com
排　　版　九章文化
印　　装　重庆金润印务有限公司
版　　次　2019 年 6 月第 1 版　2019 年 6 月第 1 次印刷

开　　本　787×1092（毫米）　1/16
印　　张　35.75
字　　数　650 千字

书　　号　ISBN 978-7-5013-6626-2
定　　价　110.00 元

《涪州志》整理委员会

主　任：周　烽

副主任：余成红

成　员：张仲明　曾小琴　冉　瑞　童泓萍

　　　　彭　婷　赵　君

删繁就简，经世致用

——点校历代《涪州志》序

方志是详细记载一地的地理、沿革、风俗、教育、物产、人物、名胜、古迹以及诗文、著作等的史志。它是国史的基础材料，犹如高楼大厦的一砖一瓦；它是时代的毛细血管，可窥见大众百姓的脉搏跳动。方志文本分门别类，取材真实，内容丰富，剪裁得当，保存了相当复杂多样的社会信息，是研究历史，特别是地方史的重要的参考资料。《全国地方志联合目录》收录我国历代地方志八千二百多种，每种都注明卷数、版本、纂修者及藏书单位等信息，便于使用者参考阅览。

历代《涪州志》即是中国方志的组成部分。

涪陵地处长江、乌江交汇处。地连五郡，舟会三川，百物辐辏，人文畅茂，自古为水陆要冲，商贸名城。《禹贡》记载属梁州之域，战国为巴子国都，秦置枳县以来，历代王朝都在此设郡、州、县等治所。具有两千多年的建城史的涪陵，积淀了丰富的历史文化，历代的涪陵地方志都有较为详细的辑录。涪陵的地方志书，可考的始于北周。散见于史册的有北周的《涪陵地图记》，唐代的《涪州图经》，宋代的《涪州新图经》《涪陵记》《龟陵志》《龟陵新志》等八种。明代亦有《涪州志》。清代有官修《涪州志》五种。可惜由于朝代更迭和其他天灾人祸造成的社会动荡，清康熙之前所修的地方志书皆已散佚，对了解、研究涪陵地方史造成了难以弥补的巨大损失，令人扼腕。

中国有盛世修志的传统，历朝历代帝王对修国史相当重视。一方面，新王朝建立，即修前朝史，一朝一朝延续下来，成为惯例。另一方面，各地方官员对修方志也异常热情。康熙以来，先后担任涪州知州的董维祺、郭宪仪、多泽厚、徐树楠、德恩、吕绍衣等就亲自主持过《涪州志》的修纂工作。据文献记载，涪陵自明嘉靖以来，已有明嘉靖三十年《涪州志》，清康熙二十二年《涪州志》，清康熙五十三年《涪州志》，清乾隆五十年《涪州志》，清道光二十五年《涪州志》，清同治九年《涪州志》，清光绪三十一年《涪州小学乡土地理》（又名《涪乘启新》），民国十七年《涪陵县续修涪州志》等八种方志。但长期以来这些宝贵的地方史志资料因印数有限，藏本奇缺，已经作为古籍文物加以保护，极少与广大读者见面。上世纪八十年代以来，国家启动地方志编纂工作，历代方志也只是极少数修志人员有条件参阅，因岁月流逝和保护手段有限，加之古籍图书纸张发黄易碎，有些古籍孤本几近毁损。这一方面有可能造成珍贵的地方文献资料的巨大损失，另一方面又对广大干部群众了解本土历史知识、增加历史学养、培养爱国爱乡的情感造成了无形的隔膜和障碍，方志的赓续文脉、资政育人的特殊功能未能得到充分有效的发挥。

回顾历史，是为了更好地前行。

习近平同志指出："历史是最好的老师。""历史上发生的许多事情也可以作为今天的镜鉴。中国的今天是从中国的昨天和前天发展而来的。要治理好今天的中国，需要对我国的历史和传统文化有深入的了解，也需要对我国古代治国理政的探索和智慧进行积极总结。""我们不是历史虚无主义者，也不是文化虚无主义者，不能数典忘祖，妄自菲薄。中华传统文化源远流长、博大精深，……中华民族在长期奋斗中开展的精神活动、进行的理性思维、创造的文化成果，反映了中华民族的精神追求，其中最核心的内容已经成为中华民族最基本的文化基因。"

近年来，各级党委政府认真贯彻习近平总书记关于学习历史知识、提高历史学养、借鉴历史经验、提升治国理政本领的系列讲话精神，掀起新的一波整理、出版地方志书的热潮，以满足广大干部群众了解历史的需要。

根据国务院《地方志工作条例》的规定，国务院办公厅《全国地方志事业发展规划纲要（2015—2020 年）》关于"开展旧志点校、提要、考录、辑佚等工作"的要求和涪陵区人民政府的部署，我办积极有序开展历代《涪州志》的点校、整理出版工作。目前，清康熙五十三年《重庆府涪州志》，清乾隆五十年《涪州志》，清道光二十五年《涪州志》，清同治九年《重修涪州志》，清光绪三十一年《涪乘启新》和民国十七年《涪陵县续修涪州志》等六种方志经过整理后，出版了影印本。同时，组织了几位地方史专家对上述各种《涪州志》进行了点校注释，由国家图书馆出版社出版发行。

本次点校主要做了以下几项工作：

1. 将书中古文的句读基本搞清，加上现代汉语使用的标点符号。

2. 对异体字进行简单疏理，改为规范简体字。

3. 将繁体字改成简体字（部分人名用字除外）。

4. 将文中部分词语、典故进行简单注释或说明。

5. 将行文格式由竖排改成横排，以符合今天大众阅读习惯。

6. 对方志的内容一律保持原貌，未敢增删。

限于历史学养，我们这次点校注工作虽倾注了大量精力，但仍有许多疏漏和错误，热切希望得到广大读者和方家的批评指正，以便我们今后修订补正。

重庆市涪陵区地方志办公室

2018 年 9 月

本书根据清道光二十五年（1845）刊刻本点校。

共十二卷，八十八节。

总目前刊有本志及明嘉靖三十年（1551）以来各种《涪州志》旧序共十四则。

目　录

重修涪州志序

邑有志乘，所以征文献、备采风也。《涪志》自乾隆五十年续修以来，迄今五十八载矣。际升平之景运，揽山水之回环，人物滋丰，烈贞卓著，崇祀典则祠建昭忠，培人材则创修考院。凡兹胜概均合表扬，苟不及时而增修，势必传闻之失实，上无以佐稽古右文之治，下无以垂移风易俗之经，不亦贻"杞宋不足"①之讥哉？

余于癸卯暮春承乏兹土，甫下车，适前署牧昭化徐君有重修州志之举，业于正初偕搢绅学士按乡采访，设局分编，诸绅耆踊跃争先，共襄是役，阅六月书成。余于簿书之暇取而观之，见其搜罗弇博，叙次详明，举所谓崇礼仪、隆学校、维世风、饬伦纪、著科名、垂宦迹，有关于国典人心者，无不秩然有序，灿然成章。其物产之蕃衍与俗尚之奢俭，亦皆连类及之，较前志为尤备。诸绅耆竭二十四旬之心力，缉一十二卷之简编，信足以追踪往哲，昭示来兹，征文献而备采择矣。若夫繁简失中，挂漏未免，余谫陋无文，未能折衷至当，请俟后之博雅讨论而修饰之。兹因梓成，特记其颠末于左。是为序。

时道光二十五年岁次乙巳小阳月穀旦

奏升四川重庆府涪州知州加三级纪录五次德恩谨撰

---

① 杞宋不足：《论语·八佾》："子曰：'夏礼吾能言之，杞不足征也；殷礼吾能言之，宋不足征也。文献不足故也。'"后称事情缺少证据为"杞宋不征"或"杞宋不足"。

重修州志引

著知州　徐树楠

　　盖闻征文考献，史官垂纪载之文；问俗观风，使者重辎轩之职。是以贾耽作相，遍悉山川；郦侯入关，首收图籍。凡以周知地理，为贡赋所权舆，匪惟博访人文，咨达贤之出处。结绳而降，断竹裴然，备在职方，资为考镜。

　　我朝稽古右文，重熙累洽，金根开辂，玉牒封山，幅员迈乎百王，声教光乎四裔。凡长白发祥之地，笪黄出日之乡，呼韩湩酪之邦，雕库毡裘之宇，靡弗礼陈方物，琛尽梯航，固已典备三通，志成一统矣。

　　涪陵群峰际天，大江接地，为西蜀红腴之地，数东川赤紧之区。铜柱锦洲，代钟贤杰；松屏荔圃，世炳英灵。握椠怀铅，金紫之前修不少；垂绅缙笏，元缥之后起方多。以及濂溪寓公，涪皤才子，金闺硕彦，绣阁名媛，诸有待于表扬，期有裨于风厉。乃自乾隆五十载以来，迄今道光二十年以上，旧志具在，续纂无闻。幸际休明，抱惭缺陷，若不及时修举，大惧益日沉霾，不惟司牧者之羞，抑亦都人士之耻。本署州一行作吏久，经学愧荒，庄五日为期，敢视官为传舍。睹庙中之告朔，羊礼俱存；谈座上之新闻，蚕丛惧圮。私有续貂之志，敢为前马之鸣。期于阖邑赴功，限以新正开局。示谕一切官吏、绅耆、生监、军民人等：或林下悬车博谙掌故，或学宫领袖正意搜罗，或白首之伏生能谈轶事，或黑头之江令誉擅多闻，与夫列戟门楣，遗经世胄，杖鸠长者，倚马英才，咸资采访之劳，同任赞修之役。补前修之未备，函远绍以旁搜。庶几汉起千门，借良才而咄嗟立办；夏铸九鼎，集巧匠而旦夕可成。狐积腋以为裘，共勤襞绩；蜂酿花而作蜜，同效经营。蔚成一代之琳琅，不靳百家之珠玉。至于书成付梓，乐奏观成，除本署州先捐廉倡率外，伏冀共任枣梨，均输资斧，按班设局，分族成编。免肆本之麻沙，织机丝之杂组。无论发幽光之潜德，谊仞千秋；即云刊遗集以流行，识加一等。时乎勿失，事也可为；共勒芳名，无讥秽史。各尽梓桑之敬，勿遏金玉之心；聿新元恺之文，大纪翠妫之册。从此鸡林远播，家珍子晋之一编；凤德和声，人奉郎瑛之汇稿。大壮山河之色，垂成《雅》《颂》之音；遐稽剑阁之铭，远追华阳之志。休云刈桂炊珠，为此度越寻常之望；所赖钟鸣谷应，不乏网罗放失之人。勉续鸿裁，跂予鹤望；幸批凤诺，共辑龙威。是序。

时道光二十三年岁次癸卯仲冬月上浣

署四川重庆府涪州知州加三级奉新徐树楠谨识

重修州志序

志与乘异名而同事，皆所以载记时事之可法可传者也。然事以时而增，则志必以时而修；而又必得可法可传之人，而后事之可法可传者始克永其传于后。

《涪志》自乾隆乙巳多载轩刺史倡首，与乡先生陈崧亭明府续修后，至今未修者垂五十八年矣。我国家重熙累洽二百年来，事之可法可传者与时俱增，而书缺有间，非所以培风化、示方来也。适徐让木夫子来任斯土，下车后即捐廉重修州志。乃确立权舆，旋即解组去，州人惜之。岂善作者果不必善成耶？幸我德崧圃刺史莅任以来，宏奖斯文，表彰绝学，仰体圣天子稽古右文、省方问俗之至意，洵所谓可法可传之人也。首筹经画，复倡斯举，表扬前嫒，雅意搜罗，设局修编，按乡采访，不数月而此书告成。析为十二卷，凡兹数十年中可法可传之事，粲乎隐隐，各得其所。仿古者阙文之例，无后来秽史之讥，信足备国史之采，资通志所略已。然则公之表微阐幽、嘉惠后人者，匪特涪之人士永矢勿谖，允宜与涪之山川共留不朽。后之人饮水知源，读书论世亦当挹清芬于冈既，资考镜于无穷矣。

熙尧学殖未深，勉勷斯役。书成之日，谨叙其颠末于简端，以念后之读是书者，使知可法可传之事，必有待于可法可传之人，而共勉为可法可传之事云尔。是为序。

时道光二十有三年，岁次癸卯良月中浣，邑人周熙尧寿田氏谨序

旧　序

明户部员外郎　夏国孝　州人

　　涪于两汉尚曰涪陵县，至唐贞观间始升为州，盖周末巴蔓子之裔兄弟流入酉、辰、沅、雄、樠五溪，而道由此而西也。山脉从滇之木容丘雄蟠际而来，至南川金佛，绵亘数千里，巅峦云雾瀼濛。又东北行二百余里，振拓奥衍，始毕于蜀黔两江之汇，而涪出焉。蜀水色红如朱，黔水色绿如碧，两水滂沛潆洄，红绿相错如锦，江心有洲适当其汇，昔人名曰"锦绣"，以此也。其毓英钟秀，多磊落不羁；亦复朴直刚正，夐然独立，不屑屑傍寄堑篱；文势勃发，代有骏声，《淮南》所谓"山气多阳"也。元季明氏父子据之为用武门户之区，刘诚意《平蜀表》云"舞旌旗于涪水"是已。

　　恭承我明祖洪武辛亥，始命汤公和、廖公永忠帅师收蜀，而涪由是披霾瞻日。迄今百八十年，所以山川效灵，人文蔚起。我叔祖松泉公曩与余在京邸，每慨叹于涪志之未举，以为阙事。今天子赫然中兴，制作炳煌，如易文庙塑像代以木主，奉孔子为先师，而《敬一》之箴、《平台》之咏，与舆地诗之和章，倬彼云汉展矣。乾坤虎变，一中天文明之会哉！兹郡大夫领集庠中多士，谬以斯志见命，叩荆扉者再，余不能辞。念余昔分部南畿时，有邗江之役，见维杨一蜀山泉，郡中群相矜异。因忆家园山水，形为梦寐。今桑梓可敬，以是暂烦管城子，假之以谱吾涪之胜。岂必以身隐不文之说，而拘拘逊谢耶？勉竣厥事，爰书于左，以告后之知我者。

嘉靖三十年岁次辛刻仲秋月下浣

邑人长滩里夏氏冠山谨撰

旧　序

明经　刘之益　州人

　　昔有明曹能始合晋董狐、郭景淳为《一统志》，神宗嘉悦，谓"可与国史、《麟经》并隆重也"。故蜀地甫康，而当事诸君子即以志为首务。会城刻有《全蜀总志》，殆亦郑侯入关先图籍之意哉。但《总志》秘之锦官，而各属例有尚刻，不则无以便分阅达户晓也。

　　涪为两江要会，左亘岷峨、锦水，右及夜郎、牂牁，不必辅轩问俗，职方稽风。如昔之守是邦者，汉有庞、寿诸良牧，唐有姚、南列循守，宋之黄鲁直、程叔子，及有明之邵、赵、廖、方四君子，迄今千有余载，颂德弗衰。而产是邦者：若谯达微之以理学著，晏亚夫之以惠淑名，先大父秋佩公之节义文章，史不绝书，光争日月。其所以维风正俗岂浅鲜哉？他如幅员之绣错，阡陌之腴连，义烈之足为乡范，宦业之足为民表，以至十四篇获售之俦，魁元鹊起，乡辅蝉联，炳炳然文物之陬，井络坤维中一大名封也。惜明烈宗甲申后，旧版渝于劫焰。至我国朝庚子，署州事赵公廷正来抚吾涪，即访求旧志，犹得一册。益等仅抄录之以遗于后，而旧册又为赵公携去。幸康熙壬子，郡父母朱公麟正欲为续修，草稿初就，会滇兵起，又未果。兹于述旧志外，参以天、崇时见闻确有据者，勉襄一日雅怀。亦吾涪承前待后之事也。

　　夫事之无裨于地者，君子不以之褒笔；书之无补于时者，哲人直以之覆瓿。志之为书，匪徒纪山川、列方物已也。欲人见品谊则浣彼夙夜，纸土可饮椒兰；睹姓氏则砥兹冰蘖，儿童可识司马。按形胜则知靖此疆圉，何以颖川凤集，河阳花满；阅丁粮则如侠图在眼，何以丰日益玉、荒日益谷，琅琅致镂，庶不灾及梨枣耳。尝怪它邑事志者不识此，如信史，若吴兢之拒张说、孙盛之书桓温，与高允之弗推崔浩，乃为有补。倘挟一己之私，妄著雌黄，究失前人面目。褒一家显膺，增科置，莫虞他刻可稽，视可经可史之重典，为欲唾欲呕之辏编，则一魏收"秽史"矣！

　　迩者寇霾已靖，万里河山仍归一统。我圣天子皎日高悬，薄海欣忭。旋得洪都郡萧父母乘运而至，释奠崇儒，礼贤课士，人文蔚起，百废俱兴。又荷蒙府祖台孙公表率绥理，雅意盛典。异日者，纪名宦岂无如程如黄其人，语乡贤岂无如戛如刘其人者？余三五老儿，犹欲策杖而观以志之。志夫昔者志今日，更欲即志之。志今日者，志他日也。是为序。

康熙二十二年岁次癸亥孟冬月上浣
邑人刘之益谨撰

旧　序

明经　夏道硕

志非眇业也。涪虽支郡，亦可比于古诸侯百里之封。古诸侯皆各有史官以纪其事，而书其山川人物，盖务以示鉴而策后也。自秦汉以来，始郡县其天下，而郡县始有分志。国朝始合有《一统志》，是一统之合亦由分而集耳。然则郡县微志，太史何由而采风，后裔何由而稽古？又况各处山川风俗、人情事迹，世世相续，人人相师，如木之本而水之源乎？

《涪志》自明嘉靖间，我先大父冠山以一时史才之望，为郡大夫暨乡里人士推之，而事乃举，颇称明备。追甲申贼变后，不啻秦灰荡然无存矣。维余小子，属忝嫡裔，愧不能绍扬先烈，继我箕裘。仅述其序文，更遍觅诸石刻，不胜手泽之感。兹幸同戚友数老人皆躬当明盛，又亲尝乱离，底此又四十年，岂天之特遗数老以续前徽而启后劲耶？所尤赖当事贤公抚形胜而慨流风，曰：古志既亡矣。昔汉世求《尚书》于伏博士，虽云口诵而所关尤大。今朝廷方纂修《明史》，购求天下遗书以备兰台之选，诸先生得无意乎？于是乘斯余龄，考厥成迹，草成一帙，聊以呈公览、塞吾责而已。

嗟夫！旧志成于先大父者，正席隆平，百事灿列，犹可资阐。今志之续于我数老人者，起乱而治，承废而兴，较昔为难。孟夫子谓"无此见知，安有闻知"？且吾涪之先辈尚忠厚、树清节，累累叠叠，盖不止以科名爵秩为地重者，至今犹令人仰止慨慕不衰也。后之作者尚其勉诸！

康熙二十二年岁在癸亥季冬月中浣

邑人夏道硕谨序

旧　序

明经　文珂　州人

　　《涪志》编自明之世宗朝，荐绅冠山夏公材擅三长，不减君实、永叔之闳通详核也。家藏户习，传之奕祀，开卷昭然。迨甲申一炬，与焦土俱烬。谁从壁中留漆书乎？

　　珂自避乱时，曾负笈于凤山招提，幸存蠹简，藏以待文献之征，取而证之。庚子冬，草昧初启，署守赵公雅意维新，建学事竣，旋欲编修郡志。进诸老而问之，即持此旧编以应。乃五日京兆，封篚以行，而涪志一帙遂随琴鹤俱去。

　　今我圣上命遍征稗野，且喜《墨》《庄》尚存，皓首确记，谨述旧以备稽考。至于天、崇间事，皆耳而目之，俱为增辑，俾成一郡全帙也。

康熙二十二年岁次癸亥腊月上浣
邑人文珂谨撰

旧　序

州牧　董维祺

　　自姬周分茅列土，史渐成于侯国。而辀轩问俗事，各载于风诗，此即志之所由昉也。秦置县郡以后，幅员益扩，虽蕞尔弹丸，亦各有专记。国史风诗，文变而为志。然则郡县之有志也，皆踵诗史之遗意而成之者也。岂徒载籍之具文已哉？盖将以往事之薰莸为后人之法戒，所以正人心、维风俗而广王化于无疆者，未必不基乎此也。志顾不重欤？

　　我国朝声教四讫，梯山航海尽入版图，遐陬方物悉登汗简，此车书大一统之盛也。然一统之志必由郡县之志以集之。若蜀涪郡志久没于明季之灰烬，余于甲申岁承乏兹土，下车问俗访其人物山川，渺无所据。既而购一郡志稿本阅之，乃昔郡中乡先生共成于前守萧公时也。历今又二十余载，其间不无亥豕之虞，且稿多涂抹，讹舛饂饤，兼以蠹食之余仅属残编断简，不辑而梓之，终归于尽。矧今圣天子厘修国史，博采风谣，各上宪加意蜀志，遍征郡邑之书以备采择。而涪志尚为缮本，不独吏职之疏，抑亦贻羞于封域也。余乃捃摭散帙，参诸学士大夫、典型硕彦，相与正其讹，理其绪，补其旧迹，续以新编，寿之枣梨，庶几可垂于不朽。以此而归于全蜀志，是一国之书也；以此而归于一统志，是又天下之书也。宁仅为一郡之诗史也耶？尤冀涪之人士家藏一册而读之。观忠臣孝子之行，则知所以事君亲；睹贞人修士之操，则知所以砺名节；阅人文仕迹之显，则知所以奋功名。下至牧童、樵叟皆得播为歌谣，以正间阎之陋习。由此革薄从忠，化民成俗，宁不为吏治光哉？

　　异日者，岁阅岁而人益众，人阅人而事愈增。补续之功，殆又有望于后之守是邦者。因不揣荒陋，述其梗概而为之序。

時皇清康熙五十三年歲次甲午秋八月望日
涪州知州加五級千山董維祺守齋氏謹撰

旧　序

明经　冯懋柱　州人

　　《涪志》一书毁于明季，正余先君子守涪时事也。回思一炬之余，满目尽为焦土，何有于志？及国朝定蜀，几同草昧初开，郡守下车，事皆草创。欲访其风土人物，似难问诸水滨矣。犹幸郡有刘、夏、文诸先生，俱属明季遗献，博闻强记，堪备顾问。于当时共采所见所闻，汇成地乘一集，虽其详不可考，而大略已有可观。但集仅抄白，历吴、朱、肖、孟、杨、徐六郡侯皆未授梓。久之，韦绝编残，狼藉失序，鱼鲁豕亥，莫辨异同。至甲申岁，千山董使君来守是邦，见其典物废弛，遂慨然有振兴之志。他务未及，首建学宫。制度辉煌，直起涪六十余年之坠绪，诚一郡之大观也。学宫告成，爰及于志。及征文考献，而郡老皆无在者。于是收残编，命余共襄厥事。余本泉石野人耳，兀坐茅庐，足久不履城市；醯鸡瓮里，何知化日光天？矧其蠹简无凭，既不能效伏生之口，又奚能载董狐之笔？自揣袜线无长，未敢堪此大役也。既而坚辞不获，乃不得已而就命焉。区区之衷，只期上以成董侯兴废之盛心，下以成诸先生未竟之手迹。虽狂瞽贻讥，又奚所恤哉？其集中纪载，凡系诸先生所考定者，不敢妄易只字。止取传写之讹，涂注之误，校而正之：残缺者补之，新增者续之，宁详勿略，宁野勿史，黔驴之技，技止此耳。是耶、非耶？惟敬听诸知我罪我者。

时康熙五十三年岁次甲午秋九月中浣

邑人冯懋柱谨撰

旧　序

国朝训导　孙于朝　彰明人

　　郡志一书，非仅纪山川、列风土也。考之周礼，小史氏掌邦国之志，而郡邑之载不乏学士大夫，多兢兢于世焉。顾称循良而兼良史者，非具体国经野之才，擅淹贯宏通之识，安能裨一郡之人、一郡之事？使贞淫正变，灿若云汉，上贡辀轩采择，珥笔彤庭，与国史并传不朽哉，朝于董使君不胜忻藉焉。公自甲申奉简命而来牧兹土也，迄今十有二稔。公本慈祥为怀，冰蘖自矢。民歌乐只，士登弦诵。诪张者敛迹，顽梗者畏服，蒸然称上理焉。公下车之明年，以学校为起化之原。他务未遑，首建黉宫。万仞巍峨，冠冕全治。旋置礼器，释奠鼓箧，俾诸生以时习礼于其中。厥后科名鹊起，人文蔚盛，皆公鼎建培风力也。他如清户口也，而侵越患息；锄楚民也，而兼并风衰；以至严保甲而杜夺取也。而人民安堵，婚姻以正，自是利兴弊革，次第毕举。今于地乘尤惓惓焉。《涪志》创始于明季，自迭遭秦灰，访之故老而渐灭殆尽。公始博采风谣，搜罗掌故，从乡郡人刘、夏、文诸先生缮本，于公退之暇，殚力雠校，核据精详，付诸梨枣。直而不包饰，质而不俚，简而赅，确而当，序次谦冲，不掩前烈。仰公之意，冀涪人士览斯志也，曰某也忠，某也孝，某也节，某也义。人心风俗咸系于此，宁仅志山川、列风土为记载之虚文哉？所谓循良而兼良史才，洵不诬也。志锓于甲午秋仲，阅六月而告竣。于朝滥竽苜蓿，薰炙公之德教久，复睹郡乘之遒观厥成益，思不知烦公几经心力而获睹兹盛举矣。因不揣固陋，敬附卮言于简末。

時康熙五十四年岁次乙未春王正月上浣

涪州儒学训导邻治年家晚生汉昌孙于朝谨跋

旧　序

国朝州牧　郭宪仪　江南人

盖凡州邑之有志书也，不第取信于一时，而实征信于天下。后世以垂之永久而不废。俾后之阅是书者于条分缕析之下，恍如亲历其地，目击其盛，而无不洞悉。则是书之宜珍惜而不使少有废坠焉可也。

丁巳春，余宦涪陵。涪陵为夙昔名胜之区，其山川之雄伟，与夫古今文物之盛，甲于全蜀。其尤不可以不传也，审矣。一日公余之暇，适见署中所藏书板，尘封沙积，蚁穴虫穿。旋取而编定之，则已残缺失次。而所存者，又大半朽坏，或字迹模糊难以识辨。涪陵一方之胜几至淹没无传焉矣。检阅之下，能无不全不备之感乎？随即构之绅士之家，始得其全本。爰命梓人缺者补之，朽坏模糊者新之，阅两月而工始竣。虽是书之成不过因前人已成之功而整理之，予何敢自以为功？但以昔日之残编断简几废弃于尘土中者，而今得复多为完璧，是则私心之所少慰者也，将见自兹以后极美修之观，无缺略之虞，学士大夫披览之下可复窥全豹，而朝廷采风之使亦得有所考据以备采择，垂之后世，传之无穷。实为是书之幸，亦即余之厚幸也。谨序。

时康熙五十三年岁在甲午孟冬朔日
署四川重庆府涪州知州郭宪仪谨序

旧　序

州牧　多泽厚

　　且夫志乘之书，所以纪其可法可传之事，以垂之后世也。然可法可传之事有加无已，而志之一书必数年而一增，使世远年湮不为搜罗补葺，则可法可传者，必至遗忘无存已。

　　涪，名区也。其山川之葱郁，人物之清奇，甲于西蜀。而志乘一书湮没于明季之灰烬。迨我朝应运而起，则残篇断简杳矣无存。幸前牧萧公网罗放失，草创数册。然其间多涂抹讹舛，不无亥豕之虞。后数年而董君至，乃捃摭散帙，校正核对，始成一书。且补其旧迹，续以新编，本本源源亦觉秩然可观。然自康熙五十三年后，无人续理。其数十年之人物事迹，则湮灭而弗传。

　　今天子命儒臣修《一统志》，诏天下省、郡、州、县各修其志以备采择。东西南朔，并有成书。而涪陵为三巴钜邑，安可任其散失，贻憾将来乎？于是延州之缙绅学士，嘱其旁搜博采，再为增修。诸绅士皆欣欣向义，取父老之传闻与稗官之纪载，分门别类，编订成帙。亦不过补数年之迹，步前人之尘，记其可法可传者，以征信于后世耳。若夫文加藻采，辞尚简要，出经入史，折衷尽善，是有望于后之抚斯土者。是为序。

　　　　　　　　　　　时乾隆五十年岁次乙巳冬十一月毂旦
　　　　　诰授奉直大夫四川重庆府涪州知州加三级多泽厚谨序

旧　序

陈于宣　州人

　　《涪志》未经续修者七十余年矣。查阅旧纂始于康熙甲午，前州牧董公暨州明经冯君编辑成书，未免略而不详。非略也，明季时两遭兵燹，十室九空。仅得凋残遗老口授见闻，而溯前考核文献无征。夫山川形胜，自有不易之程，而时会迁移，岂无叠出之秀？矧沐圣朝之雅化百四十余年，其间之忠孝节义、硕肤颖达，自不乏人。湮没不彰，奚以示来兹而维风化？

　　余年八十矣，归林十八载。每念《涪志》未修，未尝不唏嘘叹息。忆我簿书楚湘，三历其地而三续其书。何惯为人作嫁衣，而转于吾乡轻华衮也？惜年衰力绌，经始无自，幸逢贤侯多牧伯莅任兹土，孜孜以续志为首务焉。此正我涪善类著行，幽光焕发之会。爰集阖州人士，相与会议，靡不欢欣而从焉。众推余为首领，余虑龙钟不克当此任，环顾同人无可诿者，况以夙愿未了之事，既有始基，亦何必多让为也？是以不揣昏眊而勉承之。所仕我祖入川籍涪一十三世，通籍八世，代有闻人。家无长物，仅余藏书，爰携子廷璠、侄祖烈，并选同学中之诚实老成者八人入馆编辑。分门别类，务期考核周详。凡旧志中之未备者，增补之；非臆说，非假借，无伪无讹。事关采访者，拣聘端士十人分乡搜罗，亦期不遗不滥。阅六月而稿成。余学识疏浅，文辞简朴，愧无良史才，不过以老夫六十年之见见闻闻，据事直书，非论列前人。知我罪我者，其亦可以共谅矣。是为序。

时乾隆五十年岁在乙巳菊月上浣
州人陈于宣崧亭氏谨撰

旧　序

彭宗古　州人

　　蜀之东偏，山峦耸起，众水会合，震慑全川者，为渝州。涪城处渝之东北下游三百里，形势盘郁苍秀，代产名人。实征文献。《涪志》之作有自来矣。类汇编辑，成书具在，固已信而可征。惟是国家承平百四十余年，重熙累洽，山川效灵，毓秀钟英，声华益茂。凡所以饬伦纪、维风俗、敦诗书、盛文史、显科名、昭宦迹，与夫荒村僻壤奇节异行，日增月盛，指不胜屈。而《涪志》之未修垂七十余年，其前志之偶略未备者，亦往往有之。今牧伯多公下车首务及此，亦仰体圣天子图治励精，省方问俗至意，分乡捃摭，设局纂校。远添旧闻，近著新美，历春徂夏，迄秋之杪而是书告竣。析为十二卷，纲举目张，宁为郭公之阙疑，不蹈刘五之假借。洵足备国史之取裁，词馆之资讨哉！

　　昔唐宣宗命学士韦澳集天下风土利弊为一书，西门豹治邺旁搜宇内山川风气，绘图以进，此物此志也。古籍临江引疾后卜处于涪，未及廿载，见闻不广，学殖久荒，兼以昏眊，无能为役，有辜雠校之责。抑亦幸是书之成，为都人士庆，而益以念公之表微阐幽，嘉惠涪人者，与北山俱高，与枳水俱长，足垂盛美于不朽也已。爰缀数言于简。

时乾隆五十年岁在乙巳菊月中浣
临江彭宗古信亭氏谨撰

凡　例

十四则

一、《涪志》毁于明末兵燹，创于康熙初年。时原本既失，文献无征，故二三册中不无简略。今悉心搜罗，增所未备。虽宋元以前可据者，究属寥寥，而有明以来，颇少星漏。

一、考核悉本《廿一史》《元和志》《寰宇记》《水经注》《华阳国志》《一统志》《省志》，不敢师心自用，遗讥有识。

一、旧志分二十三门，有目无纲。今编为十二纲、八十五目。凡旧所未备者，类别门分，一一详订于册。

一、沿革一目，诸说互有异同，最滋混淆。今历参诸书为表，以系于后，庶历代之沿革，确有年份可稽，不致传疑。

城池、公署、旧志附于沿革；仓廪附于贡赋；津梁入于山川，今并统入营建。志中各列门目，至村镇入于封域；塘铺入于武备，总期眉目井然，了如指掌。旧志贡赋一门，今编入赋役志。易其目曰田赋。至于户口、盐政、解支，旧统入贡赋者，今为各立门目，可缕析条分。

一、文庙两庑之分列乐佾①之杂陈，皆不可以不辨兹于古制，则仿《御纂诸经》。今制则遵《大清会典》，庶几行礼观物，永瞻孔门俎豆之光，酌古准今，共识鲁庙宫悬之盛。

一、选举志中进士、举人、贡生，有一人而兼膺其。选者，俱于各目内录其姓字。一以见文艺之优，一以见遭逢之盛。

一、涪陵忠孝节义之士，代不乏人。卷内有一人而数见者，如既列贤达又载孝友，

---

① 佾：古代乐舞的行列，每八人一行，为一佾。《论语·八佾》：“八佾舞于庭。”《后汉书·礼仪志中》：“立土人舞僮二佾，七日一变如故事。”

有一人而只一见者，或以义著，或以文显，盖兼取节取原，不病其繁简也。

一、程黄二夫子为理学名儒。足迹所经，诚堪向往。故既列职官，复详流寓，亦高山仰止之意云尔。

一、艺文志所以载其文也，亦以载其事。或咏山川古迹则其地传，或咏节烈忠贞则其人传。至于无关风化境内之事者，虽名家大集，概未及收。固陋之讥夫复何辞？

一、孝友暨节妇，目内所载刲股者颇多。夫刲股为毁伤之事，君子弗取。然愚夫愚妇何知守身事亲哉？亦行其心之所安而已。有斯人而犹见天性之真，采而录之，亦善善欲长之意耳。

一、志书之体不一，或好为铺陈连篇累牍，或摹仿史家期于简劲，不知辞以达意，虽多奚为；辞以叙事，少乌足贵。兹于十二纲内作大序，以贯诸首八十余目，作小序以引其端。旧志中有门类相同者，仍存其序，不敢没前人所长。

一、修志之与修史略同，去取必慎。然后不同魏收之滥史。昔昌黎辞不作志，恐有人非鬼谴，盖衡人进退之难，可为震悚。今于忠孝节义等事，悉采与论之公断，不敢妄加褒扬，亦不敢稍为遗漏。其或前人实有懿行，子孙迁移改业，无可查访，惟俟后人之悉心采录焉。

涪州志　旧志姓氏

康熙癸亥年

篡修

　　郡人：刘之益，字四仙

　　　　　文珂，字奚仲

　　　　　夏道硕，字华仙

编辑

　　举人：何诜虞，字羽圣

　　举人：陈命世，字杰如

　　贡生：向墉螭，字子亮

康熙甲午年

重修

　　涪州知州：董维祺，字尔介，号守斋，奉天人

编辑

　　郡人：冯懋柱，字乔仙，江南六合县人，涪州籍

参阅

　　学正：罗云师，字庆庵，号默仙，遵义人

　　训导：孙于朝，字龙光，彰明县人

较订

　　举人：夏景宣，宇南辉

　　举人：刘衍均，字树玉

　　举人：向玺，字封扬

举人：何洪先，字大荒

举人：张元隽，字子干

举人：廖翮，字凤苞

贡生：陈辅世，字德如

贡生：何宪先，字觐光

分辑

吏目：李文焕，字尧章，江南常熟人

巡检：沈国璋，字公度，顺天人

生员：彭宗舜，字信之，武隆司人

乾隆乙巳年

主修

涪州知州：多泽厚，字载轩，直隶阜城县人，辛酉举人

纂修

涪州学正：王正策，字晴峰，大竹县人，己卯举人

湖南绥宁县知县：陈于宣，字宁敷，州人，乙卯举人

山东德平县知县：彭宗古，字信亭，忠州籍，壬子举人

协修

太子太傅兵部尚书：周煌，州人

翰林院编修：周兴岱，州人

河南上蔡县知县：张永载，州人

福建龙溪县知县加通判衔：潘鸣谦，州人

山西壶关县知县：向峁，州人

湖南华容县知县：陈治，州人

云南云南府同知：陈朝书，州人

贵州南笼府知府：刘宗元，州人

山东单县知县：陈鹏飞，州人

山西猗氏县知县：周兴沅，州人

山西高平县知县：毛振翮，州人

江西靖安县知县：何启昌，州人

贵州安平县知县：熊德芝，州人

直隶肃宁县知县：潘喻谦，州人

忠州垫江县教谕：夏岳，州人

叙州府马边厅教谕：熊德藩，州人

安徽休宁县县丞：毛佩荪，州人

编辑

举人：陈廷藩，字六斋，州人，庚子

举人：邹澍宁，字润苍，州人，癸卯

举人：熊德芸，字鹤崖，州人，丁酉

举人：何浩如，字海门，州人，己亥

庠生：陈祖烈，字辉常，州人

黄廷鉴，字玉圃，州人

校对

廪生：陈祖范，字则先，州人

廪生：周宗泗，字鲁源，州人

总理局

四川重庆府涪州吏目：邓昂，字宜亭，安徽怀宁县人，监生

督刊

四川重庆府涪州武隆巡检：王永绪，山东聊城县人，监生

参阅

四川重庆府涪州训导：邓履仁，字寿山，岳池县人，贡生

贡生：夏堂，字行仁，州人

缮写

廪生：车篆，字印山，长寿县人

庠生：陈祖训，字纪如，州人

廪生：熊德葵，字景阳，州人

庠生：向士璧，字金崖，州人

采访

举人：舒国珍，字鹤浦，州人

廪生：何道灿，字向南，州人

贡生：潘颐，字式苏，州人

贡生：石钟灵，字菁莪，州人

廪生：陈蛟腾，字步云，州人

廪生：彭学鸿，字天翔，州人

庠生：夏浩，字竹圃，州人

监生：杜昱，字立中，州人

修志姓氏

鉴定

    护理四川分巡川东兵备道重庆府知府：有庆，汉军正白旗人，嘉庆丁丑进士

    署重庆府知府松潘厅直隶同知：王梦庚，浙江金华府人，嘉庆辛酉选拔

主修

    奏升四川重庆府涪州知州：德恩，镶黄旗满洲祥福佐领下人

纂修

    原任福建海澄县知县：石彦恬

    举人：舒廷杰

    贡生：王用予

    拔贡：李树滋

协修

    举人：周克恭

    贡生：彭应桂

    廪生：秦葆恬

    廪生：杨旦

    庠生：陈克家

    监生：韦葆初

经理局务

    举人：周熙尧

    庠生：何锦涵

    职员：谭步东

    职员：李文寿

分采

        副榜：况抡标

        副榜：蒲蔚然

        副榜：何杰

        贡生：夏郁兰

        廪生：高琦

        廪生：李树屏

        增生：周廷捷

        庠生：盛燮元

        庠生：汪际奎

        庠生：陈禹畴

        庠生：何燮

        庠生：高伯钰

        庠生：鲁克英

        庠生：易谌彦

        庠生：刘建镛

        庠生：熊士焜

        庠生：谭登岸

        庠生：彭彤臣

        庠生：杨文达

        职员：谭辉宇

        监生：周廷枚

        监生：罗家驹

        职员：张玉山

        童生：毛步蟾

校正

        署四川重庆府涪州学正：刘乙照

        四川重庆府涪州学正：黄淑珑

        四川重庆府涪州训导：吴锡藩

涪州志卷之一

涪州知州　德恩续纂

封域志

图考、星野、沿革、山川、形胜、街市、里甲、古迹、垄墓

自先王画井分疆而有井、邑、邱、甸之名，此州郡之所由昉[1]也。洎[2]秦开阡陌，罢封建，改立郡县，而后世因之。地无大小，皆得分土而治，以比古侯国附庸之属。涪陵虽幅员不广，而上应星文，下因地利，历代沿革之异，山川形势之奇，以及街肆、里甲、遗迹、邱垄，非可一览而尽也。爰加意搜辑[3]，增所未备，汇成封域一帙。后之人按籍而稽，因地制宜，俾斯上为乐郊乐国，斯善矣。

图　考

古者经有图，史有表，综其文而核其事也。而史亦有籍于图者，盖史不过列世代、第岁月而已。至于一都一邑设建之异同，疆界之广狭，山川之流崎，保障之阔隘，以及市冲、官署、坛墠、刹宇之或更或因，非图无以辨修乘者，所以宁详无略也。

---

① 昉（fǎng）：天刚亮。引申为开始。《公羊传·隐公二年》："始僭诸公，昉于此乎？"
② 洎（jì）：及，到。《庄子·寓言》："吾及亲仕，三釜而心乐；后仕，三千钟而不洎，吾心悲。"（釜：六斗四升为一釜。钟：六斛四斗为一钟。不洎，指不能养亲。）介词，等到……时候。苏洵《权书·六国》："后秦击赵者再，李牧连却之。洎牧以谗诛，邯郸为郡，惜其用武而不终也。"
③ 搜辑（sōu jí）：收敛集聚。

星　野

自轩辕[①]受河图[②]，见日月星辰之象，命鬼臾蓝占星，始有星官之书。历代史官靡不悉载简册，不可得而枚举也。按象而求之，其为祥，为妖，为吉凶，水旱，丰荒历历不爽。则分野辨野，断非无稽之说耳。

《汉书》巴蜀分井、鬼、参，又云觜、觿、参主益州。

《宋书》益、梓、利、夔四路分井、鬼。又东井与鬼鹑首也，尽巴蜀汉中地。

《龚笋湄志》《史记》《河图》《括地象》《华阳国志》《天文占候》及《天文次舍》诸书，涪州隶重庆府。分野井鬼之次，入参三度。

《五代史》蜀孟昶时，荧惑犯积尸[③]，昶以积尸蜀分，欲禳之。司天少监胡韫曰："自井五至柳八鹑首之次，秦分也。蜀虽属秦，乃极南之表耳。晋咸和九年，火犯积尸，雍州刺史郭权见杀。义熙十四年火犯鬼，雍州刺史朱龄石见杀。应皆在秦而蜀无事。"乃止。按韫言鹑首起井五至柳八，与蔡邕起井十至柳三，差五度；与明史起井九差四度。蜀既与秦同分，自当遇灾而惧，反身修德，不得以前代俱秦当灾为幸。如明末崇正三年，荧惑入井鬼，两犯积尸；七年八月，岁星犯积尸，蜀遭献贼之祸。岂可谓秦独当之，况应天以实，不以文恐惧修省慎德者，所以惕惕也。

觜宿歌

三星相近作参蕊，觜上坐旗直指天，前卑之位九相连，司怪曲立坐旗边，四鸟太近井钺前。

觜宿论

觜，三星白兽之体也，为行军之藏府。司怪四星主候变，怪坐旗九星主别尊卑，星明则国有礼。

---

① 轩辕：黄帝名。《史记·五帝本纪》："黄帝者，少典之子，姓公孙，名曰轩辕。"
② 河图：即《河图洛书》，古代儒家关于《周易》和《洪范》两书来源的传说。《周易·系辞上传》说："河出图，洛出书。圣人则之。"传说伏羲氏时，有龙马从黄河出现，背负"河图"；夏禹时，有神龟从洛水出现，背负"洛书"。圣人根据这种"图""书"画成八卦，就是《周易》的来源。
③ 积尸：星宿名。

觜宿图

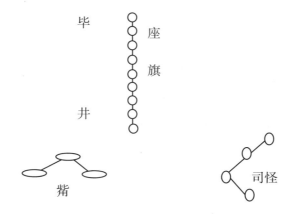

参宿歌

总有七星觜相侵，两肩双足三为心。伐有三星足里深，玉井四星右足阴。屏星两扇井南襟，军井四星屏上吟。左足四星天厕名，厕下一星天屎沉。

参宿论

参七星一曰参伐，一曰大辰，一曰天市，一曰铁钺。参，白兽之体也。其中三星横列三将也。

公羊传曰：大火为大辰，北辰为大辰，参亦为大辰。盖心与参伐天，所以示民时早晚，天下所正。故皆谓之大辰。参左右肩股四星为实沈之神。

斗牛为河之首，参毕为河之尾。首在北方，若夏则河首转在南。而毕参反在北矣。正月初八日看参星，卜一岁之水旱。若参过月西多旱。

参宿图

井宿歌

八星横列河中静，一星名钺井边安，两河各三南北正。天樽三星井上头，樽上横列五诸侯。侯上北河西积水，兴觅积薪东畔是。钺下四星名水府，水位东边四星序。四渎横列南河里，南河下头是军市。军市团团十三星，中有一个野鸡精。孙子丈人市下列，各立两星从东说。阙邱两个南河东，邱下一狼光蓬茸。左边九个弯弧弓，一矢拟射顽狼胸。有个老人南极中，春秋出入寿无穷。

井宿考

钺一星附于井足前第一星边，南河各三星分夹东井。天之关门，主关梁南河曰南界；北河曰北界。

天樽三星在北井五诸侯南，主盛馈粥以给贫贱○诸侯五星在东井东北近北河，主刺举，戒不虞，理阴阳，察得失○积水一星在北河西，主聚美水以给酒官○积薪一星在北河东，主聚薪以给享祭，供庖厨○水府四星在东井西南钺星下，主堤防以备水○水位四星在井东南，主水衡以泄淫溢○四渎四星在东井南，江淮河济之精○军市十三星如钱状，在参东南天军贸易之市。野鸡一星在军市中，主知怪变，伏奸虞○丈人二星在军市南，主国家老人○子二星在丈人东○孙二星在子星东，所以侍奉老人○阙邱二星在南河东，天子之象魏○天狼一星在南河东南主盗贼○弧矢九星在狼东南，天子之弧矢也。以备盗贼○老人一星在弧矢西南，曰南极老人，主寿考。秋分之旦见于丙，春分之夜没于丁。

鬼宿歌

四星册方似本柜，中央白者积尸气。鬼上四星是爟位，天狗七星鬼下是。外厨六星柳星次，天社六星弧东倚。社东一星是天纪。

鬼宿论

舆鬼四星天目也，主视明察奸谋。中央白气为积尸，有气无形主祀祭。丧葬不宜五星客，慧守犯北四星曰爟主烽火一作主，变国火南六星曰，外厨享燕之厨也。天狗六星在鬼西南，狗之北，横于河中，以备盗。天社六星主社稷，《隋志》云：共工氏之于勾龙，能平水土，故祀以为社，其精为星焉。东北一小星为天纪，在外厨南，主知禽兽。

注：本节"星野"涉及"二十八宿天象知识，二十八宿，即指二十八颗星。分布在黄道、赤道带附近一周天的二十八个星官。中国古代选作观察日、月，五星在星空中的运行及其他天象的相对标志。它为分为四组，每组七宿，与四方和四种动物形象相配，称为"四象"。二十八宿以北斗斗柄所指的角宿为起点，由西向东排列，它们的名称和"四象"的关系是：东方苍龙——角、亢、氐、房、心、尾、箕，北方玄武——斗、牛、女、虚、危、室、壁。西方白虎——奎、娄、胃、昴、毕、觜、参。南方朱鸟——井、鬼、柳、星、张、翼、轸。"二十八宿"与三垣结合在一起，成为隋、唐以后划分天区的标准。有关二十八宿和四象的记载，最早见于战国初期（公元前五世纪），它的形成年代更早。

沿 革

唐因山川形便分十五道，宋分州军增至二十六路，明置南北畿布政司十三，而蜀则天府之国也。涪陵形胜甲于他州，而历代之迁徙靡常，或因时而易其地，或因地而易其名。爰于旧志外，复从《一统志》《元和志》《通志》诸书，详加考核，复为表以系之。庶历朝沿革可条分缕析云尔。

禹贡梁州之域，春秋时巴国地。秦属巴郡，置枳县。《华阳国志》曰："涪陵巴之南鄙，从枳县入，沂涪水。枳县即今涪州所理是也。与荆楚相接。秦司马错由之取黔中地。汉为巴郡涪陵县。蜀先主以为涪陵郡。晋永和中，移涪陵郡治。汉季成复县。宋、齐仍为涪陵郡。周又徙治汉平县。隋开皇初郡废，属梁州总管府。十三年（593）改汉平为涪陵县，属巴郡。唐武德元年（618）立为涪州。在蜀江之南，涪江之西，故为名。属江南道。上元二年（675），因黄草峡有獠贼结聚，江陵节度请隶于江陵。置兵镇守。天宝初，改涪陵郡。元和三年（808），中书侍郎平章事李吉甫奏："涪州去黔府仅三百里，输纳往返不逾一旬；去江陵一千七百余里，途经三峡，风浪没溺，颇极艰危，请隶于黔府。"乾元初复为涪州。五代属蜀。宋亦曰涪州，属夔州路。咸淳三年（1267）移治三台山。元复旧治，至元二十年（1283），以州治涪陵及乐温二县入焉。二十一年（1284）改属重庆府。宾化改并巴县。明隶重庆府。国朝因之。康熙七年（1668），并武隆县入焉。本《一统志》《元和志》《通志》。

按《元和志》云：州城本秦枳县城也。自晋永兴元年，李雄据蜀，此地积为战场。人众奔波，或上或下。桓温定蜀，以涪郡理枳县。武德元年置涪州，辖四县：涪陵、乐温、武隆、宾化是也。涪陵本汉属巴郡之旧县，乐温本汉枳县地，武德二年（619）改为乐温县。九年（626）属涪州。宋因之。武龙本汉涪陵县地，武德九年分立武龙县。宾化本汉枳县地，贞观十一年（637），置隆化县。先天元年（712），以犯庙讳改为宾化县。

沿革表

世　代	总　隶	郡　州	县
唐　尧分天下为九州	梁州		
虞　舜肇十有二州	梁州		

世　代	总　隶	郡　州	县
夏　华阳黑水为梁州	梁州		
商	梁州		
周　周礼职方辨九州之国	梁州		
春秋	巴国		
秦　始皇二十六年分天下为三十六郡		巴郡	枳县
汉		巴郡	涪陵县
蜀汉　昭烈帝		涪陵郡	
东晋　永和间	益州	涪陵郡	
汉　李成			涪陵县
宋	涪陵郡		
齐	涪陵郡		
后周			汉平县
隋　开皇初废涪陵郡	属梁州	总管府	汉平县

山　川

山川光乎岳渎，诗书所载于以会阴阳和风雨，奚止辨物知方已耶？涪陵为西南名郡，秀气所钟，人文辈出。盖山川效灵之说，信不诬也。

种松山，州东二里。《舆地纪胜》："州产松屏石，出山间。相传尔朱先生种松子于此。映山之石皆有松纹。"

游兰山，州东南七十里。《舆地纪胜》："在涪陵高松乡，地名罗云。兰真人修练之处。人至洞门，望见丹灶有真人题字岩石，自摇欲坠，骇不可至。"

三华山，州东九十里。

笔架山，州东武隆司南二里。山势排列如笔，故名。

七龛山，州东。《舆地纪胜》："在武隆司北十五里。"《旧志》："山有七窍，故名。"

青云山，州东，在武隆司东北五里。

石尖山，州东，在武隆司北十一里。

钻天山，州东，在武隆司北三十五里。

登春山，州东，在武隆司北七十里。

铜矿山，州东八十里。山绵亘四五十里，前代开铸，尚有遗迹。

金子山，州东一百里。其地多风，绝顶有寺，名避风。远眺黔流，蜿蜒百里。

尖子山，州东一百二十里。高出众山，其峰如削。

银瓶山，州东一百五十里。遥望若瓶之欲倾者，俗名搭耳山。

雨坛山，州东一百五十里。山极高，多雾，祷雨立应。

崇山，州东一百三十里。周围长亘四五十里。居民藉此畜牧为业。

狮子山，州东六十里。山麓有古天公堂，名狮子庙。庙前有古柏数十围，又名九股树。

罗浮山，州东一百二十里。

武隆山，州东南。《寰宇记》："唐武隆县以邑界武隆山为名。"明《一统志》谓之龙桥山，在武隆东五十里。山形如龙，下有空洞，逶迤深邃。

神凤山，州东南。在武隆司东一里许。

幞头山，州东。在武隆司南十里。其山方圆高大，立于江岸之上。

金藏山，州东一百三十里。

挂榜山，州东。在武隆司东五里。有层岩两壁，约高百余丈，长三里许。

仙女山，州东。在武隆西三十五里。山半石洞中，相传昔有仙女出现，后不见。

文笔山，州东。在武隆司东四里。

黄牛山，州东南四十里。

龟山，州东。《舆地纪胜》："在黔江东岸，古州治据其上。其形如龟，故州亦名龟陵。"《旧志》：在州东北，亦名三台。宋咸淳中移州三台山即此。

白岩山，小江之南。昔王真人修炼于此。岩如壁立，上有二洞，人迹罕到。

许雄山，州南七里。宋马提干《涪州十韵》诗有"许雄山共峻，马援坝相连"之句，即此。诗见《艺文》。

鹰舞山，州南五十里。每年三月，有群鹰数百翔舞其上。其年鹰多则岁丰。上有古刹碑记。

插旗山，州东五里。

刘家山，州东七里。

天共山，州北六十里。

鱼藏子岩，州东八十里。岩壁有门，入数百步，积水多鱼。春夏水涨，裹粮而渔者甚多，故名。

云梯岩，州西四十里。

滴水岩，州东十里。

挂榜岩，州东一百里。山石明如水晶，横数百丈，下有大洞，广三四十里。可容万人。

八卦岩，州南一百里。岩壁有天然八卦图，又名宗师岩。明司谏刘蔇易于此。在京被刑之日，此岩如崩，见图。

狮子岩，州东南。在武隆司北二里。

和尚岩，州东南。在武隆司北二十里。

圆光岩，州东南。在武隆司北二十里。

洪福岩，州西南八十里。

黄荆岩，州西南一百四十里。

金庄岩，州西南一百二十里。

见凤岩，州北十五里。岩间石壁镌有"见凤"二字，故名。

望州关，州南十里。明曾英御献贼于此。

白云关，州南七十里。上有乌豆禅师遗迹。司谏刘蔇建书院于此。训课并题序刻石。

凤凰山，州南七十里。上有龙泉，形如凤冠，因此为名。

黄家山，州南三十五里。

范家山，州南四十里。

台子山，州南五十里。

萧家山，州南一百里。

独石山，州南一百四十里。

龟龙山，州西十里。上有东岳庙。土人名曰赛酆都，前州牧国更名聚云山。有五律诗五首见《艺文》。

五花山，州西二十里。五山排列如花，故名。

合掌山，州西北五十里。二山对合如掌，下有毛家泉。一日三潮，祷雨辄应。

舌璧山，州西五十里。

孩阜山，州西。

湘子山，州西一百五十里。

星宿山，州西北五十里。

曼子山，州西南五十里。

北岩山，州大江之北。宋程伊川夫子注易于此。

铁柜山，州北五里。形如铁柜，与涪陵旧县相对。一名吴君山。绵亘江北，雄压诸山。相传诸葛武侯屯兵于此。

碑记关，州南八十里。又名乐丰关。

冷水关，州南一百三十里。抵南川县界。

鸡鸣峡，州西十五里。《水经注》："江水历鸡鸣峡。"

黄草峡，州西六十里。唐杜甫诗："黄草峡西船不归"，注曰：峡在涪州西。大历四年，泸州刺史杨子琳叛。沿江东下，涪州守提使王守先伏兵黄草峡，为子琳所擒即此。杜诗见《艺文》。

红砂岭，州东一百二十里。

分水岭，州南八十里。

燕子汧，州东一百五十里。石壁镌供观音神像。颇有威灵。

狮子保，州北十五里。山形类狮，故名。

避风石，州东一百里。又名风碑岭，祭石则风少，不害禾稼。

剑环石，州东南。在武隆司西一里。江岸石梁插入江心，如剑环形。

白马石，州东南。在武隆西三十里。江边半岩有白石如马，江中又有石如鞍形。

四眼石，州北六十里。

仙女寨，州西五十里。

大江，在州北，自长寿流入州，东北入酆都县。《水经注》："江水自明月峡东至梨香溪，历鸡鸣峡，江之两岸有枳县治。"华阳记曰：枳县在江州巴郡东四百里。涪陵水北注之。又东经涪陵故郡北，又东经文阳滩。滩险难上，自涪陵东出百余里，而届于横石东为铜柱滩。又经东望峡，至平都。《方舆览胜》谓之蜀江，自成都登舟十三程至此合黔江。

涪陵江，在州东自彭水县流入大江。《水经注》延江北至涪陵，为涪陵水。庾仲雍所谓有别江出武陵者也。水乃延江之枝津，分水北注迳涪陵入江，故亦曰涪陵水也。其水南经武陵郡，昔司马错溯舟此水取楚黔中地。延熙中，邓芝伐徐巨，射元猿于是县。猿自拔矢，卷木叶塞射疮。芝叹曰："伤物之生，吾其死矣。"《元和志》："涪江在武陵县北流注于蜀江。"《寰宇记》："自万宁县西北二百八十里至关头滩，滩长百步，悬岩倒水，舟楫莫通。又有江门滩在县前江中。"《旧志》："自彭水江口镇入武隆界一百二十里，至关头滩五里，至城西南又五里，至石床滩又十里，至白马滩入州界又一百一十里。至州东入大江。"

内河，从垫江县高滩来至土主庙，入州境。历孙家场、牛门溪，至邻封场；入长寿界，出龙溪河会大江。间有灌田之处。

小河，州西北自老君滩发源，历易家桥、飞龙场、关箭河、院市寺，出两河口，合内河。亦有灌田之处。

小溪，州东南自碑记关起，由子耳坝出氽洞，会黔水。

小溪河，州西一从龙里漕发源，一从芭蕉溪发源，至平滩河合流。经来家滩，至小溪口流入大河。

渔溪河，州西六十里。

铁江河，州北一百里。发源长寿界。

大溪河，州东南。自南川县流入东北一百里，至州东南合黔水。即《寰宇记》所谓白水也。

青羊铺河，州南。源起大坝，出三岔河，合六壬水，平滩河、龙潭河、孟氏溪、两会口，至梨香溪入大江。

天生桥河，州南。源出南川县石牛河。由鸭子塘、大河嘴出会黔水。

黑塘河，州南。源出南川县。至洞子口，合两会口、梨香溪入大江。

渠溪河，州东。发源自忠州潲井。至沙沱合大江。

碧溪河，州东。自垫江发源。过酆都、至云里、下高滩。其处亦间修有水堰，可溉田千余亩。

清溪河，州东。在武隆司南。自清水溪发源，流入黔水。

白石溪河，州东。在武隆司。自信水发源，至土沱合入黔水。

龙溪河，州东。在武隆司。白龙坝发源。至龙溪合流入黔水。

大木棕河，州东。在武隆司。自麻王洞发源，至木棕滩合流入黔水。

小木棕河，州东在武隆司自印溪发源，至木棕铺会合大木棕河，共入黔水。

黄柏渡河，州东。在武隆司。自龙洞发源，至巷口镇合入黔水。

长滩河，州东。在武隆司。自水潗沟发源，至白马镇合入黔水。

弹子溪，州东六十里。

木公溪，州东一百三十里。

慈竹溪，州东六十里。

罗云溪，又名卜岁溪。州东五十里发源，罗云坝水洞流入大江。

龙溪，州东。在武隆司北七十五里。

后溪，州南关外。源由望州山下曼溪入黔水。

沙溪，州南三十里。源由歇马台山下入大江。

磨刀溪，州南。源出落马洞小溪入黔水。

东流溪，州南。源起马家沟。下小坝、碑记桥、入节滩、致远桥、落马洞、谜洞、小溪会黔水。

芭蕉溪，州南。水源合龙潭河。

姜家溪，州南。合大溪河，下鸭子塘，即刘司谏茔宅处。

洋慈溪，州南。水出一洞卷，合平滩河。

梨香溪，州西六十里。

袁家溪，州西三十五里。源由马武垭之黑荡子，下高水洞，经麻堆坝，历柏树洞入大江。有滩名麻堆滩，水洄滩亦险。

石鼓溪，州西五里。州人陈计长有记，载《艺文》。

斗仰溪，州北二十里。从北岩牵弓山发源，至洪岩子，历经栗塘，出瓦窑沱入大江。

黄溪口，州北五里。自三涨水发源，历孟家坝出大江。

神仙洞，州西北四十里。解元何行先读书处。

清溪洞，州东。《舆地纪胜》：在高松乡崖岸穴中，有石洞二处，自洞门入约一里许，有湫水一潭。

老龙洞，州东五十里。有上下两洞，上洞水出即伏，下洞水出可灌田数顷，直至清溪入大江。

枇杷洞，州东八十里。洞水流灌田亩，不虑岁旱。有石自洞出二尺许，如龙爪握珠然。

矿场洞，州东一百里。

修鳞洞，州东一百里。洞水可灌田百余亩，天愈旱水愈涌。洞中多风，甚凉人，不能久留。

阙家洞，州东一百里。洞中多蛇蝎，人莫敢近。山雾可占雨，岁旱祷雨则应。

余孔洞，州东一百里。洞水泛流，可灌田数百亩。岁旱无虞。

仙女洞，州南十里。洞中天然石笋森列如人形，故名。

白龙洞，州南。俗传岁旱赴洞，祈雨必应。

飞水洞，州西六里。

宿云洞，州西三十五里。

腾蛟洞，州西五十里。在鸭子坝。

咸井沟，州东一百里。水可为盐，前代曾取水煎煮，至今犹有两锅覆井，无有议开者。

莲池沟，州南一百一十五里。水出青烟洞，合两会口、梨香溪入大江。

马家沟，州南。源出小坝碑记桥，与东流溪会入黔水。

万家沟，州南。源起黄荆岩，合龙潭，出两会口，入大江。

七贤沟，州南。又名竹茨沟。源从石鹊河、万寿桥，下红砂子，牛渡滩，合两会口入大江。

余家沟，州南。水出大石硚，合青溪沟，入大江。

徐家沟，州西南一百四十里。水出茅里石，合两会口。

土地坡塘，州东。塘水委蛇绕山数里，可溉田千余亩。

谷花塘，州东一百里。相传其处有神，为人指休咎最验。但书皆反文难识。然二十里外亦即不应。

鸭子塘，州南。其地原有官渡。水达偏踏镇、庙垭口、弹子山、长滩坝、白马镇。有小舟可通陈家嘴。

紫竹岩，州东八十里。有大士祠。

龙宝潭，州东南□志：在武隆司东北七十里，古箐凄其，人鸟两绝。扶藤而入，幽径可十里许。忽平沙映旷，野曲壑泻清泉，别有幽境。出《省志》。

石瓮碛，《舆地纪胜》在州东。相传在东渡高峰之上。出《省志》。

开池，在州东三十里。出钢铁，土人以为文刀，本《元和志》。

信水，州东南。《旧志》在武隆司南二十里峡口，其泉如沸，日有三潮，每至高尺余。出《省志》。

咸泉，在州东南。《舆地纪胜》在武隆司白马津东三十余里。江岸有咸泉。初康定间，有程运使舟次鹊岸，闻江中有硫黄气袭人，谓此必有咸。召工开之，果得咸脉。迁忠州灶户，教以煮盐之法。至四百余灶。出《省志》。

凌云洞，州东八十里。山水湾环，尝有云气往来，故名。

梁箭滩，州东一百二十里。滩下有大沱，深若无底。时多灵异，每当旱岁，环村数百家谋竭其泽，未及其半，即有甘澍沛施。土人常倚为求雨之所。

磨盘滩，州西八十里。夏秋时最险。

羊角碛滩，州东南一百二十里。乾隆五十年六月初九日两山崩塞成滩。

边滩，州东南八十里。道光三年四月初三，夜冰雹大雨，山水陡发，崩岩成滩。

双飞堰，长里兰市坪。源由文家灏纡回数十里至此，突起石梁，横截溪口，二水中分。土人引水入渠，溉田数十亩。

散水坝堰，州东。黔水江有唐姓，倡率里人捐赀分派江水，凿堰一条，灌田四五千亩。至今利之。

关滩，州东南□□□□□里两□□□□□□石飞湍，激怒声震如雷。观察陈邦器，题有"澎湃飞雷"四字于石上。

白石滩，州东南。在武隆司西三十里。滩石形如白马，因此为名。

石床滩，州东南。在武隆司西五里。

险滩

龙王沱，州西北一里。又名鉴湖。夏月江水泛涨，中有三漩喷发，患不可当。凡揽载来城船只，每年地方官出示晓谕，不许擅放中流令其住泊，无祀坛卸载。奉檄设有救生船只。

龟龙滩，州西十里，在龟龙山下。江水泛涨，挽舟难上。上水载若重，常多覆溺。

麻堆滩，州西三十里。冬月水落石出，滩势汹涌。小舟载重，每至覆没。奉檄设有救生船只。

黄鱼岭滩，州西一百二十里。即黄草峡出口处。夏月水盛，波涛怒发。往往覆舟。奉檄设有救生船只。

群猪滩，州东北十里。有积石横江，洪涛震耳。夏月水长喷漩之险，最碍行舟。俗有"水过虾蟆口，群猪不敢走"之谣。奉檄设有救生船只。

陡崖子滩，州东北十五里。夏月大水，洪涛巨浪，不便舟行。俗语云："群猪陡岩，高挂灵牌。有事才往，无事莫来。"奉檄设有救生船只。

百汧滩，州东五十里。江水半涨，滩势益险。奉檄设有救生船只。

鸡冠山，州西五十里。

湘子山，州北六十里。因湘江子名。

纱帽山，州北一百五十里。

尖峰山，州北一百五十里。明参政谭臬、谭棠故居。

龙头山，州西四十五里。形似龙头。

青狮岭，州东六十里。为珍溪镇右弼之山。

白象山，州东六十里。与青狮岭夹珍流俯仰相望，酷肖狮象，故名。珍溪镇压其上。

琴台山，州西七十里。明何以让诗："忘机偏有调，真听总无声。漫把丝桐理，醉邀夜月明。"

圣人岩，州北六十里。有湘江子像。

老君洞，州东南八十里。洞右有石形似老君，洞下一滩水势汹涌，名老君滩。

观音阁岩，州东五里小江边。傍石为阁，人多游憩于此。邑人秦石樵题壁有："鸟带闲云归树杪，鸥翻野水出江边。岚光列户疑张画，帆影悬岩欲挂烟。傍岩架屋云生壁，嵌石为台风满楼"等句，足写清幽之景。

观音洞，州东南一百二十里。羊角碛后洞壁上佛像人物、鸟兽状若生成。邑陈孝廉泽山有诗见《艺文》。

文星石，州北鹤游坪有长石，高耸岩边，故名。

韩公沱，州西百里。石壁有韩公韩婆像，不知始自何时。舟人以柴祀之，可却病灾。

自生桥，州北鹤游坪。长五丈许，高二丈余。一石生成。

雨台山，州东百里。山顶有石碑故迹。每岁旱，土人祷雨于其上，多灵应。

八轿石，州北中。大石如轿，前后四石如人状，故名。

白龙洞，州西七十里。为蔺市坪东北出水门户。左右壁立千仞，久晴久雨，洞中水声远吼，土人以为将雨将晴之验。相传洞下有老龙，岁旱祈祷必应。

白鱼池，州南一百二十里。有白石碑，嵌立削壁，形迹天成。遥望之，则莹洁如玉，白光璀灿。

青烟洞，州南一百二十里。夹岸崩岩裂石，水道□□至洞口，直泻深潭。如长虹俯饮。尝有青烟一缕直冲霄汉。土人以为龙窟。石上有龙神像。

泡桐树，州南一百二十里。其地旧以树名，树为数百年物。高六七丈，中尽空。枯枝擎云，上有一枝生活，每年花多岁丰，花少岁歉。里人以为灵异。

古佛洞，州南八十里。巉岩千仞，缘梯而上，岩半有洞，宽十余丈，多诸佛像，形迹天成。

石花园，州西七十里江边。怪石棋布如奇花状，故名。有诗云："琼葩何日放前津，古岸横陈满地春。若使多情逢米老，临江端合拜花神。"惜无姓氏。

石马冈，州东七十里。相传公输子过此，镌马石上。历今形迹若新。

佛耳岩，州东六十里。珍溪镇明文林郎，丹坪征仕郎，南坪镌"兄弟观澜"四大字于石壁。笔势遒劲可观。国朝州牧张师范爱其地名胜，建观音祠。

燕子山，州西五十里。形如燕子。

鸡公山，州西六十余里。形如雄鸡。

观斗山，鹤游坪分州署西。高踞坪边，巍然独出。白莲教乱时，村人垒石藉以保聚。

箐口山，鹤游坪分州署东头起梁，硵磴蜿蜒黄草峡，长踞百里。为鹤坪东障。俗呼为东山。与鸡公山左右分列。

朱砂坪，州西六十里。其地出朱砂，多鹅卵红石，故名。

石门，《寰环记》：涪陵均堤东十三里有石门，门东有石鼓，清晨叩之声远。

剪刀峡，州西四十里。两岸怪石绵亘，直抵江心，形似剪刀。

鹦哥峡，州东南四十里。峡中有石如鹦形，苔衣满身，其色淡绿。

七贤岗，州南□□，国朝周文恭公之墓在焉。

五牛石，州北二十五里。有五石形似五牛故名之。

小珍溪，州东六十里。在珍溪镇下。

东堡寨，州西三十里。

板堰溪，州西五十里。

马绊溪，州西八十里。

形　胜

书载：禹封山濬、川弼成五服，而九州之土以分益州。雄据江汉上游，为西南之扼隘。而涪枕两江带五溪。其间绣壤相错，嵚崎险阻，类非弹丸之区也。

东距丰陵，西抵乐温，南连金佛，北接垫江。会川蜀之众水，扼瞿唐之上流。按，读史《方舆纪要》：涪州南通武陵，西接牂牁，地势险远，跨陵獽蜑。《华阳国志》曰：涪陵，巴之南鄙也，从枳县入，沂涪水秦司马错由之取黔中地。此涪水盖指黔江也。今自州以南，山川回环，几及千里。唐、宋时，常以控扼形要。黔州，即今彭水县。往往置镇设兵，以兼总羁縻州郡。唐以黔州为都督府，督思、辰、施、播等州。兼领羁縻数十州。宋亦置军镇，领羁縻州至五十有六。明洪武间，以黔并入于涪州。其险要实倍于前代。《四夷考》云：武隆一县为州之要地，牂牁、黔楚指臂东西，北枕巴江，南通贵筑，三面皆界于土司。所谓酉阳之咽喉，石砫之项背，而涪陵则尤胸腹之要也。南蛮蠢动，而全蜀之要害。武隆独据之。《旧志》云：武隆要关全蜀险扼诸蛮，谓此也。观此则一州之形势，瞭如指掌矣。

东西广一百五十里。

南北袤二百里。

附疆界

东九十里，至三华山抵酆都县界。南一百里至冷水关抵南川县界。

东南八十里至牛皮箐分水岭抵武隆司界。

西南一百五十里至铁瓦寺抵巴县界。

西六十里至黄草山抵长寿县界。

北一百里至沙河徐家渡抵垫江县界。

西达府治四百五十里，达省会一千六百里，达京师八千一百五十里。

武隆界，康熙七年归并州治，设武隆巡司。

东一百三十里至木棕河抵彭水县界。东北九十里至鱼鳞箐分水岭抵酆都县界。西北八十里至牛皮箐分水岭抵州界。

南七十里至蒲溪镇抵正安州界。

西南一百五十里至高坎抵南川县界。

武隆距州南一百七十里。

附关隘

蔺市镇在州西六十里。宋开庆元年，元兵攻合州，其将耨垺造浮桥于涪州蔺市，以杜援兵即此。明置蔺市驿。今裁改置镇。耨垺旧作钮璘。

白马盐场在州南，《九域志》：涪陵县有白马一盐场。《舆地纪胜》：白马津在武隆司三十五里。有盐官。宋置白马砦。今日白马镇。

马援坝在州南四里，余详古迹门。

白云关在州西南七十里。

望州关在州南十里。

清溪关在州东南。唐开成三年，牂牁蛮寇涪州之清溪镇，即此。

鹤游坪州北一百里。磐石为坪。周四百余里群峰罗列，中多胜境。国朝嘉庆七年设州同，驻坪上。因旧寨为城名保和城。

武隆镇在州东南旧武隆县治。国朝康熙初置巡司。

安居寨在州西。

赤甲戍在州西。《旧志》：汉末为赤甲兵所聚。

角邦寨在州东一百里。四面绝壁，高数千丈，周围约八九十里。

蔺市坪在州南八十里左右。溪水环绕，前临大江，后扼冷水关，周轮百余里。悬岩绝壁，其上则平畴绿野。惟观音岩、六角场、深垭、五马石、磨刀岭、马武垭、高磴摩云，可通行人。余虽附葛攀藤，不能上也。

附八景

荔圃春风，唐天宝中，贵妃取荔枝于此。园今已荒废无存。

桂楼秋月，学侧明伦堂后有楼，高百尺，今已圮毁。

铁柜樵歌，高敞轩豁，樵歌之声达入城市。

鉴湖渔笛，州西龙王祠下，江清如鉴。渔舟群集矶边，弄篴之声，清越可听。

群猪夜吼，州东北有积石横江，洪涛震耳，夏间水势愈盛。声达城市，夜听益彻。

白鹤时鸣，州西有石梁横江。集鹤无数，昔仙子尔朱者，常乘鹤至此，声彻九皋。

松屏列翠，州北岸上有苍松屏列，又云北郭外有巨石如屏，上有天然松纹，如墨汁图绘。今却不见。

黔水澄清，州左岷江、右黔江。岷水色赤，黔水色碧，两水合处，赤碧不混。秋冬亦然。

附鹤游坪八景

八轿云飞　两溪浪暖　青牛遗迹　仙鹤凌波　西岭芙蓉　象山屏幛
磴峰金印　黄草屯旗

附武隆八景

曝头观峻　响石临江　层岩两榜　信水三潮　笔架祥云　剑横秋水
仙女留名　汗马卸鞍

街　市

街为通达市易，有无皆以便民也。其在国都，列厘之区。纵横往来，通谓之街。而乡里日中之市，亦自古不废。所谓大道、狭斜、五剧、三市者，皆是也。第其间盛衰相循，兴废不一。今昔之名，安可不纪哉。

城内

东大街、染匠街、魁星巷
西大街、十字街、乐家巷
学坝、腰街子、儒林坊街

东关外

东华坊、厢子街、五桂堂
川山堂、盐店嘴、麻柳林
火炉巷、曼溪桥、桂里坝
黔清街（即旧志厢子街）、何家沟

小东关外

麻柳嘴、东升坊

西关外

樊家街、潘家巷、戴家沟

夏家沟、祠堂后街、皮家巷

水井湾、纸坊桥、龙王嘴

翰林坝、瑞麟桥、皮家井

尚书街、土门子

南关外

南门山、较场、晋香桥

走马街

北关外

官梯子、半边街、鼓儿城（一名枣子岩）

歇圣庙街、珠子坝

长里乡市

南岸堡，州西南三十里；大山场，州西北五十里。

蔺市镇，州西南六十里；石家沱，州西南九十里。

酒店垭场，州南三十五里；马武垭场，州南五十里；俗传汉马武屯兵于此，故名。

五马石场，州南五十里。

青羊铺场，州南九十里。宋元丰五年，铺南建文昌宫。石壁刻有羊一，故名。

铜锣铺场，州南一百里。相传场北有四方古井，昔人淘井，有铜钵铜锣，故名。

龙塘子场，州南一百三十里。又名龙潭子。

冷水关场，州南一百三十里；鸭子塘场，州东南一百里。

峰崖头场，州东南一百里；太和场，州东南一百里。

子耳坝场，州东南九十里；弹子山场，州南一百二十里。

青龙镇，州西八十里；增福场，州南九十里。

聚宝场，州南九十里；酒场子，州西南一百三十里。

大顺场，州西南一百二十里；太平场，州西南一百二十里。

龙洞场，州南一百二十里；飞沙场，州南一百里。

庙垭子场，州南；明家场，州西南一百五十里。

两会口场，州西南一百二十里；新庙子场，州西南一百六十里。

堡子场，州西南九十里；磨沱，州西一百二十里。

韩市镇，州西九十里；今无；兴隆场，州西南一百里。

义和场，州西五十里；大柏树，州西北七十里。

白桃溪，州南一百里；陈家嘴，州东南一百里。

白里乡市

李渡镇，州西三十里；致远场，州西五十里。

苟家场，州西六十里；罗家庙场，州西九十里。

白家场，州西一百八十里；沈家场，州西一百八十里。

沙平场，州西一百六十里；包家庙场，州西二百二十里。

中坝场，州西八十里；严家场，州西一百八十里。

韩龙场，州西六十里；接龙场。

邻封场，州西一百六十里；回龙场，州西九十里。

汪家场，州西二百里；土主庙场，州西二百二十里。

金银场，州西六十里；飞龙场，州西一百四十里。

罗家场，州北八十里；王家场，州北九十里。

三会场，州东一百一十里；箐口场，州东一百二十里。

裴家庙场，州东一百二十里；

云里乡市

黄谷嘴，州东十里；韩家沱，州东十里。

三块石，州东四十里；大沱铺，州东四十里。

南沱镇，州东七十里；珍溪镇，州东六十里。

北背镇，州东六十里；梨市镇，州东八十里。

中峰场，州东八十里；白家场，州东四十里。

清溪场，州东三十里；土地坡，州东六十里。

三堆子，州东四十里；黄沙岭，州东六十里。

回龙场，州东六十里；义和场，州西八十里。

鸡冠场，州东七十里；荒田坝场，州东八十里。

东西里乡市

土坎场，州东，在武隆司东三里；白马镇，州东，在武隆司西三十里。

朱家嘴，州东；武隆司，州东南一百五十里。

凉水铺场，州东三十里；钻天铺场，州东，在武隆司东十五里。

白果铺场，州东，在武隆司东三十五里。

焦石坝场，州东六十里；木根铺场，州东一百四十里。

滥坝场，州东一百二十里；鱼鳞箐场，州东。

接龙场，州东一百二十里；火炉铺场，州东。在武隆司东三十五里。

桐子山场，州东，在武隆司东一百二十里。

麻溪塘场，州东，灯盏铺场，州东。

沙台铺场，州东，在武隆司东一百十五里。

郭祥坝场，州东，在武隆司一里许。

龙洞场，州东一百六十里；上堡塘场，州东。在武隆司东一百里。

木棕铺场，州东，在武隆司东一百里。

关滩镇，州东，在武隆司东五里。

巷口镇，州东，在武隆司东十五里；

石床场，州东，在武隆司西十里；双河场，州东，在武隆司北三十里。

新滩镇，州东在武隆司西十五里；仓沟场，州东，在武隆司东一百三十里。

兴隆场，州东，在武隆司东十五里；木花洞场，州东，在武隆司南十五里。

永顺场，州东，在武隆司西八十里；黄柏樉场，州东，在武隆司南八十里。

接龙场，州东，在武隆司东北一百五十里。

义和场，州东，在武隆司南八十里；广兴场，州东，在武隆司南七十里。

和顺场，州东，在武隆司西八十里；飞沙场，州东，在武隆司西一百里。

阡口场，州东，在武隆司东七十里；凉水井场，州东，在武隆司南六十里。

新场，州东四十里。百顺场，州东，在武隆司西一百五十五里。

羊角碛，州东，在武隆司东十里；土沱场，州东，距武隆司七十里。

中嘴场，州东，在武隆司东八十里；大木峡场，州东，距武隆司一百里。

后坪坝场，州东，在武隆司东一百里；

土地坳场，州东，在武隆司东四十里；

西岸场，州东，在武隆司十里；弹子山场，州东，武隆司西八十里。

坪桥场，州东，在武隆司西一百二十里；

车盆硐场，州东，在武隆司西八十里；

沙窝山场，州东九十里；杨家井场，州东，武隆司西七十里。

长坝场。

里　甲

国家编立里甲，所以弭盗贼、均徭役、便赋税也。故周有比闾、汉有亭乡、唐有坊村，名虽不同，而其义则一。

我朝定鼎，诏各府、州、县以一百一十户为一里，推丁多者为长。余百户为十甲，甲凡十人岁役，里长一人稽奸宄，讲信睦，四境宋熙，间阎宁谧。立法之良，于斯为盛。明编涪陵一十三里，国朝编为三里十八甲，后入武隆二里十三甲。里有名，甲有序。制度井井、村落昭然。《旧志》简略不详，兹特胪陈于左。

明编户一十三里

白石、黑石、通济、螺回、李渡、石龙、韩市、长滩、在郭、罗云、芋池、谢石、蔺市。

国朝定鼎编三里一十八甲

长滩里、白石里、罗云里。

康熙七年武隆并入，编户二里十三甲，共五里三十一甲。

长滩里

首甲、上二甲、下二甲、上三甲、下三甲、上四甲、下四甲。

白石里

首甲、上二甲、下二甲、上三甲、下三甲、上四甲、下四甲。

罗云里

首甲、二甲、三甲、四甲。

东里

一甲、二甲、三甲、四甲。

西里

一甲、二甲、三甲、四甲、五甲、六甲、七甲、八甲、又七甲。

长滩里村落地名

君子乡、马援坝、乌杨树

蒿枝坝、歇马台、上沙溪

麻堆坝、落马洞、汪渠沟

长冲坝、凤凰寨、张孙坪

桅杆堡、碑记关、林家坝

黑潭坝、徐汉堂、莲池沟

石垭子、教官坪、石砚台

蔺市坪、中堆坝、北拱坝

吴家坝、黄连坡、樊家坝

水银沟、金银垭、杨家坝

双河口、罗汉桥、庞家坝

舒家湾、石凤溪、沙溪沟

任家冲、盐井坝、曾家坝

张家坝、刘家坝、大东溪

木鱼坝、大山坪、安真坝

叶师坝、大　坝、小　坝

官　坝、柏树坝、香炉滩

大渠灏、奚家沟、长岭冈

水碓厓、玉窑坝、鸭子坝

铁炉坝、胡家坪、竹园坝

景家坝、邓家坪、状元堡

百合墅、马羊坪、瞿家湾

皮丝沟、樊家林、葛树坝

磨　沱、老鹳岩、徐家坝

谢石坝、方家坡、戴家石塔

古家坝、大柏树、空洞山

盂璧山、三颗石、鹤凤滩

沙溪桥、赛酆都、眠羊嘴

黄舣沱、白鱼池、朱沙坪

石鼓溪、火麻岗、桂花垣

石二坝、东花园、福荣庄

白石里村落地名

鸿舞溪、均田坝、铜鼓石

艾家坝、陶家坝、羊肠坡

马鞍山、八股村、胡村坝

龙里槽、双　庙、梨双桥

土地垭、柏树桥、金装岩

猫儿丘、凉风垭、观音岩

高庙子、石二丘、孙家坪

板堰溪、蒋家岩、黑岩子

谭家岭、上　桥、下　桥

平滩河、花　桥、大石口

罗家店、长　冲、赵侯溪

三窍塆、石龙寺坝、龙桥

北　岩、天池坝、三涨水

螺回坝、鹤游坪、狮子滩

湘子山、黄草山、凤凰山

毛家泉、铜牙箐、张家箐

飞水洞、枫香坎、鸡心庙

龙君庙、王家岩、棋盘石

玛瑙岩、跳石河、石庙岩

罗云里村落地名

羊鼓坡、么姑坝、四眼石

黄土坪、九洞水、焦石坝

干龙坝、罗云坝、山下塆

散水坝、梅子坳、张家槽

红砂岭、滥泥田、大墙垣

曹家坝、陈家庄、阴阳坝

牛皮坝、马蹄滩、班竹滩

珍家滩、七里滩、南阳滩

孚心滩、石堰场、油榨嘴

魏家场、何家场、盐井溪

高水井、舒家坳、毛古田

栗子坪、八角庙、月亮坝

水洞口、木瓜园、尖山子

段家沟、曹家塆、高　山

高堵墙、都塘坝、左右街

一条街、弓家塝、四方井

柏树塆、坪西坝、鬼儿坝

鸡冠岭、马伏岭、金钗堰

严家大塘、况家大塘、徐家坨

方家坪、薛家塘、毛冲子

瓦屋基、斗坡子、偏桥山

二磴岩、马黄田、鞠家嘴

何家嘴、燕儿岩、向家山

老女塆、将军塆、青冈嘴

钱家塆、胡家沟、石垣边

新塘塆、毛谷冲、中峰嘴

何家坪、蔡家边、班竹岩

黎家园、新屋塆、金盘塆

老鹳坝、彭家坝、吴坝冲

木桶井、斗磴子、大屋嘴

陈家山、黑石岭、梅家岩

大溪口、石马子、猴子岩

鹤背塆、沙　坨、六庙坡

栖凤堡、游将塆、邓家坪

龙门溪、鹭鸶盘、刘家场

木工溪、水漫滩

东里村落地名

清水溪、柏杨坪、龙塘溪

乱凤坪、荞子溪、冉家坪

白石溪、杜家坪、鱼鳞溪

方家坪、朱沙溪、高庄坪

赤　奚、铺　坪、印　溪

小　坪、蕨场坝、杨柳山

落东坝、野寒山、核桃坝

桐子山、滥泥坝、夏家沟

向家坪、长溪沟、互池坝

寨子沟、土沱坝、长　坡

棉花坝、黑　寨、大河坝

马　游、谭家坝、龙宝塘

青球坝、石鼓沱、蔺村坝

曹家堰、青狮坝、竹园坨

龙　坝、徐家塘、柏柳箐

千石丘、都塘箐、简家营

东山箐、木水槽、土城台

九夥岭、黄泥坡

西里村落地名

长滩坝、柏木沟、刘家坝

木淹沟、柏树坝、萧家坝

郭家坝、板椿沟、何家坝

圈流河、赵家坝、沙　河

古耳坝、槽子溪、乌鸭井

马　溪、弹子山、铺　溪

洗马池、上　堡、佘家塥

高　桥、天池坪、青龙洞

石　孱、焦王寨、大　槽

九凤山、南山坪、竹　坝

龙　洞、笼子头、广　坪

万家营、黄柏渡、沙　台

古　迹

昔司马迁适鲁，观仲尼庙堂、车服、礼器，低徊不能去。适长沙，观屈原所自沉渊，未尝不垂涕想见其为人，故迹之感人，良有以也。涪陵蜀之名区，其英贤硕彦、游宴赏眺、山光水影、杰阁雄台、青冢白杨，当不相远。叠遭兵燹毁残，虽荒烟蔓草中，而残碑断碣，尚辨其姓氏，则胜场犹在，延寿之赋灵光，今昔将无同耶。

枳县故城，《舆地纪胜》云：在巴县东北一百十五里。

汉平废县，《寰宇记》在今涪州东一百二十里罗浮山北，岷江之南，白水入江处。开元三年转入涪陵。

温山废县，《新唐志》：涪州有温山县，本属南潾州，亦武德初所置。《九域志》：熙宁三年，省为镇入涪陵。旧志在州西北一百一十里。旧作乐温县，误。

武隆废县，《寰环记》本涪陵枳二县地，以界内武龙山为名。宋宣和二年改武隆。国朝康熙七年归并涪州。设巡司，有城。周二里有奇。在州南一百七十里。

齐涪陵王府，在州西枳县故城。齐中兴元年宝融即位于江陵，遥废齐主宝卷为涪陵王，盖郡王也。未至邸遇弑，追废为东昏侯。

马援坝，州南五里。一坝平衍。昔马伏波入五溪住此，故名。《后汉书》马援讨五溪蛮，有两道可入，从壶头则路近而水险；从充则途夷而运远，不如进壶头搤其咽喉，充贼自破。遂由涪进壶头，贼乘高守隘，水逆船不得上。会暑盛，士卒多疫死。援亦中病，因乃穿两岸厓为室以避炎气。

马武垭，州西南五十里。相传汉马武屯兵于此。

诸葛山，州北四里。相传汉诸葛武侯屯兵于此，故名。

黄舣沱，州西五里。宋黄山谷往来洗墨池间，舣舟于此。

李渡镇，州西三十里。唐李青莲过此入夜郎，故名。

点易洞，北岩石壁有洞，宋程伊川滴露研朱注易于内。前牧张晴湖傍壁为楼，颜曰：观澜。

致远亭，州北。宋嘉定间，州守范仲武建此亭于点易洞侧。

碧云亭，州北一里，宋州守范仲武建。每岁春州守率僚佐耆老劝农于此。国朝王士正《早登北岩访伊川注易洞，憩碧云亭》诗：“鸡鸣截江去，磊落见残星。古洞生苍藓，层岩列翠屏。五溪秋水岸，万里碧云亭。蜀洛清流尽，千秋忌独醒。”

洗墨池，州西五里。有溪积水若池，宋黄山谷涤砚于此，因名。

钩深堂，程伊川夫子谪涪时，注易于此，即旧普净院辟堂。黄山谷题其堂曰：钩深。宋嘉定间，州守范仲武塑像祀之。前牧萧公重修，后多历年所殿宇三楹倾圮无存，州牧董君于康熙癸巳年菊月捐修。仍颜原额，敬置伊川夫子木主其中，俾后人崇奉。后又圮，并地基为强邻侵占。州牧罗公于乾隆十四五年间，捐赀赎地，重建祠宇作书院。设四贤祠于程祠之左，以黄、尹、晏、谯合祀之。右建大诚堂，送学行礼于此中一亭。颜曰：仰止。嘉庆年间，州牧曾公从而修葺之。

四贤祠，在文庙侧，前守道丁公建碑记，尚存四贤。谓程颐、黄庭坚、谯定、尹焞。后增晏亚夫为五贤。

江心石鱼，州西鉴湖上流，有石梁上刻双鱼。皆三十六鳞，一衔芝草，一衔莲花。旁有一秤一斗，见则年丰。国朝王士正诗：“涪陵水落见双鱼，北望乡园万里余。三十六鳞空自好，乘潮不寄一封书。”

吴公堂，宋太学吴光辅疏城南溪，后其孙信仲仍守是邦，遂临溪建堂，迨晏亚夫居此，又名晏溪。

风月台，在涪温山废县北，曰虎山，山有石龛名曰风月台。出《一统志》。

荔枝园，《方舆纪胜》：妃子园在涪州之西，去城十五里。当日以马递驰，载七日七夜至京。人马毙于路者甚众。《方舆胜览》：蜀中荔枝，泸、叙之品为上，涪州次之，合州又次之。蔡君谟《荔枝谱》曰：贵妃嗜涪州荔枝，岁命驿致。苏东坡亦云：天宝岁贡取之涪。盖当时南海与涪州并进也。

天剑石，武隆司西古渡头。有断石，中白痕如剑，光芒烛天，故名天剑石。

天子坪，州西八十里，州人晏亚夫肄业处。

磨盘石，州西七十里。州人陈可则因石峙江心，屡为舟患，捐赀平之。刻有"盘石镇江心，漾洄二水清。龙宫经咫尺，海屋最分明"之句。

纱帽石，州东大江群猪滩下五里许，水落石见。若石顶有沙，则来岁丰稔；遇乡会之年，科甲亦多。若沙只在半蹬，其美略减；若无沙，则乏科岁歉，历历不爽。州民恒以是占验焉。

北塔，州东北大江岸刘家山顶，为州境文峰。今圮。

晏溪沟，州东关外。相传晏亚夫游憩于此，溪有琴石。

三畏斋，州北和靖夫子读书处。嘉庆间，州牧张晴湖重修此斋。傍石壁为曲廊小轩，甃石成池，栽竹为径，景甚幽邃。中建夫子祠，奉以时祭。邑人多游憩于此。

白鹤滩，州西一里，尔朱真人冲羽处。真人浮江而下，渔人有白石者举网得之，击磬方醒，遂于滩前修炼，后乘白鹤仙去。见《省志》。

铜柱滩，州东。《寰宇记》云：马援始欲铸铜柱于此。又云昔人维舟见水底有铜柱，故名。

横石滩，州西。后汉岑彭破公孙述将侯丹于黄石，即此。俗名二石滩。见《通省志》。

锦绣洲，在铜柱滩下，一名沙洲，水落则出。土人能织锦罽，因名。城中昔有锦绣阁，见《一统志》。

铁柜山，州北五里。形如铁柜，与涪陵旧县相对。一名吴君山。绵亘江北，雄压诸山。相传诸葛武侯屯兵于此。

麻堆滩，州西三十余里。堆上生成石锅、石灶、石硐。旁二石像钟鼓。堆下小沱，每岁冬水落现沙堆三，土人目为仓库。沙高主来岁丰，低主来岁歉，屡验不爽。

鹿鸣洞，在鹤游坪东。洞顶有盘石刻棋局，岩半镌河图洛书图。石额及石穴镌有"且笑岸源泉井"等字。石壁上诗甚多，可读者惟四句，云："谷口天成景色新，龟山遗业早流声。讲堂自昔闻鳣至，屈崒于今听鹿鸣。"余皆模糊莫辨。右刻北坡先生放歌处，即诗推之，知其为杨氏也。两傍对联云："石壁图来云作阵，玉壶愁破酒如兵。"丁卯元日夏景宣书。

祖师观，在州西三十里李渡镇。观梁上有尉迟敬德监修字样，历历如新。

曲水亭，州西五十里。国朝何继先及子何铠训课生徒处。得溪水曲绕如之字形，亭立溪侧有人偶拾瓦片，上镌七绝一首云："曾记雷陈一座来，春风夜雨细徘徊。自从菊放分携后，几度蔷薇几度梅。"

高楼，州南一百三十里。楼三层高四丈许。明正德间，司谏刘秋佩先生胞弟奇山建。历两朝其楼尚存。

安乐洞，州南一百三十里。明嘉靖间，隐士刘石岗常聚石为洞，憩息于此。洞中石壁刻有"聚乐洞，石岗高隐"数大字。洞门书"小洞天"三大字，左右大篆："孝弟忠信礼义廉耻"八字。有邑人户部员外郎夏国孝碑记，今残缺。惟同知夏子云与张一鸣二记尚存。

石牌楼，州南一百二十五里。正德间司谏刘秋佩先生胞弟奇山建，今楼废。惟牌坊尚存。有"云林深处"四字可辨。

印金石，州南一百三十里。明司谏刘秋佩先生归田后，常与骚人吟咏其上。石状类印盒，故名。

歇神滩，州北。相传张桓侯被刺，其首流注至此歇宿去。至今蝇蚋不生，后人塑像庙祀之。宋大观间，于庙前得三印及佩钩刁斗，上镌桓侯名。张上环诗："天下英雄只豫州，阿瞒不共戴天仇。山河割据三分国，宇宙威名丈八矛。江上祠堂严剑佩，人间刁斗见银钩。空余诸葛秦川表，左袒何人复为刘。"

八景

荔圃春风，唐天宝中，贵妃取荔枝于此。园今已荒废无存。

桂楼秋月，学侧明伦堂后，有楼高百尺。今已圮毁。

铁柜樵歌，高敞轩豁，樵歌之声达入城市。

鉴湖渔笛，州西龙王祠下，江清如鉴，渔舟群集。矶边弄篴之声，清越可听。

群猪夜吼，州东北有积石横江。洪涛震耳。夏间水势愈盛，声达城市，夜听益彻。

白鹤时鸣，州西有石梁横江。集鹤无数，昔仙子尔朱者，常乘鹤至此，声彻九皋。

松屏列翠，州北岸上有苍松屏列。又云北郭外，有巨石如屏。上有天然松纹，如墨汁图绘。今未见。

黔水澄清，州左岷江，右黔江。岷水色赤，黔水色碧。两水合处赤碧不混。秋冬亦然。

坟　墓

益闻周封比干之墓，秦禁柳下之樵，古贤豪义士郁郁佳城所当望而兴哀过焉起敬者也。然不笔之于书，世远年湮，谁从荒烟蔓草中抚残碑断碣而别某某之墓乎？爰列其姓氏，纪其地里，俾后之人培松柏、除荆榛，识一杯之足重。而前人之丘墟，班班可考矣。

齐

东昏侯墓，在州西枳县故城。《齐志》有涪陵郡属巴州。中兴元年，宝融即位于江陵。遥废齐主宝卷为涪陵王，盖郡王也。未至邸遇弑，旋追废为东昏侯。

唐

长孙无忌墓，按，《一统志》：无忌洛阳人，累官太子太傅，同中书门下三品。唐高宗时谏立武后，后许敬宗诬奏无忌反，削官爵谪黔州。卒葬彭水县信陵乡薄刀岭，今隶涪州。

宋

进士任昌大墓，庆历间进士墓在武隆西里一甲黄荆坝铧头嘴。

明

万户侯何德明墓，鹤游坪金子山。

知府舒忠墓，白里沙坪庙。

都司刘信忠墓，长里凤凰山高楼。

侍郎白勉墓，长里石鼓溪。

尚书刘岌墓，白里金装岩。

孝子王应元墓，武隆司双狮山。

知县谭文渊墓，武隆司双狮山。

知县冉惠墓，北拱坝大东溪。

知县何友亮墓，白里鹤游坪周元山。

知县钱玉墓，长里石鼓溪。

给事中刘菠墓，长里高楼宅后。

诰赠资政大夫夏彦策墓，长里中金井。

参政张桂墓，白里鹤游坪水口。

貤赠文林郎邹应芳墓，云阳县盘沱。

尚书夏邦谟墓，云里郝家坝。

孝子夏正墓，长里和凤滩。

知县刘文墓，长里凤凰山。

员外郎夏国孝墓，长里和凤滩。

主事周必胜墓。

千户伯何舜卿墓，鹤游坪箐林山。

诰赠光禄大夫刘佾墓，白里金装岩。

参政谭棨墓，云里金井坝。

佥事道谭臬墓，云里金井坝。

千户伯何清墓，白里鹤游坪。

乡贤张掀墓。

御史朱灏墓，东里三甲龙坝罗家灏。

知州张模墓，鹤游坪。

同知张镕墓，鹤游坪胡家桥。

知县贺有年墓，东里一甲清水溪。

布政司文作墓，长里错开河。

诰赠中宪大夫陈一廉墓，长里鸭子坝风荡河。

诰赠中宪大夫刘志懋墓，长里凤凰山。

知县周昌墓。

知县何仲山墓，城西中峰寺侧。

御史刘养充墓，白里螺回坝。

教谕何岑墓，鹤游坪文家坝。

御史文德墓，长里大坝。

同知刘承武墓，长里桐梓沟。

诰赠大中大夫向云程墓，白里金装岩。

知州张建道墓。

同知夏子云墓，长里和凤滩。

知县刘步武墓，长里凤凰山。

知州文羽麟墓，长里朱沙坪。

乡贤张筐墓。

太仆寺少卿冯良谟墓，长里麻堆坝。

知州曾所能墓，长里曾家坝。

郎中王用墓，白里小溪。

知县周清墓。

巡抚张善吉墓，白里鹤游坪大坟坝。

蔺知府墓，东里蔺村坝。

杨都司墓，东里一甲木根铺。

举人周钦墓。

巡抚曹愈参墓，长里葛树溪。

知县程鹏墓，长里石凤溪。

御史况上进墓，白里陶家坝。

知县沈海泉墓，长里盐井坝。

参政何伟墓，白里石二丘。

主事任傅吾墓，长里盐井坝。

同知陈直墓，长里蒯家沟。

知县文可黻墓，长里致远桥。

隐逸蔺希夑墓，长里蔺市坪。

训导夏可裳墓，贵州贵阳县。

副使道张与可墓，白里双石桥。

知县何楚墓，鹤游坪文家坝。

知府何以让墓，鹤游坪文家坝。

诰赠中宪大夫陈致孝墓，长里莲池沟。

盐运司陈荩墓，长里五马石绿阴塘。

册封虬正侯周大江墓，州东云里彭家坝。

参政向鼎墓，云里东青驿。

知州何振虞墓，蔺市镇对岸朱砂坪。

知府陈计长墓，长里致远桥。

文苑夏道硕墓，长里麻堆坝。

进士都察院经历王公墓，云里金钗堰。

乡贤向牖蟖墓，云里东青驿。

文苑刘之益墓，长里钱家塆。

大理寺政刘起沛墓，长里钱家塆。

推官陈正墓，长里舒家塆。

知县张行仁墓，云里田铺塆。

举人潘腾珠墓，长里董家庄。

教授张仡墓，鹤游坪大坟坝。

举人潘利用墓，长里董家庄。

通判陈计定墓，在南后溪。

诰赠资政大夫夏有纶墓，白里黑石坪。

诰赠荣禄大夫周达墓，州西金鸭池。

诰赠荣禄大夫周茹茶墓，长里磨沱。

进士黎元墓，白里黎家洞。

孝子曹凤山墓，白里曹家大塆。

推官赵芝垣墓，白里赵家坝。

参议大夫陈黔清墓，蔺市坪龚家坝。

国朝

文林郎陈命世墓，长里曾家坝。

知县何铣虞墓，白里铁炉坝。

文苑冯懋柱墓，长里麻堆坝。

进士任国宁墓，长里马羊坪。

进士文景藩墓，长里杨家塆。

教授陈辅世墓，长里曾家坝。

孝子黄志焕墓，城南石嘴。

教谕黄来谙墓，彭水县。

训导陈维世墓，长里马援坝。

知县夏允墓，白里鹤游坪郝家山。

奉政大夫邹之英墓，长里深沱。

奉直大夫夏克明墓，白里石龙寺。

学正陈任世墓，长里陈家塆。

守备邹述麟墓，长里北拱坝。

知县刘衍均墓，长里钱家塆。

御史夏景宣墓，云里旸谷坝。

教授向玺墓，长里向家岩。

教授汤范文墓，北山坪龙井塆。

训导何继先墓，城西黄溪口。

教谕杨名时墓，洗墨溪。

知县何洪先墓，白里小溪。

文林郎侯兴通墓，北山坪。

荣禄大夫周俨墓，长里磨沱。

孝子周儒墓，白硷碛太平山。

训导熊尔敬墓，白里湘子山。

文林郎张元伟墓，长里蔺市坪鱼溪河。

知县张元僎墓，鹤游坪马蹄穴。

教谕夏玥墓，城南天马山张家塆。

知县何钺墓，白里小溪尖山。

知县何义先墓，白里鹤游坪徐家嘴。

奉直大夫陈振世墓，长里沙溪沟。

知县陈援世墓，长里三颗石。

举人向远鹏墓，长里马武垭。

知县何铠墓，州西黄溪口。

举人何铨墓，州西黄溪口。

中宪大夫陈坚墓，长里蔺市坪。

举人陈珏墓，长里朱家垣。

举人熊禹后墓，白里黎双桥。

守备夏玥墓，长里杨家林。

解元何行先墓，白里横山。

举人夏瑨墓，长里石凤溪。

教谕夏景铨墓，长寿县官斗山。

荣禄大夫周珙墓，长里汪渠沟。

举人陈果墓，长里欧家冲。

教谕陈廷墓，长里陈家塆。

知县杜同春墓，长里元坛坎。

举人向远翔墓，云里东青驿。

举人高日墓，长里仁老山。

承德郎陈峙墓，长里曾家坝。

知县陈岱墓，长里曾家坝。

举人向远翱墓，长里麻堆坝。

知县吴昉墓，云里平西坝。

文林郎陈瓒墓，长里鸭子坝。

举人文洽墓，长里石垣子。

教谕刘普墓，长里钱家塆。

中宪大夫邹旗墓,长里深沱。

盐大使黄世远墓,长里大龙桥。

知州何有基墓,州西黄溪口。

文林郎陈于彭墓,长里三颗石。

举人夏嵋、夏崶合墓,白里铁炉坝。

教谕何达先墓,白里小溪。

文林郎侯朝佐墓,长里东流溪。

知县易肇文墓,长里石凤溪。

知县周锦墓,州南磨溪。

文林郎张焜墓,鹤游坪杨柳冲。

知县张煦墓,鹤游坪马蹄穴。

知州侯天章墓,长里石凤滩。

教谕吴仕修墓,马中嘴。

知县吴仕宏墓,云里班竹园。

粮驿道陈于中墓,长里蔺市坪石楼门。

文林郎陈于宸墓,长里麻堆坝板栗埼。

教谕文正墓,长里曾家庄。

知县夏道曙墓,蔺市坪龚家坝。

解元陈于端墓,麻堆坝欧家冲。

举人蔺伯龄墓,白里牛市街。

举人文步武墓,麻堆坝板栗埼。

奉政大夫潘承志墓,云里葛亮山。

举人刘维翰墓,白里黑铅冲。

进士刘为鸿墓,白里谭家岭。

知县陈恺墓,长里蔡长沱。

训导黄为琰墓,长里石凤溪。

教谕程绪墓,白里罗家庙。

教谕何裕基墓,长寿县黄草峡离涪界里许。

举人陈烈墓，云里竹鸡山大林塆。

举人周镜墓，长里麻堆坝堰塘。

知县车汉杰墓，长里麻堆坝欧家冲，长寿籍，雍正丙午科举人，任江南扬州府兴化县知县。

知县周铣墓，长里黑潭马鹿塆。

盐大使周锞墓，长里老鹳窝。

知县陈干宇墓，长里鸭子坝。

孝友潘岐墓，长里五马石清水溪。

孝子郎仕德墓，西里南山坪。

教谕张㮡墓，鹤游坪马蹄穴。

知县夏舢墓，长里伏坡坪。

训导邹锡均墓，长里画楼门。

解元知县黄坦墓，长里石凤溪。

翰林院庶吉士陈干午墓，长里控鹤坪。

文林郎潘嵩墓，长里龙里巢。

知县邹锡畴墓，白里东堡寺。

知县陈于翰墓，长里曾家坝。

知县张景载墓，白里两河口。

知县陈朝诗墓，长寿县古佛桥。

知县徐玉堂墓，长里北拱坝。

迤东道邹锡彤墓，云阳县盘沱。

教谕熊如麟墓，白里苍头丫。

知县陈于藩墓，长里曾家坝。

义举舒其仁墓，云里环连嘴。

进士徐玉书墓，长里龙头山。

教谕谭如玮墓，白里鹤游坪。

教谕罗昂墓，长里石冠嘴。

翰林院编修周宗岐墓，长里黄溪口。

知县陈朝羲墓，长里鸭子坝。

太子太傅兵部尚书周煌墓，长里明家场七贤沟。

文林郎熊希衮墓，长里石鼓溪。

文苑邹锡礼墓，长里北拱坝。

知县黄基墓，长里石凤溪。

知县杨洪宣墓，东里关滩。

教谕杨嘉祉墓，武隆双狮山。

诰赠奉直大夫冉世泽墓，云里三官滩。

诰封奉直大夫冉洪义墓，酆都永兴场。

教谕夏嶷墓，长里石凤溪。

知县夏岳墓，长里观音桥。

知县陈鹏飞，长里朱家坪。

荣禄大夫周兴岱墓，长里插旗山。

朝议大夫周衡墓，长里马援坝。

中宪大夫陈治墓，白里横山。

奉直大夫曹世华墓，长里鸭子坝。

文林郎陈溶墓，长里沙溪沟。

文林郎陈于贤墓，长里鸭子坝。

翰林院庶吉士陈永图墓，长里花园坝。

奉政大夫周如岗墓，长里高家墕。

朝议大夫陈廷璠墓，长里宝带溪。

知县何启昌墓，长里石二坝。

知县何浩如墓，长里石二坝。

武显将军曾受墓，成都南门。

朝议大夫陈煦墓，长里曾家坝。

翰林院庶吉士陈昉墓，长里苍蒲沟。

教谕谭道衢墓，白里鹤游坪燕子溪宅后。

举人陈鸿飞墓，白里鹤游坪佛堂山。

文林郎刘燮元，白里尖山子。

进士刘邦柄墓，白里尖山子。

举人何轩墓，长里蒲草坝。

举人胡有光墓，云里黑石岭中坝。

知县杨映南墓，云里杨家冲。

训导彭应槐墓，云里彭家坝。

举人彭学淇墓，云里马伏岭。

敕授文林郎知县周兴峄墓，巴县鱼洞溪大江对岸钓鱼嘴。

诰封武德佐骑尉宋从勋墓，云里新屋塆。

文苑杨瑄墓，云里栖凤堡。

孝子明经彭学鸿墓，云里彭家坝新屋塆。

进士陈镕墓，长里曾家坝。

教谕何锡九墓，长里罗云坝。

举人潘问孝墓，白里鸿舞溪。

举人周运昌墓，榜名廷拭，白里环碧庵。

举人高承恩墓，长里铁瓦寺三星岭。

中议大夫李腾霄墓，长里和凤滩。

同知舒鹏翼墓，云里小江三门子黄角塥。

孝友杨廷用墓，云里游将塆。

举人石为标墓，长里鸭子坝。

知县周子宪墓，长里黎香溪。

貤封武德佐骑尉余国栋墓，云里新屋塆。

敕封文林郎谭辉宇墓，鹤游坪燕子溪宅后。

知县李映阁墓，长里酒场垭土荞子。

知县熊闻墓，白里石龙寺。

知府刘宗元墓，白里盐清寺。

教谕王玉成墓，长里罗云坝。

训导王煊墓，长里罗云坝。

举人刘镭墓，长里罗云坝。

同知周宗华墓，长里楼房塆。

孝子州判杨维楫墓，长里石板溪。

知州蒋葵墓，云里犁堰溪。

知县覃模墓，云里刘家场。

知县周宗泰墓，长里金银垭。

诰赠武功将军曾启仲墓，西里青岗堡。

诰授武功将军曾俊墓，西里青岗堡。

诰授振威将军段君仲墓，东里塘坝。

承德郎潘鸣谦墓，白里凤凰嘴。

举人高易墓，长里石二坝仁老山。

文林郎周廷抡墓，长里广慈桥。

训导周克信墓，长里和凤滩。

进士邹枻墓，长里小东溪。

貤封奉直大夫邹淑庚墓，长里北拱坝。

知州邹澍庚墓，长里志远场。

知县邹沩庚墓，长里北拱坝龙洞沟。

晋封朝议大夫邹治仑墓，长里北拱坝。

文林郎潘喻谦墓，长里金家山。

训导邹瑶枝墓，长里东堡寺。

举人邹榘墓，长里北拱坝后塝。

训导邹际荣墓，长里北拱坝。

州判杨恂墓，云里四方井。

诰封奉政大夫舒锟墓，长里帽子石。

貤赠奉政大夫舒光宗墓，长里帽子石。

貤赠中宪大夫周宗畲墓，长里飏家坝。

知县陈爕让墓，长里樊家岭。

知县陈稷田墓，长里花垣。

举人谭钫墓，白里沙河大坝。

举人陈章夏墓。

朝议大夫陈于宣墓，长里曾家坝。

教谕潘大昕墓，长里磨沱。

训导夏峄墓，长里观音桥。

教谕陈鹏志墓，长里蔺市坪。

文林郎陈鹏遥墓，长里花园。

文林郎陈芝瑞墓，长里酒店垭。

奉政大夫陈镨墓，长里曾家坝。

解元陈于鉴墓，长里鸭子坝。

进士张进墓，白里。

举人石灿卤墓，长里。

知县周宗泗墓，长里毛里铺。

训导薛锐墓，长里薛家山。

举人蔡茹征墓，云里扬秀山。

文林郎覃邦本墓，云里爱莲居。

进士熊德芝墓，长里罗汉桥。

举人熊德藩墓，贵州雄虎山，未移回。

举人熊德芸墓，城南石鼓溪。

知县夏思旦墓，长里麻堆坝燕窝。

义举舒矞墓，云里环连嘴。

修职郎夏琠墓，长寿县官斗山。

涪州志卷之二

涪州知州　德恩续纂

营建志

城隍、公署、学校、仓廪、坊表、津梁、恤政

古者度地以居民，则建邑启宇。其所以经营区画，固不容不尽善矣。然昔之创始者业已基固材良，尽率作之力，后之守成者宜即修废举坠，殚善后之谋。如城隍以雄捍卫，公署以肃观瞻，学校、仓廪，教化储蓄之所关；坊表、津梁，崇奖利济之所赖；他若困穷、孤寡，厥有恤政、凡兹重务，无一不垂令甲而切民瘼焉。我国家创制显庸，事事远轶前代。经画殚心，无美不著。今备纪厥名，不仅勿忘经始之意而已。

城　隍[①]

设险守国，自古重之，则凿池筑城岂非捍外卫内之先务与？然而众志成城，地利不如人和，所谓保障之道，又在守斯土者。

城墙

涪城自前明宣德年间州守邵贤创制。成化初，乃砌石作城。高一丈八尺，周四里，计五百四十丈。国朝康熙二十四年修葺。

---

① 城隍：古代指护城河。1.班固《两都赋序》："京师修宫室，浚城隍，起苑囿，以备制度。"2.古代神话传说中守护城市的神；3.古代称有水环护的城堑为"池"，无水环护的城堑为"隍"。本志介绍涪陵城也是言城不言隍，因这座山城有其特殊性。但"城隍"作为城市的保护神起于周代，一直延续下来，涪陵也有城隍庙，那已是另一含义。

乾隆二十九年，州牧陈于上奉旨监修。

城垛

每城墙一丈上接建垛头一个。涪城共七百二十丈，共垛头七百二十个。

城门

东迎恩门，即大东门。

西镇武门。

南怀德门。

东北朝宗门，即小东门。

北永安门，东北角其形如鼓，名曰鼓儿城。临江边，旧谓五溪第一洞，是其处也。

城楼

五门门楼共计五座。

城濠

涪城北临大江，东临涪陵江，西南则逼近民居。故向来举未凿池。旧志亦言城不言隍，谨为补标于此。

公　署

建官设署，向南听政，凡所以承流宣化，悉在于此。故百官庶府制各不同，而缮完修葺事无庸废，岂其侈巨丽之观为偃息之乐哉？然则居此者其思治乎？抚字宜善也；其思咎乎？砥砺宜严也。若但以传舍视之，则旷此居多矣。公署旧以类附，且州署以下悉阙而不录。今特谨列于左。

州署：

宋咸淳三年移治三台山。元复旧治，康熙七年，知州朱麟正建。二十二年知州萧星拱重修。

大堂五楹：额曰：絜矩堂；二堂三楹：额曰：执虚如盈。

后堂三楹；右翼书吏房：五间，粮工礼刑。

左翼书吏房：五间，盐吏户兵；外承发房一间。

仪门三楹；牌楼一座：额曰：学道爱人。

右迎宾馆三间。左土地祠三间。

灵官祠一座：内外周围墙垣；

头门鼓楼三楹：额曰：文明楼。

女监一间；内监二间。

卡房二间；外照墙一座。

吏目衙署

在州署仪门内左。

头门一间；二门三间。

大堂三间；二堂三间。

书吏房二间；班役房二间。

学正训导二署

在州署南，宋绍兴间建。二学俱明洪武八年重建。宣德景泰间修葺，万历中守道陈大道增修。广置学田，明末倾圮。国朝康熙四十六年，知州董维祺重建。雍正三年，知州王愿捐修。匾额碑祠与府制同。

学正署

道光八年，因修建考棚，迁地重修。在考棚后。

头门一向：共三间，右一间；大堂一向。

二堂一向：共五间。有天楼地楼；厢房三间。

厨房一间；外书办房一向三间。

抱厅一向。

训道署

在州署南。

头门一向：左三间，右三间；大堂：左一间，右一间。

二堂一向：左二间，右二间；三堂一向三间。

厨房一间；左右厢房各一间。

三堂系训导郭淼倡议学中文武诸生捐资新建。

州同城池 ①

嘉庆初年，贼匪猖乱。众姓坚壁保聚，曰保和寨。后因设官弹压，即缘为城郭。周二里有余。四门：东曰迎恩门，南曰：安寿门，北曰：福德门，西曰：镇西门。

州同公署

始因贼乱，坪人倡议堵御，请官镇守。准移达州分州设置鹤游坪。嘉庆七年镇守官直隶人殷辂奉旨建修。

大堂：五楹三间；二堂：五楹三间。

三堂：五楹三间；头门。

仪门；花厅：在大堂后左右各二间。

东西案房：在大堂前各一向三间。

衙神祠：一向五间；济仓三间：涪州仓房经理。

武隆巡检司署

在州东南一百八十里。无城。东西北三面哨楼基址犹存。

头门一间；二门三间。

大堂三间；二堂三间。

报厅二间；左右厢房各二间。

三堂四间；左右偏房各一间。

上花厅三间；下花厅三间。

厨房二间；凉亭一间。

书吏房二间；班役房三间。

学　校

学校者，人才之地，风化之原也。自汉武帝诏天下郡县皆立学，历代相沿不替。我朝崇儒重道更超前代。典制所加，教育所及，固已无美不备矣。涪陵士风彬郁，尊

---

① 州同城池：州同公署皆指鹤游坪保和寨处。清嘉庆七年（1802）在此置涪州分州；原武隆巡检司同时改设涪州分州。1913 年，改涪州为涪陵县；分州改称分县。

师儒、重文教亦固其宜。第恐古制日湮，诸生以时习礼为故事，塾序之法阙焉弗讲，此建学明伦，诚为治化之首务也。

学宫

自明万历中守道陈大道鼎建，兵燹之后倾圮无存。

国朝定鼎，署州牧赵廷正重建。自康熙甲寅岁吴逆[①]变乱，皆倾毁。康熙四十六年，州牧董维祺捐俸并绅士输资重建。乾隆三十九年，大成殿中梁毁圮。州牧赛尚阿并各绅矜捐资重建。嘉庆十九年，州牧张师范、董绅耆向玉鉴等改修。道光十四年，州牧杨上容、董绅耆、李文寿等补修。

先圣庙

正殿：五间；两庑：各五间。

崇圣祠

三间，在大成殿左。原名启圣公祠。雍正元年，奉檄更今名。两庑尚缺。

戟门

三门。

忠孝祠

一间。

四贤祠

一间。

名宦祠

一间，在戟门左。

乡贤祠

一间，在戟门右。

泮水池

池上石桥三座。

棂星门

系石坊。

---

① 吴逆：指清康熙十二年（1673），平西王吴三桂在镇守云南期间，拥兵自重，形成割据势力，在云、贵、川等地镇压农民起义军，滥杀无辜，骚乱百姓，举兵叛乱。涪州成为重灾区之一。

下马牌

在棂星门外。

节孝祠

一间。

明伦堂

三间，在节孝祠左。

东壁阁

棂星门左，今废。

奎星阁

原址在田家巷口。道光十四年，迁移圣庙前。今复故址。是年建修。

卧碑三座

学额：额设廪膳生三十名。每科岁各贡一名；增广生员三十名。附学生员及武生无定额。每岁试进文武新生各十二名，又拨府文生三四名不等。科试进文新生十二名，拨府亦三四名不定。

学规：宋大观元年，诏布周官八行八刑之法于学宫，令所在镌刻。淳祐六年，御书白鹿洞教条颁天下学立石。明洪武二年，令学者专治一经，以礼、乐、射、御、书、数设科分教三年。定学校射仪五年。颁禁约于天下，诸学勒石于明伦堂，谓之卧碑。成化三年，令提学官躬历各学，督率教官，化导诸生，仍置簿考验其德行。优文艺赡治事长者，列上等簿；或有德行而劣于经义，或有经义而短于治事者，列二等簿；经义优、治事长、而德行缺者，列三等簿。若平日属托公事，或捏造歌谣，兴灭词讼及败伦伤化、过恶彰著者，不必品其文艺，即行革退。嘉靖五年，世宗亲撰一箴，并注宋儒程子视听言动四箴于天下学校，立碑以肃生徒。

国朝

顺治九年颁示卧碑

康熙四十一年，颁示天下学宫。御制训饬士子文。

乾隆五年

又蒙谕旨，训饬勒碑以垂久远。造就之方实足比隆云汉，再赓菁莪矣。除经书已著各文不录外，所有前后创示规条一一胪列于左。

国朝：凡三碑。

顺治九年礼部题奉钦依刊立卧碑，置于明伦堂之左。

朝廷建立学校，选取生员，免其丁粮，厚以廪膳。设学院学道官以教之，各衙门官以礼相待。全要养成贤才以供朝廷之用。诸生皆当上报国恩，下立人品。所有教条开列于后：

一、生员之家父母贤智者，子当受教。父母愚鲁或有非为者，子既读书明理，当再三恳告，使父母不陷于危亡。

一、生员立志当学为忠臣、清官。书记所载忠清事迹，务须互相讲究。凡利国爱民之事，更宜留心。

一、生员居心忠厚、正直，读书方有实用。出仕必作良吏；若心术邪刻，读书必无成就，为官必取祸患。行害人之事，往往自杀其身，常当思省。

一、生员不可干求官长，交结势要，希图进身。若果心善德全，上天知之，必加以福。

一、生员当爱身忍性，凡有司、衙门不可轻入。即有切己之事，止许家人代告。不许干与他人词讼，他人亦不许牵连生员作证。

一、为学当尊敬先生。若讲说，皆须诚心听受。如有未明，从容再问，毋妄行辩难。为师者亦当尽心教训，勿致怠惰。

一、军民一切利病，不许生员上书陈言。如有一言建白以违制论，黜革治罪。

一、生员不许纠党多人，立盟结社。把持官府，武断乡曲。所作文字，不许妄行刊刻，违者听提调官治罪。

御制训饬士子文

康熙四十一年国家建立学校，原以与兴行教化，作育人材，典至渥也。朕临御以来，隆重师儒，加意庠序，近复慎简。学使厘剔弊端，务期风教修明，贤才蔚起，庶几棫朴[①]作人之意。乃比来士习未端，儒效罕著，虽因内外臣工奉行，未能尽善，亦由尔诸生积锢已久，猝难改易之故也。兹特亲制训言，再加训饬，尔诸生敬听之：从来学者，

---

①　棫朴：《诗经·大雅》篇名。棫，白桵；朴，枹木。意为棫朴丛生，根枝繁盛，共相附着。比喻贤人众多，国家兴盛。《梁书·裴子野传》："伏惟皇家淳耀，多士盈庭，官人迈乎有妫，棫朴越于姬氏。"

先立品行，次及文学。学术事功，原委有序。尔诸生幼闻庭训，长列宫墙，朝夕诵读，宁无讲究？必也躬修实践，砥砺廉隅^①。敦孝顺以事亲，秉忠贞以立志。穷经考义，勿杂荒诞之谈；取友亲师，悉化骄盈之气。文章归于醇雅，毋事浮华；轨度式于规绳，最防荡轶。子衿^②佻达^③，自昔所讥，苟行止有亏，虽读书何益？若夫宅心弗淑，行已多愆；或萋语流言，协制官长；或隐粮包讼，出入公门；或唆拨奸猾，欺凌孤弱；或招呼朋类，结社要盟。乃如之人，名教不容，乡党弗齿。纵幸逃裋，扑滥窃章，缝返之于衷，能无愧乎？况乎乡会科名，乃抡才大典，关系尤巨。士子苟有真才实学，何患困不逢年？顾乃标榜虚名，暗通声气，夤缘^④诡遇，罔顾身家；又或改窜乡贯，希图进取，嚣凌腾沸，网利营私。种种弊情，深可痛恨。且夫士子出身之始，尤贵以正。若兹厥初拜献，便已作奸犯科，则异时败检，逾闲何所不至。又安望其秉公持正，为国家宣猷树绩，膺后先疏附之选哉？朕用嘉惠尔等，故不禁反复惓惓。兹训言颁到，尔等务共体朕心，恪遵明训。一切痛加改省，争自濯磨，积行勤学，以图上进。国家三年登造，束帛弓旌。不特尔身有荣，即尔祖父亦增光宠矣。逢时得志，宁俟他求哉！若乃视为具文玩愒弗儆，毁方跃冶，暴弃自甘，则是尔等冥顽无知，终不能率教也。既负栽培，复干咎戾，王章具在，朕亦不能为尔等宽矣。自兹以往，内而国学，外而直省乡校，凡学臣师长，皆有司铎之责者，并宜传集诸生，多方董劝，以副朕怀。否则职业弗修，咎亦难逭^⑤，勿谓朕言不预也。尔多士尚敬听之哉！

谕旨训饬士子碑

乾隆五年上谕：士为四民之首，而太学者教化所先，四方于是观型焉。比者聚生徒而教育之，董以师儒，举古人之成法规条，亦既详备矣。独是科名声利之习，深入人心，积重难返。士子所为，汲汲皇皇者，惟是之求，而未尝有志于圣贤之道。不知国家以经义取士，使多士由圣贤之言，体圣贤之心。正欲使之为圣贤之徒，而岂沾沾焉文艺之末哉？朱子同安县谕，学者云学，以为已今之世，父所以诏其子，兄所以勉其

---

① 廉隅：棱角。比喻端正的品行。
② 子衿：《诗经·郑风》篇名。《诗序》以为刺学校废请，"乱世则学校不修焉。"诗中有"青青子衿"之语，子衿、佩玉，都是士子的服饰。
③ 佻达：轻薄戏谑，极不严肃之态。
④ 夤缘：通过关系进行钻营，攀附着往上升，顺着走。
⑤ 逭：逃避，免除。《尚书·太甲》："天作孽，犹可违；自作孽，不可逭。"

弟，师所以教其弟子，与弟子之所以学，舍科举之业，则无为也。使古人之学止于如此，则凡可以得志于科举，斯已耳！所以孜孜焉爱而不倦，以至于死而后已者，果何为而然哉？今之士惟不知此，以为苟足以应有司之求矣，则无事于汲汲为也。是以至惰游而不知反，终身不能有志于学。而君子以为非士之罪也，使教素明于上，而学素讲于下，则士者固将有以用其力而岂有不勉之患哉？诸生苟能致思于科举之外，而知古人之所以为学，则将有欲罢不能者矣。观朱子此言，洵古今通患，夫为己二字乃入圣之门。知为己则所读之书一一有益于身心，而日用事务之间存养省察，闇然自修，世俗之纷华靡丽，无足动念，何患词章声誉之能夺志哉？况即为科举，亦无碍于圣贤之学。朱子云：非是科举累人，人累科举。若高见远识之士，读圣贤之书，据吾所见，为文以应之，得失置之度外，虽日日应举，亦不累也。居今之世，虽孔子复生也，不免应举。然岂能累孔子也？朱子此言，即是科举中为己之学。诚能为己，则四书五经皆圣贤之精蕴，体而行之，为圣贤而有余。不能为己则虽举经义以治事，而督课之亦糟粕，陈言无裨实用，浮伪与时文等耳。故学者莫先于辨志，志于为己者，圣贤之徒也。志于科名者，世俗之陋也。国家养育人材，将用以致君泽民，治国平天下。而囿于积习，不能奋然求至于圣贤，岂不谬哉？朕膺君师之任，有厚望于诸生，适读朱子书，见其言切中士习流弊，故亲切为诸生言之。俾司教者知所以教，而学者知所以学。钦此。

钧深书院

在州对岸北岩，即普净寺。宋程伊川先生谪涪时，辟堂注易。黄庭坚匾曰：钧深。嘉定丁丑，范仲武请为北岩书院。久圮。国朝乾隆九年，州牧罗克昌率绅士公募重建。嘉庆八年，州牧李炘重修。

头门一向；仰止堂一楹：即讲堂。

正屋三楹：中程子祠有祀典；左四贤祠。

东书房二向：每向三楹；右大诚堂：师生行礼处。

西书房二向：每向三楹；看司坐宅一向：三楹。

书院学田学土：

历任州牧于各废庵观或互争不明之田土，断拨书院。并捐公项买置及里人舍出者，共计二十四处。详列于左：

一地名桂林寺，冲田八十七丘，塝田二百七十六块，土三幅；坐落草屋三向。在白里一甲，离城六十里。每年收租谷二十八石。

一地名刘家堡，大小田一百零一丘；土三幅。坐落草屋三间。在云里一甲，离城八十里。每年收租谷十六石。

一地名南岸堡，大小田共一百三十块；土三幅。坐落瓦屋三间，横屋三间。在长里一甲，离城三十里。每年收租谷十五石；土租钱十六千文。

一地名东津驿，熟土三大幅，并无田丘。麻柳树二十四根。坐落草屋五间，瓦屋一向三间。在云里二甲，离城六十里，每年收土租钱四十四千文。

一地名古较场，熟土一幅，并无田丘。坐落瓦屋三间。在长里一甲，离城五里。每年收土租钱十八仟文。

一地名鼓儿坝，山土一段地，面宽阔，并无田丘。坐落草屋十二间，在西里七甲，离城三百里。每年收土租钱八千文。

一地名小塆，大小田共三十二丘，并无土块。坐落草屋三间，在长里一甲，离城八十里。每年收租谷十五石。

一地名八仙寺，大小冲田共三十二块，土五幅。坐落草屋三间，在白里下二甲，离城二百里。每年收租谷十三石，土租钱五千文。

一地名中峰寺，冲田四大块，塝田二百六十二块；大青杠树拾二根，小青杠树一林。坐落草屋三间。在长里上四甲，离城八十里。每年收租谷二十四石。

一地名书房塆，冲田十二丘，塝田大小六十八块。坐落草屋三间，在长里一甲，离城四十里。每年收租谷十八石。

一地名石堡寺，冲田二丘，塝田十二块；土二幅；麻柳树三根。坐落草屋三间。在白里下二甲，离城二百里。每年取租谷十五石，土租钱二千文。

一地名胜水寺，冲田二十七丘，塝田二十一块，土十三幅。坐落草屋三间。在白里下二甲，离城一百二十里。每年收租谷九石。

一地名铁炉沟塝田大小二十五丘，冲田八十七丘，土二幅。坐落草屋三间。在长里一甲，离城一百里。每年收租谷四石，土租钱四千文。

一地名观音寺，塝田大小四十七丘，冲田大小四十一丘。顶上小塘一口。坐落草屋三间。在长里上二甲，离城二百里。每年收租谷六石。

一地名道姑庵，土五幅，塝田九十一丘。坐落草屋三间。在白里一甲，离城八十里。每年收租谷四石，土租钱三千文。

一地名小溪河，熟土六幅，并无田丘。坐落草屋一正两横。金竹林一坡，杉树大小九十根，柏树三根。在东里一甲，离城二百六十里。每年收土租钱十四千文。

一地名达耳山，土三幅，并无田丘。坐落草屋三间，在长里下三甲，离城一百六十里。每年收土租钱五千文。

一地名滥田塆，大小田共六十一丘，土一幅。坐落草屋三间。在长里一甲，离城三十里。每年收租谷二石，土租钱四千文。

一地名戴家塆，大小冲田、塝田共八十四丘；松树三堡。坐落草屋一正一横六间。在长里一甲，离城一百二十里。每年收租谷十石。

一地名李村寺，大小冲田、塝田共九十丘；土七幅。大柏树九根。大崖巅树二根。大青杠树八根。坐落草屋三间。在云里一甲，离城八十里。每年收租谷三十石，土租钱六千文。

一续添地名桂林寺，大小田共一百七十八丘，并无土块。坐落草屋三间，在白里一甲，离城四十里。每年收租谷三十石。

一地名黄葛塆，大小田共三十丘，土十二幅。坐落草屋三间。在长里下三甲，离城五里。每年收土租钱八千文。

一地名玉皇观内韩家冲，下段正冲大小田十二丘，左右塝田大小三十九丘。坐落草屋三间，在白里一甲，离城四十里。每年收租谷十石。

一地名金子山，荒土一段，并无田丘。坐落草屋一向。在长里下三甲，离城八十里。每年收土租钱四千文。

以上共二十四处。每年共收租谷二百五十石。共收土租钱一百四十一千文。除应纳条粮外，其余支给书院延师修金三季节礼及生童膏火、奖赏等项。

分州鸣鹤书院

嘉庆十六年署分州，刘钦因昭忠祠上殿作讲堂。两廊五楹四间，下屋七楹三间。

诸生住读之所。每年延师训课。允公积田取租三十余石，以作束脩[①]。

本城乡学：本城小义学一所，每年束脩三十千。书院支销。

静修乡学：长里孝和寺。秦姓舍田六十丘，因僧滥费，州主断分谷十五石，以作乡学，申详有案。

淳风乡学：长里堡子场。众人募化，始事议以万天宫斗息分补束修。前州牧杜纯芳置。

白里乡学：一白家场。离署三十里。一沈家场。曰：鹤坪书院。离署十里。皆有学田。

考棚

涪州向无考棚。每应试皆在公署。诸生自行搬运棹橙。如遇风雨，则群哗而聚于堂。不胜其苦。道光七年，州牧吴庭辉与学正郭勤倡议修建。规模宏厂，计费万金，始获告成。多士德之。董事监修者：谭辉宇、谭登岸、谭世浴、周步云、陈禹畴，具有苦心焉。

照墙一座。

听鹤楼一向：每年招佃取租钱，作为考棚修补之费。

头门空洞三间。

仪门空洞三间。

两廊号舍及堂号，共二十四百有零。

左右各一亭；左厅三楹，右一楹。

大堂五楹；二堂三楹。

内厨房二间。

外厨房一间。

堂号号棹：共一百六十三张，号凳共一百三十八条。

昭忠祠：三楹。知州张师范建。

三畏斋：三楹中设尹子祠，有祀典；头门：一楹知州张师范建。

程子祠：一楹，点易洞。花厅：一楹。

观澜阁：一楹，均士民捐修；乐楼：一座。

致远亭；碧云亭：二亭均宋范仲武建。州牧张师范重修。

---

① 束脩：脩，干肉。十条干肉为束脩。古代士大夫相馈赠的礼物，也指学生入学向教师致送的礼物，语出《论语·述而》。后因专指致送教师的酬金。

仓　廪

积储关天下之大命。古者制国用，必合三十年之通以为计。故有备无患。晁错[1]谓广储蓄以实仓廪、备水旱，民可得而有，诚知本哉。

国朝仿效寿昌考亭[2]之遗意，兴复常平社仓，继立监仓[3]。重国计、便民生也。涪邑各仓旧志，皆略而不详。今特书以志本务焉。

常平仓

乾隆四十九年以前，原额贮常平监仓，采贮共仓斗谷三万七千三百七十石。后五十一年、五十六年共采买加贮仓斗谷一万零六百三十石。共额贮仓斗谷四万八千石。贮仓三十九廒[4]。

社仓

五廒额贮仓斗谷六千七百三十五石七斗八升八合七勺。

一五里。义仓额贮仓斗谷三千七百石。

武隆仓廒

常平仓

贮仓京斗谷二千石。乾隆六十年，因秀山县苗逆用兵，知州李培垣札饬张巡检尽

---

① 晁错：即晁错（前200—前154），西汉政论家。颍川（治今河南禹州）人。初从张恢学申不害、商鞅刑名之学。后为太子家令，得太子（即景帝）信任，号"智囊"。景帝继位，任为御史大夫。他坚持"重本抑末"政策，并主张纳粟受爵。又建议募民充实塞下，积极备御匈奴贵族的攻掠，以及逐步削夺诸侯王国的封地，得到景帝的采纳。他的"广储蓄以实仓廪"的主张，来自他的重要政论文《论贵粟疏》。

② 寿昌：即西汉大臣耿寿昌，他以大司农中丞身份，建议在西北各地设"常平仓"。谷贱时增价收进，谷贵时减价出售，以利农业发展。考亭，本文代指南宋理学家朱熹。考亭地点在今福建建阳市西南，相传五代时南唐黄子稜筑亭以望其父（考）墓，因而称望考亭。朱熹晚年在此居住和讲学。宋理宗为了崇祀朱熹，赐名"考亭书院"，后称其学派为"考亭学派"。又因朱熹也曾建议国家完善社仓和义仓，以备荒年赈济灾民之需，因而将耿寿昌和朱熹并提。

③ 监仓：平仓、社仓、义仓、监仓，均是历代设置储粮以备荒的仓库。这种平抑物价、救济灾民、充实军饷的制度，为各个时期朝廷和地方官重视。

④ 廒：即仓房。

贮数碾运秀山，应济军米。至今填贮州仓，尚未发还。

两里劝捐济谷仓

嘉庆二十年，知州张师范札饬巡检杨世鲸于各绅耆粮户内统共劝捐济仓京斗谷三百二十石，借贮常平仓。详州有案。

道光十年五月十二日，黔水泛涨，淹入衙署。其谷被潮湿霉烂。除合入州局赈灾民外，经费巡检基依市斗借放出谷九十石零三斗六升。现在催收，还仓实贮谷九十四石六斗七升二合。

嘉庆二十二年，州牧张师范札发捐项钱五百二十千文。经杨司世鲸督同两里绅耆，得买东里一甲地名桑树坡济田一坋。共去价钱八百千文。除将发来公项钱用外，尚少田价钱三百千文，现在议取押佃每年只收租谷一十八石。后经杨司世鲸于嘉庆二十五年十月连红契锁钥一并申详，请州管佃取租归入仓房办理。

重修武隆济仓四廒

道光二十二年九月，代理州牧缪庭桂札饬巡检沈槐给发印簿，劝募两里绅耆粮户重行拆修济仓四廒。系存贮州租与济仓谷石。

坊　表

登荐而叨恩荣，节孝以著芳徽，苟非坊以表之，奚以风世而励俗也。涪陵坊表建于明代者，指不胜屈。兵燹而后不无颓废之伤。我朝表微阐幽，褒嘉节孝，群坊相继而起。殊觉璀璨巍峨，照耀乡邑。独有甲科各坊，多退让而不立，既沐恩荣，实为盛事，亦存其目以俟建竖者。

明

天章宠赠坊：为奉直大夫兴国州知州张慎建李渡镇。

位极两藩坊：为广西布政使司文作建本城学坝。

懿孝名儒坊：为孝子何以让建学宫右。

冰心映日坊：为陈一廉妻赵氏建州北关外。

冰雪承芳坊：为杨奇妻何氏建。

节孝坊：为沈瑛妻张氏建长里盐井坝。

节孝坊：为明知县谢金言母建在武隆司署右。

贞节坊：为生员张诩妻夏氏建西关外。

节孝昭垂坊：为张亲仁妻朱氏建州北关外。

国朝

松筠垂范坊：为杨芳林妻吴氏建本城学坝。

贞节坊：为张文仲妻沈氏建长里南岸堡。

贞节坊：为田伦未婚妻夏葵姑建长里青羊铺。

节坚竹筠坊：为周鉴妻罗氏建西关外厉坛侧。

贞节坊：为李文惠妻姚氏建长里铜锣铺场南。

节孝坊：为彭长春妻杨氏建武隆司治西南六十里。

节孝坊：为生员石若汉妻陈氏建长里石家沱镇。

至行同敦坊：为孝子周俨、周儒建西关外。

期颐偕老坊：为耆老唐可惠夫妇建。

节孝总坊：知州杨上容为阖属节孝无力请旌者，申请特建北关外。

两世节孝坊：为陈鹏遥妻周氏、陈芝瑞妻周氏建西关外土门子。

两世节孝坊

孝子坊：余龙光建云里石马岗。

节孝坊：为余占魁妻覃氏建云里游将塆。

孝子坊：为明经彭学鸿建云里鸡冠岭。

节孝坊

节孝坊

节孝坊：为龙胡氏建□里东济桥。

节孝坊：为汤张氏建□里王家塆。

双烈永垂坊：嘉庆二年，为里民关友本妻杨氏，关友品妻张氏节烈建在东里青铜溪。

松筠垂范坊：嘉庆十三年，为孝子即仕德之母节寿建西里南山坪。

节孝坊：为艾徐氏建长里云梯崖。

孝子节妇坊：为贡生彭学鸿同继室张节妇建云里鸡冠场。

皎雪贞松坊：为周儒妻章氏建长里麻堆坝。

节孝坊：为秦仕校妻朱氏建长里堡子场。

坤维正气坊：为谭灿之妻王氏建在白里鹤游坪沈家场石庙坪。

节孝坊：为谭福之妻贺氏建在白里鹤游坪沈家场龙家堡。

孝节坊：为余廷儒妻傅氏建在白里鹤游坪沈家场双石坝。

津　梁

古者造舟成梁，王政视为急务。故仿宜修缺，宜创俾往来者不致退然有望洋之叹，斯亦利济之仁也。涪陵不特大江、黔水，即山溪、瀑布，行人窘步，所在多有。守斯土者，常期无病涉之民，自不敢忘杠梁舟楫之用，岂甘蹈单子所讥，而琐琐焉效郑大夫之为耶。

津渡

黄谷渡。

黄家渡。

州前渡。

李渡。

火峰渡。

蔺市渡。

高家渡：庠生高田捐资设。

石家沱渡。

琛溪渡。

南沱渡。

白背渡。

白沔渡。

八角厅渡：贡生舒鬻捐资设。

东关小河渡。

桥梁

瑞麟桥：西关外。

晋香桥：南关外。

通仙桥：西关外，昔有乘鹤者过此，因名。

接脉桥：南关外。

晏溪桥：东关外。

洗墨桥：州西五里。

永安桥：州西二里。

会同桥：州西三里。

三洞桥：北关外。

长里

后溪桥：南关外。

吴公桥：南关外。

大龙桥：州南三十里，明宏治五年建，太子太保礼部尚书刘岌题。

阙龙桥：州南三十五里。

仁寿桥：州南三十一里。

罗汉桥：州南四十里。

二南桥：州南四十里明崇正癸酉年州庠赵世英建。

七星桥：州南一百二里明司谏刘蔇捐建。

宝莲桥：州南七十里白云关明户科给事中刘蔇题。

节妇桥：明司谏刘蔇之女捐建。

上沙溪桥：州南二十里，乾隆乙亥年州民任敏政募建。

丰济桥：州东五十五里，为黔彭通衢。

磨刀溪桥：州南四十里。

响水桥：州南六十八里。

魏家桥：州南。

致远桥：州南六十里，万历中广西布政使文作妻陈氏捐资鼎建。

广慈桥：州南六十里，明崇正十六年建。

杨氏桥：州南。

龙兴桥：州南一百二十里，龙潭坝。

太极桥：州南一百三十里，路通南川。

柏树桥：州南一百五十里，抵武隆。

龙桥：州西南三十五里袁家溪上。

大石桥：州南六十里蔺市坪中。

鹦哥桥：州南六十里蔺市坪中。

板桥：州西南五十里蔺市坪中，后圮，改建石台。

观音桥：州南四十里，上建瓦屋十余间，桥前有观音阁。神极灵应。

下沙溪桥：州南二十五里，往来驿递通衢。明张与可捐修。

清溪桥：州西三十里，徐文煜募修。

一阳桥：州西一百里牛渡滩。

文星桥：州南一百里。

白里

太平桥：州西二十里，明洪武间州人张庆庵建。

印星桥：州西三十里，明张公鼎建。

长乐桥：一名和尚桥，州西三十五里。明万历中建。国朝康熙年州人何进忠重修。

黎双桥：州西四十里，明天启年州人黎葵建。

龙公桥：州西三十六里，太守龙公建。

龙桥：州西四十五里，明万历间建。

花桥：州西四十五里。

板桥：州北一百里，上有瓦屋罩盖。

倒石桥：州北一百里。

上桥：州西三十五里，在小溪河上。

下桥：州西三十五里，在小溪河。

乘龙桥：一名柏树桥，州西三十八里，明宏治间建。

万寿桥：州西一百二十里，州人陈于藩有碑记。即古芭蕉溪桥也。

跳石桥：州西一百里邻封场界内。

观音桥：州西五十里。

车家桥：白里沙河。

飞泉桥：明刘蒇之女钱节妇捐建。

洪家桥：州西一百里飞龙场界内。

枫香桥：白里沙河。

云里

太平桥：州东一百四十里，酆涪以此为界。

大胜桥：州东一百四十里，下即水漫滩。

仙女桥：州东九十里。

土龙桥：州东九十里，桥有上中下三处，俱系生成非人力创建。

卷洞桥：州东六十里，乾隆三十七年何墨林、唐守清募建。

东西二里

通济桥：武隆司西。

板桥：东里二甲白石溪。

卷洞桥：东里四甲鱼麟溪。

姚家桥：东里四甲姚家河。

谭家板桥：东里四甲谭家坝。

大河板桥：东里二甲大河坝。

长坡板桥：东里一甲长坡。

龙洞桥：西里六甲。

拖枪桥：西里七甲拖枪崖。

双溪桥：西里七甲双溪沟。

木阳桥：西里八甲木阳沟。

柏树桥：西里七甲柏树坝。

清水桥：西里二甲清水塘。

清溪桥：在武隆司。

东汇桥：道光十四年，廪生谭道政、监生张玉佩、玉堂等募建。在白里鹤游坪石庙岩下。

继善桥：州同谭辉光捐资独造，以继其父之善故名。

众成桥：在白里鹤游坪王家崖下谭辉光、张执中、张建侯捐建。

三阳桥：在马蹄滩酆涪通衢，太学生彭似湄倡首建。

天马桥：在马蹄滩酆涪通衢，庠生李廷燎倡首建。

八仙桥

三官桥

自生桥：在明吏部尚书夏邦谟宅前，一石跨溪，长有数丈，行人往来稳便，不假人力。

姑嫂桥：边家洞上流平桥数架，相传为姑嫂二人捐修。

高桥：飞龙场上首，虹飞百尺，楼跨波间，高有丈余，而溪水暴涨，陡然而淹，亦陡然而出。

大桥：湍石河源头处。溪洞寥阔，雁齿森森，故名。

仙鹤桥：白里湍石河上，有奎阁高数丈，夏渥荣募修。

高升桥

三青桥：谭希贤等募建。

天福桥：给谏刘秋佩之女钱节妇捐建，明文珂志以诗。

东里桥梁

永济桥：在司右后街旧堂之下，明季万历间建修现有碑记。

赵公桥：司东一里，清水溪自乾隆年间冲毁，时修时废。道光十年署任巡司赵如璋劝募复修，存息备防。

东岸桥：司东十二里羊角碛，道光十五年知州杨上容捐廉补修。

龙门桥：司东二十里，清水溪贺如英兄弟倡首募修。

大平桥：司东五十里，荞子溪，嘉庆十五年重修。

长坡板桥：司东六十里，长坡里人募建。

大观桥：司东八十里，白石溪官塘大道里人募建。

小观桥：司东八十里，节妇陈马氏独力建修。

大河坝桥：司东九十里，上通千口场。

龙桥：司东七十里。

接龙桥：司东一百二十里，龙坝里人吴昌禘募建。

寿星桥：司东一百二十里，殷耆冉于旦捐资建修。费金四百有奇。

接男桥：司东一百二十里，火炉沟徐玉秀中年乏嗣，捐资建修。

母安桥：司东一百三十里姚家河。

天生桥：司东一百二十里，面面峭壁，危崖上有庙宇五座。

福龙桥：司东二百里，道光丁酉三月冰雹大雨冲毁无存。

睡仙桥：司东二百里火炭山，桥上錾睡一人，故名。

麟凤桥：司东二百里鱼麟溪。

狮子桥：司东二百一十里鱼麟溪之右。

兴隆桥：司东一百里，羊崖里人募修。

西里桥梁

杨公桥：司西二十里羊角碛，道光十四年知州杨上容捐廉建修。

清水塘桥：司西八十里，清水塘路通南川。

高桥：司西八十里，乾隆间里人莫仁才捐修。

柏树桥：司西一百里柏树坝。乾隆间毁，今复修。

双溪桥：司西一百里双溪沟。

永安桥：司西一百三十里，拖枪崖与南川接壤。

福安桥：司西一百里。

观音桥：司西一百里龙洞场，明洪武间建修。今更名慈航阁。举人高伯楷重修。

木阳桥：司西二百里木阳沟与南川接壤。

涪安桥：司西四十里白马镇通黔省正安州。任儒修、傅永福募修。

武隆津梁

土坎渡：司东三里土坎场。

朱家嘴渡：司西五里，又古名黄鱼渡。

石鼻子渡：司东五十里。

土沱渡：司东七十里土沱场。

中嘴渡：司东八十里。

石床渡：司东八里。

西岸上渡：司西十里羊角碛，大水甚险。

东岸中渡：司东十二里羊角碛，大水汹险，盐号捐设。

白马渡：司西三十里，通黔省正安州。

恤　政

尝考地官，有保息之典。一曰慈幼，二曰养老，三曰赈穷，后代因之，有廪给婴儿、赐帛助财之政，今之育婴堂、养济院是也。然于江河艰险之所，起沉溺而登衽席者，则阙焉弗详。涪陵保息之典与他邑同，而白汧群猪诸滩险倍他邑。每当盛夏江水泛涨，过客之舟覆没于洪波巨浪者，不可胜数。苟非救生红船拯危援溺，则破巢之下安有余卵乎！故与育婴、养济而并列，以见盛朝仁政之备诚千古所未有者也。

养济院：在城西古较场修造瓦屋一院，共计三十余间。自乾隆三十二年为始。

救生船：黄鱼岭横梁、马盼二处，分大小水，共设船一只；龙王沱、麻堆滩二处，分大小水，共船一只。白汧设船一只。群猪、陡崖、各设船一只。其水手工食载入赋税。

育婴堂：旧未详设。

放生池：在天庆宫。州牧杨上容捐募修。

栖流所：男在三清观侧，女在戴家沟。瓦屋各一向。道光十四年，州牧杨上容捐廉、董绅耆李文寿等修置。

白骨塔：在三清观后。

拯济会：本城向有此会。道光八年，陈燨父继唐倡捐多金。复设蔺市镇、本城两处。观察陈燨有序抄列《艺文》。

涪州志卷之三

涪州知州　德恩续纂

秩官志

官制、知州、州同、学正、训导、巡检、吏目、武职

闻之建官惟贤，位事惟能。故周官以六计弊，群吏总不外贤能以为用。后世循良之绩，莫盛于汉唐。宋以下必选台阁名臣为之。然而一邑之内，长吏所以亲民佐杂，所以分理表率，则有师儒捍卫，则有防汛官制备。而凡居此土者，始得以受抚受治，沐国家教养之泽，而一无所扰。可知官无崇卑，宜共称守土泽民之责耳。兹列其官纪，其姓氏，更择其有功于民者，备录事迹，以彰懿好云。

官　制

国家设官、分职，地各不同。良以事有繁简，而地有广狭也。无冗员，无废事；有裁、有并。大抵因地以制宜，非徒慎重名器而已。

分巡下川东兵备道一员：驻札涪州奉裁。

知州一员

吏房司吏一名：奉裁；典吏一名：经制。

户房司吏一名：奉裁；典吏一名：经制。

礼房司吏一名：奉裁；典吏一名：旧裁，康熙五十三年复设。

兵房司吏一名：奉裁；典吏一名：旧裁，康熙五十三年复设。

刑房司吏一名：奉裁；典吏一名：经制。

工房司吏一名：奉裁；典吏一名：旧裁，康熙五十三年复设。

广盈库典吏一名：奉裁；架阁库典吏一名：奉裁。

承发房典吏一名；邮驿房典吏一名：奉裁。

预备仓典吏一名：奉裁；门子二名。

皂隶八名；步快十六名。

马快十二名；轿伞扇夫七名。

库子二名：奉裁；斗级二名：奉裁。

灯笼夫四名：奉裁；城门夫五名：奉裁。

州同一员

典吏二名；书识二名。

门子二名；皂隶四名。

步快十八名；马夫一名。

忤作二名

州判一员：奉裁

儒学学正一员

攒典一名：经制；书识二名：招设。

门斗二名；斋夫二名。

儒学训导一员

门斗二名；斋夫二名。

武隆司巡检一员

攒典一名：经制；书识二名：招设。

门子一名；皂隶四名

弓兵八名；马夫一名

吏目一员

攒典一名：旧裁，复设；书识四名。

门子一名；皂隶四名。

步快八名；马夫一名。

把总一员

兵五十名

州　牧

朝廷慎简贤僚，所以为民也。利何以兴，弊何以去，要必夙夜维寅而后靖共尔位。历考官斯土者，久暂既殊，功绩亦异。详以纪之。庶循良之绩常在人心，非仅存其姓氏已也。

汉

庞肭：庞士元[①]子，守涪陵有善政。涪民甚德之，崇祀名宦。

寿缉：字文平，成都人。良之弟举茂才。自历城令擢涪陵守。清廉有治声。崇祀名宦。

任蕃：字宪祖。举孝廉。由新都令任涪陵太守。民怀其德，崇祀名宦。

晋

母雅：巴郡江州人。学宗四科贡于朝。除涪陵汉平令。忠义著于奉上，宏毅彰于接下。后西南夷跋扈，以为夜郎太守，殊俗感其惠化。致仕而归。出《一统志》。

唐

南承嗣：按《一统志》：承嗣为涪陵守，奉命剿蜀穷寇，遂昼夜不释甲，有忠烈誉。柳子厚为序送之。山堂肆考曰：唐南承嗣，霁云子也。历施、涪二州，为别驾。柳宗元称其"服忠思孝，无替负荷"见张睢阳庙碑。崇祀名宦。

张濬：光启中为涪陵刺史。郡旧乏井泉，濬寻山谷之源，以导其流。民赖其利。为勒引水碑记。崇祀名宦。

宋

张迪：按文庙史典，大梁人，张载之父。宋仁宗时，迪为殿中丞。出知涪州。立身端洁，居官廉直。多善政，卒于官。贫不能归，葬于凤翔郿县，子孙遂为郿人。增祀配享崇圣祠。

姚涣：知涪时，宾化夷多犯境。涣施恩倍抚，纳酋豪争相罗拜庭下。后遂无警。崇祀名宦祠。

吴光辅：涪南水泛，多淹民居。光辅疏之，民免其害。故号吴公溪。崇祀名宦。

---

① 庞士元：即庞统（179—214），三国时刘备谋士。字士元，襄阳（治今湖北襄樊）人。初与诸葛亮齐名，号"凤雏"。刘备得荆州，以为谋士，与诸葛亮同任军师中郎将。攻雒城时中流矢死。

赵汝廪：知涪州。歉则贷公庾，丰则贮义仓。劝农兴学，民立生祠于学宫，以配黄、程、尹、谯祀享焉。又崇祀名宦。

吴信仲：光辅之孙也。继守涪州。建堂于吴公溪之上。

范仲武：嘉定间知涪州。塑程伊川像于钩深堂，以祀之。并建致远、碧云二亭。

王仙：任涪州。元兵攻围无虚日，势孤援寡，宋亡一年城始破。仙自刎，断其吭，不死；以两手自摘其头坠死。崇祀名宦。

元

僧嘉间。

明

沈定：永乐中知涪州，廉能有为。兴学校，课农桑，孜孜不倦。胥吏畏威，而民乐其业。出《一统志》。

邵贤：宣德中，以员外郎出守涪州。作新城，广民居，修学校，殄巨寇，涪人德之。崇祀名宦祠。

张黻：成化中知涪州。清介公明，爱民如子。出《一统志》。

裴连：监利人，宣德中以工部侍郎谪守于涪州。练达治体，仁惠及民，功绩茂著。

方大乐：江西人，由进士守涪州六载。狱讼衰息，囹圄空虚，接绅衿如僚友，爱士类如门徒。村落无夜吠之犬，城市有凤储之粟。

廖森：十载州牧，民歌慈母。时讲艺学宫，造就多士。一时涪陵科第十有余人，皆出其门。伏阙保留，故复任且再复任焉。崇祀名宦。

余光：万历间任。

王育仁：进士。江西太和人。万历间任。

张时迪：举人，万历间任。

李陶成：举人，万历间任。

刘曰彩：举人，万历间任。

朱家民：进士。云南人。万历中守道陈大道修学宫，家民赞助速成。极为大观，更广置学田，以养士类。后历任贵阳、方伯，犹有遗爱及涪士民。虽越数十年，而尸祝[1]

---

[1]　尸祝：古代祭祀时任尸和祝的人。后引伸为祭祀崇拜。

不倦焉。崇祀名宦。

郭维藩：举人。万历间任。

黄寿：进士。江西南城人。万历间任。

胡平表：云南人。天启间任。时奢贼寇渝，公徒步赴石砫，请秦兵救援，而下游得以安。涪人德之，立祠以祀。州人陈计长为之记。见《艺文》。

朱毅臣：举人。江西进贤人。天启间任。

韩邦哲：举人。湖北黄州人。天启间任。

张应爵：举人。浙江山阴人。天启间任。

王嗣奭：举人。浙江人。崇正间任。

夏云鼎：举人。湖广石首人。崇正间任。

黄应祥：举人。贵州龙里卫人。崇正间任。

冯良谟：举人。江南六合人。崇正癸未年任。摄篆①未几，值献贼②入川，民多屠戮，四野废耕。公多方赈救抚恤，遗民稍存。迄今涪人德之。

国朝

赵廷正：顺治庚子年任。董建学宫，尊崇文教。涪人德之。

吴调元：举人。江南人。康熙元年任。

朱麟正：荫生。辽东人。康熙三年任。建修州署。

萧星拱：保举。江西人。康熙十九年任，重修学宫，补修州署。

孟时芬：监生。浙江人。康熙三十一年任。

杨应元：吏员。浙江人。康熙三十九年任。

徐烺：监生。奉天人。康熙四十一年任。

董维祺：官监。奉天人。康熙四十二年任，留心教养，绩修涪志。

何道升：监生。福建人。康熙五十五年任。风雅宜人，鸣琴治理。重儒兴学，卓有循声。涪人思之。

王愿：副车。太仓州人。雍正四年任。勤于政治，补修学宫。

---

① 摄篆：代理官职。古代官印用篆文故名。《聊斋志异·考城隍》："不妨令张生摄篆九年，瓜代可也。"
② 献贼：旧时对明末农民起义军将领张献忠的蔑称。

袁紫玺：监生。直隶天津人。雍正十一年任。

胡克峻：举人。湖北安陆府钟祥县人。乾隆元年任。

郭宪仪：拔贡。江南沛县人。乾隆二年任。

王绶：举人。直隶人。乾隆六年任。刚正明决，案无留牍，里鲜冤民。时称良吏。

罗克昌：进士。江南高邮州人。留心教养，董建书院，劝课农桑。实心为政之贤大夫也。

白焜：举人。镶白旗汉军。乾隆十三年署。

朱汝璇：捐贡。湖南长沙府浏阳县人。乾隆十四年任。

王廷松：监生。直隶顺天府大兴县人。乾隆十七年署。才猷练达，政平讼简民赖以安。

谢国史：进士。广东潮州府海阳县人。乾隆十七年任，慈祥恺悌，留心教养，民歌召杜①。

王政义：翰林。贵州贵定县人。乾隆二十一年署，居心廉洁，听断平允。民爱戴之。

袁锡夔：进士。江苏六合县人。乾隆二十二年署，刚断明决。剔弊烛奸。甫一年而涪大治，惜未久任。

冀宣明：拔贡生。陕西直隶商州雒南县人，乾隆二十七年署。

陈于上：进士。浙江嘉兴府秀水县人。乾隆二十九年署。

国栋：进士。满州镶黄旗人。乾隆二十九年任。才学兼优，听断明敏。

宋思仁：增生。苏州府长洲县人。乾隆三十年署。精明练达，留心抚字。

叶道治：举人。湖北江夏县人。乾隆三十年任。

王用仪：进士。江西庐陵县人。乾隆三十六年署。四十七年复署。才具练达，听断明敏。两次任涪，俱多惠政。贤大夫也。涪人德之。

曾受一：举人。广东东安县人。乾隆三十七年署。怀清履洁，久著贤声。每任一处，胥畏民怀。有善俗遗规十则，涪人敬录。可以家喻户晓。

---

① 召杜：即召信臣和杜诗两位廉吏能臣的省称。召信臣为西汉九江寿春人，字翁卿。元帝时任南阳太守。曾兴修水利，灌田三万多顷，并订立了用水制度，百姓爱之，称他为"召父"。杜诗为东汉河内汲县人，字君公。东汉建武七年（31）任南阳太守，创造水排，以水为动力；铸造农具，广开田地，泽民惠民。百姓爱之称他为"杜母"，于是历史上留下"前召父后杜母"的说法。相传这是古代里人称州县主管为"父母官"的源头。但亦有说"父母官"称谓始于宋代者。

郑济焘：贡生。直隶丰润县人。乾隆三十八年署。

马文炳：拔贡生。陕西三水县人，乾隆三十九年署。

高瑛：捐贡。镶黄旗汉军。乾隆三十九年署。

王兴谟：监生。江苏华亭县人。乾隆四十年署。

陈宝田：监生。浙江山阴县人。乾隆四十年署。

牛兆鼎：贡生。直隶天津县人。乾隆四十一年任。

赛尚阿：主事。满州正黄旗人，发川候补直隶州。乾隆四十三年署。恺悌慈祥，惠爱百姓。值岁荒，斗米千余钱。涪民饿毙甚多。公亟为筹策，劝捐抚，自出廉俸一千有奇。四门施粥，全活者众。是岁文庙工程未竣，又捐银一百两。涪人尸祝不谖[①]。

董潘：贡生。山西介休人。乾隆四十四年任。

刘炳：笔贴式镶白旗汉军，乾隆四十六年署。明而断，清而勤，抚善良，除奸猾，士民德之。

王有榕：教习。湖广孝感县人。乾隆四十八年署。怀清履洁，听断明敏，阆州有神君之颂。

多泽厚：举人。直隶阜城人。乾隆四十九年任。重修涪州志。

张天禄：乾隆五十一年代办。

徐时敏：浙江建德人。丙子副榜。由州判升授，五十一年任。

徐鼎亨：江苏阳湖人，乾隆丙戌进士。五十三年署。爱民如子，教士有方。

郭联奎：云南河阳人。乾隆丁卯举人。五十四年任。

李荐高：湖北江陵人。由贡生捐知县，乾隆五十六年代办。

童云松：浙江萧山人。由监捐通判。乾隆五十六年署。

李培垣：云南阿迷州人。乾隆庚寅举人。挑选知县，五十七年到任。六月奉调采买滇米料豆接济兵食离任。是年，回任至嘉庆四年交卸。

范源沛：浙江鄞县人。由丁酉拔贡就职州判。乾隆五十七年代办。

马维岳：直隶任邱人。乾隆庚子举人。充四库馆誊录。议叙知县。嘉庆四年署。

---

① 谖（xuān）：忘记。《赠元稹》诗："之子异于是，久处誓不谖。"《诗经·卫风·考槃》："独寐寤言，永矢弗谖。"

曾先烈：湖北京山人。乾隆丁酉举人，挑选知县。嘉庆五年署。

李炘：顺天宛平人。由监生捐布政司理，问军营效力奏升。嘉庆七年到任，十年奉调解运军米，冬月回任。重修钩深书院。

张一鹤：江苏吴县人。由监生捐吏目，军营效力奏升，嘉庆十年代办。

曹岐山：顺天宛平人。由吏目考授正八品，军营效力题升。嘉庆十年署。

张曾益：河南蜜县人。乾隆壬子举人，挑选知县，嘉庆十二年署。十四年又署。

陈士楷：广东东莞人。由监生捐府经历，军营投效以府经历补用。嘉庆十三年代办。

朱壬：浙江上虞人。乾隆壬子举人，大挑知县。嘉庆十四年代办。

曾锡龄：河南固始人。嘉庆戊辰进士。十五年署。

米乔龄：顺天宛平人。由附生捐监，游幕帮办军务，奏升县丞。嘉庆元年查挐教匪，解运粮饷，并防堵各要卡，俱无遗惧。赏戴蓝翎。以知县升补。嘉庆十五年任。

王守诚：山西直隶代州人。乾隆己酉举人。大挑知县。嘉庆十六年署。

张师范：江苏阳湖人。由监生捐从九办理军营，报销奏补知县，嘉庆十六年升授到任。惠爱百姓，听讼明敏。民依之如父母。壬申、癸酉、甲戌岁屡旱。公设策备荒，发粟平粜。民藉以活者几千万人。又置买济田，重修养济院。纂修州志。载入省志，实心实政如此。其造士也，按月课艺生童，以师事之。又设义学二，皆捐俸延师。又重修圣庙及尹子、三畏斋、伊川注易洞。其端教化类如此。又详请建修昭忠祠，祀前宋明殉难王公、陈公，及嘉庆二十三年阵亡诸义民。并捐修三抚庙、厉坛、先农坛，其所以重节义，而崇祀典又如此，涪民德之。公引疾去，士民为立生祠于北岩以祀。

李廷勋：贵州思南府举人。嘉庆十八年署。

刘国策：安徽太湖人。甲戌进士。嘉庆二十二年署。

张鹏云：镶蓝旗汉军。荣禄佐领下人。由武生充实录馆誊录，笔贴式议叙通判。嘉庆二十三年代办。道光三年又代办。

吕兆麒：安徽旌德人。嘉庆壬戌进士。翰林院庶吉士，充功臣馆协修。奏派词林典故总校官，改授知县。嘉庆二十三年署。

颜谨：江苏丹徒人。由方略馆供事议叙县丞，军营效力奏升知县。嘉庆二十三年代办。

杨琼：湖南新化人。乾隆丁酉拔贡，充四库馆誊录，议叙教谕。随营差遣。奏升知县，嘉庆二十四年署。在任数年锄盗安良，培养士类。闾里赖以恬静。

李嘉祐：广西临桂人。嘉庆壬戌进士。道光二年署。

石钧：甘肃秦州人。由监生捐知县，道光二年署。

陈存衡：福建侯官人。由从九品改捐未入流。军营效力，奏升知县，道光四年署。

杨国栋：浙江山阴人。由吏员考授从九品升授。道光五年任。

张瑞菏：浙江永嘉人。由贡生报捐同知，道光五年代办。

杜绳芳：贵州清镇人。乾隆乙卯举人，大挑知县。道光五年署。

吴庭辉：安徽桐城人。由监生中嘉庆辛酉举人，考取国子监学正、学录、辛未进士。道光六年到任。甫下车，即除积弊，去陋规，士民畏服。数年间，民安士乐。教诸生按月课艺，士习亦端。公乃首创考棚，又捐廉五百两制造圣庙祭器。凡涪之风化，多所培养。戊子岁饥，公用廉三百金，发粟赈济。命富民减价平粜，活人以万计。己丑巨盗扰民，公奉檄黑夜往捕，贼党尽除。庚寅解组归田，囊无余积。士民奉赆者均不受。其廉介如此。署有狐仙堂，公为文正告而封闭之，狐不为祟。其正直又如此。至今涪人去思。不置为之立传。

黄鲁溪：江苏长洲人。嘉庆甲子举人。大挑知县。道光十年署。惠爱百姓，作育士子。涪人德之。

穆克登布：正黄旗满洲隆福佐领下人。由监生捐笔帖式，分户部行走。加捐司务，分理藩院行走，加捐通判。道光十一年署。宽猛相济，多惠民政绩。

杨上容：湖南宁远人。道光壬午进士。道光十二年到任，果决明断，奸民敛迹。捐银壹千两买置宾兴田，士林便之。又捐廉建节孝总坊，添设义学、栖流所、养生池、羊角碛义渡、义冢。道光十三年岁饥，公募银数千两，买米平粜，斗米日减百钱。全活人民甚众。涪人称之。

方同煦：湖南临湘人。嘉庆辛酉进士。十三年九月署。

赵德琳：陕西华阴人。由辛酉拔贡报捐教谕，保荐知县。道光十六年署。

吴应连：江西南城人。道光辛巳举人。报捐知县，十六年署。

刘端：顺天大兴人。由国史馆供事议叙加捐知县。道光十七年到任，公正廉明，民无冤狱，涪人有神君之颂。二十年岁饥，斗米千钱。详请发粟以拯之。全活甚众。

沈廷贵：安徽芜湖人。嘉庆癸酉拔贡。朝考训导，保荐知县，道光二十年代办。

陈立奋：湖南长沙县人。嘉庆庚申举人。截取知县，道光二十年署。

缪庭桂：顺天大兴人。道光乙酉拔贡。朝考知县。十一年署，十五年、二十一、二十二年，任长寿县兼理州篆。慈惠爱民，决狱平允，涪民德之。

徐树楠：江西奉新人。嘉庆己卯举人。道光乙未进士。二十二年署，甫下车，爱民勤政。玦翊斯文。莅任虽仅半载，而兴利除弊。泛狱明允，精案赖以全清，民称。来暮捐廉倡议重修州志。

德恩：镶黄旗满洲祥福佐领下人。道光二十二年奏升。二十三年到任，甫下车，即除积弊，去陋规，息争讼，培学宫。清廉仁恕，勤恤民隐，重修州志。百废俱兴。至宏奖士类，则捐廉以增膏火。生童乐从之众，月课常如州试。

司　户

宋

程颐：河南人。哲宗时，擢崇政殿说书。绍圣间，削籍谪涪州。崇祀名宦。事详流寓。

别　驾

宋

黄庭坚：洪州人，以修实录谪涪州。崇祀名宦。事详流寓。

州　判

宋

曹叔远：字器远，瑞安人。绍圣元年进士。判涪州，有善政。后徙遂宁时营卒相率称乱，势张甚。及至遂宁境，辄戒其徒毋肆暴。曰：此江南好官也。历官侍郎，谥文肃。崇祀名宦。

李惟清：蜀尚谣祀，病不医疗，听命巫觋。惟清擒大巫棰^①之，民以为反祸，他日又加箠焉，民知不神，然后教以医药，习俗稍变。崇祀名宦。

州　同

州同一员：嘉庆七年添设。

殷辂：江苏阳湖人。由监生充四库馆誊录，议叙州同。嘉庆七年到任。

庄绍明：浙江秀水人。由监生补充四库馆誊录，议叙州同。嘉庆八年到任。

朱澜：浙江萧山人。乾隆甲寅副榜。嘉庆十三年署。

刘天锡：陕西咸阳人。乾隆丁酉拔贡。嘉庆十五年署。

杨国栋：浙江山阴人。由吏员考授从九品。嘉庆十五年到任。

王恒：嘉庆十六年署。

刘钦：安徽霍邱人。辛酉拔贡。嘉庆十六年署。设学造士，簿书之暇，身亲讲贯。

徐大纶：江苏昭文人。由监生捐县丞。嘉庆十七年署。

徐世淳：浙江山阴人。由监生捐县丞。嘉庆十八年署。

吴绂绍：安徽歙县人。由监生捐吏目。嘉庆十九年署。

陈钦义：福建上杭人。由监生捐府经历。嘉庆二十年署。

晁光寓：江西贵溪人。由监生捐州同。嘉庆二十二年署。

王震：湖北江夏人。由方略馆供事议叙未入流。嘉庆二十三年署。

海文：正白旗汉军，兴泰佐领下人。由义学生候选州同。道光元年到任。

陈怀仁：贵州遵义人。乾隆丙午举人。道光六年署。博学工诗，以德化民，一介不取。著有《三神合传》。

高封：镶黄旗汉军，高为鉴佐领下人。由笔帖式捐州同。道光七年到任，十一年调，十六年回任。

廖文镇：广西全州人。由监生捐府经历。道光十三年署。

柴瑞年：河南郾城人。由监生捐州同。道光十五年署。居官勤慎，锄奸卫良，士民

---

① 棰：古代杖刑。

敬惮。

王荣庆：顺天大兴人。由监生捐县丞道光二十三年署。

昆秀：字瑶圃，镶白旗汉军，天保佐领下人。由义学生考取随印外郎补用，本旗满洲印房吏部考列一等。应以州同铨选引见，奉旨补涪州分州。道光二十三年到任。

学　正

宋儒谓天下学官，当选道隆德盛者为之。师儒之任何若是重与？盖以师道立，则善人多。苟皋比[①]谈经之维殷，斯菁莪[②]械朴之化不难再见于今日，有司铎之青者，可不仿苏胡之法，以无负多士之表率乎！

国朝

卢世选：举人。遵义人。

万恪：举人。富顺人。

曾光祖：举人。遵义人。

叚[③]朝伟：贡生。简州人。

邹正元：举人。洪雅人。

辛可泰：举人。保宁府阆中县人。

陈缜：举人。顺庆府营山县人。学问优长，课士严谨。

罗云师：举人。遵义人。字庆庵，号默仙。康熙五十三年同修涪志。

周遇清：举人。夹江县人。乾隆十三年任。

刘之炳：举人。汶川县人。成都县籍。乾隆二十四年任。

詹尔庚：举人。资阳县人。乾隆二十七年任。

张中元：举人。营山县人。乾隆三十七年任。

---

① 皋比：《左传·庄公十年》："蒙皋比而先犯之。"杜预注："皋比，虎皮。"后称讲学者的座席为"皋比"。并称任教为"坐拥皋比"。亦指武将的坐席。

② 菁莪：菁：花草、水草；莪：草名，水边的萝蒿。菁莪一词出自《诗·小雅·菁菁者莪》序："菁菁者莪乐育材也，君子能育人材，则天下喜乐之矣。"后因以"菁莪"指育材。

③ 叚：jiǎ，通"假"。但作姓氏时，读音为 xiá。

王正策：举人。大竹县人。乾隆四十四年任。同修涪志。

王檝义：举人。富顺人。乾隆五十三年任。

魏凌霄：举人。资州人。嘉庆六年任。

唐□：廪贡。犍为人。嘉庆十三年任。

陈修：举人。什邡人。嘉庆十三年任。

王正策：副榜。青神人。嘉庆十五年任。

康济鸿：贡生。华阳人。嘉庆十六年任。

秦豳：廪生。射洪人。嘉庆十九年署。

高应罾：举人。成都人。嘉庆十九年任。

张盛泰：举人。资州人。道光三年署。

杨□：廪贡捐训导。资阳人。道光元年署。

周家政：举人。蓬溪人。道光元年任。

杨□：廪贡。资阳人。道光四年署。

郭勴：举人。华阳人。道光四年任，同修考棚。

秦廷举：拔贡。射洪人。道光十六年署。

彭寅：举人。达县人。道光十六年任。

周能琴：廪贡捐训道。道光十八年署。

宁兴俊：廪贡捐训导。道光二十二年署。

刘乚照：廪生捐教谕。南充人。道光二十三年署。

黄淑龙：举人。泸州人。道光二十五年任。

训　导

杨子云：师者，人之模范。凡训迪经义，导引德教，皆师长之责也。苟诱掖有方，劝课不倦，与学正相助而有成，则人文自此蔚起矣。

国朝

苟若旬：贡生。南充人。

王绳武：贡生。遂宁人。

孙于朝：贡生。彰明县人，字龙光。康熙五十三年任，同修涪志。

陈公绰：贡生。叙永厅人。乾隆十年任。

韩膜：字霁辉。贡生。奉节县人。乾隆十三年任。

程师言：贡生。名山县人。乾隆十八年任。

刘光汉：贡生。资阳县人。乾隆十九年任。

李树培：廪生。三台县人。乾隆二十五年任。

严宽容：贡生。庆符县人。乾隆三十一年任。

任际昌：贡生。洪雅县人。乾隆三十四年任。

吴懋仁：举人。荣县人。乾隆三十八年任。告病回籍。乾隆四十四年，病愈，坐补原缺。

涂会川：贡生。眉州人。乾隆三十九年任。

康济鸿：贡生。金堂人。乾隆四十六年任。

邓履仁：贡生。岳池县人。乾隆四十八年任。

岳炯：拔贡。中江人。乾隆五十六年任。

张来泰：廪贡捐训导。资阳人。嘉庆三年任。

李上杰：嘉庆十四年任，中江县举人。

何怀瑾：举人。叙永厅人。嘉庆十七年署。

万年春：恩贡。彭山人。嘉庆十七年署。

侯宗元：岁贡。宜宾人。嘉庆十八年任。

刘纯粹：举人。巴县人。嘉庆二十四年署。

洪坛：举人。华阳人。嘉庆二十四年任。

林时春：岁贡。什邡人。道光三年任。

张锡埔：廪贡。新宁人。道光六年署。

郭溁：举人。隆昌人。道光六年任。

熊毓仑：拔贡。渠县人。道光二十二年署。

吴锡藩：廪贡。内江人。道光二十四年任。

附武隆县

知县

明

黄直：曲阜县人。举人。洪武十年任。为政廉平，兴利除害。良善获安，豪右屏迹。崇祀名宦祠。

孙道远：洪武十四年任。

王龄

高湘

邓凯：广东嘉应州人。监生。

宋伏奇：云南霑益县人。监生。

易濂：湖广蕲州人。举人。成化间任。

苏奎：浙江金华县人。监生。

周镜：湖广罗田县人。举人。

戴星：湖广靖州人。监生。

袁思诚：河南原武县人。监生。

王骏：湖广荆门州人。举人。

夏璋：湖广平江县人。举人。

钟韵：广东翁源县人。监生。后调绵竹县知县。

李良金：云南昆明县人。举人。嘉靖五年任。水灾之后复建文庙。为人刚方廉静，善处边情，适报迁官。酋长赂以金，不受。单骑而去，行李萧然。士民泣送之。崇祀名宦祠。

丁继：河南孟津县人。监生。

成文：山西阳和县人。举人。

刘瀚：陕西岐山县人。监生。嘉靖十七年任。

李一清：广东举人。

冯尚德：陕西凤翔县人。监生。

胡文源：直隶阜城县人。监生。嘉靖二十四年任。

党宗正：湖广施南府人。举人。

史载泽：贵州新添卫人。监生。

张钦辰

赵伟

唐宗元

陶庚：湖广人。举人。嘉靖四十三年任。始修《历任题名记》。

王施仁

孟泰浩

李廷英

林兰：湖广归州人。举人。万历十二年任。迁建学宫，现有碑记。

陶正学

李平山

况世钦

欧汝孚

陈子道：湖广衡州人。举人。万历二十七年任。

曹芬：湖广宜兴县人。监生。万历三十一年任。

杨复乾：云南太和县人。监生。

苗嘉谷：云南宜良县人。监生。

缪思启：云南曲靖州人。举人。天启四十二年任。

徐体震：云南昆明县人。举人。天启四十七年任。

党应期：山西阳曲县人。举人。崇祯二年任。

詹允吉：福建人。岁贡生。

葛惺：山西高平县人。监生。

邱忠：甘肃平凉县人。举人。崇祯十三年任。

钱大用：崇祯十五年任。

明　武隆县教谕

高溥：嘉靖二十四年任。

何卞：万历十二年任。

赵廷儒：万历三十年。

训　导

鲜希佹：万历十二年任。

李文英：万历三十年任。

国朝

武隆县知县

张羽兴：荫生，辽东人。康熙四年任。

乔楠：进士。江南江阴县人。康熙六年任。

巡检司：

康熙七年改设。我朝命官分吏，多因明旧武隆一县改为巡检，归并涪州。盖以地居偏隘，距府殷遥，而涪为接壤之区，民瘼吏弊耳目易周，亦因地制宜之意也。莅斯任者，宜时稽往来，防奸宄。克勤厥职，勿以微员自视，徒为朝廷之备官也。

刘嗣盛：吏员。直隶顺天府人。

叶廷机：吏员。浙江人。康熙二十九年任。

王喜秩：吏员。山西大同县人。康熙三十七年任。捐廉劝募，创建福寿寺。邑人曹敏才有碑记。

沈国璋：吏员。直隶顺天府人。康熙四十五年任。同州牧董维祺协修涪志。

邵梦彪：吏员。直隶顺天府人。

赵文选：康熙五十七年任。

金洪远：康熙六十一年任。募修龙洞观音桥。现有里人碑记。

王秉衡：乾隆九年任。捐廉置买福寿寺。万年灯田。现有邑人贺元德碑记。并士民去思碑记。

章秉志：监生。浙江会稽县人。乾隆十一年任。

王梅祚：乾隆十八年署。

刘廷相：吏员。广东长乐县人。乾隆十九年任，捐廉募兴关帝、城隍两会祀典。至今士民享祀不忒。并有里人碑记。

沈世基：监生。浙江山阴县人，乾隆二十五年署。

王大本：吏员。浙江会稽县人。乾隆二十五年任。

吴营：监生。江西高安县人。乾隆三十一年署。

曾之沐：监生。江西南昌县人。乾隆三十二年署。

魏志林：吏员。湖南华容县人。乾隆三十四年任。

马承烈：监生。浙江会稽县人。乾隆三十五年署。

王嘉猷：监生。山西阳曲县人。乾隆三十五年署。

胡健行：吏部供事议叙。浙江会稽县人。乾隆四十一年署。

曹廷凯：监生。安徽贵池县人。乾隆四十三年署。

魏守曾：监生。江西广昌县人。乾隆四十四年署。后升知县。

杨如灿：吏员。顺天大兴县人。乾隆四十七年署。

叚应绅：监生。江西庐陵县人。乾隆四十七年署。

王永绪：监生。山东聊城县人。乾隆三十九年署。四十八年复任。

杜作霖：监生。江苏娄县人。乾隆五十二年署。士民爱戴。后升知县。

张裕全：监生。安徽桐城县人。乾隆五十三年任。

陶云融：笔帖式。浙会稽县人。乾隆五十八年署。

仇允诚：监生。浙鄞县人。嘉庆六年署。

鲁观政：监生。江西新城县人。嘉庆十一年署。

马宝城：军功议叙。浙江秀水县教门人。嘉庆十一年任。

吴延龄：监生。浙江归安县人。嘉庆十五年署。

徐镐：吏员。浙江钱塘县人。嘉庆十六年任。

杨世鲸：监生。浙江钱塘县人。嘉庆十九年自酉阳州龚滩调任。

余良：监生。江苏武进县人。嘉庆二十三年署。

柳钧：文颖馆供事。顺天府大兴县人。祖籍江苏。道光元年署。

徐树棠：监生。浙江会稽县人。道光三年任。

王承华：监生。江苏华亭县人。道光五年署。

费有基：兵部供事议叙。浙江鄞县人。道光六年任。

傅麟昭：从九品。浙江山阴县人。道光十一年署。

潘镜：监生。浙江山阴县人。道光十四年署。

赵如璋：监生。安徽泾县人。道光十五年署。

赵连：军功议叙。甘肃迪化直隶州人。道光十六年任。

孙蔼堂：未入流。浙江归安县人。道光十九年署。

沈槐：未入流。浙江萧山县人。道光二十二年署。

李嘉瑞：监生。浙江钱塘县人。道光二十三年任。

吏　目

尉之一官，虽佐长官庭议事及签书文檄者。然李程有单言判狱之称，李勉有擒奸摘伏之号，乌得以末秩间曹日开射鸭堂，效南昌仙尉耶？涪陵政烦事剧，正赖分助之力。膺斯职者，苟能佐理勤谨，安见伊间滩上不见鸂鶒双来乎！

国朝

王运亨：吏员。浙江人。

张以平：吏员。浙江人。

郭汶：吏员。山东人。

陈启谟：监生。顺天大兴籍，浙江人。康熙四十八年任。莅涪一十三载，办事勤敏，捕缉严密，士爱民服，涪人至今思之。

李文焕：监生。江南人。

章麟：吏部书吏。浙江钱塘县人。乾隆十四年任。

沈元龙：监生。江苏长洲县人。乾隆十八年署。

陆凤：监生。浙江山阴县人。乾隆十九年任。

张廷鹤：监生。江苏长洲县人。乾隆二十四年任。

谢锡偕：工部书吏。浙江会稽县人。宛平籍。乾隆三十一年任。

范彬：监生。河南虞城县人。乾隆三十四年署。

张圣兆：监生。广东平远人。乾隆三十五年署。

蔡尚琥：贡生。江西新昌县人。乾隆三十六年任。小心勤慎，捕缉有方。

顾鹏飞：吏员。顺天府宛平县人。乾隆四十年署。

陆怀玉：监生。江苏元和县人。乾隆四十年署。

周明德：监生。江苏长洲县人。乾隆四十一年署。

魏守曾：监生。江西广昌县人。乾隆四十二年署。

李廷秀：监生。浙江杭州府钱塘县人。乾隆四十五年署。

凌学贤：监生。江苏上海县人。乾隆四十八年署。

邓昂：监生。安徽怀宁县人。乾隆四十六年任。昂才具干练，办事勤敏，甫莅任即查访积弊，如涪城上下差役建有赌亭一垣，名曰厅子，每日诱赌，最为民害。昂力禀弊端，严挐拆毁，永行禁革，盗息民安，涪之士民歌颂德政。乙巳岁川东大饥，涪尤甚，昂佐理荒政，诸多筹画。其寔[①]心为民，盖如此。

龚照：监生。浙江人。嘉庆十三年五月到任。

杨曜洙：监生。广东大捕人。嘉庆十六年八月到任。

陈时旸：监生。大兴人。嘉庆二十三年六月到任。

继善：监生。汉军，道光元年三月到任。

刘锡履：供事议叙。大兴人。道光二年六月到任。

任为藩：附贡生。贵州普安厅人。道光十七年六月到任。

潘有孚：监生。大兴人。道光十九年七月到任。

孙长炀：监生。安徽桐城县人。道光二十三年署。

赵步瀛：拔贡生。陕西米脂县人。道光二十三年代理。

黄源：监生。广东顺德县人。道光二十五年代理。

范嘉垲：监生。山西介休县人。道光二十五年署。

把　总[②]

从来有文事，必有武备。故宣猷布化，以勤抚绥，则寄乎文员；而有勇知方，以资

---

① 寔：确实、实在。
② 把总：官名。1.明代驻守京师的京营兵分为三大营，设千总、把总等领兵官。各地总兵之下，亦分设把总领兵。2.清代绿营军制，营以下为汛，设把总分领，位次于千总。京师的巡捕五营亦设把总。又四川、云南等省的土司官有土把总一职。

捍卫，则需夫武职。有城，斯有守，分防之设奚容缓乎？

国朝

蔡贵：外委。乾隆十六年任。

吴增：千总。乾隆二十二年任。

梁材：把总。乾隆二十八年任。

张文王：千总。乾隆三十三年任。

杨统：额外。乾隆三十八年署。

李芳华：外委。乾隆三十九年任。

李先荣：额外。乾隆四十一年署。

刘天顺：外委。乾隆四十一年署。

王正禄：千总。乾隆四十二年任。

马士龙：把总。乾隆四十四年任。

曹福寿：千总。乾隆四十四年任。

马云：外委。乾隆四十五年任。

刘德嘉：额外。乾隆四十六年任。

张洪仁：外委。乾隆四十六年署。

丁耀荣：外委。乾隆四十六年署。

黄塘：把总。乾隆四十七年任。

罗灿：行伍。乾隆五十年任。

周庆云：千总。嘉庆十六年任。

汪贵：把总。嘉庆十七年任。

汪俸：把总。嘉庆十八年任。

王上达：把总。嘉庆二十年任。

陈武鼎：把总。嘉庆二十三年任。

王用中：外委。道光元年任。十三年又任。

王应鼎：外委。道光二年任。

张本成：把总。道光三年任。

李贵：外委。道光六年任。

马骏猷：外委。道光十年任。

常金：把总。道光十一年任。

马允升：千总。道光十三年任。

周朝：外委。道光十四年任。

马忠贵：外委。道光十四年任。

杨文：把总，道光十五年任。

马成功：把总。道光十六年任。

杨洪升：外委。道光十七年任。

向开文：外委。道光二十年任。

王道半：把总。道光二十一年任。

龙安邦：把总。道光二十三年任。

查乾隆五十年后，迄嘉庆前十数年，武职无考。今将查明者列之。

涪州志卷之四

涪州知州　德恩续纂

武备志

驻防、兵制、塘房、铺司

国家有百年不用之兵，不可一日而忘其备。是故拨天下之乱而使之治，守天下之治而使之足以弭乱，莫大于武备。书曰：司马统六师、平邦国、言天下军政之总领也。后世分之，以藩镇列之以戎卫。凡要害之区，聚则有驻札，散则有分防。至于制兵之法，或因时之治，忽而为损益；或相地之险易，而较多寡。制官之体不一，则制兵之数亦不齐。他若塘汛之巡哨，铺递之邮传，皆以安辑我民人而政治之。不可忽者也。爰为连类而并志之。

驻　防

驻防之设，所以资捍卫、司军令者也。涪陵山深箐密，易于藏奸。则夫思患预防，整营伍而修军政，亦要务也。讵可以四境晏如，耻言军旅哉？

汛署

在州城内腰街子。

头门三楹　大堂三楹　私宅三楹

俸薪

把总俸银四十五两四钱六分四厘。

把总养廉银九十两。

战粮十分饷银二百零四两。

守粮三十二分饷银四百九十一两六钱。

原设哨船。守粮六分，饷银八十八两八钱。

新添哨船。守粮九分，饷银一百三十三两三钱。

兵　制

《易》曰：师出以律；《诗》曰：共武之服，以定王国，要期其制之尽善也。故一切营伍布置、兵额器械、训习期会、咸有定制，盖必制定而法乃一，当不徒投石超距以示整暇已也。

管制

元以前莫考。明设操兵五百名，卫千户一员，百户二员，隶之守道并属州牧管辖。不时操练，以御地方护守城池、仓库。即以卫田钱粮饷之。

国朝设守备一员、千总一员，把总二员，兵三百名，驻防守御。于康熙四十年，奉文守备移驻忠州，改设把总一员。

州城驻扎

把总一员。

弓箭兵丁四名。

鸟枪兵丁三十八名。

原设哨船兵丁十名。

新添哨船兵丁十五名。

军器

鸟枪三十八杆。

弓箭撒袋四副。

盔甲四十二副。

号衣帽四十二副。

大旗一杆。

小旗五杆。

红旗一杆。

原设哨船二只。

新添哨船三只。

塘　房

诘奸、稽异、息盗、安民，莫要于塘房。盖星罗棋布，互相犄角，则僻要之守望，行旅之防卫，均有赖焉。比年屡经修葺。凡屋宇、墩楼、墙栅无一不坚固鲜明。诚足以壮军威，资民卫也夫！

旱塘

土主庙　冷水关　谢石坝　底塘

凉水铺　灯盏铺　木根铺　钻天铺

白果铺　火炉铺　沙台铺　木棕铺

武隆　郭祥坝　上堡塘

水塘

韩公寺　李渡镇　黄谷嘴　平西坝

守经溪

以上共二十处。其烟炖、哨楼、栅栏俱全。

铺　司

翼飞星驰，晓夜不分，奔走亦几孔瘁[1]，顾置邮传以速为期。任轻则能速，事简则不劳。传司文命，亦政令之至善者矣。因其役以兵名，故编入武备。

铺名

底塘铺　双庙铺　白岩铺　灯盏铺

阒天铺　火炉铺　木棕铺　沙溪铺

---

　　[1]　孔瘁：深为忧伤。唐柳宗元《梁丘据赞》："呜呼！岂惟贤不逮古，嫠亦莫类。梁丘可思，又况晏氏？激赞梁丘，心焉孔瘁！"

青龙铺　白果铺　绿竹铺　沙台铺

木根铺　凉水铺

以上共一十四铺。

兵额

每铺兵二名，总计二十八名。

器具：按邮驿内原例载。

每铺置备十二时轮，日晷牌子一个。红绰屑一座并牌额铺历二本。上司行下一本。各府申上一本。遇夜明灯烛。

每铺每名合备夹板一付，铃襻一付，缨枪一付，油绢三尺，软绢包袱一条。箬帽簑衣各一件。红闷棒一条。回历一本，附载于志，以见器具之必备焉。

工食

额设工食银。连闰加增，共一百八十二两。每名月支工食银五钱。

涪州志卷之五

涪州知州　德恩续纂

风土志

习俗、节序、四礼、方言、物产、善俗

古者，天子采十五国之风，以征美恶察贞淫；太史陈诗以著人民之臧否，考歌谣之邪正，用以稽政治之得失。禹贡辨九州之土，别高下燥湿之性，以登土物而定贡税焉。盖风浮于上，土实于下，人游其中，而风土移之。故为治者，不可以不知民情；欲知民情，不可以不辨风土。仁义礼智之性秉之于天，秉之天者，地不得而限之，故率之而为道。阴阳刚柔之气受之于地，受之地者，非圣人不得而辨之，故流之而为习俗。习不可以枚举，俗不可以尽言。其见于日用者，莫显乎节序。春夏秋冬谓之四序，四序分令谓之八节，冠婚丧祭谓之四礼。节有俗节，礼有俗礼。为俗节者，可以为节；为俗礼者，不可以为礼。正天下之理，所以易天下之俗。礼根于理者也，声本于气者也，理同而俗不同，故礼异气异而声不同，故言亦异。凡此皆风土之中于人者也。若夫山川之所产，风气之融结，荒僻之区，鄙陋之物，虽不足贡，然亦土之所出，可以资人之用，而为观风辨物者之所必详也。

习　俗

先进非野，纯俭可从。顾土风俗谣，为辂轩所必采者，务期一道同风之盛。涪之□□刘氏之忠烈，文氏之孝友皆出其地，是亦礼义之区也。自兵燹之余，俗不近古，或亦教化所未及耶！转移倡导良有司之责，不綦重欤。

士习：涪邑山水聚会，英俊挺生，咸以读书为乐事家。资饶裕者，延请专师课读；

衣食稍足者，亦命子弟负笈从师。或数友会文鼓励，俱期讲求学问，以故邑之文风在川东称最，登科目者甚众。近二十年来，家弦户诵，应童子试者二千余人，应乡试者百余人。济济多士，皆由邑多世家敦诗说礼之风互相法守，薪传弗替至。士之立品自爱者，非惟不预外事，且终年不履城市，亦习尚笃实，廉隅自饬尔。

农事：邑境多山，田畴高下不一，土薄而瘠。粪用牛犬，农功以蓄水为要。秋成后遇雨即犁田贮水，谓之关冬水。阡陌注满，次年插秧时事半功倍。若遇夏雨愆期，则用手车、足车于沟渠处引水灌田。或编竹为畚，贯以索，两人对挽而汲之。至树艺五谷，尤相土宜，平原皆种粱稷；陇头土壁亦可种菽麦而获余利、无旷土、无惰民。其犹有淳朴之风欤。

女红：地多产麻，妇女惟勤纺绩。贫富皆优为之。亦有能组织工顾绣者。单寒之家中馈井臼^①而外，专以纺绩为业，机声轧轧，常彻夜不休。

工商：百工商贾外来者多，虽业集于乡场，颇知安分、守法。

服舍：屋宇衣服，皆随时制。土宦之家，多崇俭素。乡城居民，亦敦古朴。惟郊外舍宇，依山傍水，不成村落。地势使然也。

饮食：多尚俭约，犹近古风。惟宴会颇竞丰腴。乡居之家每用筒酒，名曰咂酒。稻粱黍粟皆可酿成。熟时以滚汤灌坛中，用细竹管通节入坛内吸饮之。吸去一盉仍以盉水添满坛口。是水酒不上浮，至味淡乃止。考《蜀志》，郫县有一井，井边有竹。截竹为筒，以吸井水，即变为酒。杜子美有诗曰："酒忆郫筒不用酤"，今之咂酒其仿佛郫筒遗意与？又传平都山之南宾地出篿，大如指，可以吸酒，白乐天诗云："闲拈蕉叶题诗句，闷折篿枝引酒赏。"后改为竹管，义或本此。

节　序

诗咏豳风，礼详月令。不独志稼穑之艰难，时序之递嬗，正以儆大康职思居也。夫天下同此节序，而风土各有所宜。今备考以志，俾民间东作西成，不敢坐失其时。

---

① 井臼：汲水舂米。指操持家务。颜延之《陶征士诔》："有晋征士寻阳陶渊明，南岳之幽居者也……少而贫病，居无仆妾，井臼弗任，藜菽不给。"

即享祀燕衎间，亦知食时用礼之节，未始非默化之一助云。

正月元日：鸡鸣盥漱，肃衣冠，列香烛，拜天地君亲师、社令、司户、田祖、井灶之神。洒扫祠宇，设牲醴、陈果品以祀祖考。男女以次拜于尊长；次出拜宗族。此数日内亲朋互相拜贺，彼此留饮。谓之年酒。

立春前一日：具采亭和水土，为春牛迎之东郊，曰迎春。

立春日：州守祀于勾芒之神。礼毕，以一人善口辩者，奔走说吉庆语曰说春。以采鞭鞭牛，碎乃已，曰打春，将牛首留之库内，以贮丰余。

上元日：食粉团，户张彩灯、鸣金鼓，扎龙狮人物故事。谓之闹元宵。前后数日乃止。

二月二日：祀文昌帝君，各村塾俱宴会。是月村民治农器。逢上丁，祀文庙。

惊蛰：农人以水浸稻三日，沥水覆草，又三日。孚拆成芽，撒之，谓之下秧。

三月清明日：州守祭厉坛。邑人祀墓，焚化纸钱，祭以鱼肉，即席地而餕。其余乃盛土崇封，划刈荆榛，插楮标于墓上，名曰拜扫。

四月：秧长六七寸。乡人通工栽插，集众数十人。择二人为众信服者分司，钲鼓鸣金，击钲以督众，曰打闹。是月插秧毕，犁山土，种菽粟麻蜀。

五月五日：户插菖蒲。以朱书符，贴于中堂。饮雄黄酒，食角黍，观竞渡[①]。是月刈麦。

六月：农人耨秧，去稗锄草，以养嘉禾。又以初六日，曝衣服、书帙于庭。

七月七日：孩稚以凤仙花染指。少女结伴以酒食祀织女。对月穿针，名曰乞巧。

中元日：祀先荐亡。寺观建盂兰会。州守祀厉坛，与清明同。是月谷始熟。家选吉辰，以荐新于田祖，及祖考，曰吃新。

八月上丁，如二月祀。

中秋夜：士民设香烛、供月饼，鸣金鼓以达旦，曰赏中秋。

九月九日：士民佩茱萸，食米糕，饮菊酒，登高。

十月朔日：州守祭厉坛。士民以香醴祀其祖考。

---

① 食角黍：即吃粽子；观竞渡，即是看赛龙舟。

十一月：剪茅覆屋 ①。

十二月八日：杂果蔬辛物入米同煮糜，曰腊八粥。

二十三日：用糖饼、果食、香烛以祀灶神，曰送灶。又扫除舍宇。

除夕：插松柏枝，换桃符以避邪，易门神作春帖，放爆竹，夜围炉坐，谓之守岁。仍用糖饼、果食、香烛以祀灶，名曰接灶。前期家治果饼相送遗，曰馈岁。户挂五色彩钱，插楮钱于先人之墓。设牲醴以祀祖考，治椒酒家宴，少者以次拜其尊长，曰辞岁。仍治椒酒贮饼中挂于井内，俟元旦拜毕，即出门往井内提回家中。从卑幼先饮起，以至尊长，亦古者屠苏酒之意云。

四　礼

冠、婚、丧、祭之礼，自天子以至于庶人，日用由之而不可离者也。士子曰：以穷经讲文为故事，而口之所诵，与身之所执，自相违背。况流俗耶，此非独涪之失也。兹略摘数条，以志时尚。俾考礼者或从宜，或近占亦有所鉴云。

冠礼：古人筮日筮宾家礼。男子年十六至二十皆可冠。及期主人告于祠堂。冠者至祖考前跪，宾祝之曰，弃尔之幼志，顺尔成德，咸加尔服，所以责成人也。未冠之前一二日，或取字或取号书于纸，以相赠贺。至是人遂称其字号，而不名。至于女子，非嫁不笄，受笄亦必于婚嫁时。俟婿家先期具冠饰、衣服至，请亲戚高年娴妇道多子孙者，与之冠笄 ②，俗谓之上梳，上头，亦犹存冠礼之意云。

婚礼：纳采，问名，纳吉，纳征，请期，亲迎，此婚礼之六也。古云：六礼不备，贞女不行。涪俗议婚，男家请媒，通于女家，允则诹吉、备盒酒、香烛、具名帖，谓之递书。随备钗饰、绫罗为礼，谓之下聘。迨其婚年，婿家请媒先报吉期于女家，谓之报期。将婚前数日，婿家备衣饰、香烛、用彩缎、旗伞、鼓乐、请媒送至女家门外，

---

① 剪茅覆屋：剪茅，即割草；覆屋，即赛房。过去城乡都有相当比例住房是草房。利用冬闲和茅草枯黄时，一是盖新房；二是补修或翻修旧房。

② 笄：古人用来束发的簪子。女子成年，要举行插笄之礼。《礼记·内则》："十有五年而笄，二十而嫁。"

行亲迎礼。捧鹅拜献，名曰奠雁。遂迎妇归家，行合卺^①礼，次日庙见拜翁姑并诸亲。三日下厨，新妇捧茶示妇道也。此惟士大夫之家为然，民间则鲜。亲迎是期，请接亲二人过女家，同媒往来，不能具礼。又有七八岁时，郎接至婿家，待及笄而后结褵^②者，谓之闲房。亦贫者从宜从俗之一端也。

丧礼：称家有无，或二三日内即葬，谓之乘吉。柩在家时，延请亲族相守，款以酒食，谓之坐夜。葬后设灵延僧道作斋事，近谓之荐七，远谓之除灵。超荐如其人在生时亦喜作醮事，谓之填还寄库。绅士家初葬则行家礼，不饮酒，不食肉，不听乐，不庆贺。虽未能如古人之严然，有不敢肆然忘哀者。至百日期、年，亦延僧诵经。盖犹未能免俗也。

祭礼：涪俗遇亲丧家祭，行三献礼。歌《蓼莪》^③之诗三章。葬毕迎木主回，则行虞祭。清明惟祭于墓前。至于四时祭，四代冬至祭始祖，春祭先祖，季秋祭祢前辈。士大夫家间有举行，其后亦渐旷废，他如上元、端阳、中元、重阳等节，各献以时食，朔望、忌辰、亦祭于家中。

又，涪人疾病，不专于延医。必延道侣，设供神像，鸣金鼓吹角诵经，禳解于焚符火焰中，以卜其吉凶。病愈则延巫师、演阳戏以酬之。

又，涪人凡生涯求财，必用牲醴、香帛，祷祝西溪招财四路之神，设位于中堂之左，盖因兵燹后，土著无几，大半皆黔酉之民。所谓西溪乃五溪之一，即今酉阳州也。

方　言

五方之风气不同，而语言亦异，虽书籍犹难辨之。陈汤传既曰母鼓，西域传又曰母寡，是一义而二字也。班固史既曰龟兹为邱慈，范蔚宗^④史又曰龟兹为屈沮，是二字而二言也，其类不可殚述。涪人言音多清爽，顾音韵虽清，而出口多不能一辙。爰录

---

①　合卺：古代结婚仪式之一。《礼记·昏义》："合卺而酳。"孔颖达疏："以一瓠分为二瓢，谓之卺，婿之与妇各执一片以酳，故云合卺而酳。"酳，用酒漱口。后称结婚为合卺。

②　褵：古时女子出嫁时所系的佩巾。

③　蓼莪：《诗经·小雅》篇名。诗中主要申说："哀哀父母，生我劬劳。""欲报之德，昊天罔极。"宣传孝道。旧时并用作为子必须尽孝的典故。

④　范蔚宗：即范晔（398—445），南朝宋史学家，著《后汉书》，字蔚宗，河南人。

之以比杨子云之《方言》云。

天时：天初明曰天亮。正午曰晌午。将夜曰晚了。虹霓曰扛。水冻成冰曰凌冰。

地利：两山夹田曰冲田。山岭曰坡。故上山曰上坡。不可种者曰荒坡。

人事：清晨曰清早。留宿曰歇。拾曰捡。无曰没得。何如曰怎么。隐入曰藏。不循前言曰撒赖。凡于初二、十六日买酒肉祀神曰烧牙祭。

物谓：虎曰老虎。鳖曰团鱼。青蝇曰苍蝇。圆物曰团。竹箱曰箴笼。里衣曰汗衣。饮马牛曰应水。

饮食：米之粗者曰糙米。酒之美者曰好酒。蔬菜曰小菜，饮物曰吃。

交接：呼让路曰躲开。相换易曰掉。相骂曰相嚷。相打曰打架。

宫室：橡角曰角子。归家曰回来。祖父定居之地曰老屋。

称谓：祖父曰公，又曰爷爷，又曰老爹。祖母曰奶，又曰婆。父曰爹。母曰娘，又曰妈。父之兄曰伯爷，父之弟曰叔子。男曰崽。妇称翁曰公公，姑曰婆婆。兄之妻曰嫂，弟之妻曰弟媳。姑夫母舅之子曰表弟兄。姐妹之夫曰姐丈、妹丈。同年生曰庚兄。

物产志

利用厚生，莫重于食货。然而稻麦因高下殊美，麻黍以异地各良，此土宜之，不可强同者也。涪邑素称沃饶，种植蕃茂，匪但五谷之登，岁致丰稔。其他如竹木蔬材果实，皆足供日用饮食之需。然必因天之时，相地之利，用人之力，三者备而后土物可得而用焉，则夫称名取义又乌可不辨哉？

谷之属

红鹄粘　大白粘　乌脚粘　西南粘　桂阳粘

雷粘　油粘　百日早：百日成熟，尝新用之。亦有红莲早稻。陆鲁望云："近炊早稻识红莲。"即此种也。盖其熟在六月，是时莲花正放。故因之得名耳。

鸡爪糯　麻壳糯　矮子糯：稻品名秋风糯。

红谷糯：稻品名胭脂糯。

寸糯：俗名三颗寸，言其修长，三颗便足一寸。粒长而色白。此秫之最佳者稻品。谓之金钗糯，又似羊脂糯。

围子糯：稻品为小娘糯。

五百粒：结实最盛。一穗五百。亦秋之佳种也。

麦：按，麦有大小两种。大谓之牟，小谓之秾。

大麦：有芒壳，可芽亦可羹。脱其壳为饭，与稻相类，亦可酿酒，冬种夏收。邑山农艺之。

小麦：秋种冬长，春秀夏实。备四时之气，性微寒。为面用最广，但放花以夜，与北方异。

荞麦：叶青、花白、茎赤、子黑、根黄，亦具五方之色。有甜、苦两种。春种夏收，秋种冬收，岁可两获。山农用以佐食。

粟：穗小、毛短、粒细。即梁之细而圆者，俗名小米。有黄、白两种。可饭，亦可作酒。

黍：《礼记》曰芗合，即今之小米也。可以为酒，盖小米之糯者。

梁：《曲礼》曰芗萁，本草云：粟即梁。惟穗大、毛长、粒粗耳。今俗名高粱。茎高丈许，状似芦荻，实如椒核。造酒良。

稷：《曲礼》曰明粢，楚人谓之稷，关中谓之糜。苗穗似芦而米可食，其米为黄米。当即俗之所名包谷者，人多用以造酒。

菽：按，菽为众豆之总名。色殊种别，其类不一。

黄豆：有早迟之分。黑豆：性可入药。

青皮豆：味甘香可佐盘飧。

泥酱豆：以其蔓生也；花豆：色作班。

胡豆：《尔雅》谓之荏菽，即大豆。一名蚕豆。以其荚如老蚕且熟当蚕月，故名。

豌豆：有白豌、麻豌二种。其用甚微，初熟甘香可佐食。干仅作粉。

野豌豆：一名翘摇，粒细不堪用。苗嫩时可茹。俗名菜豌。

刀豆：可酱食，性能杀虫。

绿豆：一名值豆，可为粉，亦可芽，性能解毒。

藕豆：一名沿篱，俗名蛾眉。

饭豆：即白豆，乡人多杂米食之。又一种名红豆，用同。

豇豆：一名豆双豆，方书云：每日空心煮豇豆，入少盐食之，补肾。俗但作蔬用。

脂麻：一名巨胜，一名方茎。其叶名青襄。张骞使西域得其种归，植中国，故名胡麻。石勒时避讳[1]改名脂麻。有黑、白二种。李时珍曰取油白者良，服食黑者良。

蔬之属

白菜：即菘。所谓秋末，晚菘是也。一名水晶菜，茎短而脆者名黄芽白，叶长而苦者名箭竿白。经霜则苦味去，常食亦可，渍盐为菹[2]。

青菜：即芥菜。农书云：气味辛烈，菜中之介然者。一名青芥，一名紫芥，一名白芥。俗以纯紫者为红青菜，青紫相间者为花青菜。又一种名包包菜。渍盐为菹，甚脆。

大头菜：亦芥属，茎长根短。但可榨为盐菜。

莴苣菜：产呙国。使者来，隋人求得菜种。酬之甚厚，故名。一名千金菜，俗名莴麻菜，以其味苦也。

菠菜：即波薐。本自西域中来。韦绚曰："原出颇薐国，而语讹为菠薐也。"一名菠斯菜。一名赤根菜。

冬苋菜：柔滑。茎叶皆有毛，可煮食。杂米作粥亦得。

甜菜：一名牛皮菜。本草云醍醐。菜似牛皮。

同蒿菜：以形气同蓬蒿，故名。

马齿苋：一名酱瓣草，皆野生。

芹菜：《尔雅》谓之楚葵，今水芹也。一名水英。邑产皆旱芹，生平地。

苋菜：《易》：苋陆央央。宋衷注：苋，柔脆之物种。多紫色，亦有淡青色，俗呼白苋菜。

瓮菜：其种来自东夷古伦国。以瓮盛之。译不通，但言瓮菜。俗名无心菜。

莴笋：江东人谓之苣笋。蔬谱云：蒿苣。四月抽苔，高三四尺，剥皮生食，味清脆。生食酱盐醋皆宜。烹之亦佳。

茭笋：即蒋菰，又名茭白。叶如蒲苇，中心生白苔。如小儿臂。初出时，煮食甜软。亦可生啖。

盐荽：香荽也。张骞使西域得其种。根软而白，多须，绥绥然，故谓之荽。本名胡

---

①　石勒时避讳：石勒（274—333），十六国时期后赵建立者。羯族。幼时家贫，曾为耕奴。起于行伍，后夺取政权，统治中国北方大部分地区，汉人蔑称北方少数民族为胡，因此犯讳，改胡麻为脂麻。

②　菹：腌菜，酢菜，俗称咸菜。

荽，一名蕿荽。今俗呼为盐荽。

萝卜：即芦菔。一名莱菔，有红、白二种。白者良，子可入药。

茄子：一名落苏。青、紫、白殊种。隋炀帝改名为昆仑紫瓜，方家谓之草鳖甲，农书云茄。视他菜最耐久，供膳之余，糟盐豉醋，无所不宜。

地辣子：北人谓之青椒。一名海椒。色分青红。

油菜：即芸苔。嫩苗可茹，子可榨油。

芋子：一名土芝、一名蹲鸱。有水、旱二种，莳水田者佳。

山药：即薯蓣。一名薯薯。一名土薯。根细而长，皮黄肉白。服食宜人。其扁而大者，为脚板薯。

红薯：即甘薯。一名番薯。种自海外得之。扑地传生一茎，蔓延至数十百茎，节节生根。皮分红、白二色。

藕：每节生一叶一花。花叶相偶，故名藕。邑产甚甜脆。

阳藿：苗似姜，实附于根。长土中。酷类莲苞。色作赤，但可渍监。生啖，不可煮食。

姜：说文谓之御湿菜。一名番韭，一名百辣云，为用最广，诸食皆宜。

葱：能和调众味，名和事草。又能杀鱼肉诸腥，故名菜伯。秋种春枯，曰火葱；经年不枯，曰分葱。

蒜：《说文》谓之荤菜。张骞使西域得胡蒜种，俗因呼为大蒜。

韭：《礼记·韭》曰丰本。《本草》云：茎名韭白，根名韭黄，花名韭菁，其美在黄。邑境中未得蒸法也。

葛仙米：产下桥石滩上。色似青螺，调羹味极鲜美。

蓏之属

瓠瓜：俗名护子。瓜味甘，可食。《埤雅》云：长而瘦上曰瓠，短颈大腹曰瓠，腰细者名壶卢。

冬瓜：有毛，绿色。生自然白粉，性温。

丝瓜：一名天罗絮，又名布瓜。细长而嫩者美。

南瓜：宜阴地种之，秋熟。色黄如金。

王瓜：月令注：王瓜，感火色而生。今俗名黄瓜。

苦瓜：味苦，性寒。皮与子皆可食。

菜瓜：《学圃杂疏》云：瓜之不堪，生啖而堪酱食者，曰菜瓜。俗又名花瓜。

笋之属

按《尔雅》笋，竹萌也。又《说文》竹胎也。曰笿曰簜，曰茁曰蒻。竹曰竹芽，曰稚子，曰初篁，曰龙孙，皆笋名也。

按名列之：

刺竹笋：味极鲜美。为诸笋冠。烹汁皆宜；

水竹笋：亦甘脆。味逊刺竹笋。

荆竹笋：细而中实，不任汁浸。

斑竹笋：质厚而味涩。

慈竹笋俗名黄笋，以灰煮食，则涩味去。近多以桑叶煮之。

果之属

梅：一名柟，其实酢。邑人以梅之结实者，为野梅，俱呼酸梅，即青梅也。人多不食。

桃：俗有仙桃、毛桃之分。仙桃肤肉厚，味甘香适口。

李：有青翠、牛心、鸡血等名。鸡血味劣。

杏：典术云：杏者，东方岁星之精。一名甜梅。邑产赤黄而肉厚。即所谓肉杏也。仁只堪入药。

梨：《尔雅》邢疏云：在山曰樆，人植曰梨。张敷谓之果宗。邑产有青、黄两种。青者名雪梨。颇佳。

枣：秦产最上。涪之邑产不多，肉薄核大。

柿：《说文》谓之赤实果。邑产无甚大者。

柑：有二种。似橘而皮稍厚者，为黄柑。多植沙地。皮皱而大如拳者，为气柑。皮肉皆可食。味微苦。

橘：似柑而皮稍薄，其色丹黄，俗呼红橘。味美于柑。邑种橘颇少，鬻诸市者半自他境贩来。

柚子：《尔雅》名柚。条注云：似橙，实酢，有红瓤、白瓤两种。

橙子：若柚而香，叶有两刻缺者，是也。

香橼：橘属，肤薄、液满，皮汁皆香甜。大如拳。

蜜蒌：柑属，色绽黄金。经霜始熟，中实子白如雪。切片可以佐酒，极甜脆。亦佛手柑之属也。

佛手柑：《事物原始》云：近有佛手柑，形如佛手。其皮点茶甚香。又飞穣，一名佛手柑。

枇杷：一名卢橘。秋萌，冬花，春实，夏熟。备四时之气。

石榴：奈属。《古今注》名丹。若甜酢，殊种。

樱桃：即含桃。其果先熟，莺所含食，故曰含桃。

葡萄：张骞使西域还，得其种遍中国。

林檎：亦名黑檎，亦名来檎，北人呼为频婆果。

白果：一名银杏。二更开花，人罕见之。

芰角：亦名蘋莒，又武陵记：三角曰支，两角曰菱。

茨菰：一名慈姑，今俗呼为白慈姑。

荸荠：即地栗，俗亦误呼慈姑。多莳①田中。皮红色实，甜脆。按《七修类稿》云：荸荠淹铜，过夜即烂。

甘蔗：亦曰薯蔗，或作竿蔗，有赤白二种，邑多赤蔗。即昆仑蔗也。

落花生：一名长生果。遍地蔓生，花落入土始结实。

栗：内则曰撰之，撰择也。以其多虫宜选择也。邑产不多，亦不甚大，俗呼板栗。其上锐形小者，名丝栗，亦可食。然皆非珍品也。

核桃：本出羌胡，故名。胡桃亦名羌桃，俗呼为核桃。邑产类颇多。

菌：一名馗厨，一名地鸡，今俗呼土菌。夏秋之间山林常产。其名不一。

松菌　红菌　青菌　紫菌　黄丝菌　火炭菌　鹅蛋菌　荞葩菌　石灰菌　油衲菰　大脚菰　三葩菰等类，随人呼名，无从考证。

竹之属

慈竹：一名紫云。盖即子母竹。性丛生，根不外引。又谓之义竹。

斑竹：色青，无斑，大可盈握。

水竹：种出黔南，本小而劲。

苦竹：一名青蛇，枝竹之丑类也。

---

① 莳：移栽，《齐民要术·种谷楮》："移栽者，二月莳之。"引伸为栽种或种植。

紫竹：小而色紫，宜伞柄用，俗名黑竹。

荆竹：即棘竹，一名笆竹，节皆有刺，多丛生。

刺竹：即茨竹。节节生枝，植之可代垣墙。

绿竹：叶似芦苇，其性易生，不堪入用。

凤毛竹　琴丝竹

月竹：经可四五寸，高于他竹。丛生，枳不外引。不堪入用。

草之属

葛　苧　靛　烟　兰　蕙　芷

木之属

松：邑随处皆有。或大至数十围。

柏：有扁柏、刺柏两种。《坤雅》云：柏一名掬。

槐：虚星之精。木身润滑。常有香气。

杉：一名披䀙。

柳：柔脆异生之术。材不适用。

桑：饲蚕者采其叶。所谓女桑也。

樟：一名枕，俗呼香樟。多用以塑像。

楠：大山中有之，皆水楠也。

棕：一名栟榈，皮可为索。

漆：树汁可以髹物。

白杨：株大叶圆。

黄杨：木理坚细。岁长三寸，遇闰则退一寸。

楝子：结实如小铃。可以浣衣。

麻柳：即杞柳。多生河畔。性柔，易于雕镂。

乌桕：取其子可榨油。俗呼木油。

黄葛：即榕树。

香椿：即古所谓大椿者。叶初芽可茹。

臭椿：即樗树。与椿甚相类。以气味别之。

夜合：一名青棠，花昼开夜合。又名合欢树。

梧桐：即白桐子，可食，材堪制琴。

桐子：即膏桐。实可榨油。

青枫：木虽坚而不堪充材。即栎之类也。

冬青：即女贞。

红豆：即相思子也。木质坚。作具可方梓。

酸枣：即棘树。

皂角：一名皂荚，一名乌犀。一名悬刀。

枸：俗名夬藻子。著枝端。甚甘美，性能薄酒味。

枫：俗名乌鸦树。

蒙子树：叶四时皆青，枝有刺，如钉，一作芒刺。树木极坚重。不堪充材。

构树：楮之别为一种者。圆叶不结实。取汁作书，侔于胶漆。

药之属

黄精　木通　甘葛　木瓜　麦门冬　半夏

白芍　吴萸　苦参　五棓子　牛膝　山栀

紫苏　荆芥　薄荷　党参　香附　巴豆

泽兰　厚朴　菖蒲　薏苡仁　贝母　槐子

艾　夏枯草　益母草　车前仁　牵牛子

金银花　苦楝子　桑白皮　何首乌　地骨皮

五加皮　草麻子　木鳖子　莱菔子　金樱子

千里光　芡实　鹤虱

货之属

绵：一名吉贝。

布：邑业此者，甚多。布亦匀细，转售他邑，男妇皆优为之。

麻：西南艺者最广。岁可三获。

藕粉：莲花雪白，藕亦甜脆。故磨粉最佳。

干粉：豌豆，胡豆，俱可提为索粉。晒干成束。

酒：有用稷谷酿者，有用粱谷合酿者，有用麦酿者，通谓烧酒。有用糯米汁参酿烧酒者，谓之窖酒。有用谷酿入瓮中，以竹筒引酒咂之，上用热水灌瓮，味淡乃止，谓之咂酒，法与郫筒相似。此外如老酒、潞酒、佛手酒，其名不一。

　　油：有菜子、桐子、脂麻、花生数种。

　　黄蜡：取蜜后炼治而成。

　　蜜糖

　　茶叶：一名毛尖，一名江口茶，一名白茶。

　　松烟　松油　表青纸　竹纸　草纸

花之属

　　梦花　红山茶　白山茶　海棠　芍药　玉簪

　　紫牡丹　粉口牡丹　白牡丹　丹桂　金桂

　　银桂　月桂　金凤　荼蘼　木槿　木芙蓉

　　瑞香　茉莉　紫荆　胭脂　绣球　绿萼梅

　　白梅　台阁梅　照□　黄菊　白菊　紫菊

　　红菊　素心菊　铁□菊　鹅毛菊　杜鹃

　　凤仙　月季　鸡心葵花　石榴　紫薇

　　木苇　金银花　滴滴金　剪秋罗　夹叶梅

　　夹竹桃　珠兰　荷花　玉兰　棠棣　篆枝莲

　　碧桃　栀子花　罂粟花　虞美人　红梅

土之属

　　沙金　铁　石灰　煤炭

禽之属

　　莺　燕　鹊　雉　鸦　鸠

　　鹰　鹞　鸽　竹鸡　麻雀　鹑

　　歹舌　布谷　杜鹃　啄木　白鹇　鸜鹆

　　白鹭　画眉　锦鸡　秧鸡　鹳　白头翁

　　水鸭　鸳鸯　翡翠　鹌鹑　鹅　鸡

　　鸭

兽之属

　　虎　麂　鹿　猴　兔　果狸　九节狸　草狐

牛　马　羊　豕　猫　野猫　犬　骡

鳞之属

青泼岩鲤：二种细鳞，无刺，肉腻，味鲜。三月桃花水多得此鱼。他处罕有。

圆口　鳄鱼　肥头：此三种无鳞味，亦鲜脆。他处所罕有。

鲤鱼　鲟鳇　剑鱼　白甲　水筏子　鲫鱼

鲢鱼　鳊鱼　鳝鱼　鳅鱼　龙眼鱼　金鱼

细鳞鱼：状如鲈，不常有。

介之属

蟹　龟　鳖　螺　虾　蚌　穿山甲

附善俗诸条

署州牧　曾受一　广东人

一乡约化导得人。周制乡置比长、闾胥、族师、当正，遂置邻长、里宰、酂长[①]、鄙师。汉设亭长、三老，唐设里长、坊正，宋设保长、耆长，皆其遗制。柳宗元谓有里胥，而后有县大夫。而与民最亲者，里胥也。今之乡保即里胥之属，与里甲之民，居处相近，习见习闻，诚得其人使之。善相劝，恶相纠。如里民有敬敏，任恤，孝友，睦姻之行，登记善簿，举于官，以旌之。其顽梗不率，违犯科条，登记恶簿，呈于官，以惩之。善之大者，仍列旌善亭，以垂久远。恶之大者，亦列申明亭，以照炯戒。实能改悔，然后乡保禀请删除。盖耳闻不若目睹之真，意度不如心孚之切，文告不若口谕之易。古之礼教兴行比屋可封，其基源未有不在于此也。如不得其人，则颠倒是非，兴灭词讼，乡里徒受扰害，而风俗不可问矣。

一、家长防闲有法。凡风化自家而出。易卦：家人利女贞。周子谓：家人离必起于妇人，故暌次家人而防，必于其初。爻之，初九日闲，有家悔亡志未变，而闲之为力。自易是以教子，能言教。妇初来，皆正始之要。谚言：桑条从小郁，大来郁不屈。爱亲

---

①　酂长：周代地方组织单位之一。一百家为酂。《周礼·地官·遂人》："五家为邻，五邻为里，四里为酂。"

敬长，明礼识让。自幼行之，故少成若天性，习惯成自然。又谚言：成家由妇，败家由妇。人家兄弟本无不义，盖因娶妇，异姓相聚，争长竞短，浸润肤诉，偏爱私藏，以致背戾，非明理。刚肠男子，鲜不惑于妇人。故新妇入门，即须说破。女子则教之读书。如《女戒》《女史》《列女传》《女儿经》等书。一切淫佚之行，牝①晨之习，时时提撕，刻刻警觉。若其志已变，而后闲之则无及矣。然尤须为家长者，谨守礼法。常以《颜氏家训》《文公家训》、汉石奋、唐柳公绰等家法为楷模。男正位乎外，女正位乎内。父父子子，兄兄弟弟，夫夫妇妇，而家道正。正家而天下定矣。

一、**士子务端行**。检士为四民之首，士行正，则凡民有所观法。孟子云：礼义由贤者出。士不敦礼义，尚可责之凡人乎？昔王彦方自修于家。人之有过者，甘刑罚而畏。其知阳城，居晋鄙，里人薰其德而善良者几千人，士之式化闾里若此。今士子徒为词章之学，罔敦实行，风俗之坏，士实开之。夫读书贵于立品，务以朱子所编《小学》一书，身体力行，乃为做人根本。根本既立，然后旁通经史，皆归实用。士习端而民风庶几可正矣。

一、**庶民各务本业**，农工商贾皆有本业，各当专务。不舍业而嬉，不见异思迁，自然各有成就。倘不务本业，东游西荡，以赶场为事，或饮酒赌博，或寻花问柳，或习学拳棒，交结匪类，弄成浪子名头，甚且流为盗贼。只为不知专务本业，以至于此。若心心念念只在本业，如何肯奔逐场市，做那酗酒、打架、嫖赌、奸邪、伤风败俗的事？故《书》言：爱土物厥，心藏上世，风清俗美。只是各有生计，职思其居，无不务本业之人而已。

一、**施报毋相责望**。凡处宗族乡党，须要自尽己道。《小雅》云：民之失德，乾糇以愆，吉凶庆吊，往来酬酢，此其常也。然斯干之诗云：兄及弟矣，式相好矣。毋相犹矣。张子释之曰：犹似也。人情大抵施之不报，则辍故恩不能终。惟各尽己之所宜施者。无因其不相报而废恩也。今人于己之施人者，辄自矜有德色。此固不可。即施人而人不报，尤当自反其礼。忠岂可责其不报？遂靳而不施，以致情义终乖乎。且施而不报，或因偶然失误，或因家道贫乏。记云：贫者不以货财为礼。不报以财，而报以力，奔走

---

① 牝：雌性禽兽。牝鸡司晨：语本《尚书·牧誓》："牝鸡无晨；牝鸡之晨，惟家之索。"尽完后因以"牝鸡司晨"比喻妇性掌权。

力作，亦未始非报也。总之亲者毋失其为亲，故者毋失其为故。情意洽浃，音问殷勤。勿因些小不周，遂致恩疏义薄，所为淳庞之风矣。

瞽矇讽诵雅音，古之乐师皆以瞽者为之。记云：移风易俗，莫善于乐。为其感人以正也。孔颜论治曰：放郑声恶其导人以邪也。今世曲本，类多淫词邪说，导欲增悲，有坏风俗者，概当屏绝。就中如《芦花记》闵子事；《亘忍图》张公艺事；《卧冰记》王祥王览事；《跃鲤记》姜诗事；《杀狗记》孙荣事；《紫荆树》田真事；《祝发记》徐孝克事；《寻亲记》黄孝子事；《桑林寄子》邓伯道事；《五伦全记》兄弟争死事等可以劝人。《孝弟牧羝记》苏武事；《精忠》岳武穆事；《鸣凤》杨忠愍事；《五桂芳》宝仪事，见色不迷；《双冠诰》梅香守节兼义仆；《八义》存赵孤事；《三元》商辂母守节孝子；《介山》介子推事；《忠信》韩朋认子事；《四凤》刘元普事；《双鳞》花文玉拾金不昧；《紫琼瑶》晏太守事等，可以劝人忠、义、廉节、积德、行善。拣取曲文，使瞽矇沿乡弹唱。更将大舜耕田、汉文尝药、曾子负薪、子路负米、老莱斑衣、伯俞泣杖、剡子取鹿、蔡顺拾椹、董永卖身、陆绩怀橘、江革负母、唐氏乳姑、黄香扇枕、杨香搤虎、吴猛饱蚊、王裒泣墓、丁兰刻木、孟宗泣竹、黔娄尝粪、郭巨埋儿、寿昌寻母、庭坚涤器、管鲍分金、程婴立孤、叔敖埋蛇、宋郊救蚁，一切孝子、忠臣、义夫、节妇等事，或编词曲，按拍歌唱；或供说书，半说半唱。悉用瞽者，既不如演戏之费财，亦省养济院之收养。而村村可到，人人乐闻。使愚顽者听之，无不回心向道，其转移风俗岂浅鲜哉。

一、**幼童学习诗歌**。凡塾师教训蒙童，务取《小学》中嘉言善行。凡处五伦之尽善道者，与之讲明切究，复取《陟岵》《蓼莪》《凯风》：言父母；《棠棣》《小明》《杕杜》：言兄弟；《江汉》《出东门》：言男女；《鸡鸣》《雄雉》：言夫妇；《燕燕》：言嫡妾；《伐木》：言朋友；《芄兰》：刺童子；《相鼠》：刺无礼；《伐檀》：讥素食；《采苓》《青蝇》：讥谗口；《采蘋》《采蘩》：重祀事；《白驹》《杕杜》：好贤者；诸诗每日令歌一二章。将纲常伦理之道逐一剖析，逐节鼓舞，使之感发兴起，自然于忠孝廉节欢欣踊跃为之。盖先入者为主，而吟咏之下，情文相生，可兴可观，可群可怨。转相传播，咸知伦道之重，各得性情之正。何患风俗之不淳美乎？

一、**禁酗酒**。古人惟祭祀、孝享、洗腆、致养、乡饮酒，礼宴客合欢，腊腊赐酺，及老与疾得用酒，匪是不用。一则耗蠹谷米，一则乱人血气。试思世间邪淫、争斗、丧德、丧身之事，何一非因酒生出？川俗赶场会饮曰打平伙；醉后种种滋事最坏风俗。

康诰曰：群饮汝勿逸，尽执拘以归于宗周，予其杀，先王惩治之严若此。

一、**禁赌博**。凡子弟伶俐，父兄不教之读书、勤业，必为奸人诱人赌场。千金之家不数载而倾荡者，非赌博不能销散若是其易也。赌儿好饮食，好穿着，财既输尽，必起盗心。故曰：赌博为盗贼渊薮。又曰：奸近杀，赌近盗，在彼父兄或起家不正，难以久享。然良民被此风扰害可稍纵乎！

一、**禁宿娼**。百恶以淫为首。古者宫刑，谓之淫刑。犯奸淫者，男子割势，妇人幽闭。刑当其罪，故人咸畏法。男有室，女有家，毋相渎乱。朱子家训：见色而起淫心，报在妻女。谚云：娼妇所入之家，必有夫妇之祸。历历不爽，可不戒哉？

一、**禁游惰**。周礼大宰以九职任万民。民各有职，惟九曰闲民，无常职，转移执事，是佣雇工作，亦即其职。载师凡宅不毛者，有里布；凡田不耕者，出屋粟；凡民无职事者，出夫家之征，所以警游惰也。其因游惰而入于奁恶者，谓之罢民，加以明刑，耻诸嘉石，役诸司空，纳诸圜土。盖民生则勤，勤则不匮，敬姜谓民劳则思，思则善心生；逸则淫，淫则忘善，忘善则恶心生。后世不加惩警，因而流为匪类，啯噜盗贼皆游惰之民，为之可忽视乎？

一、**禁奢侈**。《国语》云：勤俭不与富贵期而富贵至，骄奢不与贫贱期而贫贱至。人家兴替成败，总不出勤俭、骄奢二者。而常人之情从俭入奢易，从奢入俭难。近日风气颇尚侈靡，炫耀饰观。物力已不能支，外强中干，其何能久？及至穷迫之时，方始追悔已无及矣。唐魏之俗，忧深思远，愿州人其共效之。

一、**禁薄恶**。惟民生厚，因物有迁凡奉养不竭其力，丧祭不尽其心，则薄于祖宗、父母；嫡妾失序，角弓翩反，则薄于夫妻、兄弟；宗族、里邻不加温恤，急难穷苦，不少赈贷，受恩施而不报弃，故旧而如遗，则薄于亲戚朋友。又或贪占便宜，重利准折，此等不义之徒，损人利己，即使目前温饱，亦文公家训所谓刻薄成家，理无久享者也。孝友睦姻，任恤六行皆无，何以为人？至若污人名节，谈人闺阃，攻发人阴私，则又薄恶之甚者，尤为天理所不容，大法所不宥，可不戒哉？

一、**禁寄拜**。父子兄弟之伦，合之自天。盖身体发肤受之父母，兄弟孔怀，连枝同气，此岂容丝毫紊乱于其间。川俗男妇寄拜他人为父母，兄弟者甚多，亲其所疏，疏其所亲。天之生物，使之一本，而寄拜者乃有二本，渎伦已甚，奸淫之风多从此起。又有己无子而抱他人子或女婿为子，以之承祧主祀祖宗，岂复歆享？《春秋》书莒人灭鄜，谓其以异姓继嗣也。此关系纲常伦理之大者，宜速禁止。

　　一、禁争讼。古人云：终身让步，不枉百步；终身让畔，不失一段。盖相争则不足，相让则有余。我能让人，人亦让我。自己不贪不谋，谦逊忍耐。里邻亲戚，一有忿争，互相和解。小有不平，约族分剖。就使吃亏，亦得享无事之福。惟是不知礼让，贪谋好胜，讼棍又从中唆摆，因而构成公讼。倾家荡产，两败俱伤，结为怨仇，甚至有同室操戈者，风俗之坏，莫甚于此。故贪谋不可不切戒，讼师不可不严惩。

涪州志卷之六

涪州知州　德恩续纂

赋役志

户口　田赋　解支　盐政

王者经理天下，宰制群动莫重乎赋役。役出于丁，故有户口。赋出于田，故有田赋。古者计口以授田，因丁以派税。故户口之后，即次以田赋。凡此均名正项，以起运、存留，分解支其耗羡^①田房杂课，向未入志，然亦皆赋役之属。他郡县志悉载之，故汇附于后，而一州之确税尽是矣。州人颇急公尚义，历无积逋。此亦官斯土者之一幸与。

户　口

周礼：小司徒稽国中四鄙之夫家，乡大夫登夫家之数，遂大夫稽其众司民夫，登之于版，以诏司冠孟冬献民数于王，登之天府，重邦本也。唐刘晏谓户口滋多，赋税自广，此则以力役之征言也。我国家休养生聚，远轶前代。五年一届编审，日增月盛。自康熙五十年后，凡有滋生人丁，钦奉恩诏，永不加赋。皇恩曾博，万载同沾用，敢按籍记载，以敷扬嘉盛云尔。

明

原额人丁一万四百七十七丁

武隆县人丁八百三十一丁

---

① 耗羡：清代赋税所征加耗抵补实际损耗后的盈余。地丁漕粮及其他杂税，都以折耗为名征收附加。征粮时，征收雀鼠耗米；改征银两后，增收熔化火耗，原征耗米也折银征收。州县收田赋，加耗抵补实际损耗余额，规定一部分归州县官吏所有，名"养廉"。余解交上级，名"羡余"。

国朝

花民一万六千一百六十九户

康熙六年，裁武隆县，归并涪州，计花民四千五百一十五户。

总计二万零六百八十四户。

乾隆五十年，总计五万八千四百三十六户。

人丁总计十二万九千七百八十六丁。

嘉庆元年以后，涪州原额增添共四万五千六百十六户。男八万五千三百八十三丁，妇八万六百二十四口，共男妇十六万六千七丁口。

武隆归并涪州，原额增添共四万一千二百五户。

男五万二百五十八丁，妇四万四千四百八十一口，共男妇九万四千七百三十九丁口。

田赋　附火耗

自禹贡则壤成赋，此贡之所由昉①也。三代以降，井田废而赋役滋繁。惟唐之租庸调②最为近古。我朝监古定制，因田作供，按丁给役。又总括为条，编厥制简，易陆续，所谓规条简而备患周者也。涪陵土瘠石多，岁纳无几。然常正之供，亦未尝缺。故不可不缕析而条分也。

明

原额税粮一万五千七百四十七石八斗六合八勺三抄。

夏税

起运　布政司广济库荒丝米。本库地亩棉花、麦、豆价银各项，共征银八十两八分六厘四毫一丝五忽一微三尘。遇闰③加荒丝米银二两九分一厘一毫四丝六忽。

起运　工部料木　加增脚价　加增金价　松潘仓米　外加脚价　成都府广丰仓折

---

① 昉：曙光初现。引伸为开始，初始。《公羊传·隐公二年》："始不亲迎，昉于此乎？"

② 租庸调：唐代前期向受田课丁征田租、力庸、户调三种赋役的合称。源于北魏，到隋实行以均田制为基础的租、调、力役制，武德二年（619）制定。七年后，又详加规定。

③ 遇闰：即遇到当年有闰月的年，将多一个月，这是夏历纪元法必遇到的情况，即一年有十三个月。所征赋税也必须增加。

色米篾席银黔江广盈仓折色米。

拨运　本府广济仓米　永昌库地亩棉花　贵州丰济库米折银　外加脚价　石阡府沅州四囤

目兵米折银　成都府广丰仓本色米　黔江广盈仓本色米

存留本州仓米　儒学仓米各项，共征银九千七百五十三两八钱六分九厘六毫一忽八尘。遇闰加本州仓米、儒学仓米折银四十八两五钱三分九厘。

户口

起运　布政司

存留　本州二项共征银二十九两九钱八分八厘，遇闰加银四两五钱三分。

驿传

起运　布政局

拨运　本府二项共征银二千零三十四两二钱八分八厘四毫六丝九忽。遇闰加银一十二两九钱四分一厘三毫。

丁粮额解

均徭

起运　布政司甲丁二库料银　南京麂皮银、殷实银、黄蜡价银　白蜡价银　黔江千户所军价银　举人牌坊银　进士牌坊银　芽茶价银

拨运　本府库子二名，禁子一名，弓兵二名，工食银、修理哨船银　加增本府教官马草银　代编酉阳司斋夫银。

存留　本州表笺银　春秋祭祀银　乡饮酒礼银，岁贡盘费银。本州柴薪一十名，马夫四名，门子五名，弓兵皂隶二十二名，禁子八名。工食银　应朝水手银　预备仓斗级仓房纸札工食银　儒学斋夫、膳夫、门子、庙夫工食银　加增教官马匹银；分守道看司一名，川东督木二道看司二名，府馆看司一名，州门、葛树、河溪、李渡、火峰、石柱、凉水等三十一铺铺司兵，四十六名；李渡、黄溪、小河口、北倍、渡夫七名；等项工食银　举人盘缠，会试水手二项银　科举生员盘缠银，各项共征银一千八百三十一两八钱三分三厘八毫九丝七忽七微六尘。遇闰各项照例加征。

民壮

拨运　本府民兵二名。

存留　本州操兵二百二十名　民兵一百六十三名　刷印裱褙匠二名　攒造军民黄册书手四名等项工食银，共征银二千八百零八两　遇闰照例加征。

公费

拨运　本府灯棹衣学舍等银

存留　本府公费各项共征银四百七十五两五钱。

杂办课程

盐课原额征银一百七十一两六钱四分九厘四毫。

鱼课银一两零二分二厘五毫　遇闰加银八分四厘。

鱼油鲥鳔加增共银一十四两三钱四分　遇闰加银二两一钱九分五厘。水脚银一两七钱二分八厘。遇闰加银二钱七分一厘二毫四丝。

商税银七两六钱五分八厘　遇闰加银六钱三分九厘。

李渡商税银一百零八两。后详豁免

带征重庆卫屯粮内除清查老弱、首退冒军、扶种军田等项外，应存官员职田、舍人正余军田，共屯租粮四百二十七石四斗九升

武隆归并州治

明原额税粮八百一十六石六斗三升三合八勺六抄八撮四圭。

秋粮

起运　工部料米　荒丝价银　物料米脚价

拨运　本府永昌库地亩棉花

存留　本县仓米　儒学仓米各项共征银四百九十六两零二分三厘二毫四丝六忽三微八纤。遇闰加儒学仓米银一十八两零二分五厘。

户口

起运　布政司

存留　本县二项共征银八两三钱　遇闰加起运银六钱六分九厘一毫六丝七忽。

驿传

拨运　本府协济东溪安稳二驿夫马银四两零二分七厘二毫。

丁粮额解

均徭

起运　布政司殷实银　黄蜡价银　白蜡价银　芽茶价银

存留　本县春秋祭祀　乡饮酒礼　岁贡盘缠本县柴薪　应朝水手　本县门子三名　皂隶一十四名，库子一名，禁子四名等项工食银　预备仓斗级仓吏纸札工食银　儒学门子庙夫斋夫工食银　教官马匹银　分司看司一名　县门旋风（龙桥）虎落沙台、界头、停惠、牛蹄等铺、司兵一十七名，工食银各项共征银四百五十六两五钱零四厘八毫。

民壮

存留　本县民壮五十名，刷印裱褙匠二名，共征银三百六十七两二钱。

夫马

存留　本县应役夫三十名　灯笼夫三名　红船水手四名等项工食银　修船银　应递马八匹每匹，鞍辔、雨具、草料各项共征银三百零一两七钱八分。

公费

拨运　分守道油烛等银　本府表笺等银　巴县帮贴募夫银

存留　本县公费各项共征银一百二十两零五钱七分。

杂办课程

盐课银四十三两八钱。于均徭银内征解。

商税银八钱一分五厘　遇闰加银六分三厘九毫二丝。

芽茶银四十三两四钱七分。

国朝

起课则例

每粮一石，征大粮银七钱四分九厘三毫二丝五忽四微五纤二沙九尘一渺。征条银二钱四分四厘一毫四丝七忽九微九纤八沙四尘。

每粮一石五斗三合八抄三撮五圭九粒五粟四末。载丁一丁

每丁征银二钱四分四厘一毫四丝七忽九微九纤八沙四尘。

每上田一亩，载粮六合二勺。

征粮银四分六厘四毫五丝八忽一微七尘八纤。

征条银一分五厘一毫三丝七忽一微七尘五纤。

人丁四厘一毫二丝五忽。

征丁银一分七丝一忽一微五纤。

共征丁粮条银七分一厘六毫六丝六忽四微五纤八沙。

每中田一亩，载粮五合三勺。

征粮银三分九厘七毫一丝四忽二微四纤九沙。

征条银一分二厘九毫三丝九忽八微四纤九沙。

人丁三厘五毫二丝六忽。

征丁银八厘六忽六微八纤。

共征丁粮条银六分一厘二毫六丝二忽七微五纤。

每下田一亩，载粮四合四勺一抄。

征粮银三分三厘四丝五忽四微五纤二沙。

征条银一分七厘六丝六忽九微二纤六沙。

人丁二厘九毫三丝四忽。

征丁银七厘一毫六丝三忽。

共征丁粮条银五分九厘七丝五忽六微八纤。

每中地一亩，载粮二合一抄二撮三圭。

征粮银一分五厘九毫八忽一微七纤九沙。

征条银五厘一毫八丝三忽二微六纤二沙。

人丁一厘四毫一丝二忽。

征丁银三厘四毫四丝七忽三微六纤九沙。

共征丁粮条银二分四厘五毫三丝八忽八微一纤。

每下地一亩，载粮一合七勺二抄四撮七圭。

征粮银一厘二毫九丝二忽三微六尘一纤。

征条银四毫二丝一忽八微二纤。

人丁一毫一丝五忽。

征丁银二毫八丝七微七纤。

共征丁粮条银一厘九毫九丝四忽二微一纤三沙。

自康熙六年起，至康熙二十五年止，知州朱麟正任

内共清出起科：

上中下田地，共一百五十二顷六十九亩六分五厘。

共载粮七十一石七升九合三抄四撮七圭九粒一粟。

人丁四十七丁二分八厘八毫七丝八忽。

共征丁粮条银八十二两一钱六分五毫九丝四忽八微七纤。

康熙二十五年起，至康熙三十年止，知州萧星拱任内共劝垦：

上田一百二顷八十三亩五分。

载粮六十三石七斗五升七合二勺。

中田六十顷一十二亩五分。

载粮三十一石八斗六升六合二勺五抄。

下田三十二顷五十六亩。

载粮一十四石三斗五升八合九勺六抄。

中地三十一顷二十七亩三分。

载粮六石二斗九升三合六抄五撮七圭九粒。

下地三十一顷六十五亩。

载粮五石四斗五升八合六勺七抄五撮五圭。

上中下田地共二百五十八顷四十四亩三分。

载粮一百二十一石七斗三升四合六勺五抄一撮二圭九粒。

征粮银九十一两二钱一分八厘八毫七丝二忽七微一纤三沙。

征条银二十九两七钱二分一厘二毫七丝五微二纤八沙。

人丁八十丁九分八厘九毫九丝四忽。

征丁银一十九两七钱七分三厘五毫三丝一忽一微二纤九沙。

共征丁粮条银一百四十两七钱一分三厘六毫七丝四忽三微七纤。

康熙三十年起，至康熙三十九年止，知州孟时芬任内劝垦：

上田二伯九十九顷七十五亩二分一毫。

载粮一伯八十五石八斗四升六合四勺三抄二撮二圭。

中田五百一十六顷二十四亩九厘八毫。

载粮二百七十三石六斗七合七勺一抄四撮四圭。

下田九百六十六顷八十五亩一分三厘一毫。

载粮四百二十七石三斗六升三合四勺二抄七撮七圭一粒。

中地二百二十顷四分九厘五毫。

载粮四十四石二斗七升一合五勺九抄六撮八圭八粒。

下地四十六顷五亩三分五厘八毫。

载粮七十六石九斗三升八勺六抄九圭四粒二粟。

上中下田地共二千三百五十顷九十亩三分一厘三毫。

载粮一千零七石九斗二升三抄六撮三圭四粒。

征粮银七百五十五两二钱六分一厘三丝七忽七微二纤七沙。

征条银二百四十六两八分一厘六毫五丝一忽九微九纤九沙。

人丁六百七十丁四分九厘七毫八丝七忽。

征丁银一百六十三两七钱一分七厘八毫七丝一忽四微二纤。

共征丁粮条银一千一百六十五两零五分九厘六毫六丝九微五纤二沙。

康熙四十一年起，至康熙四十三年止，知州徐烺任内共劝垦：

上中下田地共五十一顷一十四亩六分七厘。

载粮二十二石三斗六合七勺四抄八撮七圭五粒三粟。

征粮银一十六两七钱一分五厘一毫九丝八忽四微四纤。

征条银五两四钱四分六厘一毫四丝七忽八微九纤。

人丁一十四丁八分四厘五毫六丝五忽。

征丁银三两六钱二分四厘五毫三丝四忽六微二纤。

共征丁粮条银二十五两七钱八分六厘六毫一忽五微五纤八沙。

康熙四十三年起，至康熙五十三年止，知州董维祺任内共劝垦：

上田一百四十顷七亩六分。载粮九十一石三斗五升七合一勺二抄。

中田二百二十一顷二十一亩。载粮一百二十六石七斗八升一合三勺。

下田一百三十二顷五十八亩五分。载粮一百四十七石三斗四升三合九勺五抄五撮。

上地一顷九十四亩。载粮四斗四升六合二勺。

中地八十九顷四十一亩。载粮一十七石九斗九升一合九勺七抄四撮三圭。

下地九十一顷一十亩。载粮一十五石七斗一升二合五抄七撮。

上中下田地共八百五十六顷三十二亩一分。

载粮四百四石一斗三升九合二勺九抄六撮三圭。

征粮银三百零二两八钱三分七厘三毫五丝九忽七微八纤。

征条银九十八两六钱六分八厘三毫三丝二忽五微六纤。

人丁二百六十六丁三分二厘七毫九丝五忽五微。

征丁银六十五两六钱四分四厘八毫七丝九忽二微四纤二沙。

共征丁粮条银四百六十六两九钱五分五毫七丝一忽四微五纤六沙。

新旧劝垦上、中、下田地二千四百四十九顷九十亩九分八厘八毫。

共载粮一千六百二十七石一斗七升三合七勺六抄八撮。

人丁一千八十三丁二分三厘一毫二丝六忽四微。

以上共实征丁粮条银一千八百八十两六钱七分一厘三毫二忽四微一纤三沙。

外学租中下田地，共六亩五分四厘八毫。

征纳租谷三石六斗七升六合二勺。

征租银一钱一分二厘一毫。

附武隆

起科达例

每粮一石，征粮银六钱二分二厘一毫六丝四忽二微九纤三沙五尘。

征条银七钱六分六厘五毫八丝七忽五微八纤一沙。

每粮九斗八升二合七勺一抄二撮二圭三粒六粟三末载丁一丁。

每丁征银七钱六分六厘五毫八丝七忽五微八纤一沙。

每上田一亩，载粮七合四勺六抄。

征粮银四厘六毫四丝一忽三微四纤五沙。

征条银五厘七毫一丝八忽七微三纤九沙。

人丁七毫五丝九忽。

征丁银五厘八毫一丝九忽一微六纤二沙。

共征丁粮条银一分六厘一毫七丝九忽二微四纤六沙。

每中田一亩，载粮六合五勺二抄八撮二圭。

征粮银四厘六丝一忽六微一纤三沙。

征条银五厘四忽四微三纤三沙。

人丁六毫六丝四忽。

征丁银五厘九丝一微四纤八沙。

共征丁粮条银一分四厘一毫五丝六忽一微九纤四沙。

每下田一亩，载粮五合五勺九抄六撮一圭。

征粮银三厘四毫八丝一忽六微九纤三沙。

征条银四厘二毫八丝九忽九微六纤四沙。

人丁五毫六丝九忽。

征丁银四厘三毫六丝一忽八微八纤。

共征丁粮条银一分二厘一毫三丝三忽五微三纤七沙。

每上地一亩，载粮二合三勺。

征粮银一厘四毫三丝九微七纤八沙。

征条银一厘七毫六丝三忽一微五纤。

人丁二毫三丝四忽。

征丁银一厘七毫九丝三忽八微一尘四纤。

共征丁粮条银四厘九毫八丝七忽九微四尘二纤。

每中地一亩，载粮二合一抄二撮三圭。

征粮银一厘二毫五丝一忽九微八尘一纤。

征条银一厘五毫四丝二忽六微三纤。

人丁二毫五忽。

征丁银一厘五毫七丝一忽五微三纤。

共征丁粮条银四厘三毫六丝六忽八微七纤。

每下地一亩，载粮一合七勺二抄四撮七圭。

征粮银一厘三毫二丝二忽一微三尘二纤；征条银一厘七丝三忽四尘七纤。

人丁一毫七丝五忽。

征丁银一厘三毫四丝一忽五微二尘七纤。

共微丁粮条银三厘七毫三丝六忽七微六纤。

康熙六年起，至二十五年止，知州朱麟正清出起科

上中下田地，共四顷九亩四分九厘。

载粮二石三合八勺一抄九撮三圭四粒九粟。

人丁二丁三厘九毫九忽。

共征丁粮条银四两三钱四分五厘九毫七丝四忽六微八纤。

康熙二十五年起，至三十年止，知州萧星拱共劝垦

上中下田地，共四顷八十七亩五分。

载粮二石五斗七合四勺六抄八撮九圭八粒。

人丁二丁五分五厘一毫五丝八忽。

共征丁粮条银五两四钱三分八厘二毫五丝九忽一微三纤九沙。

康熙三十年起，至三十九年止，知州孟时芬共劝垦

上中下田地，共八十四顷八十四亩九分八厘。

载粮四十三石八斗九升一抄九撮一圭三粒九粟。

人丁四十四丁四分九厘三毫四丝六忽。

共征丁粮条银九十五两二钱三分七厘八忽一微二纤。

康熙四十一年起，至四十三年止，知州徐焜共劝垦

中下田地共八顷七十七亩。

载粮三石五斗七升二合三勺七抄一撮三圭七粒。

征粮银二两二钱二分二厘六毫一忽九微九纤。

征条银二两七钱三分八厘五毫三忽六微五纤九沙。

人丁三丁六分三厘五毫二丝四忽。

征丁银二两七钱八分六厘七毫二丝四忽七微三纤一沙。

共征丁粮条银七两七钱四分七厘八毫四丝五微一纤一沙。

康熙四十三年起，至五十三年止，知州董维祺共劝垦：

上田二顷四十九亩。载粮一石八斗五升七合五勺四抄。

中田五顷三亩。载粮四石一斗八升四合六勺八抄三撮六圭。

下田七顷六十四亩。载粮四石二斗八升四合四勺二抄四圭。

上地二十九亩。载粮六升六合七勺。

中地八十一亩。载粮七升四勺三抄六圭。

下地一顷二亩。载粮一斗七升五合九勺一抄九撮四圭。

上中下田地共一十八顷十八亩。

载粮九石八斗二升二合二勺六抄七圭。

征粮银六两一钱一分一厘五丝九忽八微八纤九沙。

征条银七两五钱二分九厘六毫一丝五忽九微三纤二沙。

人丁七丁九分九厘五毫四忽。

征丁银七两六钱六分二厘六丝八忽二微三纤。

共征丁粮条银二十一两三钱二厘七毫四丝四忽二微四纤。

新旧劝垦共上中下田地一百二十顷七十七亩四分二厘。

载粮六十一石七斗九升六合三抄五撮二圭。

人丁六十丁七分一厘四毫三丝七忽。

以上共实征丁粮条银一百三十四两七分一厘八毫二丝六忽三微九纤。

自康熙五十四年后，劝垦加赋无从考核。

现在上中下田地，共一万六百八十三顷三十四亩九分一厘，每年额征地丁正银五千三百七十三两六钱九分七厘。

遇闰之年，加闰银一百六十七两一钱九分五厘。

火耗银八百零六两零五分四厘。

遇闰之年，加闰耗银二十五两八钱零一厘。

总共征收正耗连闰银六千三百七十二两七钱四分七厘。

杂办课程

盐课正税羡截银四千九百二十五两一钱。

㳽江井 ① 榷 ② 课羡余银三十两零三钱二分九厘二毫。

茶课正税羡截朱力等银二十六两六钱八分五厘。

藩司颁发契尾征收田房税银，向无定额。尽征尽解。

---

①　㳽：大渡河。㳽江井是川西一处井盐生产基地。其盐运往各地销售，按规定，政府可收取一定的税金，名叫税羡银。

②　榷：税或征税之意。确，专利，专卖。中国历代均实行食盐专卖制度。

嘉庆十五年奉文加增每年征银一千零六两三钱四分。

当课银十两。

鱼课银九钱一分六厘二毫。

夔关涪口杂税，系十日摺报串票，按季缴司税银，提贮州库。年底申解夔州府。

解　支

一邑之赋税虽繁，总而计之，不过一解一支而已。解者汇总于上，支者分给于下，批回领状其据也。新旧裁复各款条绪虽多，亦止起运、存留两项，全书载之至悉。然于志不详，则胥吏乘隙为奸，官民将受其累，故按籍一一布列于左。

正解

地丁正银，每年应解四千三百一十六两六钱五分七厘。

遇闰之年，应解地丁正银四千四百六十一两八钱五分二厘。

遇闰之年解火耗银五钱七分六厘。

总共解运正项并闰耗银四千四百六十二两四钱二分六厘。

杂解

一解盐课正税羡截银四千九百二十五两一钱。

一解洸江井课羡余银三十两三钱二分九厘二毫。

一解茶课正税羡截朱力等银二十六两六钱八分五厘。

一解藩司颁发契尾征收田房税银无额。

一解当课银十两。

一解鱼课银九钱一分六厘二毫。

一解提贮州库夔关涪口杂税银两无额。

正支

知州全年养廉 [①] 六百两。

---

① 养廉：本意为养成廉洁的操守。如佥以养廉《宋史·职官志十二》："诸路职官各有职田，所以养廉也。"清代规定各州县所收田赋，加耗抵补实际损耗余额，一部分作为州县官吏的"养廉"费，即年俸之外的正当收入。各地官员养廉费多少不一。

州同全年养廉一百五十两。

吏目全年养廉九十两。

巡检全年养廉九十两。

知州全年俸银八十两。

州同俸银六十两。

学正俸薪银四十两。

训尊俸薪银四十两。

吏目俸银三十一两五钱二分。

巡检俸银三十一两五钱二分。

文武两庙祭银三十二两。

廪生饩粮银连闰一百零四两。

民壮八名每名八两共工食银六十四两。

捕头十二名　皂隶八名　快手十三名　共三十三名。总支工食银一百九十八两。

捕役二名，工食银一十二两。

禁卒十名　更夫八名　共工食银一百零八两。

额设铺司兵二十八名，每月名支工食银五钱，遇闰加增共银一百八十二两。

斗级仓夫六名，共工食银三十六两。

州同衙役十二名，共工食银七十二两。

州同仵作二名，共工食银九两。

吏目衙役六名，共工食银三十六两。

巡检衙役弓兵十名，共工食银六十两。

儒学门斗膳夫四名，共工食银二十四两。

拨支秀山县正佐各官，养廉银二十五两四钱七分八厘。遇闰共支银五十两零五钱三分九厘。

杂支

大水　黄鱼岭滩　小水横梁马盼滩　合设救生船一只。

大水　龙王沱滩　小水麻堆滩　今设救生船一只

大小水　白汧安设救　生船一只。

三共水手十八名，每名每月工食银六钱。四季共工食银一百二十九两二钱。

大水群猪、陡岩二处安设救生船二只。

二共水手十二名，小水不支外，夏秋二季共工食银四十三两二钱。

盐　政

昔管子煮海为盐，而齐之富强甲天下；唐刘晏为盐铁使，天下之赋，盐居其半。然则上裕国课，下资民食，盐政亦急务也。涪陵盐政屡经区画，新增引张，又改旧为边商占卖之白马镇归属于涪。由是商无滥滞不行之弊，第恐民食不敷商人，因之以居奇。是又便于商而不便于民。调济得宜，司牧者其熟筹之。

盐引[①]

原额射洪县水引四百四十三张赴射洪县，买配运回本州发卖。每引配盐五十包，每包重一百三十五斤[②]。每斤定价纹银二分五厘；花盐每斤价银二分一厘。

乾隆六十年，请增犍为县水引八十张，又增富顺县水引五十张，赴犍、富两厂买配运回本州发卖。每引配盐五十包，每包重一百三十五斤，犍巴盐每斤定价纹银二分三厘，花盐每斤价银一分九厘。富花盐每斤定价纹银二分。

盐税

犍、富引正税每引征银三两四钱零五厘，共征正税银一千九百五十一两零六分五厘。

射引羡余每张征银四两八钱九分五厘。内额销中江县水引二张，照中江之例，每张征羡余银四两零九分五厘。

共征羡余银二千一百六十六两八钱八分五厘。

富引羡余每张征银五两五钱九分五厘。

共征羡余银二百七十九两七钱五分。

---

①　盐引：宋及以后历代给予商人凭以运销食盐的专利证书，是政府管理盐产制运销的制度、法令和则例。食盐是人们生活必需品，也是历代政府税收的重要税源之一。在古代某些小国或特定地区，盐税成为支撑财政的半壁江山，因而引起历代统治者高度重视。中国盐法起源很早，春秋战国时，已设官收税，两汉至南北朝，食盐专卖和征税制交替使用，隋、唐实行榷盐法，宋、元、明维承唐制。清代承明制，又有所改进。

②　斤：原一市斤为十六两，现改成十进制，一市斤为 500 克重，一两为 50 克重。

犍引羡余每张征银二两二钱九分五厘。

共征羡余银一百八十三两六钱。

射、犍、富引截角每张征银六钱。

共征截角银三伯四十三两八钱。

以上原额新增共计水引五百七十三张。

总共征正税羡截银四千九百二十五两一钱。

洴江井

井二眼，设灶共榷课二十四两八钱六分。每两征羡余银二钱二分。共征羡余银五两四钱六分九厘二毫。

正课羡余共征银三十两三钱二分九厘二毫。

二井配六引，六百六十三张。系彭水县商运酉阳、秀山二处行销。嗣因洴江井逼近江边，被水冲漏，其引改配犍为。详请开除榷课羡截未准，仍归旧商认纳。

乾隆二十五年，奉盐宪清查涸水，复据灶户呈请宽缓开淘，遂于老井上岩壁处新凿一井，设三十六灶，配六引三百三十六张。后以新井水淡煎熬不旺，难于配销，于三百三十六张内，存八十张配销本井，其余二百五十六张，仍改赴犍为买配。

查验转江

射洪、中江、三台、盐亭、犍为、蓬溪、富顺八县引盐并由重庆经厅文移押送来州。投引挂号，分裁引纸，截角查验，换船转江，运至贵州思南等府发卖盐包。在州对船过载不准起岸贮店，以防搀越。

酉阳、秀山、彭水、黔江、咸丰、来凤六州县计口引张配运犍为富顺二厂花、巴盐斤到州挂号查验，换船转江。

附茶引

额引四十五张，在州属武隆采卖，赴巴县、合州、遂宁、蓬溪等处行销。

额课每引征银一钱二分五厘，共征银五两六钱二分五厘。

额税每引征银二钱五分，共征银一十一两二钱五分。

羡余每引征银九分一厘，共征银四两九分五厘。

截角每引征银一钱二分，共征银五两四钱。

纸朱脚力每引征银七厘，共征银三钱一分五厘。

课税羡截纸朱脚力等银，共二十六两六钱八分五厘。

嘉庆八年，案内奉派代销天全州茶，照票三十张。

每张课银一两八分，共征银三十二两四钱。

涪州志卷之七

涪州知州　德恩续纂

祀典志

祀典志：圣庙、崇圣、名宦、乡贤、忠孝义、四贤、节孝、武庙、文昌宫、社稷、神祇、先农、火神、龙神、雩[1]祭、禜[2]祭、吕真君、昭忠、厉坛、私祀

《虞书》[3]：肆类于上帝，禋[4]于六宗，望于山川，遍于群神。而后世之祀典，倣诸此矣。祭诀有曰：法施于民则祀之，以劳定国则祀之，能御大灾、捍大患则祀之。非然则为矫诬，为淫祀。州之祀典，如文庙、社稷、南坛以及先农、关庙、忠义、节孝、厉坛、诸祭，岁以时举，典制明备，礼教彪炳两间矣。州中习俗相沿，各有庙祀。无非崇尚忠贞、奖励名教之美意，岂但以神道设教已哉。今并以次胪列，俾人思黍稷非馨、明德惟馨之义，则圣代之典礼规章，虽百世勿替可也。

圣　庙

学宫源流

士登□里之堂，睹车服礼器，辄流连生慕，教化由是□□。我朝崇儒重道，释奠

---

①　雩：古代为求雨而举行的祭祀。《左传·桓公五年》："龙见而雩。"服虔注："谓四月昏，龙星体见，万物始盛，待雨而大，故雩祭以求雨也。"

②　禜：古代禳灾之祭。《左传·昭公元年》："山川之神，则水旱疠疫之灾，于是乎禜之。日月星辰之神，则雪霜风雨之不时，于是乎禜之。"

③　虞书：《尚书》组成部分之一。相传是记载唐尧、虞舜、夏禹等事迹之书。

④　禋：升烟以祭，古代祭天典礼。《尚书·虞书·舜典》："禋于六宗。"《通典·礼四·禋六宗》引郑玄注："禋，烟也。取其气达升报于阳也。"六宗，孔安国传以为是四时、寒暑、水旱、日、月、星六种神。各家说法不同。引伸为诚心祭祀。《国语·周语上》："不禋于神而求福焉，神必祸之。……精意以享，禋也。"

学宫之仪，毫发无憾。涪州志学校类颇杂，今特列祀典，首圣庙而崇圣、名宦、乡贤、节义、节孝各一目，庶可一览周知焉。

汉高祖十二年，过鲁以太牢①祀孔子，诏诸侯王、卿相、郡国先谒庙，后从政（自汉以来祀孔子始此）。元帝诏太师褒成君孔霸食邑八百户，祀孔子增霸爵关内侯（后裔封侯始此）。平帝元始元年，谥孔子褒成宣尼公（谥公始此）。光武使大司空祀孔子以太牢（遣使致祭始此）。明帝永平二年，诏学校皆祀周公、孔子（祀学始此）。十五年幸阙里祀孔子及七十二贤（诸贤得祀始此）。章帝元和二年，过鲁以太牢祀孔子，作六代之乐。安帝延光三年，祀孔子于阙里。恒灵时诏孔庙置百户卒史掌礼器，春秋祭享。灵帝光和元年，置鸿都门学书先圣及七十二贤像（画像始此）。

按《文献通考》②，文王世子曰凡，学春官释奠于先圣先师，秋冬亦如之。又曰凡始立学者，必释奠于先圣先师。既衅器用币，然后释菜③，则知古人建立学校，未尝不以祀礼为先也。高皇帝虽在倥偬④，犹能修其祠于过鲁之日，武帝兴太学而独未闻释奠之礼焉。明帝行乡饮于学校，祀圣师周公。孔子初似未知，所以独崇宣圣之意。至永平十五年，幸孔子宅，祀仲尼。章帝、安帝皆幸阙里祀孔子，作六代之乐，则所以崇文重道者至矣。使当时儒学之臣，能以古人释奠之礼而推广之，则又何以加焉。

魏文帝黄初中，诏起旧庙设卒守。正始七年，使太常释奠，以太牢祀孔子于辟雍。以颜渊配（释奠太学始此）。

晋武帝太始三年，诏太学及鲁国，四时以三牲释奠于中堂，以颜子配。七年，命皇太子释奠于太学（太子释奠始此）。

宋高祖永初中，诏鲁郡修葺坟庙。文帝元嘉二十二年，从裴松之议舞六佾，设轩悬器币，悉依上公（释奠用乐始此）。孝武帝孝建元年，诏建孔子庙。同诸侯之礼。

---

①　太牢：古代帝王，诸侯祭祀社稷时，牛、羊、豕三牲全备为"太牢"。亦作"大牢"。

②　《文献通考》：宋元之际的历史典章类著作，全书三百四十八卷。马端临著。记载从上古到宋宁宗时的典章制度的沿革，门类有田赋、钱币、户口、职设、土贡、国用、选举、学校、职官、郊社、宗庙、王祀、帝系等二十四方面内容。比杜佑的《通典》分析详细，内容丰富，是研究、了解宋代及以前中国社会结构、政治制度必备之书籍之一。

③　释菜：亦作"舍采"。古代读书人入学时，以菜蘩之属祭祀先圣先师的一种典礼。《礼记·月令》"仲春之月"命乐正习舞释菜。蘩，一种植物，即白蒿，有香味，古人以为是一种圣洁之物，可作祭品用。

④　倥偬：急迫匆忙。形容身在战阵，军务繁忙紧迫。有成语"戎马倥偬"。

齐武帝永明三年，释奠于先圣先师，礼乐器帛悉用元嘉故事。

梁武帝天监四年，诏立孔子庙，置五经博士，立州郡学（州郡设学始此）。元帝承圣初，于荆州建宣圣庙。自图圣像，为之赞书之（南北五代崇祀不废）。

北魏孝文帝太和十六年，亲修谒拜礼，改谥文圣尼父。封后人为崇圣侯。文成帝诏宣尼之庙，别敕有司荐享（有司行荐享始此）。

北齐文宣帝天宝元年，定春秋二仲释奠礼。每月朔祭酒，领博士、诸生皆拜孔圣，揖颜回（朔日行礼始此）。

隋文帝开皇初，赠孔子为先师尼父。炀帝大业四年，制国学、州县学春秋二仲上丁释奠（州县春秋仲月释奠始此）。

唐高祖武德二年，诏国学分立周公、孔子庙（周、孔分庙始此）。

太宗贞观二年尊孔子为先圣；颜子为先师配焉（附左仆射房元龄议：武德中，诏释奠于太学，以周公为先圣，孔子配享。臣以为周公、尼父俱称圣人。庠序置奠，本缘夫子。故晋、宋、梁、陈及隋大业故事，皆以孔子为先圣，颜回为先师。历代所行，古今通允。伏请停祭周公，升孔子为先圣，以颜回配诏从之）。

四年，诏州县皆立庙。二十年，诏皇太子释奠于先圣先师。（遣官释奠，州县守令主祭始此）。二十一年，诏以左邱明、卜子夏、公羊高、谷梁赤、伏胜、高堂生、戴圣、毛苌、孔安国、刘向、郑众、杜子春、马融、卢植、郑康成、服子慎、何休、王肃、王辅嗣、杜元凯、范宁、贾逵二十二人配享（以先儒配享始此）。高宗显庆二年，仍尊孔子为先圣，颜回为先师。诏孔子庙用宣和之舞。乾封元年，赠孔子为太师，颜子少师，曾子少保（弟子追赠，曾子配享俱始此）。

元宗开元八年，诏颜子等十哲为坐像图。七十二子及二十二贤于庙壁。制颜子赞书石。闵子下命在朝文士为之赞。十三年，幸孔宅，以太牢祀墓，置卒守。二十七年，谥孔子为文宣王。服衮冕，乐用宫悬，舞用八佾（追王始此）。赠诸贤公侯伯爵（弟子赠爵始此）。德宗贞元二年，释奠。诏自宰臣以下毕集，祝版自署名毕，各北面肃拜。

后唐明宗长兴三年，敕文宣王四壁英贤各陈脯醢以祭。

后周太祖广顺二年，奠阙里庙谒墓。

宋太祖建隆三年，诏文庙门立戟十六。亲撰文宣王充国公二赞。诸贤赞令文臣分撰之。太宗太平兴国中，特免孔氏子孙庸调。诏孔宣袭封文宣公。真宗咸平三年，追谥元圣文宣王。大中祥符二年，诏定州县释奠礼器。五年改谥至圣文宣王。执桓圭，冕丸旒，服九章。封圣父齐国公，圣母鲁国太夫人，圣配郓国夫人。颜子以下，各依郡国县公侯伯正一品至四品冠服。天禧元年，诏释奠仪注及祭器。令雕印颁行诸路。仁宗景祐元年，诏释奠用登歌。至和二年，封孔子后为衍圣公（衍圣之称始此），先孔子，后世袭文宣公、太常博士。祖无择言，祖谥不可加后嗣，乞更定美号，乃改封焉。神宗熙宁八年，制文宣冕十二旒。颜子等皆依本朝郡国封爵品服。元丰六年，封孟轲为邹国公。配享荀况、扬雄、韩愈，并封伯。徽宗崇宁元年，封孔鲤泗水侯，孔伋沂水侯。二年，诏跻子思从祀。大观四年，诏文宣王执镇圭，立二十四戟，并如王者之制。弟子公夏首等十人赠侯爵从祀。高宗绍兴十年，诏文宣殿与大社大稷并为大祀。理宗宝庆三年，赠朱熹太师，封信国公，后改封徽国公。淳祐元年，封周敦颐汝南伯，张载郿伯、程颐伊阳伯。与朱熹并配享。景定三年，封张栻、吕祖谦为伯，并从祀。度宗咸淳三年，以曾参、孔伋并颜回、孟轲配享。升颛孙师于十哲，列邵雍、司马光从祀。

金章宗明昌二年，孔子庙门置下马牌。

元世祖至元十年，诏春秋二丁释奠，执事官员各公服陪位，诸儒襕带唐巾行礼（丁祭执事诸儒变常服始此）。

成宗大德元年，敕各官莅任，先诣先圣庙拜谒，方许以次诣神庙。武宗即位，加孔子号曰大成至圣文宣王。仁宗皇庆二年，以许衡从祀。延祐二年，封孟子父邾国公，孟母邾国宣献夫人。文宗至顺元年，加封圣父为启圣王，圣母为启圣王夫人。称颜子复圣，曾子宗圣，子思述圣，孟子亚圣，程颐洛国公，以汉董仲舒从祀。

明太祖洪武二年，诏文庙附祀乡贤名宦。十四年，文庙成，遣官以太牢祀孔子。以下去塑像立木主。二十四年，敕每月朔望祭酒，以下行释奠礼。郡县长以下诣学行香。二十六年，颁大成乐于天下。二十九年，罢扬雄祀。成祖永乐四年，视学服皮弁，行一奠四拜礼（释奠四拜始此）。八年，正文庙绘像，圣贤衣冠，令合古制。十二年，释奠增十二笾豆。英宗正统二年，以宋儒胡安国、蔡沈、真德秀为伯。增乐舞为八佾。九年，封宋儒杨时为伯从祀。世宗嘉靖九年，厘正祀典，改称至圣先师孔子。四配：复圣颜子，宗圣曾子，述圣子思子，亚圣孟子。十哲以下弟子七十二人皆称先贤；左邱明以下二十九人称先儒。去塑像，立木主，罢封爵。祭用笾豆十二，舞六佾。罢祀公伯寮等十三人。改祀林放、蘧瑗等七人。进后苍、王通、胡瑗、欧阳修，陆九渊从祀。

怀宗崇祯十五年，以周敦颐、邵雍、程颢、程颐、张载、朱熹六子木主进称先贤。

国朝世祖章皇帝顺治二年，定谥大成至圣文宣先师孔子。

九年，颁卧碑于天下学宫。十四年改谥至圣先师孔子通行直省。

圣祖仁皇帝康熙二十三年，幸阙里祀孔子，奏咸和诸乐。

御书"万世师表"匾额，颁悬文庙。

二十五年，御制孔子赞，颜、曾、思、孟四子赞，颁发直省勒石。

孔子赞并序

盖自三才建而天地不居其功，一中传而圣人代宣其蕴。有行道之圣，得位以绥猷；有明道之圣，立言以垂宪。此正学所以常明，而人心所以不泯。粤稽往绪，仰逆前徽；尧舜禹汤文武达而在上，兼君师之寄，行道之圣人也。孔子不得位穷而在下。秉删述之权，明道之圣人也。行道者勋业炳于一朝，明道者教思周于百世。尧舜文武之后不有孔子，则学术终湑，仁义湮塞，斯道之失传久矣。后之人而欲探二帝三王之心，法以为治国平天下之准，其奚所取衷焉？然则孔子之为万古一人也！审矣，朕巡省东国，谒祀阙里，景企滋深，敬摘笔而为之赞曰：

清浊有气，刚柔有质。圣人参之，人极以立。行著习察，舍道莫由，惟皇建极，惟后绥猷。作君作师，垂统万古。曰惟尧舜禹汤文武五百余岁，至圣挺生。声金振玉，集厥大成。序书删诗，定礼正乐。既穷象系，亦严笔削。上绍往绪，下示来型。道不终晦，秩然大经。百家纷纭，殊途异趣。日月无逾，龚墙可晤。孔子之道，惟中与庸。此心此理，千圣所同。孔子之德，仁义中正。秉彝之好，根本天性。庶几夙夜勖哉！令图逆源，洙泗景躅。唐虞载历，廷除视观。礼器摘毫，仰赞心焉。遐企百世而上，以圣为归；百世而下，以圣为师。非师夫子，惟师于道；统天御世，惟道为宝。泰山岩岩，东海泱泱，墙高万仞，夫子之堂。孰窥其藩，孰窥其径，道不远人，克念作圣。

颜子赞

圣道早闻，天姿独粹。约礼博文，不迁不贰。一善服膺，万德来萃。能化而齐，其乐一致。礼乐四代，治法兼备。用舍行藏，王佐之器。

曾子赞

洙泗之传，鲁以得之。一贯曰唯，圣学在兹。明德新民，止善为期。格致诚正，均平以推。至德要道，百行所基。纂成统绪，修明训辞。

子思赞

于穆天命，道之大原。静养动察，庸德庸言。以育万物，以赞乾坤。九经三重，大法是存。笃恭慎独，成德之门。卷之藏密，扩之无垠。

孟子赞

哲人既萎，杨墨昌识。子舆辟之，曰仁曰义。性善独阐，知言养气。道称尧舜，学屏功利。煌煌七篇，并重六艺。孔学攸传，禹功作配。

五十一年，升朱子于十哲之次。五十四年，以宋臣范仲淹从祀。

世宗宪皇帝雍正元年，封启圣公以上五代为王，更名崇圣祠。二年，临雍行释奠礼。定乐舞、祭器图式，颁行天下。学复祀林放、蘧瑗、秦冉、颜何、郑康成、范宁六人，增祀县亶、牧皮、乐正子、公都子、万章、公孙丑、诸葛亮、尹焞、魏了翁、黄榦、陈淳、何基、王柏、赵复、金履祥、许谦、陈澔、罗钦顺、蔡清及国朝陆陇其二十人。三年御书"生民未有"匾额悬文庙。

高宗纯皇帝乾隆二年，复吴澄从祀。三年御书"与天地参"匾额颁悬文庙。升有若于十哲。

仁宗睿皇帝嘉庆七年御书"圣集大成"匾额颁悬文庙。

道光二年御书"圣协时中"匾额颁悬文庙，以明臣刘宗周从祀。三年，以国朝汤斌从祀。五年，以明臣黄道周从祀。六年，以唐臣陆贽、明臣吕坤从祀。八年，以明儒孙奇逢从祀。

补纂学宫源流：

鲁哀公十六年，孔子卒。公诔曰：尼父十七年，仍旧宅立庙，置守卒百户，岁时奉祀（立庙始此。此条于附志甫成后始经纂出附列于此后。有作者需移于篇首列汉以前）。

位次

正殿

至圣先师孔子神位木主高二尺三寸七分，阔四寸，厚七分。座高四寸，长七寸，厚三寸四分。朱地金书。坐向正中南面。

四配，木主高一尺五寸，阔三寸二分，厚五分。座高二寸六分，赤地金书"崇圣祠"，木主同。

东配二位

复圣颜子，名回，字子渊，鲁人。邾国后。

述圣子思子，名伋，字子思

西配二位

曾子，名参，字子舆，鲁武城人。郕国后

孟子，名轲，字子舆。邹人。鲁孟孙氏后。

十二哲主，高一尺四寸，阔二寸六分，厚五分。座高二寸六分，长四寸，厚二寸。赤地墨书。

东哲六位：

先贤闵子，讳损，字子骞，鲁人。少孔子十五岁。

先贤冉子，讳雍，字仲弓，鲁人。少孔子二十五岁。

先贤端木子，讳赐，字子贡，卫人。少孔子三十一岁。

先贤仲子，讳由，字子路，卞人。少孔子九岁。

先贤卜子，讳商，字子夏，卫人。少孔子四十四岁。

先贤有子，讳若，字子有，鲁人。国朝乾隆二十年升哲位。

西哲六位：

先贤冉子，讳耕，字伯牛，鲁人。少孔子九岁。

先贤宰子，讳予，字子我，鲁人。

先贤冉子，讳求，字子有，鲁人。少孔子二十九岁。

先贤言子，讳偃，字子游，吴人。少孔子四十五。岁家语作鲁人。

先贤颛孙子，讳师，字子张，陈人。少孔子四十八岁。

先贤朱子，讳熹，字晦庵，宋婺原人。国朝康熙五十一年升哲位。

两庑

东庑从祀六十四人。主式与十哲同。乾隆六年颁行，遵照太学次序。

先贤蘧子瑗，字伯玉，卫人。唐开元二十七年从祀。明嘉靖九年，以孔子严敬，非弟子，改祀于其乡。国朝雍正二年，礼臣议曰：蘧瑗汲汲于仁，以善自终。又云以孔子大圣食于堂上，瑗大贤坐于两庑，亦礼之所安。应请复祀从之。

先贤澹台子灭明，字子羽。鲁武城人。

先贤原子宪，檀弓称仲宪，字子思。鲁人。为夫子宰。

先贤南宫子适，字子容，鲁人。《家语》《礼记》作南宫缩。附见南宫阅，一作说。即仲孙说也，谥敬叔，孟僖子之子，师事孔子。阙里志按《史记家语》：南宫适一名缩，与南宫敬叔应是两人。谕语注合而为一。读史定疑，辨其为悮，今分别志之。

先贤商子瞿，字子木，鲁人。

先贤漆雕子开，《家语》：字子若，一作凭。字子开。蔡人。郑玄曰鲁人，习《尚书》。

先贤司马子耕，字伯牛，宋人。《家语》作司马犁耕。

先贤梁子鳣，字子鱼。《史记》注作鲤，字叔鱼，齐人。

先贤冉子孺，字子鲁。《家语》作冉儒，字子鱼，鲁人。

先贤伯子虔，《家语》：字楷，一作子析，第子解作子楷，《史记》作子析。鲁人。

先贤冉子季，字子产，一字达。鲁人。

先贤漆雕子徒父，字子友，鲁人。《家语》作漆雕从，字子文。一作子期。

先贤漆雕子哆，字子敛。《家语》作漆雕侈，鲁人。

先贤公西子赤，字子华，鲁人。

先贤任子不齐，字子选，楚人。

先贤公良子孺，《家语》：名儒。《史记》：名孺，字子正。一作子幼，陈人。

先贤公肩子定，《家语》：字子仲。《史记》作公坚定，字子中。鲁人或曰晋人或曰卫人。

先贤鄡子单，《史记》有鄡单，字子家，无县亶。《家语》有县亶，字子象。无鄡单，疑作一人。徐广作鄡善，鲁人。

先贤罕父子黑，《史记》：字子素，《家语》作宰父，黑，字索一。字子黑，鲁人。按氏族略有宰父氏。

先贤荣子旂，《史记》：字子旗，《家语》作荣祁。鲁人。

先贤左人子郢，《史记》：字行，《家语》作左郢，字子行。鲁人。按通志略。左人以官为姓。

先贤郑子国，《家语》作辞邦，字徒。一作子徒。鲁人。《史记》避汉高祖讳，以邦为国。郑字疑薛字之误。

先贤原子亢，字子亢，《家语》作原亢。字子籍。《史记》作原亢，字籍。鲁人。

先贤廉子洁，《史记》：字庸，《家语》：字子庸，一作子曹。卫人。古史作齐。

先贤叔仲子会，字子期，文翁图作哙，《家语》：鲁人。郑玄云：晋人。

先贤公西子舆如，字子上。《史记》作公西舆，鲁人。

先贤邽子巽，《家语》作邦选。字子余。《史记》：讹邦为邾，字子敛，文翁图避讳，以邦为国作国选，鲁人。

先贤陈子亢，《家语》：字子亢，一字子禽。陈人。

先贤琴子牢，《家语》：琴牢，字子开。文翁图一字子张，卫人。

先贤步叔子乘，字子车，齐人。

先贤秦子非，字子之。鲁人。

先贤颜子哙，字子声。鲁人。

先贤颜子何，字子冉。古本《家语》：字冉，鲁人。明嘉靖元年，以《家语》不载罢祀。国朝雍正二年，礼臣议曰：按《史记·仲尼弟子列传》载，颜何，字子冉，北齐颜之推家训云：孔门升堂颜氏居八，宋人颜高赞亦称八贤。何居其一？去何止七？应请复祀从之。

先贤县子亶。亶，索隐作丰字。子象，鲁人。朱彝尊曰：子象为孔子弟子。见《广韵》注，此唐宋封爵未之及也。明嘉靖九年，以《史记》不载，又疑与鄡单是一人罢祀。国朝雍正二年，礼臣议曰：《史记》但有鄡单名，而《家语》无之。因以单、亶同音，定为一人。乃祀鄡单，去县亶。当时原无确据，今请复祀从之。

先贤乐正子克。周人，孟子弟子。国朝雍正二年，礼臣议曰：孟子称乐正子为善人，为信人，又曰其为人也好善，方之圣门，当在子羔之例。进从祀。

先贤万子章，齐人。国朝雍正二年，礼臣议曰：《史记》称孟子所如不合，退而与万章之徒序诗书，述仲尼之意。进从祀。

先贤周子敦颐，字茂叔。世居道州营道县濂溪，学者称濂溪先生。嘉定十三年赐谥曰元。淳祐元年，赠汝南伯从祀。元至顺二年，加赠道国公。国朝康熙五十三年，改称先贤。

先贤程子颢，字伯淳。宋河南洛阳人。文彦博题其墓曰"明道先生"。嘉定十三年，赐谥曰纯。淳祐元年，赠河南伯从祀。国朝康熙五十年改称先贤。

先贤邵子雍，字尧夫。宋河南人。元祐中赐谥康节。咸淳三年赠汝南伯从祀。国朝康熙五十三年改称先贤。

先儒公羊氏高。齐人，生周末。唐贞观二十一年从祀。明嘉靖九年改称先儒。

先儒伏氏胜，字子贱，济南人。生秦汉间，习《书》，秦焚书时独壁间藏之。唐时从祀。

先儒董氏仲舒，广川人。武帝时以贤良封策。元至顺初从祀。明洪武二十九年，赠江都伯。成化三年改广川伯。

先儒后氏苍，字近君，汉东海郯人。修明礼经。明嘉靖九年，考求古礼，以苍为定礼之宗从祀。

先儒杜氏子春，河南缑氏人。生汉哀平间，唐时从祀。

先儒诸葛氏亮，字孔明。蜀汉琅琊阳都人。建兴三年，封武乡侯，谥忠武。国朝雍正二年，礼臣议曰：亮之功业昭著耳目，而其居心仁恕，开诚布公。于出处大节君臣大义，纯乎天理之正。夫圣人之道不外伦常，五伦以君臣为首。若亮者，真能事君尽礼者矣。朱子谓：义利大分，武侯知之，非他人所及。张栻谓：其扶皇极、正人心、挽回仁义之风，与日月同光，允宜俎豆千秋者也。进从祀。

先儒王氏通，字仲淹，隋龙门人。尝教授河汾，其弟子私谥曰文中子。明嘉靖九年从祀。

先儒范氏仲淹，宇希文。宋吴县人。封汝南公。谥文正。国朝康熙五十三年从祀。

先儒欧阳氏修，字永叔。宋卢陵人。谥文忠。明嘉靖九年从祀。

先儒杨氏时，字中立。宋将乐人。学者称龟山先生。明宏治九年，赠将乐伯从祀。

先儒罗氏从彦，字仲素，宋南剑州人。学者称豫章先生。谥文质，明万历四十二年从祀。

先儒李氏侗，字愿中。宋延平人，朱子受其河洛之业，为述《延平问答》称延平先生谥文靖。元赠越国公。明万历四十二年从祀。

先儒吕氏祖谦，字伯恭，其先莱人，迁婺州。墓题东莱先生。嘉泰八年，赐谥曰成。嘉熙三年改谥忠亮。景定二年赠开封伯从祀。

先儒蔡氏沈，字仲默，宋建阳人。隐居九峰山，世号九峰先生。明正统元年从祀。谥文正。成化三年赠崇安伯。

先儒陈氏淳，字安乡，号北溪。宋漳州龙溪人。国朝雍正二年，礼臣议曰：陈淳所著《语孟》《大学中庸口义》等书，其言太极、言仁诸篇，发明天理，全体示学者标的。朱子语人以南来吾道，喜得陈淳。进从祀。

先儒魏氏了翁，字华甫。宋邛州蒲江人，谥文靖。国朝雍正二年，礼臣议曰：魏了翁当南宋邪说簧鼓之时，独能以所闻于李燔辅广者教授生徒，正学赖以不坠。所著

《九经要义》《周礼》《井田图说》等书，于圣道大有发明，先儒王祎亦尝为之请祀，进从祀。

先儒王氏柏，字会之，号鲁斋。宋金华人。谥文宪。国朝雍正二年，礼臣议曰：王柏，何基弟子，标注点校"四书"《通鉴》《纲目》最为精密，推明河图、八卦、洛书、九畴之旨，及订正《诗》《书》《春秋》《大学》《中庸》等书，所著有《读易记》《涵大象衍义》《书疑诗辨说》《读春秋记论语衍义》《伊洛精义》《论语孟子通旨》等数十种。百余万言，皆阐发濂洛精义，渊源道德。进从祀。

先儒赵氏复，字仁甫。元德安人。国朝雍正二年，礼臣议曰：赵复元初名儒。所著《传道图》《伊洛发挥》《希贤录》等书。北方知有程朱之学，实自赵复始。进从祀。

先儒许氏谦，字益之，号白云。金华人。国朝雍正二年，礼臣议曰：许谦，金履祥弟子。读书穷探深微，虽残文羡语，皆不敢忽。所著有《四书丛说》《诗名物钞》《书傅丛说》自省编其为诗文。非扶翼经义、纲维世教，不轻笔之于书，世称白云先生。何基、王柏、金履祥之学，至谦而益显著。故学者推原统绪，以为朱子世嫡云。进从祀。

先儒吴氏澄，字幼清，号草庐，崇仁人。明以忘宋事元黜。今考澄著《五经四子书》各有诠注，而《学基》《学统》及《矫轻》《警惰》等篇，于紫阳书，实多发明。国朝乾隆二年，从尚书甘汝来请复祀。

先儒胡氏居仁，字叔心。明余干人。著《居业录》以敬名斋，人称敬齐先生。万历十二年从祀。

先儒王氏守仁，字伯安。明余姚人。读书阳明洞，世称阳明先生。封新建伯，谥文成。万历十二年从祀。

先儒罗氏钦顺，字允升，号整庵，明泰和人，谥文庄。国朝雍正二年，礼臣议曰：罗钦顺为司业，以实行教士，潜心格物致知之学。王守仁以心学立教，才知之士，翕然师之，钦顺对致书，辟之往复再三。著《困知记》《周程微言》，至今不坠者，钦顺之力也。进从祀。

先儒汤氏斌，字潜庵。睢州人。顺治九年进士，中年学于孙逢奇，历任江苏巡抚，礼部尚书。道光三年从祀。

先儒黄氏道周，字幼平。明漳浦人。天启二年进士，官武英殿大学士。国朝乾隆四十一年谥忠端。道光五年从祀。

西庑从祀六十四人：

先贤林子放，字子邱。鲁人。明嘉靖九年，以《家语》：不在，弟子列改，祀于乡。国朝雍正二年，礼臣议曰：按《论语》载，林放问礼之本，子曰：大哉问！亲炙圣人，即非弟子，亦理所安。应请复祀从之。

先贤宓不齐，字子贱。鲁人。为单父宰。

先贤晢子哀，《史记》：字季次。索隐：作晢克、一作晢哀；《家语》：字季沈，齐人。

先贤高子柴，字子羔，一作皋，《家语》：齐人。《史记》：卫人。仕卫为上师。

先贤樊子须，字子迟。《家语》：鲁人。郑玄云：齐人，仕于季氏。

先贤商子泽，《家语》：字子秀，《史记》作子季。鲁人。

先贤巫马子施，字子期，陈人。《史记》作子旗，为单父宰。

先贤颜子辛，字子柳，鲁人。《史记》作颜辛。

先贤曹子恤，字子循，蔡人。

先贤公孙子龙，《家语》作公孙宠。卫人；郑玄云：楚人；孟子云：赵人。字子石。

先贤秦子商，字丕兹。《家语》作丕慈；《史记》作子丕；鲁人。郑玄云：楚人。朱彝尊曰：宋大观四年，赠冯翊侯，阙里志误以秦祖郫城之封，移之商非也。

先贤颜子高，字子骄。《家语》作颜刻。鲁人。

先贤壤驷子赤，字子徒。《家语》：穰驷赤，字子从。秦人。通志略。壤驷氏复姓。

先贤石作子蜀，字子明。《家语》作石子蜀。秦之成纪人。按，石作，复姓。

先贤公夏子首，字子乘。《家语》：公夏守，字乘，鲁人。

先贤后（今本《家语》误石）子处，《史记》：字子里。齐人。《家语》：字坚之。

先贤奚容子蒧，《家语》：字子偕。《史记》：子晢，文翁图鲁人。正义：卫人。《氏族大全》：奚仲之后。

先贤颜子祖，字襄，《家语》：名相。又名祖，字子襄。鲁人。朱彝尊按：昔者曾子谓子襄曰，或是语颜子赤，未可定。

先贤句井子疆，字子疆。《史记》作句井；正义作勾井；卫人。阙里志字子野。山东志字子孟。

先贤秦子祖，字子南。鲁人。郑玄云：秦人。

先贤县子成，字子祺。《家语》：字子横。鲁人。

先贤公祖子句兹，《家语》作公祖兹。字子之，鲁人。

先贤燕子伋，字思。《家语》作级，字子思。秦人。

先贤乐子欬，字子声。《家语》：乐欣，鲁人。

先贤狄子黑，《家语》：字皙之，一作子皙。《史记》：字皙，卫人。

先贤孔子忠，字子蔑。《家语》作孔弗。《史记》作孔子兄孟皮之子。

先贤公西子蒇，《史记》：字子上。《家语》：子字尚。鲁人。

先贤颜子之仆。《家语》：字子叔。《史记》：字叔。鲁人。

先贤施子之常。《史记》：字子恒。《家语》：字子常。鲁人。

先贤申子枨，《史记》作申党，字周，文翁图作申堂，后汉碑作棠。鲁人。阙里志按《家语》：申绩，一作申续，字子周，鲁人。疑本一人而传写之误也。

先贤左邱子明，中都人，授经图曰鲁人。左史倚相之后。唐贞观中从祀。

先贤秦子冉。字开，鲁人。唐开元中从祀。明嘉靖九年，以《家语》不载，疑《史记》误书，罢祀。国朝雍正二年，礼臣议曰：按《史记·仲尼弟子列传》载，秦冉，字开。既著其姓，复标其字。必有其人。应请复祀。

先贤公冶子长。字子长，《家语》作苌。鲁人。《史记》：齐人。范宁云：名芝。

先贤牧子皮，力牧之后。国朝雍正二年，礼臣议曰：牧皮见于《孟子》，赵岐注云：牧皮与琴张、曾皙，皆事孔子。学者也。进从祀。

先贤公都子。齐人。孟子弟子。宋赠平阴伯。国朝雍正二年礼臣议曰：公都子精研性善之旨，力辟义外之说。进从祀。

先贤公孙丑。齐人。孟子弟子。国朝雍正二年，礼臣议曰：赵岐云，孟子既殁，其徒万章、公孙丑相与记其所言。有功于孔孟之道。进从祀。

先贤张子载。字子厚。居郿县之横渠，称横渠先生。嘉定十三年，赐谥曰：明。淳祐元年赠郿伯，从祀。国朝康熙五十三年改称先贤。

先贤程子颐，字正叔，称伊川先生。嘉定十三年赐谥曰正。淳祐元年赠伊阳伯从祀。元至顺二年，加赠洛国公。国朝康熙五十三年改称先贤。

先儒谷梁氏赤，尹子作俶，颜师古作喜，字元始。鲁人。生周末。唐时从祀。

先儒高堂生，索隐字伯。鲁人。生汉，初唐时从祀。

先儒孔氏安国，字子国。夫子十一世孙，生汉武帝时。唐时从祀。

先儒毛氏苌，赵人。善说诗，世谓毛享为大，毛公苌为小。毛公生汉武帝时。唐时从祀。

先儒郑氏元，字康成。东汉北海高密人。唐贞观中从祀。明嘉靖中以学未显著，改祀。国朝雍正二年，礼臣议曰：郑康成所注《周易》《尚书》《毛诗》《仪礼》《礼记》《论语》《孝经》《尚书大传》及七政六艺。论鲁禘祫，议《诗谱》《周礼》，虽百余万言。括襄大典，网罗百家。《汉史》以为仲尼之门，不过是其出处。进退一衷于道，朱子有"可谓大儒"之称。复从祀。

先儒范氏宁，字武子，晋鄢陵人。南昌太守唐贞观中从祀。明嘉靖中，以学未显著改祀。国朝雍正二年礼臣议曰：范宁著《春秋谷梁集解》，词意精审。史称晋代崇学敦教，未有如宁者。晋世以浮虚相扇，独宁崇尚实学。其《崇实论》一篇，阐发仁义，推尊周孔。洙泗之教，赖以不坠，实为两晋一人。所著《谷梁传》，至今遵行之。宋儒谓三传之学，惟谷梁所得最多。诸家之解为范宁所著最善。复从祀。

先儒韩氏愈，字退之，唐南阳人，谥曰文。宋元丰七年从祀。赠昌黎伯。

先儒胡氏瑗，字翼之。宋海陵人。为湖州教授，又召为国学直讲。学者称安定先生。谥文昭。明嘉靖九年从祀。

先儒司马氏光，字君实。宋夏县涑水乡人。封温国公，谥曰文正。咸淳三年从祀。

先儒尹氏焞，字彦明。一字德充。宋洛人。赐和靖处士。国朝雍正二年，礼臣议曰：尹焞，程伊川弟子。学穷根本。德备中和。所著有《论语解》。当时谓程门固多君子。而质直宏毅，实体力行若焞者鲜。进从祀。

先儒胡氏安国，字康侯，宋崇安人。谥文定。明正统元年从祀。成化三年赠建宁伯。

先儒张氏栻，字敬夫，宋绵竹人，号南轩先生。嘉泰八年，赐谥曰宣。景定二年从祀。

先儒陆氏渊，字子静，宋金溪人。学者称象山先生。谥文安。明嘉靖九年从祀。

先儒黄氏榦。字直卿，号勉斋。宋福州闽县人。谥文肃。国朝雍正二年礼臣议曰：濂洛关闽而后，任斯道之统者，断推黄勉斋、朱子授以所著书。曰吾道之托在此，吾无憾矣。后金华四子递衍其傅。正学赖以不绝。进从祀。

先儒真氏德秀，字景元。宋浦城人。宝元进士。累官户部尚书，参知政事。称西山先生。谥文忠。明正统元年从祀。成化三年赠浦城伯。

先儒何氏基，字子恭。宋金华人。谥文定。国朝雍正二年，礼臣议曰：何基，黄幹弟子。得渊源之懿，所著解释《大学》《中庸》《书》《大易》《启蒙》《通书》《近思录》，皆以发挥为名。其学本于实心，刻苦工夫，所谓谨之又谨者也。进从祀。

先儒陈氏澔，字可大。宋江西南康人。国朝雍正二年，礼臣议曰：陈澔生于宋季，不求闻达。博学好古，潜心礼经。著《礼记集注》，学者称为云住先生。明洪武时列其书于学宫。至今三百余年，士子俱遵奉之。进从祀。

先儒金氏履祥，字吉文，号仁山。元兰溪人。至正中谥文安。国朝雍正二年，礼臣议曰：履祥何基弟子，所著书有《大学章句疏义》《论语孟子集注》考证书表，注多先儒未发之义，进从祀。

先儒许氏衡，字平仲。元河内人。学者称鲁斋先生。谥文正。至大二年封魏国公。皇庆二年从祀。

先儒薛氏瑄，字德温。明河津人。学者称敬轩先生。谥文清。宏治九年祀于乡。隆庆五年从祀。

先儒陈氏献章，字公甫。明新会人。隐白沙，学者称白沙先生。万历十二年从祀。

先儒蔡氏清，字介夫，号虚斋。明晋江人。万历中赐谥文庄。国朝雍正二年，礼臣议曰：清之学以静虚为主，平生饬躬砥行，不愧衾影，以善易名。所著《易经》《四书蒙引》盛行于时。进从祀。

先儒陆氏陇其，字稼书。国朝平湖人。雍正二年礼臣议曰：陆陇其自幼以斯道为任，精研程、朱之学。两任邑令，务以德化民。入官西台，章奏必抒诚悃。平生端方孝友，笑言不苟。所著诸书，能发前人所未发，丝毫不诡于正。称昭代醇儒，进从祀。

先儒吕氏坤，讳坤，字叔简。明万历二年进士。官山西巡抚。国朝道光六年从祀。

先儒孙氏奇逢，字钟元，又号夏峰。容城人。明万历二十八年举人。国朝道光八年从祀。

先儒刘氏宗周，字起东，谥忠介。山阴人。明万历二十九年进士。崇祯十七年闰六月八日国亡，忧郁而卒。国朝道光二年从祀。

罢祀十一人，明洪武三年、嘉靖九年二次罢：

公伯寮，字子周。鲁人。以谗仲由黜。

荀况，字卿，周末时赵人。以言性恶黜。

戴圣，字次君。汉梁人。以赃吏黜。

扬雄，字子云。汉成都人。以事莽黜。

刘向，字子政。汉宗室。以诵神仙方术黜。

贾逵，字景伯。东汉扶风人。以附会图谶黜。

马融，字季长。东汉扶风人。以贪鄙附势黜。

何休，字邵公。东汉人。以黜周王鲁注风角书黜。

王肃，字子雍。魏郯人。以党司马篡位黜。

王弼，字甫嗣。魏山阳人。以旨宗老庄黜。

杜预，字元凯。晋杜陵人。以党贵建短丧黜。

大成殿图

至圣先师孔子

复圣颜子	宗圣曾子
述圣子思子	亚圣孟子
先贤闵子损	先贤冉子耕
先贤冉子雍	先贤宰子予
先贤端李赐	先贤冉子求
先贤仲子由	先贤言子偃
先贤卜子商	朱贤颛孙子思
先贤有子若	先贤朱子熹

东庑先贤图　　　　西庑先贤图

东庑先贤图	西庑先贤图
遽子瑗	程子颐
澹台子灭明	张子载
原子宪	公孙子丑
南宫子适	公都子
商子瞿	牧子皮

漆开子开	秦子冉
司马子耕	左子邱明
梁子鳣	申子枨
冉子孺	施子之常
伯子皮	颜子之仆
冉子李	公西子蒇
漆雕子徒父	孔子忠
漆雕子哆	狄子黑
公西子赤	乐子欬
任子不齐	燕子伋
公子良孺	公祖子句兹
公子肩定	县子成
鄡子单	秦子祖
罕父子黑	句井子疆
荣子旂	颜子祖
左人子郢	奚容子蒇
郑子国	后子处
原子亢	公夏子首
廉子洁	石子作蜀
叔仲子哙	壤子驷赤
公西子舆如	颜子高
邽子巽	秦子商
陈子亢	公孙子龙
琴子张	曹子恤
步子叔来	颜子辛
秦子非	巫马子施
颜子哙	商子泽
颜子何	樊子须

县子亶	高子柴
乐正子克	公晳子哀
万子章	公冶子长
周子敦颐	宓子不齐
程子颢	林子放
邵子雍	

东庑先儒图　西庑先儒图

东庑先儒图	西庑先儒图
谷梁子赤	孙奇逢
伏子胜	吕坤
董子仲舒	刘宗周
后子苍	蔡子清
杜子子春	胡子居仁
范子宁	陈子献章
范子仲淹	陈子澔
韩子愈	金子履祥
胡子瑗	许子衡
杨子时	王子柏
罗子从彦	魏子了翁
李子侗	陈子淳
张子栻	蔡子沈
真子德秀	陆子九渊
何子基	吕子祖谦
吴子澄	尹子焞
赵子复	胡子安国
许子谦	欧阳子修
王子守仁	司马子光
薛子瑄	王子通

罗子钦顺	诸葛子亮
陆子陇其	郑子元
黄道周	高堂子生
汤斌	毛子苌
黄子榦	孔子安国
	公羊子高

避讳

前代无此礼。国朝雍正三年奉特旨于圣讳邱，一体遵行。诞辰八月二十七日为至圣诞辰，向无斋礼，国朝雍正五年，奉特旨此日致斋一日，不理刑名，禁止屠宰。永著为令。

祭期

释奠用春秋仲月上丁，始于隋文帝。唐武德初，诏四时致祭。贞观永隆开耀间，帝与皇太子释奠皆以二月。惟景龙二年，皇太子释奠则七月。宋初春秋二丁，仲冬上丁，命官行释奠如旧典。明洪武元年，定以仲春仲秋上丁。七年仲春上丁日食，改用次丁。国朝定制每岁以春秋仲月上丁日致祭。

祭品

汉自高祖以来，多以太牢祀。元嘉元年，诏春秋享祀，出王家钱，给太酒，直河南尹给牛羊豕，大司农给粟。宋文帝元嘉二十二年，诏牲牢器用悉上公。齐永明三年，议用元嘉故事。唐开元七年，诏春秋释奠用牲牢。其属县用酒脯。后唐长兴三年，蔡同文奏：文宣王庙四辟英贤，自此每释奠宜准效祀，录各陈醢醯等诸物以祭。明洪武四年诏释奠牲用熟。正统元年，令祭丁品物非其土产者，鹿以羊代；榛枣以所产果品代。景泰六年，以两庑祭品俭薄，从太常寺奏，增豕四只，枣各五十斤，黍稷各一斗，形盐五十斤。及行南京国学一例增设。

国朝顺治九年，令天下每年春秋二季，支销正项钱粮。雍正三年，钦定文庙正殿四配十哲，东西庑先贤先儒，礼神制帛，陈设祭品。

至圣位陈设一案　礼神制帛一〔白色盛以筐〕，白瓷爵三

牛一　羊一　豕一　登一太羹，铏二和羹，簠二黍稷，簋二稻粱，笾十白饼黑饼形盐鱐鱼鹿脯枣栗榛菱芡，豆十腌菹豚胉鹿醢兔醢鱼醢醓醢醡韭菁芹笋，酒尊一

四配位陈设各一案　礼神制帛一〔白色盛以筐〕白瓷　爵三　羊一　豕一　铏一　簠二　簋二　笾八　豆八　酒尊一

东哲六位六案　礼神制帛一〔白色盛以筐〕，白瓷爵各一　豕一　铏各一　簠各一　簋各一　笾各四　豆各四　豕首一　酒尊〔东西共一〕

西哲六位同

两庑陈设同　礼神制帛一〔白色盛以筐〕，铜爵各一，豕羊三　每案簠簋各一　笾平各四　酒尊每庑三

陈设图

置帛置爵案

茨　鹿脯　白饼　黑饼　笾枣栗　笾　枣　栗　榛　菱　樽樽

<pre>
                先师
                正位

          爵   爵   爵

    铏   登   铏
    和   太   和
    羹   羹   羹

          簋稻梁   簠黍稷

    韭菹   筐帛   形盐鰝鱼
    醯醢   俎

    豕   牛   羊
    烛   香   烛
    案   祝   读
</pre>

豆菁菹　鹿醢　芹菹　兔醢

笋菹　鱼醢　脾肵豚胉　樽樽

焚帛焚祝案

配位陈设图

四配位

爵　爵　爵

铏和羹　簠稻粱　簠黍稷　铏和羹　笾

豆　　　　　　　　　　　　　榛　菱　芡

芹菹　韭菹　　　　　　　　　　形盐　鳊鱼　鹿脯

兔醢　醯醢　菁菹　　　　　　　　　　枣　栗

笋菹　鱼醢　鹿醢　俎　　豕　羊

烛　香篚帛　烛

十二哲陈设图

十二哲

爵　爵　爵

铏和羹　簠黍　笾

簠稷　　　形盐　栗　鹿脯

豆　　　　　　　　　枣　枣

芹菹　韭菹

兔醢　鹿醢　俎　　豕　羊

烛　香篚帛　烛

从位陈设图

<pre>
                      从
                      位

            爵   爵   爵

    豆   簠   簠   笾
                稷   黍
    芹   菁   形   栗
    菹   菹   检   鹿
    兔   鹿   枣   脯
    醢   醢
          俎   俎
    豕   豕   豕   羊   羊   羊
    烛   香   烛   烛   香   烛
          筐   筐
          帛   帛
</pre>

乐舞

起奏，乐生举麾，升龙见止，奏偃麾，降龙见。歌弹吹击四部各照律吕奏乐。舞者在殿外台上中阶两边。对舞各有谱式。六佾纵横六人，左手执籥，右手秉翟，舞蹈起伏，随所歌之音以象之。迎神乐奏昭平之曲，无舞。初献乐奏宣平之曲，乐舞俱全。亚献乐奏秩平之曲，乐舞俱全。终献乐奏叙平之曲，乐舞俱全。彻馔乐奏懿平之曲，无舞。送神乐奏懿平之典，无舞。望燎乐奏，无舞。与送神同。

礼器

宋大中祥符元年，令崇文馆雕印祭器图。颁行天下诸路。

明洪武四年，更定礼物置高案。豆笾簠簋悉代以瓷器。成化十三年，增乐笾豆之数。嘉靖九年，增笾豆十二为十八。佾为八。其阙里天下府州县笾豆为八。

礼器考

簠簋

皆盛黍稷之器。有虞氏曰敦，夏曰瑚，商曰琏，周曰簠簋。簠方、簋圆。刻木为之。古用陶器，后世范金为之。数各一百一十五。

笾豆

笾，古今皆竹制。惟豆制不同。夏楬豆，殷玉豆，周献豆，又鲁玉豆，雕篹。《尔雅》及郑氏说。以木周礼。旅人说以瓦，吕氏考古图说及政和近置以铜郊，特牲曰鼎俎奇，而笾豆偶。阴阳之义也。笾豆之实，水土之产也。数各二百四十八。

云雷尊

纽以螭首，腹画雷四，旋之状。用贮初献酒。

象尊

取形于象，以明乎夏德者。夏者，假也万物之所由而化也。范金为之穴，背受酒，上覆以盖，贮亚献酒，数十。

牺尊

取其牺牲享食之义，范金为之穴背，受酒于腹，覆以盖。用贮终献酒。数六。

泰尊

有虞氏之尊，瓦尊也。贵本尚质。数二。

山尊

夏后氏之尊也，郭璞云：形如壶，受五斗。刻画为山云状。数二。

壶尊

形如壶，其脰实饕腹著风云。不独有节止，而又明其施泽之及时也。数六。

著尊

明堂位商尊曰著。著地而无足也。数二。

罍洗

皆所以盥也。临事而盥，致肃恭之意。罍盛水，洗受弃水，恶秽地也。旧图罍画云龙，洗画水文菱花，今博古图罍为饕餮雷文，洗饰龟龙。数各二。

勺

夏龙勺，殷疏勺，周蒲勺。龙藏渊，蒲生水，疏有导。引意今刻龙首，夏制也。数二十八。

鼎

炉也，用以焚香。

爵

明堂位曰夏以盏，商以斝，周以爵。按《尔雅》：钟小者为盏。盏卑而浅，故盏象浅，而爵象雀。斝有耳焉，《礼》书：禽小者为爵，火细者名爝，其义取小为贵，因著饮成云。洪氏曰：太常爵制雨柱。三足双耳侈口，数一百一十八。

坫

以置爵亦承尊。陆氏曰：古者爵有承盘，坫与丰是也。施于燕射曰豐。贾氏曰：诸经承爵器皆易本豐字，从豆为丰。年之丰谓时和年丰。粢盛丰备，神歆其祀，人受其福也。注云：丰似豆而卑木制。漆赤中画赤云气。数二十八。

登

似豆而高，用荐太羹。数六。

铏

范金为之三足，口有两耳，覆以盖，于三纽用荐和羹。

俎

明堂位曰：周以房俎。郑注云：房谓足下柎也。孔疏云：俎头各有两足，足下各别为柎，其间有横，横似堂壁，横下二柎，堂东西各有房也，鲁颂云：笾豆大房。笺云：玉饰俎也。两端赤漆中央黑，数奇。

篚

竹为之。郑氏谓如车笭，如竹篋，古用篚不一以奠爵以承食膳，以置玉币，具载礼记。今斝以承币盖诗鹿鸣，序宾币帛筐篚之遗意也。数二十。

笾巾

以丝为之，圆幅元被纁裹，数四百二十八。

□幕

以丝帛方幅为之。中画云龙，两旁文彩，四角缀以金钱，用以覆尊两庑则不画云龙，止用。

尊幕

用布为之。纵横二尺二寸，数二十八。

祝版

以木为之。高九寸，阔一尺二寸。用白纸写祝文，贴版上。祭毕揭而焚之。

乐器

宋元嘉二十二年，用裴松之议。舞六佾，设轩悬之乐。唐贞观二十七年，诏两京乐用宫悬。显庆三年，诏庙用宣和之舞。国子博士范頵撰乐章。宋景祐元年，诏释奠用登歌。明洪武二十六年，颁大成乐器于天下府学，令州县学如式制造。国朝康熙二十六年修饬乐器，令天下学官，择乡俊秀，习佾舞。乾隆五年，定乐舞用六佾。九年颁行祭祀乐章。

国朝颁行乐器式：

麾幡一首，金钟十六口，玉磬十六面，大鼓一面，搏拊鼓二座，祝一座，敔一座，琴六张，瑟四张，排箫二架，笙六攒，箫笛六枝，埙二简，篪二管。

舞器式：

旌节二首，籥三十六，翟三十六，执旌二人，舞生三十六人，乐工三十六人。

乐章

迎神乐咸平之章

大太四哉南工至林尺圣仲上，道太四德仲上尊林尺崇仲上。维南工持林尺王仲上化太四，斯林尺民仲上是黄合宗太四。典黄合祀太四有仲上常林尺，精南工纯林尺并太四隆仲上。神黄合其南工来仲上格仲上，於林尺昭仲上圣黄合容太四。

初献乐宁平之章

自太四生仲上民林尺来仲上，谁太四底黄合其仲上盛太四。惟南工师林尺神仲上明太四，度黄合越仲上前仲上圣太四。粢仲上帛太四具仲上成林尺，礼黄合容太四斯林尺称仲上。黍太四稷南工非黄六馨林尺，维南工神林尺之仲上听太四。

亚献乐安平之章

大太四哉仲上圣黄合师太四，实南工天林尺生仲上德太四。作仲上乐太四以仲上崇林尺，时仲上祀太四无林尺致仲上。清黄合酤南工维仲上馨仲上，嘉林尺牲仲上孔黄合硕太四。荐太四羞南工神黄合明林尺，庶南工几林尺昭仲上格太四。

三献乐景平之章

百仲上王南工宗林尺师仲上，生林尺民仲上物太四轨黄合。瞻黄合之南工洋林尺洋仲上，神林尺其仲上宁太四止黄合。酌太四彼黄合金林尺罍仲上，惟南工清林尺且太四旨仲上。登仲上献太四惟林尺三仲上，於黄合嘻南工成林尺礼仲上。

彻馔乐咸平之章

牺_{仲上}牲_{太四}在_{仲上}前_{林尺}，豆_{太四}边_{仲上}在_{黄合}列_{太四}。以_{太四}享_{南工}以_{林尺}荐_{仲上}，既_{仲上}芳_{林尺}既_{太四}洁_{仲上}。礼_{黄合}成_{太四}乐_{仲上}备_{太四}，人_{南工}和_{林尺}神_{仲上}悦_{太四}。祭_{黄合}则_{太四}受_{仲上}福_{林尺}，率_{黄合}遵_{南工}无_{林尺}越_{仲上}。

送神乐咸平之章

有_{太四}严_{南工}学_{林尺}宫_{仲上}，四_{黄合}方_{太四}来_{仲上}崇_{太四}。恪_{黄合}恭_{南工}祀_{林尺}事_{仲上}，威_{南工}仪_{林尺}雍_{仲上}雍_{太四}。歆_{仲上}兹_{林尺}惟_{南工}馨_{林尺}，神_{仲上}驭_{太四}还_{林尺}复_{仲上}。明_{黄合}裡_{南工}斯_{林尺}毕_{仲上}，咸_{南工}膺_{林尺}百_{仲上}福_{太四}。

钦定乐谱乾隆九年颁行

春夹钟商立宫

迎神昭平之章

箫谱　壎篪排箫同

大_{宫凡}哉_{商凡}孔_{角六}子_徵[①]_五，先_{宫尺}觉_{羽上}先_{徵五}知_{角六}。与_{商凡}天_{角六}地_{羽上}参_{徵五}，万_{宫尺}世_{羽上}之_{徵五}师_{徵五}。祥_{徵五}徵_{羽上}韵_{商凡}绂_{角六}，韵_{商凡}答_{羽上}金_{徵尺}丝_{羽上}。日_{商凡}月_{角六}既_{宫尺}揭_{徵五}，乾_{商凡}坤_{角六}清_{商凡}夷_{宫尺}。

奠帛初献宣平之章

予_{宫尺}怀_{商凡}明_{角六}德_{徵五}，玉_{羽上}振_{商凡}金_{宫尺}声_{羽上}。生_{角六}民_{商凡}未_{羽上}有_{徵五}，展_{商凡}也_{角六}大_{徵五}成_{角六}。俎_{徵五}豆_{羽上}千_{宫尺}古_{徵五}，春_{角六}秋_{角六}上_{徵五}丁_{角六}。清_{宫尺}酒_{羽上}既_{商尺}载_{宫尺}，其_{宫凡}香_{角六}始_{宫尺}升_{宫尺}。

亚献秩平之章

式_{宫尺}礼_{商凡}莫_{角六}愆_{徵五}，升_{羽上}堂_{徵五}再_{商凡}献_{宫尺}。响_{羽上}协_{徵五}鼓_{商凡}镛_{角六}，诚_{徵五}孚_{羽上}罍_{徵五}甒_{宫尺}。肃_{徵五}肃_{徵五}雍_{角六}雍_{角六}，誉_{羽上}髦_{宫尺}斯_{羽上}彦_{宫尺}。礼_{羽上}陶_{徵五}乐_{商凡}淑_{角六}，相_{徵五}观_{角六}而_{商凡}善_{宫尺}。

---

① 徵：中国古代五音之一。五声音阶中分别为宫、商、角、徵、羽。《史记·乐书》："闻徵音，使人乐善而好施。"

终献叙平之章

自宫尺古商凡在徵五昔角六，先羽上民徵五有商凡作角六。皮徵五弁羽上祭商凡菜宫尺，于书上论徵五思角六乐商凡。惟徵五天羽上牗宫尺民徵五，惟商凡圣羽上时商凡若角六。彝徵五伦徵五攸羽上叙宫尺，至羽上今徵五木商凡铎宫尺。

彻馔懿平之章

先宫尺师商凡有角六言徵五，祭宫尺则羽上受宫尺福徵五。四商凡海宫尺簧宫尺宫羽上，畴商凡敢角六不商凡肃宫尺。礼徵五成羽上告宫尺彻徵五，毋商凡疏角六毋商凡渎宫尺。乐徵五所羽上自商凡生宫尺，中徵五原角六有商凡菽徵尺。

送神德平之章

凫宫尺绎商凡峨角六峨徵五，洙羽上泗宫尺洋商凡洋角六。景羽上行徵五行徵五止羽上，流商凡泽角六无徵五疆角六。聿徵五昭羽上祀商凡事宫尺，祀宫尺事羽上孔商凡明角六。化宫尺我徵五蒸宫尺民羽上，育商凡我角六胶商凡庠宫尺。

笛谱　笙同

大宫六哉商乙孔角六子徵尺，先宫六觉羽凡先徵尺知角上。与商乙天角上地羽凡参徵尺，万宫六世羽凡之徵尺师徵尺。祥徵尺徵羽凡麟商乙绂角上，韵商乙答羽凡金宫六丝羽凡。日商乙月角上既宫六揭徵尺，乾商乙坤角上清商乙夷宫六。

予宫六怀商乙明角上德徵尺，玉羽上振商乙金宫六声羽凡。生角上民商乙未羽凡有徵尺，展商乙也角上大徵尺成角上。俎徵尺豆羽凡千宫六古徵尺，春角上秋角上上徵尺丁角上。清宫六酒羽凡既商乙载宫六，其商乙香角上始乙升宫六。

式宫六礼商乙莫角上愆徵尺，升羽凡堂徵尺再商乙献宫六。响羽凡协徵尺鼓商乙镛角上，诚徵尺孚羽凡罍徵尺甒宫六。肃徵尺肃徵尺雍角上雍角上，誉商乙髦宫六斯羽凡彦宫六。礼羽凡陶徵尺乐商乙淑角土，相徵尺观角上而商乙善宫六。

自宫六古商乙在徵尺昔角上，先徵尺民商乙有商乙作角上。皮徵尺弁羽上祭商乙菜宫六，于羽凡论徵尺思角上乐商乙。惟徵尺天羽凡牗宫六民徵尺，惟商乙圣羽凡时商乙若角上。彝徵尺伦羽凡攸羽凡叙宫六，至羽凡今徵尺木商乙铎宫六。

先宫六师商乙有角上言徵尺，祭徵六则羽凡受徵尺福徵尺。四商乙海宫六簧徵尺宫羽凡，畴商乙敢角上不商乙肃宫六。礼徵尺成羽凡告宫六彻徵尺，毋商乙疏角上毋商乙渎宫六。乐宫六所羽凡自商乙生宫六，中徵尺原角上有商乙菽宫六。

凫宫六绎商乙峨角上峨徵尺，洙羽凡泗宫六洋商乙洋角上。景羽凡行徵尺行徵尺止羽凡，流商乙泽角上无徵尺疆角上。聿徵尺昭羽凡祀商乙事羽凡，祀宫六事羽凡孔商乙明角上。化宫六我宫尺蒸宫尺民羽凡，育商乙我角上胶商乙庠宫六。

秋南吕清徵立宫。

迎神召平之章

箫谱　壎篪排箫同

大角六哉徵乙孔羽上子宫尺，先角六觉商凡先宫尺知羽上。与徵乙天羽上地商凡参宫尺，万角六世商凡之宫凡师宫凡。祥宫尺徵商凡麟徵乙绂羽上，韵徵乙答徵凡金角六丝商凡。日徵乙月羽上既角上揭宫尺，乾徵乙坤羽上清徵乙夷角六。

奠帛初献宣平之章

予角六怀徵乙明羽上德宫尺，玉商凡振徵乙金角六声商凡。生羽上民徵乙未商乙有宫尺，展徵乙也羽上大宫尺成羽上。俎宫凡豆商凡千角六古宫尺，春羽上秋羽上上宫尺丁羽上。清角六酒商凡既徵乙载角六，其徵乙香羽上始徵乙升角六。

亚献秩平之章

式清角六礼清徵乙莫清羽上愆清变宫尺，升清商凡堂清变宫尺再清徵乙献清角六。响清角六协清变宫尺鼓清徵乙镛清羽上，诚清变宫尺孚清商凡罍清变宫尺甒清角六。肃清变宫尺肃清变宫尺雍清羽上雍清羽上，誉清徵乙髦清角六斯清商凡彦清角六。礼清角凡陶清变宫尺乐清徵乙淑清羽上，相清羽上观清羽上而清徵乙善清角六。

终献叙平之章

自清角六古清徵乙在清变宫尺昔清羽上，先清商凡民清变宫尺有清徵乙作清羽上。皮清变宫尺弁清商凡祭清徵乙菜清角六，于清商凡论清变宫尺思清羽上乐清徵乙。惟清变宫尺天清商凡牖清角六民清变宫尺，惟清徵乙圣清商凡时清商凡若清羽上。彝清变宫尺伦清变宫尺攸清商凡叙清角六，至清商凡今木铎。

彻馔懿平之章

先清角六师清徵乙有清羽上言清变宫尺，祭清角六则清商凡受清角六福清变宫尺。四清徵乙海清角六簧清变宫尺宫清商凡，畴清徵乙敢清羽上不清徵乙肃清角六。礼清变宫尺成清商凡告清徵乙彻清变宫尺。毋清徵乙疏清羽上毋清徵乙渎清角六。乐清变宫尺所清商凡清清徵乙生清角六，中清变宫尺原清羽上有清徵乙菽角六。

送神德平之章

凫清角六绎清徵乙峨清羽上峨清变宫尺，洙清商凡泗清角六洋清徵乙洋清徵乙。景清商凡行清变宫尺行清变宫尺止清变宫尺，流清徵乙泽清羽上无清变宫尺疆清羽上。聿清变宫尺昭清商凡祀徵乙事角六，祀角六事商凡孔徵乙明羽上。

化角六我商尺蒸角六民商凡，育徵乙我羽上胶徵乙庠角六。

笛谱　笙同

大角上哉徵乙孔羽凡子宫六，先羽上觉商乙先宫六知羽凡。与徵工天羽凡地商乙参宫六，万角上世商乙之宫六师宫六。祥宫六徵商乙麟徵工绂羽凡，韵徵工答商乙金角上丝商乙。日徵工月羽上既角上揭宫六，乾徵工坤羽凡清徵工夷角上。

予怀上角明羽尺德宫六，玉商乙振徵工金羽上声商乙。生羽凡民徵上未商乙有宫六，展徵工也羽凡大宫六成羽凡。俎宫六豆商乙千角上古宫六，春羽凡秋羽凡上宫六丁羽凡。清上角酒商乙既徵工载角上，其徵工香羽凡始徵工升角上。

式角上礼徵工莫羽凡愆宫六，升商乙堂宫六再徵工献角上。响商乙协宫六鼓徵工镛羽上，诚宫六孚商乙罍宫六甒角上。肃宫六肃宫六雍羽凡雍羽凡，誉徵工髦角上斯商乙彦角上。礼商乙陶宫六乐徵工淑羽凡，相宫六观羽凡而徵工善角上。

自角上古徵工在宫六昔羽凡，先商乙民宫六有徵工作羽凡。皮宫六弁商乙祭徵工菜角上，于商乙论宫六思羽凡乐徵工。惟宫六天商乙庸角上民宫六，惟徵工圣商乙时徵工若羽凡。彝宫六伦宫六攸商乙叙角上，至商乙今宫六木徵工铎角上。

先角上师徵宫有羽凡言宫六，祭角上则商乙受角上福宫六。四徵工海角上黉宫六宫商乙，畴徵工敢羽凡不徵工肃上。礼宫六成商乙告上彻宫六，毋徵工疏羽凡毋徵工渎角上。乐宫六所商乙自徵工生角上，中宫六原羽凡有徵工菽角上。

凫角上绎徵工峨羽凡峨宫六，洙商乙泗角上洋徵上洋羽凡。景商乙行宫六行宫六止商乙，流徵工泽羽凡无宫六疆羽凡。聿宫六昭商乙祀徵工事角上，祀角上事角乙孔徵工明羽凡。化角上我宫六蒸角上民商乙，育徵工我羽凡胶徵工庠角上。

舞谱

初献作宁平舞

觉一舞我二舞生一别脚民一圈扯，陶一召铸二召前一揖圣对面。巍两舞巍对舞泰一摆脚山一灌耳，实一别脚予二别脚景一揖行一摆手。礼一舞备二舞乐一摆脚和二摆脚，豆对面一摆脚笾对面二摆脚惟一揖静朝上。既一别脚述二别脚六一提脚经一扯圈，爰一摆手斟二摆手三三摆手正一叩头。

亚献作安平舞

至哉圣人，天授明德。木铎万世，式是群辟。清一舞酒维醑，言观对面摆脚秉翟。太和常流，英材斯植余俱同前。

终献作景平舞

猗与素王，示（一看尖）予（二看尖）物（三看尖）轨（一蹲身）。瞻（背一召）之（背二召）在（一别脚）前（一扯圈），神（对面一舞）其（对面二舞）宁（一揖）止（一拱手）。酌（一看尖）彼（二看尖）金（一揖）罍（一扯圈），惟（一召）清（二召）且（一蹲身）旨（一蹲身）。登（一摆手）献（二摆手）既（三摆手）终（朝上），弗（一舒手）遐（二舒手）有（三舒手）喜（一叩头）。

舞节：凡跷左右足者，足跟着地，足指向上，故谓之跷也。凡蹈左右足者，足指着地，跟蹈其胫，故谓之蹈也。其举左右手者，高其手故谓之举也。其垂左右手者，下其手故谓之垂也。三十六人对而列之，以十八人列于西阶，如东阶舞生面西，则西阶舞生面东。东阶舞生以左手左足舞蹈，则西阶舞生以右手右足舞蹈，皆取对待之义。凡其向背，低昂，周旋，俯仰，无定形而有定制。皆因所奏之音而为之节也。

舞象：阙里之歌一阕则舞一成，奠帛三献共四成，始终共六变。起于中而散于中。初变在缀之中，东西立象，尼山毓圣，五老降庭，再变而为佾数。稍前进象筮仕于鲁，而鲁治三变而东西分象。历聘列国而四方，化四变。稍后退象删述六经。告备于天。五变而左右向象，讲论授学传道于贤。六变而复归于缀中，东西列象庙堂，尊享弟子列祀。

舞义：凡舞生皆左执籥右执翟，未开舞时，籥内而翟外，籥横而翟纵，盖左属阳、右属阴。阳主声，阴主容。故左籥而右翟也。和顺积中，光辉发外，故籥内而翟外也。籥象衡平准齐，翟象表正绳直。故籥横而翟纵也。

执事

通赞：立堂阶左，主赞行礼之总名；鸣赞：立堂阶右，与通赞对。主唱跪叩三礼。

引赞：二人相对，立于官前。引尊唱礼；捧帛：预实帛于筐，候唱跪进案，上奠神前。

迎神：预执杯候唱，灌地日降神神降；读祝：预书祝文浮粘版上，读跪官左。

司尊：预实尊酒候唱，举幕以勺酌之；执爵：预涤爵候唱，捧以授酒，与捧帛同。

盥洗：掌匜盘巾帨候官涤爵拭手；司户：殿上戟门各一人候唱以司启闭。

洒扫：先期洒扫殿宇堂阶；造馔：庶品如法燔灸剥烹，按图摆设盘内。

监宰：监看宰牲去角与蹄甲以入俎；饮福：一执酒一捧盘肉，进于献官仍接退。

香烛：预以香烛伺候，临祭，点注炉台；彻馔：祭前司启各牲馔，盖唱彻稍为移动。

燔瘗：候唱燔柴燎炉，瘗毛血西北坎。

舞生：三十六名

歌童：四名

仪注

前期二日，各署设斋戒牌，承祭分献官致斋二日，不饮酒、不食葱蒜薤、不吊丧问疾、不听乐理、刑不判署刑杀、文字不预秽恶。事前二日，执事官补服至犠牲所，省牲。前一日执事者，举祝案送致斋所。承祭官视毕，送至前后殿，安设一跪三叩头退。前一日执事官补服上香，监视宰牲併毛血。

正祭日主祭分献，陪祀各官朝服入两旁门序立。

后通赞唱；签祝版引赞唱，升堂引各官从东阶上。序爵序事请祝请祝版至，签名各官书名，下堂从西阶下通赞唱，启户各门大开，乐舞生就位。执事者各司其事。主祭官就位，分献官就位，陪祭官就位文东武西。瘗毛血司毛血将血捧从中门出，埋于西北隅坎内。启牲馔盖举迎神乐奏昭平之章。乐作引赞唱，诣西北隅迎神引众官至。神降复位通赞唱，参神鸣赞唱，跪叩首行三跪九叩，兴平身众官俱立。乐止通赞唱，行初献礼。举初献乐，奏宣平之章乐。作诣盥洗所浴手净巾诣酒尊，所司爵者，举幕酌酒升坛导承祭官由东阶上，入殿左门。诣至圣先师孔子神位前，跪行一跪一叩礼。兴奠帛捧帛生以帛拱举立献案上，献爵执爵生以爵跪进，承祭官接爵拱举立献正中，跪叩首。兴不赞，诣读祝位跪鸣赞唱，众官皆跪引赞唱，读祝文读祝生至祝案前一跪三叩，捧祝版立于案左。跪读祝读毕，捧祝版至正位前跪，安帛匣内三叩首退。乐作引赞唱。叩兴承祭官及各官行三叩礼，引赞唱，行分献礼引赞唱。诣复圣颜子神位前跪。叩兴行一跪一叩礼，奠帛捧帛跪进于案左，承祭官接帛拱举立献案上，献爵执爵跪进于案左，承祭官立献正中，跪叩首行一跪一叩礼。兴不赞，诣宗圣曾子神位前，奠帛献爵如前仪。诣述圣子思子神位前如前仪，诣亚圣孟子神位前如前仪，共十二哲两庑分献官升坛，奠帛献爵。亦照承祭官行礼毕，引赞唱。复位承祭官从西门出，西阶下。分献官各复位立，乐止通赞唱。行亚献礼，举亚乐奏秩平之章。乐作引赞唱。升坛由东门入。献爵于左如初仪，献毕引赞唱。复位承祭官由西门出，西阶下，及分献官各复位立，乐止通赞唱。行终献礼举终献乐，奏叙平之章乐，作引赞唱。升坛献爵于右如亚献。仪毕，复位各复位立，乐作通赞唱。饮福受胙引赞唱。诣饮福受胙位承祭官至殿内立捧酒，胙二人取正中一爵，羊左一膊自位案前，拱举至福胙位，右旁跪接福胙二人在左旁跪引赞唱。跪饮福酒，承祭官受爵拱举，授接爵执事，受胙承祭官受胙拱举，授接胙执事由中门出，正阶下，送献官署，叩兴承祭官三叩首兴，复位通赞唱。谢神鸣赞唱，跪兴承祭分献及陪祀各官俱行三跪九叩礼，通赞唱。彻馔举彻馔乐，奏懿平之章乐，作牲馔稍为移动，乐止通赞唱。辞神举送神乐奏德平之章乐，作鸣赞唱，跪叩首承祭分献各陪祀官，俱行三跪九叩礼。兴乐止通赞唱，送神引赞唱，诣送神所，众官俱至戟门。众官打躬通赞唱，捧祝帛馔各恭诣燎前捧祝帛生至各位前一跪三叩，捧起祝在前帛次之，馔生跪不叩，捧起。各送至燎所正位。帛爵俱由中门，承祭官退至两旁，候祝帛馔过。仍复位立通赞唱。望痊举望痊乐与送神同。乐作引赞唱，阖户鸣赞唱，礼毕散班。

祝文

维先师德隆千圣，道冠百王。揭日月以常行，自生民所未有。属文教昌明之会，正礼节乐和之时，辟雍钟鼓，咸恪荐以馨香；泮水胶庠，益致严于笾豆。兹当仲春秋，祗率彝章，肃展微忱，聿彰祀典，以复圣颜子、宗圣曾子、述圣子思子、亚圣孟子配，尚飨。雍正二年颁。

附录

州牧吴庭辉捐廉制造典锡祭器名目：

登一器有心有盖；祝版二器

簠十六器有盖；铏十器有盖

象樽二器有盖；簋十六器有盖

牺樽二器有盖；爵三十器

云雷樽二器无盖；香炉十架

龙勺一器；烛台十对

笾五十八器；巾幂十器

豆五十八器；篚十器

崇圣祠

三王之祭川，皆先河而后海，溯其源也。况至圣流泽九州，师表万世，何啻朝宗之盛。历代以来，追尊启圣，崇祀于文庙后殿。我朝复上溯五代，俱晋王爵。盖其流愈长，其源愈远。此又如探河源于星宿矣。春秋丁祭，外朔望增释菜之礼。典章俱在，敢弗钦承庙制例。在大成殿后建祠，三楹左右各建庑（涪殿后无基祠，即建大成殿之右。左右无庑）。

封号：唐明皇封圣父叔梁纥为齐国公。元加封为启圣王。至明嘉靖朝改称为启圣公。别立一祠专祀之。并饬天下学宫崇祀如式。

国朝雍正二年，奉旨追封五代皆为王爵。更启圣祠为崇圣祠。真盛典也。配享明嘉靖朝立启圣祠，以先贤颜路、曾晳、伯鱼为配。寻又增激公宜为四配。又进先儒周辅成、程珦、朱松、蔡元定于两庑。

国朝雍正二年，增祠张迪，凡五位。神牌用木主，各高一尺五寸，阔三寸二分，赤地金书。四配两庑神主。同文庙十二哲式。

位次

正殿

肇圣王_{木金父公}

裕圣王_{祈父公}

诒圣王_{防叔公}

昌圣王_{伯夏公}

启圣王_{叔梁公}

配位：

先贤颜氏_{讳无繇}；先贤孔氏_{讳鲤}

先贤曾氏_{讳点}；先贤孟孙氏_{讳激公宜}

东庑

先儒周氏_{讳辅成}；先儒程氏_{讳珦}

先儒蔡氏_{讳元定}

西庑

先儒张氏_{讳迪}；先儒朱氏_{讳松}

祭期同用春秋二仲月上丁日。于文庙礼毕后举行。

祭品正位陈设五案。每案帛一，白色，白瓷爵三

羊豕各一，铏二，簠簋各二

笾豆各八，酒樽一

配位陈设四案，帛共二，白色，东西各一，豕首二，东西各一

豕肉二，东西各一，每案铜爵三，簠簋各一

笾豆各四，酒樽一

两庑陈设两案，帛共二，白色，东西各一，铜爵五，每位各一

每案簠簋各一，笾豆各四，豕肉一，酒樽一

仪注：

同文庙礼。前期省牲，签祝上香，监宰瘗正祭日，用三跪九叩。三献以次，拱献正配各位礼亦俱同。惟无乐舞，中间亦无饮福胙、谢福胙二节。

祝文：

惟王奕叶，钟祥光开。圣绪盛德之后，积久弥昌。凡声教所覃敷，率循源而溯本。宜肃明禋之典，用申守土之忱。兹届仲春（秋）聿修祀事，以先贤颜氏、曾氏、孔氏、孟孙氏配。尚飨。 部颁

祭银：二祭向例额编银□两。乾隆十三年加增□两，共□两。

名宦祠

《祭法》：以死勤事，以劳定国，有功于民则祀焉，凡以为报也。明太祖二年，令天下学校皆建祠祀贤牧。世宗又令有司备查古今名宦，果有遗爱在人者，即入祠以祀，杜滥举也。涪祠自汉唐以来，代不乏人。国朝因之，则承乏斯土者，岂少贤良耶？后有申举者视此。

庙制：祠一楹，南向，在戟门左。

神主：式同两庑，赤地墨书。

祭期：随文庙丁祭日行礼。

祭品：同文庙两庑。

仪注：初入祠上香。仿关庙上香之仪。前后行一跪三叩头礼，中间献帛爵，祇一叩礼毕，焚帛祝而退。

祝文：

德音孔嘉，民受其赐。泽流伊长，不替百世。惟裳有阴，是芘是庇。诏我后人，以瞻以祀。尚飨！

祭银：每年额编银□两□银，乾隆十三年增为□两

正祀：

汉

庞肱，事详秩官。

寿缉，事详秩官。

任蕃，事详秩官。

唐

韦皋，字武城，万年人。节度西川，治蜀二十年。历破土番四十八万，斩首五万余级。善拊士卒，周恤民隐，蜀人德之，图形模拜。涪民亦祀之。

南承嗣，事详秩官。

张濬，事详秩官。

宋

姚浣，事详秩官。

吴光辅，事详秩官。

黄庭坚，字鲁直，事详秩官。

程颐，号伊川，事详秩官。

赵汝廪，事详秩官。

李维清，事详秩官。

曹叔远，事详秩官。

王仙，事详秩官。

明

邵贤，事详秩官。

方大乐，事详秩官。

廖森，事详秩官。

朱家民，事详秩官。

黄真，事详秩官。

李良金，事详秩官。

国朝

李国英，字培之，山西大同人。顺治二年，以总兵官督师下川，荡平全蜀，以功奏改巡抚。旋晋太子太保，再平川东诸寇，复晋升川湖总督。后援楚，旋师，卒于渝城官署。钦赐祭葬，赠谥勤襄。

南朱马喇，长白山昆出江人也。时献逆猖獗，以都统前锋统领同前锋护卫。南公随肃王定川，公惟运筹帷幄，绩茂旂常，因诰封光禄大夫，前锋统一等。阿思汉泥哈番兼管佐领加三级。御赐名瓦尔喀巴图鲁。

南伊马喇，长白山崛出江人。以前锋护卫随萧王定川，其战次功绩载在国史。诰封光禄大夫，世袭一等。阿思哈泥哈番加三级，兼管佐领。

赵良栋，勇略将军。

姚缔虞，四川巡抚。

抗爱，长白山人，巡抚四川。

葛尔图，长白山人，巡抚四川。

郎廷相，四川布政司。

高起龙，辽东人。任四川布政司，升任贵州巡抚。公清廉律己，慈惠居心，疏泉筑堰，建学崇儒，士庶感戴，今犹不忘。

郝裕

刘德芳，辽东人，四川按察使司。洁己无私，详刑敷教，讼洽舆情，苍生被德。

周灿，陕西人。提督四川学政，按察司佥事。前出使安南国，加一品服色。振拔孤寒，士弊屏绝。

王鹗，四川松茂道。

汪日宣，重庆府知府。

乡贤祠

乡先生之贤者，没而祀于社，可不谓荣焉？而进之庙廷，则更不愧为圣人之徒矣。明太祖二年，始令天下学校皆建祠祀乡贤。世宗又令有司，确查州县乡里果有行成名立、乡评有据者，即入庙祀之，典至隆也。涪祠自宋迄明已三十二人。国朝待举者不乏，是皆兴行教化，仰先型以劝后进之意云耳。

庙制：祠一楹，南向，在戟门右。

神主、祭期、祭品、仪注、祭费俱同名宦。

祝文：

涪山毓秀，涪水钟灵。惟多君子，乃生若人。前贤践履，后学仪型。文物既昌，风化亦淳。尚飨。

宋

谯定

以下事，详贤达；又见隐逸。

杨戴

晏渊，晏临：旧有木主，事未详。

明

白勉

夏铭

刘岌

刘茝[1]

夏邦谟

谭棨

张珽

文羽麟

夏国孝

曾所能

夏子云

何楚

张善吉　省志作言

文作

何仲山

刘养克

文德

陈致孝

陈直

曹愈参

---

[1]　茝（zhǐ）：香草名，即白芷。刘茝即刘秋佩。

何以让

向云程

张筐：无木主

文可黼：无木主

陈苊

向鼎

向牖螭[①]

蔺希夔

沈云章

国朝

周煌

陈廷璠

忠孝义祠

人秉天地之秀而生，凡为两间完人者，皆殁为明神，立祠以祀，亦其宜也。故宋太祖于历代忠臣义士品为三等之祭，又祭于其乡，而赵普、韩琦诸人与焉。明洪武元年，命中书省下郡县访求忠臣烈士，凡有功于国家及惠爱在民者，著于祀典。涪陵汉唐以来，忠孝义士自不乏人，而入祠者，在明惟孝子文可黼等五人。国朝则孝子周俨等三人，义士张九经而已。是果前志之挂漏欤，抑烈节完行原不数数觏耶？第按旧志胪列姓名，□之型俗式，化风示来兹，俾正气常伸于天地，大□翔洽于宇宙焉耳。

庙制：祠三□北向，在学宫右。

神主、祭期、祭品、仪注，俱与乡贤祠同。

祝文：

惟灵秉赋贞纯，躬行笃实。忠诚奋发，贯金石而不渝；义闻宣诏，表乡闾而共式。

---

① 螭（chī）：传说中的一种无角龙。

祗祀懋彝伦之大，惟挚荄蒿；克恭念天显之亲，情殷棣萼。模楷咸推夫懿德，恩纶特阐其幽光。祠宇维隆，岁时式祀，用陈樽簋，来格几筵，尚飨！部颁。

祭费

奉文于额，编名宦乡贤祠银两内酌办。

明

文可黼

以下事详孝友、义举

夏正

文经

王应元

毛宗成

国朝

周俨

周儒

黄志焕

张九经

四贤祠

祀仪同乡贤

宋

程颐：伊川

尹焞：和靖

黄庭坚：山谷

晏亚夫

每年春祭钱四千文，秋祭钱四千文，在钩深书院经费内支销。

节孝祠

从一而终为节，百行之原在孝。巾帼有此更彰懿徽。国朝于每岁旌表之外，又特建崇祠、立总坊，务期阐幽光而垂远久。风世励俗，举视诸此矣。

庙制：祠三楹，在学宫内、明伦堂右。北向。

神主、祭期、祭品、仪注、祭费，与忠义祠同。

祝文：

惟灵纯心皎洁，令德柔嘉。矢志完贞，全闺中之亮节；竭诚致敬，彰阃内之芳型。茹冰蘖而弥坚，清操自励；奉盘匜而匪懈，笃孝传徽。丝纶特沛乎殊恩，祠宇昭垂于令典。祇循岁祀，式荐尊醪，尚飨！部颁。

节孝人数，详载烈女。共计入祠□百□十□名。每年春秋祭费，在夏葵姑施入节孝祠田内收租取用。其租钱每年收钱十二千文，经州儒学掌管，立有碑记。

节孝祠姓氏

明

玉氏

以下事详列女

冯氏

萧氏

范氏

夏氏

许氏

庞氏

朱氏

刘氏

张氏

赵氏

王氏

夏女

文女

国朝

王氏

杨氏

黄氏

吴氏

陈氏

罗氏

高氏

姚氏

沈氏

何氏

章氏

文氏

夏葵姑

夏氏

祭祀仪物，原贵得宜，不可不郑重其事。

圣庙祭祀，原归礼房办理。历见祭品太菲，似于祀事未得其宜。兹公议每年春秋两祭，在钩深书院共拨出钱一十二千文，礼房出钱一千二百文，添办正殿祭品。乡贤、名宦、节孝、忠义四贤等处，各祠祭酒一尊，祭馔八殽。每祭归斋长办理。慎勿简亵故，特附载祀典末，以期久远。

武　庙

在西关外

按，关圣庄缪，生秉正气，殁为明神。渊源洙泗，能通左氏春秋；汉氏孤忠，超群轶类古今，禋祀几尽天壤。至若崇列祀典，敬避神讳，荣封三代。祭隆太牢，礼数之隆，未有盛于国朝者也。谨据会典详志于左：

庙制

前殿三楹，殿前乐楼一座。后殿三楹，在州西门外。左北向。雍正三年，遵行典礼。前殿供奉关帝，后殿供奉三公。一切照部文举行。

神号曰：忠义神武仁勇威显关圣大帝。嘉庆十九年加封仁勇字样。

后殿三代神号，曾祖光昭公、祖裕昌公、父成忠公，各设木主。

祭期：每岁春秋二仲月，奉部文颁定日期，及五月十三圣诞日致祭。

祭品：夏祭礼制帛一，白色，白瓷爵三　牛一　羊一　豕一　果品五盘，核桃、荔枝、龙眼、枣子、栗　酒樽

春秋祭照文庙，笾十，豆十，不用果品。余同夏。

后殿祭品：夏祭同前殿。惟不用牛。此系一案。

春秋祭照崇圣祠。边八、豆八，不用果品。余同夏此系三案

仪注

春秋祭前期一日，斋戒。夏祭无。以下仪注并同。前期一日，省牲，安设祝版如常仪。至期，陈设毕，各朝服入庙赞引赞。承祭官进左旁门，至盥洗所盥洗。毕，引至殿内行礼处。立典仪唱，执事者各司其事。赞引赞，就位。承祭官就位立。赞引赞，迎神。司香员捧香盒跪于炉左。赞引赞，承祭官至炉前立。赞，上香。承祭官上香。毕，赞引赞。复位。承祭官复位，立赞引赞跪叩兴，承祭官行三跪九叩头礼，兴，赞引赞，奠帛行初献礼。捧帛员跪献帛毕，行三叩头礼退。执爵员立献爵于案上正中。退读祝员至祝案前，跪三叩头，捧祝文立，赞引赞跪。承祭官读祝员俱跪。赞引赞读祝读祝员读毕，兴捧至案前跪。安帛匣上三叩头退。赞引赞，叩兴，承祭官行三叩头礼。兴典仪唱，行亚献礼。执爵员立献爵于案右边，赞叩兴如前典仪唱行终献礼。执爵员立献爵于案右边，赞叩兴如前典仪唱，送神赞引赞，跪叩。兴，承祭官行三跪九叩头礼。兴典仪唱，捧祝帛恭诣燎炉。捧祝帛员至神位前，一跪三叩头，捧起祝帛，司香员跪，捧不叩，承祭官避立西旁。俟祝帛过，仍复位立。赞引赞，诣望燎位。承祭官至燎所祝帛焚半。赞引赞，礼毕各退。

后殿仪注：

前殿行礼毕，诣后殿行礼。惟前后行二跪六叩头礼。为异，其余一切同前殿。

祝文

惟帝浩气凌霄，丹心贯日。扶正统而彰信义，威震九州；完大节以笃忠贞，名高三

国。神明如在，偏祠宇于寰区；灵应不昭，荐馨香于历代。屡征异迹，显佑群生。恭值嘉辰，遵行祀典。筵陈边豆，几奠牲醪。尚飨！部颁。

后殿祝文

惟公世泽贻麻，灵源积庆。德能昌后，笃生神武之英；善则归亲，宜享尊崇之报。列上公之封爵，锡命优隆。合三世以肇禋，典章明备。恭逢诹吉，祗事荐馨。尚飨！

祭银

每年动支银□十□两

文昌庙

在城南门内，向无专祀，嘉庆六年钦奉上谕，列入祀典。一切仪文仿照关帝庙春秋二祭办理。

庙制：前殿三楹，殿前乐楼一座，后殿三楹

神号：文昌帝君神位。部议前殿增设牌位，红饰金书，清汉合璧。

祭期：每岁春以二月初三日，圣诞致祭。秋祭由钦天监选定吉期。每祭银两赴藩库请领。

祭品礼神制：帛一，白色，登一，铏二，牛一，羊一，豕一，簠簋边豆，与关帝庙同。

仪注：前期一日，斋戒。省牲。至日承祭官率各官朝服行礼。前后三跪九叩，三献饮福受胙，仪与关帝庙同。

祝文：

维神迹著西垣，枢环北极。六匡丽曜，协昌运之光华；屡代垂灵，为人文之主宰。扶正久彰夫感召，荐馨宜致其尊崇。兹届仲春（秋），用昭时祀。尚其歆格，鉴此精诚。

后殿

神号：文昌帝君先代神位

部议文昌帝君三□□名，查无确据。未便请加号。谨拟制牌位□□，牌面用"文昌帝君先代神位"字样，红饰金书，清汉合璧。祭期照关帝庙后殿祀典致祭。

祭品：礼行制帛一，白色，羊一，豕一，铏二，簠二　簋[1]二　边八　豆八　登二　炉一　爵三　香盘一　尊一

仪注

祭日先诣后殿，致祭行二跪六叩礼，仪与关帝庙后殿同。

祝文

祭引先祠之义，礼崇反本之思。矧[2]夫世德弥光，延赏斯及。祥钟累代，炯列星之精灵；化被千秋，纬人文之主宰。是尊后殿，用答前麻。兹值仲春（秋），肃将时事，用申告洁，神其格歆。

祭银每年动支银□两。

社稷坛

在东关外小江盐店嘴。周制：建邦设都，左宗庙，右社稷。社稷之祀与宗庙同，重土谷也。人非土不立，非谷不生。故土谷之神，凡国邑皆立祀。树以野所宜木，其社主用石。而稷无主举社，则稷从之。明洪武初已有定制，至今因之。而坛制主式，则又自雍正十年始，定与先农诸坛等。

坛制：广阔各二丈五尺，高二尺一寸四。出陛各三级。坛下前十二丈余，三面各五丈，缭以周垣，四门红油，由北门入，不建房屋，只树其土之所宜木。今坛在州城外东。

神主：用石主，埋于坛上，近南距坛边二尺五寸。只露圆尖，余埋土中。

神号：左曰州社之神，右曰州稷之神。

祭期

每岁奉部文于仲春仲秋上戊日致祭。

祭品

每案帛一，黑色；簠二，黍、稷；簋二，稻、粱；羊一；豕一，铏一，和羹；笾四，形粱、藁、鱼、枣、栗；豆四，韭菹、鹿醢、菁菹、醯醢。

---

[1] 簋（guǐ）：簠簋，古时祭祀、宴享时盛黍稷稻粱的器皿。两者都是竹编。

[2] 矧（shěn）：况且，何况。

白瓷爵三　酒樽一

仪注

前期三日斋戒，前期二日签祝版，前期一日朝服上香。监宰牲并瘗毛血，设献，官幕次。至日黎明，各官朝服行礼。前后各三跪九叩，中间三献，与文庙前殿同，惟无乐舞及受福胙、谢福胙二节。赞唱改望燎为望瘗，执事者以祝帛焚于坎中，将毕，以土实坎。

祝文

惟神奠安九土，粒食万邦。分五色以表封圻，育三农而蕃稼穑。某恭承守土，肃展明禋，时届仲春（秋），敬修祀典。庶丸丸松柏，巩磐石于无疆；翼翼黍苗，佐神仓于不匮。尚飨！部颁。

祭银

额编春秋二祭银□两。

神祇坛

在东门外

《周礼·大宗伯》：以槱[1]燎祀司中、司命、风师、雨师。注云：司中、司命，文昌第四星，第五星或曰中能、上能。月离于箕[2]，风必扬沙，风师箕也。月离于毕，雨必滂沱，雨师毕也。四祀皆积柴，实牲醴于上，或有玉帛，焚燎而升烟，所以报阳也。又孟春命祀山林川泽，王制诸侯祭名山大川之在其地者。唐天宝五年，增雷师与雨师同。明初始增云师于风师之次，历代皆载在祀典，未可忽也。今仿会典，天神地祇以风云雷雨为天神，类以山川城隍为地祇类。爰拟之曰神祇坛。

坛制：与社稷同。惟门由南入。

神位：凡三木主制，同社稷。临祭设于坛上。中曰风云雷雨之神，左曰本州境内山川之神，右曰本州城隍之神。

---

① 槱（yǒu）：堆积。积柴燃烧以祭天。《诗经·大雅·棫朴》："芃芃棫朴，薪之槱之。"
② 箕：星宿之名，二十八宿之一。《诗经·小雅·大东》："维南有箕，不可以簸扬。"

祭期

旧以巳日致祭，后又相沿与社稷坛同。曰此坛在后行礼，不入部札。今于乾隆二十三年，始入部札。同用上戊之日。

祭品

与社稷同。惟帛用白色，其设三案。

仪注

与社稷坛同。惟献礼分中左右三位，引诣望瘗改为望燎。执事者不以土实坎。按：此坛例不致斋，其前期省牲及上香之仪，自应照社稷坛一体。

祝文

惟神赞襄天泽，福佑苍黎。佐灵化以流行，生成永赖；乘气机而鼓荡，温肃攸宜。磅礴高深，长保安贞之吉；凭依巩固，实资捍御之功。幸民俗之殷盈，仰神明之庇护。恭修岁祀，正值良辰。敬洁豆边，祇陈牲帛。尚飨！部颁。

祭银

额编春秋二祭银□两

先农坛

在东关外小江边。耕耤之典，天子三推，诸侯九推。凡以供粢[①]盛也，又东郊于神，则祀先穑，所以报本而劝农，由来已久。自秦及元，典遂荒废。迄于明初，乃建坛定祀，而末年废。我国家重农厚生，百废俱举。雍正四年，敕令天下府州衙，俱各率属员、耆老、农夫恭祀先农之神。照九乡耕耤例，行九推之礼，甚盛典也。其坛制仪文，例得备书于册。

坛制：高二尺一寸，深广二丈五尺。后为神庙正房三间，中间供奉神牌，东间存贮祭器、农具，西间收贮耤田米谷。左右厢房各一间，东间置办祭品，西间令看守农夫居住。坛之外周围筑土为墙。开门南向。

神号曰：先农之神。

---

①　粢（zī）：指稷、粟米，见《尔雅·释草》。或指谷类的总称。《周礼·春官·小宗伯》："辨六齍之名物。"郑玄注："齍，读为粢。六粢，谓六谷：黍、稷、稻、粱、麦、苽。"另一说为初春粟麦做的饭团。粢盛即盛在祭器内以供祭祀的谷物。《孟子·滕文公下》："粢盛不洁，衣服不备，不敢以祭。"

祭期

每年奉部文以季春亥日致祭。祭毕即于是日行耕耤礼。

祭品

帛一，青色，余与社稷同。

仪注

前二日斋戒，前一日省牲，扫坛，设幕，检视耕器、农具。赤色牛，黑色粒种，箱青色。至期各官朝服行礼，前后三跪九叩。不饮福受胙，俱与社稷坛同。惟献帛爵不升坛，与关庙仪同。祭毕，遵依部行时辰，更换蟒袍、补服，行耕耤礼。耕毕，各官率农夫望阙行三跪九叩礼。

祝文

惟神肇兴稼穑[1]，粒我蒸民。颂思文之德，克配彼天；念率育之功，陈常时夏。兹当东作，咸服先畴。洪惟九五之尊，岁举三推之典。某忝居守土，敢忘劳民？谨奉彝章，聿修祀事。惟愿五风十雨，嘉祥咸沐夫神庥[2]；庶几九穗双歧，上瑞频书于大有[3]。尚飨！

部颁

祭银

每祭额银□两

火神祠

在东关内

岁以季夏吉日致祭

祭品　帛一　羊一　豕一　果实五盘　尊一　爵三

---

① 稼穑：稼，播种五谷。《诗经·魏风·伐檀》："不稼不穑，胡取禾三百廛兮？"播种为稼，收获曰穑，稼穑泛指农业劳动。《尚书·周书·无逸》："厥父母勤劳稼穑，厥子乃不知稼穑之艰难。"
② 庥：荫蔽，护佑。
③ 大有：大丰收，储光羲《观竞渡》诗："能令秋大有，鼓吹远相催。"大有年，即大丰收之年。《谷梁传·宣公十六年》："五谷大熟，为大有之年。"

仪注

主祭官补服蟒袍，行二跪六叩礼。迎神上香，奠帛读祝，三献爵送神。望燎告成，退。

祝文

维神德著离宫，光昭午位。广阳亨之运，象启文明；彰燮理之能，功参化育。土以生而水以济，丙丁之大用常昭；府既修而事既和，虞夏之九功惟叙。丽兹万物，实赖化成。又我生民，咸资利用。仰邀神贶，虔答鸿庥。爰遵祀事之仪，式叶春（禋）秋（尝）之典。肃陈牲币，敬布几筵。尚飨！

龙神祠

在西关外龙王嘴

岁春仲月诹①吉致祭。

祭品　帛一　羊一　豕一　果实五盘尊一爵三

仪注

与火神祠同

祝文

维神德洋寰海，泽润苍生。九襄水土之平，经流顺轨；广济泉源之用，膏雨及时。绩奏安澜，占大川之利涉；功资育物，欣庶类之蕃昌。仰藉神庥，宜隆报享。谨遵祀典，式协良辰。敬布几筵，肃陈牲币。尚飨！

雩　祭②

乾隆七年，定每岁旱，孟夏行赏雩礼。不另立坛。即于先农坛行礼。并合祀社稷、山川、诸神。

---

①　诹：询问、咨询。《诗经·小雅·皇皇者华》："载驰载驱，周爰咨诹。"《毛传》："咨事为诹。"这里是广泛征求意见，然后选择吉日致祭的意思。

②　雩（yú）：祭祀名。祈求降雨，称雩祭。

祝文

某官恭膺诏命，抚育群黎。仰体彤廷[1]保赤之诚，勤农劝稼；惟兹蔀屋[2]资生之本，力穑服田[3]。令甲爰颁肃举祈年之典，惟寅将事用申守土之忱。黍稷惟馨，尚冀昭明之受赐；来牟率育，庶俾丰裕于盖藏[4]。尚飨。

禜　祭[5]

乾隆七年，定旱岁祭雩祈雨。潦[6]则禜祭城门祈晴，其行礼俱同雩祭。

祝文

某官恭承诏命，临民职司守土。惟兆人之攸赖，并藉神功；冀四序之调和，群家福荫。必使雨旸应候，爰古物阜而民安；庶几寒燠攸宜，共庆时和而岁稔。仰灵枢之默运，聿集嘉祥；劝元化以流行，俾无灾害。尚飨。

吕真君祠

嘉庆十一年，奉文加封尊号载入祀典

钦定"燮元赞运"四字，加于原衔之上。设立牌位，建祠崇祀。每岁二月初四日、八月初四日致祭。

祭品：核桃　荔枝　龙眼　枣　栗五盘　馒首五盘

蒸糕五盘　饼四盘　高顶一盘　茶盏三　炉镫各一

---

① 彤廷：彤庭，本指赤色的宫殿，最先专指汉代的昭阳宫，因其殿堂用朱漆涂饰。后泛称皇宫为彤庭。班固《西都赋》："昭阳特盛，隆乎孝成……玄墀釦砌，玉阶彤庭。"杜甫《自京赴奉先咏怀五百字》："彤庭所分帛，本自寒女出。"本处雩祭祝文中的"彤廷"即代指皇上。

② 蔀：为蔽夏日骄阳所搭的凉棚。《周易·下经·丰卦第五十五》："丰其蔀，日中见斗。"蔀屋，草席遮盖之屋。指贫者所居。王安石《寄道光大师》诗："秋雨漫漫夜复朝，可嗟蔀屋望重霄。"

③ 力穑服田：用力从事耕作和收割。《尚书·盘庚上》："若农服田力穑，乃亦有秋。"本文中的"力穑服田"是守土官的自谦之辞。

④ 盖藏：即储藏，本指五谷储藏，也泛指储藏之物。《吕氏春秋·仲冬》："土事无作，无法盖藏。"

⑤ 禜：古代禳灾之祭。《左传·昭公元年》："山川之神，则水旱疠疫之灾，于是乎禜之；日月辰之神，则雪霜风雨之不时，于是乎禜之。"

⑥ 潦：雨后长期积水，淹没庄稼。

仪注：蟒袍补服，行三跪九叩礼。

祝文

敕封燮元赞运警化孚佑真君。曰：维神法判五雷，道通三教。金阙选仙，扫魑魅魍魉之怪；玉清内相，溥风云雨露之仁。术传无极，子启河洛之包符；易注寿山，堂演乾坤之蓍策。屡征圣迹，应答神恩。兹届仲春（秋），用昭时祀。庶几歆享，益巩固夫皇图；爰矢精虔，冀降康于亿兆。神其来格，鉴此馝馨。

昭忠祠

在北岩。嘉庆二十一年，奉旨建祠。祀前宋殉难州牧王仙、前明殉难主事陈计安并祀攻教匪遇难诸人。岁春秋诹吉致祭。

祭品：帛一　羊一　豕一　果盘五　尊一　爵一

三楹：知州张师范建。

东关外置房屋一所，招佃收租钱制办。

厉　坛

在西关外，无祀坛。春秋传曰：鬼有所归，则不为厉。故恤无祀，使不为厉也。无祀则无依。祀以坛，俾有所归也。岁以三举恤之，至也。推此意以治人，有异道乎？

坛制：无定式。在城西二里。

神号：曰郡厉。

祭期：每年以清明日、七月十五日、十月初一日，凡三祭。祭时迎城隍神像于坛上，以主其祭。另用纸多书无祀鬼神等众牌位，立于坛下左右。

祭品

坛上城隍位及左右位。各羊一，豕一，其左右位并设饭备香烛纸随用。

仪注

前期一日，祭官备香烛，诣城隍庙焚告牒，行一跪三叩头礼。祭期各官齐集，补服于坛上城隍位前行礼，前后行一跪三叩头礼。中间三献爵，读告文同关庙仪注。礼毕，执事以告文纸焚之。

告文

年月、官衔如祝文式。遵依礼部札，为祭祀本州阖境无祀鬼神等众事，钦奉皇上圣旨。普天之下，后土之上，无不有人，无不有鬼。人鬼之道，幽明虽疏，其理则一。故天下之广，兆民之众，必立君以主之。君总其大，又设官分职，为府、州、县以各长之。又于每百户设一里长，以统领之。上下之职纲纪不紊。此治人之法如此。天子祭天地神祇，及天下山川，王国各府、州、县祭境内山川及祀典神祇。庶民祭其祖先及里社土谷之神。上下之礼有等第，此治神之道如此。尚念冥冥之中，无祀鬼神，昔为生民，未知何故而殁。其间有遭兵刃而捐伤者，有死于水火盗贼者，有被人取财而逼死者，有被人强夺妻妾而死者，有遭刑祸而负屈死者，有天灾流行而疫死者，有为猛兽毒虫所害者，有为饥饿冻死者，有因战斗而殒身者，有因危急而自缢者，有因墙屋倾颓而压死者，有远商征旅死未归籍者，有死后无子孙者。以上诸鬼或终于前代，或殁于近世，或兵戈扰攘流移他乡，或人烟断绝久缺其祭。姓氏泯没于一时，祀典无闻而不载。此等孤魂死无所依，精魄未散，结为阴灵。或依草附木作为妖怪，悲号于星月之下，呻吟于风雨之时。凡遇人间令节，心思阳世。魂杳杳以无归，身随沉沦；意悬悬而望祭。兴言及此，怜其惨悽。故敕天下有司，依时享祭。在京都有泰厉之祭，在王国有国厉之祭，在府州有郡厉之祭，在各县有邑厉之祭，在一里又各有乡厉之祭。期于神依人而血食，人敬神而知礼，仍命本州城隍以主此祭。钦奉如此。今某等不敢有违，设坛于城西。以某月某日设备牲醴羹饭，专祭本州合境内无祀鬼神等众灵，其不昧来享此祭。凡我通州境内民人，倘有忤逆不孝不敬六亲者，有奸盗诈伪不畏公法者，有拗曲作直欺压良善者，有躲避差徭耗损贫户者，似此顽恶奸邪不良之徒，神必报于城隍。发露其事，使遇官府，轻则笞决杖断，不得号为良民；重则徒流绞斩，不得生还。乡里若事未发露，必遭阴谴，使举家并染瘟疫，六畜田产不利。如有孝顺父母，和睦亲族，畏惧官府，遵守礼法不作非为，良善正直之人，神必达之城隍，阴加护佑。使其家道安利，农事顺遂，父母妻子保守乡里。我等阖州官吏，如有上欺朝廷，下枉良善，贪财作弊，蠹政害民者，灵必无私，一体昭报。如此则神鬼有鉴察之明，官府非谄谀之祭。尚飨！

附前期告牒式

重庆府涪州遵承礼部札，付为祭祀本州合境无祀鬼神等众事该钦奉皇帝圣旨（此下照告文填入），依时享祭，命此处城隍以主此祭。镇控坛场，鉴察诸鬼等类。其中果有生为良善，殁遭刑祸死于无辜者，神当达于所司，使之还生中国，来享太平之福。如有素为凶顽，身犯刑宪，虽获善终，出于侥幸者，神当达于所司，屏之四夷善恶之报，神必无私，钦奉如此。今某等不敢有违，谨于某年某月某日于城西设坛，置备牲酒羹饭享祭本州无祀鬼神等众。然幽明异境，人力难为，必资神力，庶得感通。今特移文于神，先期分遣诸将，召集本州合境鬼灵等众，至日悉赴坛所普享一祭。神当钦奉敕命，镇控坛场，鉴察善恶，无私昭报，为此合行，移州牒请照验施行。

祭银每年额编银□两

私　祀

文昌宫：

城南门内。春秋继文庙祀之。州人又存有生息银两□百余金，每岁二月初三日神诞，首事人收息演戏恭祝。

城隍庙：

城西门内。岁无专祭，惟春秋上戊巳合祭于南坛，又主厉祭。若新官到任，特行祭告。遇水旱则祷之。每月朔、望至此行香。又五月廿八日，州人演戏恭祝神诞。

乾元宫：

城东门内，每年六月二十三日庆祝。

川主庙：

城南门外，每年六月廿四日，州人演戏恭祝神诞。

龙王庙：

城西门外，每岁春秋二季，州人又存有生息银两，六月朔六日演戏庆祝。

天后宫：

城西门内，闽省客商公建。每岁　月　日演戏庆祝神诞。

泗王庙：

城东门外，每年六月初六日，州人演戏恭祝神诞。

禹王宫：

城小东门内，三楚客商公建。每岁正月十三日合会演戏恭祝神诞。

歇圣庙：

城小东门外，每岁□月□日州人演戏恭祝神诞。

三元宫：

城北门外，关中客商公建。每年□月□日合会演戏恭祝神诞。

万寿宫：

城小东门内，豫章客商公建。每年四月初一日，合会演戏恭祝神诞。

准提阁

奎是阁：

向无会期生息公本。道光二十二年，绅士周熙尧等公议，请准移建。旧基更营，置公本生息，每岁八月初三日演戏，恭祝神诞。首事人收息办理。

涪州志卷之八

礼仪志

礼仪志：庆贺　开读　新任　迎春　行香　封印　救护　祈祷　讲约　乡饮　送学　宾兴　公车

礼以辨上下，定民志，而其节文度数之间，则各有仪存焉。释回增美，胥由于此。涪旧志略而弗详。谨按《大清会典》所载，汇为一卷。首庆贺以肃臣子之分，次开读以钦纶綍①之音，明有尊也。新任慎始，初春布令行香，虽故事，犹古人告朔之遗。封印非休间予斯民终岁之乐，救护祈祷，随事尽心。读法乡饮，分端立教。至若泮芹初采，月桂分香②，或本古升秀之典，或遵今偕计之文。自朝会燕享，以逮事神莅民，兴贤育才。各大典，莫不有礼以经之，有仪以纬之，则上下辨而民志定，窃愿与州人士共讲求而遵守之也。

庆　贺

庆贺之礼不一，而上下内外通行有常数者三：正元为一岁之首，冬至为一阳之始，万寿为万邦之庆是也。我朝斟酌礼制，最为整肃堂皇。虽边陲荒僻之地，莫不各有庆

---

① 纶綍：指帝王诏书。《礼记·缁衣》："王言如纶，其出如綍。"后因称皇帝的诏令为"纶綍"。柳宗元《代广南节度使谢出镇表》："捧对纶綍，不知所图。"

② 泮芹：本指泮水中的芹菜，借指古代学宫中的秀才。语出《诗经·鲁颂·泮水》："思乐泮水，薄采其芹。"月桂：比喻科举考试及第、登科。李潜《和主司王起》："恩波旧是仙舟客，德宇新添月桂名。""泮芹初采，月桂分香"，美言地方庠序兴旺，人才众多。

贺之所。少伸微臣俨恪①之思，仪制俱在，所当缕析②而陈也。

仪注

凡庆贺预设香案龙亭于万寿亭。至日黎明，各官朝服齐集。纠仪官一员，先行礼立于檐下以纠仪，赞礼生赞。排班大小，各官以次就拜位。文东武西立，文官知州为一班，学正、训导、巡检、吏目、阴医、僧道等官另为一班；武官把总为一班，班齐赞跪叩兴，各官行三跪九叩头礼。赞退，各官退出。凡万寿、元旦、冬至三大节前后，穿朝服七日庆贺。

开　读

《书》曰：诞告万方。《诗》曰：封扬休命。《礼》曰：王言如丝，其出如纶。王言如纶，其出如綍。审是则制诰所颁，吏民皆稽首拜迎。虽万里之外，如闻诸阙廷焉。涪虽僻处偏隅，而诰敕之颁亦所必至，故谨著之。

仪注

地方官员具龙亭、采舆、仪仗、鼓乐，出郭迎接。使者下马捧诏，置龙亭中。南向使者立于亭东。地方官员具朝服北向，行三跪九叩头礼。鼓乐前导使者上马，随亭后行至公廨门外。众官先入，文武分东西序立候。龙亭至公庭中，使者立龙亭之东，西向。赞排班乐，作行三跪九叩头礼。使者捧诏，授展读官展读。官跪受诣开读，案前宣读，众官皆跪。宣读毕，展读官捧诏授使者，使者捧置龙亭中，众官行三跪九叩头礼，礼毕皆退，即行膳黄分颁。

又按定例，凡诏书经过，地方官员、军民人等，俱跪路旁，候诏过方起。五里以内，府州县卫文武等官俱出城迎送，五里外者不许。

---

① 俨恪：庄严敬肃。《礼记·祭义》："严威俨恪。"孔颖达疏："俨，谓俨正；恪，谓恭敬。"亦作"严恪"。《汉书·匡衡传》："正躬严恪，临众之仪也。"颜师古注："严，读曰俨。"
② 缕析：缕，麻线或丝线的细状物；析，分解、剖析。缕析，详尽，细致地陈述分析。枚乘《七发》："固未能缕形其所由然也。"

新　任

《左传》子产曰：侨闻学而后入政，未闻以政学者也。故始入官曰筮，仕曰解兰，名达于朝曰策名，受职曰奉命，至其治曰莅官，又曰下车，总之曰新任。又已任者，迁除其官，亦曰新任。异日循良之目，父母之称，皆基于此，故不可以不慎也。

仪注

是日新官具公服，吏目率各房吏典并合属官生人等，导引新官，先诣城隍庙。陈牲醴致告，行一跪三叩头礼。献爵读祝或誓辞，读毕仍行一跪三叩头礼。礼毕，导引至本衙门仪门前，陈牲醴致祭，行跪三叩头礼。如前仪毕，导引至月台上，设香案朝服，望阙行三跪九叩头礼。易公服拜印，行一跪三叩头礼。礼毕，坐公座开印。皂隶、排衙、吏房呈押公座。毕，吏役、生员、属官参见。礼毕，进内署设香火，祀灶神。三日内，行香讲书。

附讲书仪：先于明伦堂设公座，并儒学公座。文武诸生拱候于明伦堂外。新官至，一揖，引诣明伦堂。儒学官出堂迎入，一揖。各升公座，诸生行庭参礼，新官拱答。儒学官送名签、掣令、讲书、值讲之生，向上三揖。端立抗声，讲说书义。毕，三揖而退，又次掣讲如前仪。毕新官申训辞，分给纸笔，奖值讲者。新官起，儒学官送至堂下，揖别。诸生趋堂外拱候揖送。

迎　春

《礼·月令》：先立春三日，太史谒之天子，曰某日立春，盛德在木，天子乃斋。立春之日，天子亲帅三公九卿诸侯大夫，以迎春于东郊。历汉晋唐代，有变更，洎宋则于立春前五日，并造土牛及耕夫梨具于大门之外。是日，有司祭先农，官吏各击牛者三，以示劝农之意。至今相传，著为令典。不敢视为具文，遂录于此。

仪注

先期塑造春牛、芒神。前一日各官常服迎至州门外。土牛南向，芒神在东西向。立春日早，陈设香烛酒果。各官具朝服，赞排班，赞跪叩兴，各官行一跪三叩头礼。赞跪奠酒，领班官奠酒三爵，赞叩兴，各官行一跪三叩头礼。兴，舁土牛芒神行香亭。

鼓乐前导，各官朝服后随至东郊。各官执采杖环立土牛两旁。赞击鼓，乐工擂鼓。赞鞭春牛，各官环击土牛。三礼毕。各退。

附土牛式：水土取岁德方位。牛像头至尾长八尺。按八卦；尾一尺二寸，按十二时；高四尺按四时。胎骨用桑柘水颜色，视立春日干为头角，耳目支为身，纳音为蹄，尾肚各取所属五行。分青赤黑白黄，笼头构索，视立春日支色四。孟日麻仲日，苎季日丝，系构子用桑柘木。

附芒神式：身像高三尺六寸，又按一年三百六十日；寅申己亥年，像老子午卯酉年，少壮辰戌丑未年，孩童正旦前后五日内。立春为芒与牛并立。前五日外，立春为早芒。立牛前后五日，外立春为闲立牛。后六支阳年立右，阴年立左。服色视立春日支受尅为衣。衣之色为击系腰头髻，视立春日纳音位，阳前阴后，罨耳。视立春时气，日戴夜提鞋袴行，缠有无系悬左右。视立春日纳音之气与位阳，有阴无阳，左阴右鞭。结用柳枝，长二尺四寸。按二十四气，结子麻苎丝视月孟仲季，俱以五彩染色。

行　香

古者，告朔之礼，自诸侯及于下吏，必恭必信，一以示气候之小变，一以告神明之鉴昭，一以徵政事之修举。后世朔望并隆，而行香之典，则明太祖定之。其名始见于明史，国朝因之。凡在郡邑之长，莫不率其同事，敬尔在公。凡以尊时令而出政治也。

仪注

每朔望日黎明，各官朝服诣文庙、崇圣祠、关帝庙，俱行三跪九叩头礼。换补服，诣城隍庙、土地祠，各行一跪三叩头礼。

封　印

尝考《虞书》，辑五瑞，既月乃日，觐四岳群牧颁瑞于群。后又《周礼·春官·大宗伯》以玉作六瑞，以等邦国。古之瑞，今之印也。秦以后，天子之宝曰玺。尔命于百官者，皆曰印，或曰章。汉印分银与铜，绶分五色。历有变更，姑不具述。今之州印皆铜印也。

朝廷节其劳逸，而酌其繁简，以为用之不已，是使有司无宁晷吏。日喧于庭，而民日奔于路矣。故于岁暮，有封印；岁首，有开印之典，岂非欲与民少息，而昭新政也哉。

仪注

封印开印仪，俱与上任拜印同。惟封印只标记，不呈押公座；又按每年十二月封印，至次年正月开印。皆遵照部行钦天监择定日时行礼。

救　护

《书》曰：瞽[①]奏鼓，啬[②]夫驰，庶人走，是天子恐惧于上，啬夫庶人奔走于下，以助救护。诚以日月之食，阴阳之变也。礼有救护，不得晏安之意，盖慎重之至矣。今则仿古立仪，谨节录于志乘，以昭遵守焉。

仪注

凡日食，结彩于本衙门仪门及正堂，设香案于月台，设金鼓于仪门内两旁，设乐工于月台下，设各官拜位于月台上，俱向日阴阳生报。日初食，赞礼生赞排班，各官俱朝服立，赞跪叩乐作，各官行三跪九叩头礼。毕，乐止。班首官上香，赞礼生赞跪，各官俱跪。班首官击鼓三声，众鼓齐鸣。再上香，乐作各官俱暂起立，上香，毕，各官仍跪。以后上香行礼作乐。同阴阳生报复圆，鼓声止。赞礼生赞，跪叩乐作。各官又行三跪九叩头礼。礼毕乐止，各官俱散。月食仪同。

祈　祷

《尔雅》云：祈雨为雩[③]，祈晴为禜[④]。夫旱魃[⑤]为虐，雨水不时。此祈祷之所以有事也。顾禁屠、行香、持斋、致戒，特其仪节耳。尽人事而迓天和，更宜与都人士竭诚

---

① 瞽：瞎眼的人，《庄子·逍遥游》："瞽者无以与乎文章之观。"古代以瞽者为乐官的代称。《尚书·夏·胤征》："瞽奏鼓。"
② 啬：收获谷物，泛指农事。啬夫，农夫，也指古代掌管币礼的乐官。
③ 雩：祭祀，祈求降雨。《后汉书·礼仪志》："其旱也，公卿官长以次行雩礼求雨。"
④ 禜：古代禳灾之祭。祈晴、祈风、祈雪……皆为禜。
⑤ 魃：神话中的旱神。《神异经·南荒经》："南方有人，长二三尺，袒身而目在顶上，走行如风，名曰魃。所见之国大旱。"也称旱魃。

修省焉。

仪注

凡祈雨，只行香步祷。先山川坛七日，毕。次社稷坛，七日。俱照例行三跪九叩头礼，周而复始，仍各以七日为期。每届期禁止屠宰三日，各官俱斋戒，戴雨缨素服，办事不理刑名。别饬僧道官督，率僧道于城隍庙讽经，派员监看，不得行用大雩之礼。已雨，则报祀。斋而未祈者同。祈晴则举行禜祭。伐鼓用少牢，祭城南门。如祭城隍，礼行一跪三叩，不用祭社之礼。惟京师潦甚者祭于社。

附部颁禜祭祭文

□年□月□日某官致祭于城门之神。曰诏命临民，职司守土。惟兆人之攸赖，并藉神功；冀四序之常调，群蒙福荫。必使雨旸应候，爰占物阜而民安；庶其寒燠咸宜，共庆时和而岁稔。仰灵枢之默运，聿集嘉祥；襄元化以流行，俾无流害。尚飨。

讲 约

《书》曰：每岁孟春，遒人①以木铎②狥③于路。记曰：司徒修六礼以节民性，明七教以兴民德。讲约之礼，由此而昉。我国家治隆化洽，教泽无方，每岁朔望宣讲圣谕，兼读律例，以导化斯民夫！亦行古之道也。守土者体行不怠，则环立观听者，益当遵奉而鼓舞矣。

仪注

恭设圣谕牌于城隍庙前，乡约所设约正值月以司讲约。设木铎老人，以宣警于道路。朔望地方文武教职各官齐集。赞礼生赞排班，各官依次就拜位立赞。跪叩与各官行三跪九叩头礼。毕，分班坐地，率领军民人等敬□□，毕，各官散。

---

① 遒人：古代宣布政令之官，《左传·襄公十四年》："遒人以木铎狥于路。"狥：巡行而宣令。

② 木铎：铎，乐器名。形如大铃，振舌发声，铁舌叫"金铎"，传达军令时用之；木舌叫"木铎"，宣布政令时用之。《战国策·赵策三》："秦攻赵，鼓铎之音闻于北堂。"《周礼·地官·乡师》："凡四时之征令有常者，以木铎狥于市朝。"

③ 狥：即"徇"的异体字。

乡　饮

乡饮之礼有四：其一周礼，司徒以乡三物教民而宾兴之。其一党正，国索鬼神而祭，饮其老者；其一州长，春秋习射于序先；其一则乡大夫饮其国中之贤者。今世所行，即郑康成所谓饮宾于庠之礼、尊贤养老之义也。旧志礼仪俱未纪载，亦有一二耆老偶注乡宾名目者，盖礼之不行久矣。因详核于此。

乡饮酒礼图考

汉永平二年，令郡县行乡饮酒于学校。

晋武帝六年，帝临雍行乡饮酒。咸宁三年，及惠帝元康九年，复行其礼。

隋制，州县学春秋仲月释奠。每年于学行乡饮礼。

唐贞观六年，诏天下行乡饮酒礼。又诏录乡饮酒礼一卷颁行天下，翌年冬，令州县长官率长幼行之。高宗龙朔初，诏诸学置博士，助教授经义。其学成者，长吏设乡饮之礼荐送之。开元二十五年，诏贡人申送行乡饮礼，牲用少牢。

宋淳化三年，诏有司讲求乡饮酒故事，命苏易简等撰乐章三十四。政和三年，诏州郡鹿鸣宴改为乡饮酒，矩范仪制。请编下郡国，令取明州已行仪制与林保所具规式，参酌修具镂板颁行，奏可。十七年国子监请令郡县，于科举年行于庠序。

明洪武初，诏中书省详定乡饮酒礼条式，五年奏定乡饮酒礼仪。在内应天府及直隶府州县每岁孟春孟冬，有司与学官率士大夫之老者，行于学校。在外行省所属府州县亦皆取法于京师，二十二年再定乡饮酒礼图式。除宾僎外，众宾序齿列坐，其僚属则序爵。

国朝顺治元年，令京府及直省府州县，每岁举行乡饮酒礼。设宾僎介主酒席，于存留钱粮内支办。主府、知府、州知、州县、知县如无正官，佐贰官代位。于东南大宾，以致仕官为之位。于西北僎宾，择乡里年高有德之人位。于东北介以次长位。于西南三宾以宾之次者为之位。于宾主介僎之后，除宾僎外，众宾序齿列坐，其僚属则序爵，司正以教职为之。主扬觯以罚赞礼者，以老成生员为之。乾隆十九年会典馆奏定，各省举行乡饮事不画一，且竟有频年阙略不举，致旷大典者，应令各省督抚，转饬所属府州县，每年遵照定例，于正月十月举行二次。其宾介之数，据旧典所载。乡饮酒图有大宾、介宾、一宾、二宾、三宾、众宾，与大僎、一僎、二僎、三僎之名。按仪礼，宾若有遵者，诸公大夫则既一人举觯。乃入注言：今文遵为僎，又曰：此乡之人，大夫致仕者，来助主人乐，宾主人所荣而遵法者也。或有无来不来用时事耳，又曰：不干主人正礼也，谓之宾者同从外来耳。大国孤四命谓之公。又疏言：一人举觯，为旅酬始，乃入即是作乐。前人又戴记坐僎于东北以辅主人，所谓席于东宾助主人乐宾者也。其言主人亲速宾及介，而众宾自从之。至于门外主人拜宾及介，而群众宾自入三揖至于阶，三让以宾升拜。至献酬辞让之义，繁及介，省矣。至于众宾升受坐祭，卒饮不酢而降，皆无一言及，僎者所谓不干主人正礼者也。嗣后应令顺天府及直省府州县，先期访绅士之年高德昭者一人为大宾，次为介，又次为众宾，皆由州县详报府尹、督抚核定举行。其本地有仕至显官，偶居乡里，愿来观礼者，依古礼坐于东北。顺天府及直省会城一品席南向，二三品席西向，各府州县三品以上席南向，四五品席西向，无则缺之。不立一僎二僎三僎之名，不入举报之内，仍将所举宾介造具姓名籍贯清册，送部存案。

乡饮仪注

前一日执事者，于儒学讲堂，陈设坐次，监礼席于庭东北向，宾席于堂西北南向，主人席于堂东南西向，介席于堂西南东向。众宾之长三人席于宾西南向。东上皆专席，不属众宾席。于西序东向僚佐席，于东序西向皆比上司正席于主人之东北向。设律令案于主介间正中。又设尊案一，于东序端。司正豫率执事习礼，设乐于西阶下。至日黎明，执事者宰牲具馔，监礼主人及僚属司正先诣学。遣人速宾介以上，比至主人率僚属出迎于庠门外揖宾介，众宾皆答揖。宾入主居，东宾居西，三揖三让而后升堂。东西相向立，赞两拜交拜毕，宾即席乃延众宾以次皆升。主人揖，皆答揖即席。主人率僚佐皆即席咸坐。赞司正扬觯执事者，引司正由西阶升诣堂中北向立。赞起立，宾介以下皆立。赞揖司正揖，宾介以下皆揖。执事者以觯酌酒授司正，司正举酒曰："恭惟朝廷率由旧章，敦崇礼教，举行乡饮，非为饮食。凡我长幼各相劝勉，为臣尽忠，为子尽孝。长幼有序，兄友弟恭。内睦宗族，外和乡里。无或废坠，以忝所生。"读毕，赞司正饮酒。饮毕，觯授执事，赞揖，司正揖，宾介以下皆揖。司正复位，宾介以下皆坐。赞读律令，执事者举律令案于堂之中，引读律令者诣案前北面立。赞宾介皆下，皆立行揖礼如前。读曰："大诰乡饮酒礼，序长幼，论贤良，别奸顽，异罪人。其坐席间高年有德者，居于上；高年淳笃者，并之。以次序齿而列。其有曾违条犯法之人，不许干与善良之席主者。若不分别，致有贵贱混淆察知，或发觉罪以违制、奸顽紊乱正席者，全家移出化外。"读毕复位。赞供馔，执事者举馔案至宾前。次介次主三宾以下，各以次设赞献。宾主起席北面立，执事者酌酒以授主，主受爵，诣宾前置于席。稍退赞两拜，宾答拜讫。执事者又酌酒以授主，主受爵诣介前置于席，交拜如前。仪毕，主退复位，赞宾酢酒。宾起介从执事者酌酒授宾，宾受爵诣主前，置于席稍退。赞两拜，宾主交拜。讫宾退复位。介酢主人如前仪，乃各就位坐。执事者分左右立，以次酌酒献三宾。众宾遍赞，饮酒二三行供羹。赞奏乐工升歌周诗鹿鸣之章，卒歌笙奏。

御制补南陔诗，间歌周诗鱼丽之章，笙奏御制补由庚诗，乃合乐歌周诗关雎之章。卒，歌工告备出，轨事者行酒，主宾以下饮。无算爵，赞彻馔。彻馔讫，宾介主以下，皆兴主僚属居东，宾介、三宾，众宾居西，赞两拜。宾主介拜讫，赞送宾、宾介、众宾，主人以次下堂，分东西行出庠门。三揖退，监礼者出，主人送礼毕。乃皆退。

御制补笙诗乐谱

正月太簇商立宫，倍无射变宫主调，南陔三章。二章章六句，一章八句

笙谱

我_{变宫}_合逝_{商乙}南_{角上}陔_{变徵尺}，言_{变徵尺}陟_{羽凡}其_{变徵尺}岵_{变徵六}。昔_{变徵尺}我_{角变徵上尺}行_{羽凡}役_{羽凡}，瞻_{羽凡}望_{变宫六}有_{变徵尺}父_{羽凡}。欲_{羽凡}养_{变宫六}无_{变徵尺}由_{变徵尺}，风_{变宫六}木_{羽变宫六}何_{商乙}补_{商乙}。我_{变宫六}逝_{变宫六}南_{变徵六}陔_{羽凡}，言_{羽凡}陟_{变宫六}其_{变徵尺}岾_{角上}。今_{商乙}我_{变宫合}行_{变徵尺}役_{羽凡}，瞻_{羽凡}望_{变宫合}有_{角上}母_{商乙}。母_{变徵尺}也_{商变宫乙尺}倚_{变宫合}庐_{羽凡}，归_{变宫合}则_{羽变宫凡六}宁_{商乙}止_{商乙}。南_{变徵尺}陔_{商乙}有_{变徵尺}笋_{变宫合}，箨_{变徵尺}实_{商乙}匀_{变徵尺}之_{角上}。孱_{变宫合}孱_{变宫合}孩_{变徵尺}提_{变徵尺}，孰_{变徵尺}噢_{变宫合}咻_{羽凡}之_{羽凡}。慎_{变宫合}尔_{变徵尺}温_{羽凡}清_{变宫合}，洁_{角上}尔_{商乙}旨_{变徵尺}肴_{角上}。今_{商乙}尔_{变宫六}不_{羽凡}养_{变宫六}，日_{变宫乙}月_{商角上}其_{商乙}慆_{变宫合}。

由庚匹章_{章四句}

王_{变宫合}庚_{商乙}便_{角上}便_{商乙}，东_{变宫六}西_{羽凡}朔_{变宫六}南_{变徵尺}。六_{商乙}符_{角上}调_{变徵尺}燮_{羽凡}，八_{变宫六}风_{羽凡}节_{角上}宣_{商乙}。王_{变徵尺}庚_{羽凡}容_{变宫合}容_{羽凡}，朔_{角上}南_{商乙}西_{变徵尺}东_{角上}。惟_{变宫六}敬_{羽变宫凡六}与_{商乙}勤_{商乙}，百_{羽凡}王_{变徵尺}道_{变宫六}同_{羽凡}。王_{变徵尺}庚_{羽凡}廓_{变宫六}廓_{羽凡}，东_{变徵尺}西_{变宫六}南_{商乙}朔_{角上}。先_{变宫六}忧_{羽凡}而_{角变徵上尺}忧_{羽凡}，后_{角上}乐_{商变宫乙六}而_{羽凡}乐_{羽凡}。王_{变宫尺}庚_{羽凡}恢_{变宫六}恢_{羽凡}，南_{商乙}朔_{角上}东_{变徵尺}西_{角上}。皇_{变徵尺}极_{羽凡}熟_{变徵尺}建_{变宫六}，惟_{变徵尺}德_{角变徵上尺}之_{商乙}依_{变宫}。

十月应钟清羽立宫　　林钟清变徵主调

南陔三章，二章章六句，一章八句

我清变徵尺逝清羽凡南清变徵六陕清宫五，言清宫五陟清角上其清宫五岵清变徵尺。昔清宫五我清变宫宫六五行清角上役清角上，瞻清角上望清变徵尺有清宫五父清角上。欲清角上养清变徵尺无清宫五由清宫五，风清变徵尺木清变角徵上尺何清羽凡补清羽凡。我清变徵尺逝清变徵尺南清宫五陕清角上，言清角上陟清变徵尺其清宫五屺清变宫六。今清羽凡我变徵尺行清宫六役清角上，瞻清角上望清变徵尺有清变宫六母清羽凡。母清宫五也清清宫羽凡五倚清角五庐清角上，归变徵尺则清清变角徵上尺宁清羽凡止清羽凡。南清变徵凡陕清变徵尺有清宫五笋清变徵尺，箸清宫五实清角上勹清宫五之清变宫六。屡清变徵尺屡清变徵尺孩清宫五提清宫五，孰清宫五噢清变徵尺咻清角上之清角上。慎清变徵尺尔清宫五温清角上清清变徵尺，洁变徵尺尔清羽凡旨清宫五肴清变宫六。今清羽凡尔清变徵尺不清角上养清变徵尺，日清宫五月清清变羽宫凡六其清羽凡慆清变徵尺。

由庚四章

笙谱

王清变徵尺庚清羽凡便清变宫六便清羽凡，东清变徵尺西清角上朔清变徵尺南清宫六。六清羽凡符清变宫六调清宫六燮清角上，八清变徵尺风清角上节清变宫六宣清羽凡。王清宫五庚清角上容清变徵尺容清角上，朔清变宫六南清羽凡西清宫五东清变宫六。惟清变徵尺敬清清变角徵上尺与清羽凡勤清羽凡，百清角上王清宫五道清变徵尺同清角上。王清宫五庚清角上廓清变徵尺廓清角上，东清宫五西清宫五南清羽凡朔清变宫六。先清变徵尺忧清角上而清清变宫宫六五忧清角上，后清变宫六乐清清变羽徵凡尺而清角上乐清角上。王清宫五庚清角上恢清变徵尺恢清角上，南清羽凡朔清变宫六东清宫五西清变宫六。皇清宫五极清角上孰清宫五建清变徵尺，惟清宫五德清清宫羽变宫六五之清羽凡依清变徵尺。

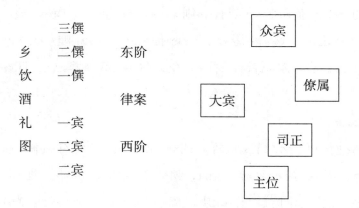

送　学

《诗》曰：思乐泮水，言采其芹。又曰：言采其藻，此古诸侯释菜之诗，而采芹藻以荐之也。今之入学者曰游泮，又曰采芹。考之送学，即古释菜之礼也。士子既人黉[1]序。将来树德业而祀乡贤，志功名而饮宾兴。就公车者，胥于是乎在！故士不可不端其始，礼不可不慎其征也。

仪注

凡督学岁科试，取进文武新生红案，发到州官，送学肄业，行送学礼。前期择日传集新生，至日州官于大堂公座，簪挂花红。诸生行庭参礼，州官拱立答礼，禀拜免，由中门鼓乐导出，州官率领新生谒文庙。行三跪九叩头礼，毕，诣明伦堂。与儒学交拜，行两拜礼。新生次见儒学官，行四拜礼。儒学官立受两拜，陪受两拜。

宾　兴

宾者，敬也；兴者，举也。周礼：大司徒以乡三物教万民。而宾兴之所以尊能也。国朝设科取士，首重乡试之典。有司咸集，宴于公堂，谓之科举酒，其礼节甚隆。是上之待士，与士之所以期报答于上者，悉始于此。故特表之。

仪注

先期儒学官将奉准督学，取录科举文武生员，起具红批送州。七月初旬，州官择日具书柬，延集科举诸生，至日结采于大堂。官生各具公服，鼓乐设筵，揖拜如仪。与诸生簪挂花红[2]。毕，州官与儒学东西金坐。诸生以次两旁分坐。酒或五行或十行，起诸生禀辞揖拜州官。送至檐下，由中门鼓乐导出。有例给科举银两。

道光十四年

宾兴会所置田业，价值收租数目，照州案附志，以便稽查。

一、州牧杨公上容，捐廉一千五百串，置买唐家林牛栏堡田土二坽。每年收租谷二十六石，租钱二十串。作三里宾兴会公用。

一、长里绅士陈晓峰、秦葆恬、李文寿等，募捐钱一千三百六十串，置买舒陈二姓田地名汪家墙、垣子堨、水井堨、田土二坽，每年收租谷三十余石。

---

① 黉：古代学校。《后汉书·仇览传》：“农事既毕，乃令子弟群居，还就黉学。”
② 花红：古代风俗，插金花，披红绸是表示喜庆的意思。

一、白里绅士汪元焯、谭步才、孙钦等，募捐钱四百六十串，置买王姓兴隆塆田土一坊，收租谷十余石。

一、云武隆里绅士况抢标、周步云、陈禹畴等，募捐钱九百八十串，置买千垎塝干坝子田土二坊，收租谷三十余石。

公　车

《诗》曰"翘翘车乘"，又曰"安车蒲轮"，所以招而致之也。汉高帝诏曰："其有意称明德者，必身为之劝驾。"其公车之谓乎？士之登进，其阶品较崇，而有司之属望者较远且大，故礼仪尤不可不隆也。

仪注

结采酒席，与乡试宾兴同，惟州官与举人行宾主礼。迎送各照常仪。

涪州志卷之九

涪州知州　德恩续纂

选举志

进士　举人　副车　贡生　仕宦　武选　武绅　封典　命妇

王者，以天下之爵位，赏天下之贤能；因天下之贤能，理天下之政治，莫盛于选举。自乡举里选之法不行，两汉以来，各设科目。至于唐宋，惟举人进士之科独重。至于荣邀一命，或职司中外，或备员干城，与夫显扬之盛，象服之加，尤异数也。涪邑人才辈出，登仕版而叼褒封者，比比也。爰为详著于篇。

进　士

自王制由司徒而升之司马曰进士，此进士之名所由始也。历唐、宋、元、明，而是科尤为特重。涪陵成进士者，代不乏人，惜宋以前无从考据。旧志所载，甚属寥寥。今就简编可核雁塔有名者，详列如左：

宋

任昌大：庆历间旧志武隆人

张方成：嘉熙间旧志武隆人

蹇世芳：咸淳甲戌旧志武隆人

韩铸：咸淳甲戌旧志武隆人

韩俦：咸淳甲戌旧志武隆人

韩涛：咸淳甲戌旧志武隆人

明

白勉：永乐十三年官刑部尚书

夏铭：宣德五年庚戌官都御史

刘岌：景泰五年甲戌官礼部尚书

郭澄：天顺元年丁丑官郎中

刘纪：景泰二年辛未官御史

张善吉：通志作言字，成化丙戌官都给事中

朱灏：景泰间武隆人，官御史

钱玉：成化壬辰官知县

陈常：长寿籍涪州人成化戊戌

刘菠：宏治己未官给事中

张柱：宏治壬戌官主事

夏邦谟：字舜俞，正德戊辰官吏部尚书

黄景新：正德辛未官运使

黄景夔：正德甲戌官郎中

夏国孝：号冠山，嘉靖癸未

谭棨：嘉靖戊辰官参政

谭枭：嘉靖庚戌官金事

黎元：嘉靖丙辰官金事

王堂：嘉靖己未官郎中

徐尚：嘉靖壬戌官给事中

文作：隆庆戊辰官布政司

刘养充：隆庆辛未官御史

文德：万历甲戌官御史

何伟：万历癸未官给事中

曹愈参：万历丙戌官都御史，字坤釜

况上进：万历丁丑官御史

杨景淳：万历己丑

陈策：万历间武隆人官知州

张与可：万历己丑

向鼎：字六神，天启乙丑

刘起沛：崇正戊辰官行人

陈正：字岷水，崇正庚辰

国朝

文景藩：康熙癸丑

何有基：字乐田，雍正癸卯

任国宁：雍正癸丑

邹锡彤：字德文，乾隆丙辰官迤东道

周煌：字景垣，乾隆丁巳编修，官兵部尚书，太子太傅，谥文恭

张煦：字春晖，乾隆丁巳，恩科

刘为鸿：字天衢，乾隆己未官知州

徐玉书：字素存，乾隆辛未官府教授

邹锡畴：字范禹，乾隆壬申官知县

陈于午：字凉松，乾隆丁丑翰林院庶吉士

陈鹏飞：字之南，乾隆癸未官知县

张永载：字二水，乾隆丙戌官知县

周兴岱：字东屏，乾隆辛卯编修，官左都御史

文楠：字璞园，乾隆壬辰官知县

熊德芝：字露田，乾隆壬辰官知县

周宗岐：字对岩，乾隆乙未官翰林院编修

陈煦：字晓峰，嘉庆辛酉庶吉士

陈廷达：嘉庆辛酉庶吉士

陈永图：字固庵，嘉庆壬戌庶吉士

陈伊言：字莘畲，嘉庆乙丑官知州

刘邦柄：字寅谷，嘉庆戊辰官知县

张进：字以渐，嘉庆己巳官府教授

邹枬：字石岩，嘉庆丁丑官工部主事

陈昉：字午垣，嘉庆庚辰庶吉士

陈爔：字春映，道光壬辰编修，官给事中，现任江苏道

陈镕：字仲玉，道光癸巳官知县

潘履谦：乾隆庚戌科，钦赐翰林院检讨

举　人

汉设贤良、方正、孝廉等科，后世遂以孝廉之名专属之举人。我朝养士之典，既优且渥。兼以涪陵山川毓秀，多士争自濯磨，而科名遂为极盛。备书于册，亦见地乘之光。

宋

庆历年

任昌大：见甲榜

嘉熙年

张芳成：见甲榜

咸淳年

蹇世芳：见甲榜

韩铸：见甲榜

韩俦：见甲榜

韩涛：见甲榜

明

洪武甲子科

吴良

李瑞：省志作端字

庚午科

何清

周茂

建文乙卯科

舒忠

永乐十五年科

师文昌

白勉：见甲榜

永乐甲午科

陈素

万琳

永乐丁酉科

樊广

景伦

冷润

蒲琛

永乐庚子科

徐福

朱灏：旧志武隆人

钱广

永乐癸卯科

王旭

张奎

宣德丙午科

刘文宣

乙酉科

周必胜：官刑部主事

盛辉

夏铭：见甲榜

陈玘：旧志武隆人

壬子科

查英

宋成：省志作朱成

正统戊午科

石显

辛酉科

张伭

陈裕

冉惠

甲子科

冉秉彝：省志武隆人

景泰庚午科

张政

汪汉

王琏

刘炭：见甲榜

周清

贺有年：旧志武隆人

癸酉科

张经

丙子科

郭澄：见甲榜

张环

蒋彝

吴敬

天顺乙卯科

石珠

杨春

刘纪：见甲榜

刘智懋

壬午科

周典

周钦：字显风

乙酉科

张善言：见甲榜

周昌

成化戊子科

陈常：见甲榜

陈贯

樊芳

钱玉：见甲榜

辛卯科

陈本兴

丁酉科

何仲山：字敬轩

熊琏

汤志崇

庚子科

杨孟瑛

熊永昌

胡裕

吴蒙

癸卯科

文献

丙午科

陈良能

宏治己酉科

程驯

周震

黄景新：见甲榜

乙卯科

胡廷实

任寅

梁珠

张柱：见甲榜

戊午科

刘蒏：见甲榜

甲子科

夏邦谟：见甲榜

正德甲子科

方斗

周谦

刘用良

庚午科

黄景夔：见甲榜

潘利用

己卯科

张佑

张模

嘉靖壬午科

夏国孝：见甲榜

乙酉科

徐凤

辛卯科

刘承武

丁酉科

陈宗尧

张掞

谭榘：见甲榜

何汝章

庚子科

夏子云

毛自修

张信臣

癸卯科

罗文灿

丙午科

蒋三近

钱节

己酉科

夏可清

谭枭：见甲榜

乙卯科

黎元：见甲榜

张建道

朱之桓

戊午科

文羽麟

徐尚：见甲榜

王堂：见甲榜

夏子谅

张筐

辛酉科

夏可渔

文作：见甲榜

汪之东

甲子科

朱之蕃

张仕可

曾所能

隆庆丁卯科

包能让

张武臣

邓明选

庚午科

张建功

冉维藩

刘养充：见甲榜

赵之垣

林起凤

沈宪

陈光宇

万历癸酉科

袁国仁

文德：见甲榜

丙子科

王承钦

况上进：见甲榜

己卯科

张同仁

曹愈参：见甲榜

朱之聘

壬午科

何伟：见甲榜

陈直：字鹿皋

刘逊

张与可：见甲榜

皮宗诗

张镕

乙酉科

郑明选

戊子科

杨景淳：见甲榜

何以让：字环斗

张大业

陈策

辛卯科

李作舟

程羽鹭

董尽伦

甲午科

袁鼎

沈渐学

癸卯科

刘养栋

丙午科

文可淳

陈莐：字济宇

乙酉科

夏可潘

朱震宇

戊午科

文英

天启辛酉科

向鼎：见甲榜

甲子科

刘廷让

陈计安：字君辅

丁卯科

刘通

陈计长：字三石

刘起沛：见甲榜

陈正：见甲榜

何应鸑①

崇正庚午科

罗若彦

文可茹

文而章

陈大元

癸酉科

潘腾珠

壬午科

张公裔

----

① 鸑鷟（yuè zhuó）：鸟名，1. 凤的别名。《国语·周语上》："周之兴也，鸑鷟鸣于岐山。" 2. 一种水鸟。《本草纲目·禽一》："鸑鷟，其状如鸭而大，长颈，赤目斑嘴，毛紫绀色。"

韩侣范

陈计明：号崆峒

夏道曙：字青旭，涪州人。籍隶贵州

国朝

顺治庚子科

陈命世：字杰如

康熙癸卯科

徐仰廉：旧志武隆人

向南：府学涪州人

己酉科

何诜虞

文景藩：见甲榜

文自超

黄来谂：彭水籍，涪州人

辛酉科

刘衍均：字玉树

夏景宣：字南辉

甲子科

向玺：字对扬

丁卯科

何洪先：字大荒

高于松

庚午科

周俨：字墨潭。奉旨旌表孝子事详通志

何铨：字元宰

张元俊：字子千

己卯科

廖翲：字凤苞

何鈇：字元鼎

周崇高

何义先

壬午科

石钧：字关尹

王琏：字捷春。奉节籍涪州人。本姓高

乙酉科

向远鹏：字南图

沈昌文：字若含

何铠：字元章

戊子科

陈珏：字二玉

陈坚：字采闻

冉洪瑨：字正笏

熊禹后：字岐山

辛卯科

何行先：解元，字退之

何铤：字公鼎

汤楷：字范文

夏瑨：字公琰

周珙：字南梁。俨之子

陈果：字淑仙

癸巳恩科

向远翔：字仪仲

向远翱：字苞九

高旦：字南征

甲午科

陈峙：字价人

赵鱗：字羽文

吴昉：字旦东

陈岱：字镇子

丁酉科

罗洪声：字静含

文洽：字若猷

陈恺：字含万，茂州籍涪州人

庚子科

刘普：字同辉

邹旃：字旄斯。忠州籍涪州人

任国宁：铜梁籍涪州人，见甲榜

黄世远

雍正癸卯恩科

夏嵱：字鲁岑

何有基：字乐田。铨之子见甲榜

夏崐：字尹峨

夏崇

补行癸卯科

何达先：字谐臣

陈于锦：字素存，新都籍涪州人

易肇文：字图成

姚绍虞：府学

丙午科

刘维翰：字墨斋

周锦：字雪屏

张煦：字春晖，见甲榜

李世盛：字咸若

陈于中：字太常

夏鹃

己酉科

陈于鉴：字冰若，新都籍涪州人

侯天章：字南彬

黄元文：字梓庵

吴仕宏：字子大

壬子科

杨洪宣：武隆人

李天鹏：字图南

彭宗古：忠州籍

乙卯科

高易：字坦斋

陈于宣：字宁敷

邹锡彤：见甲榜

刘为鸿：见甲榜

乾隆丙辰恩科

陈子端：字东立，解元

何裕基：字竹田，铠之子

周煌：字海山，珙之子，俨之孙。见甲榜

陈于宁：字春藩

沈宾

戊午科

陈于翰：字苑林

周铣：字绪庐，珙之子。煌之兄

蔺伯龄：字乔松

辛酉科

黄坦：字明宽，解元

周锶：字丽铸

张景载：字郦伯

黄基：字崇垣

张克类：字聚伦

文正：字太岳

邹锡畴：见甲榜

徐玉堂：字汉宇

陈烈：字光□

何镡

甲子科

杜昭：字敬君

文步武

夏舢：字右山

陈治：字会清

任含

袁锁

丁卯科

张一载：字五良

庚午科

罗昂：字超伦

陈朝易：字象图，改名朝義

向㠟：字文轩

周镜

徐玉书：见甲榜

李栋：字宸瞻

壬申恩科

陈于午：见甲榜

陈于藩：字奠安

张焣^①：字象亭

陈源：字裕江

癸酉科

潘鸣谦：字惺斋

郑昆：字太岳

黄士鸿

张元鼎

李文进

丙子科

何沛霖：字雨苍

陈朝书：字右文

熊如麟：字仁圃

周恭睿

袁拱所：字向北

己卯科

何启昌：字晴岚，裕基之子，铠之孙

周兴沅：字文芷

陈鹏飞：见甲榜

张永载：见甲榜

刘镭

陈朝诗：字正雅

庚辰恩科

潘元会：字衷一

壬午科

潘喻谦：字穆堂

---

① 焣：同炒。《六书故》："焣，鬲中烙物也。"《方言》第七："焣，火干也。凡以火而干五谷之类，秦、晋之间或谓之焣。"

汤辂：字素存

刘国贤：字毓德

乙酉科

郭沂

覃模：字彦芳

蒋荚

何榕：字南苍

戊子科

周兴涪：字宗城，改名宗源

文楠：见甲榜

毛振翮：字至健

周兴洛：字呈书

张克栻：字宋轩

庚寅恩科

周兴岱：字东屏，煌之子，见甲榜

辛卯科

周宗岐：字对岩，煌之子，见甲榜

夏巍：字似山

熊德芝：见甲榜

李映阁：字上林

熊德藩：字树屏

甲午科

舒国珍：字后平，涪州人，籍隶贵州

丁酉科

熊德芸：字馨书

谭钫：字六平

蔡茹征：字连城

乙亥恩科

陈夔让：字郁度，朝书之子

袁钜：重庆府学

何浩如：字养充，启昌之子，裕基之孙

庚子科

邹洢宁：字豫川

陈廷璠：字理存，于宣之子

高承恩：字锡三

周宗泰：字怀□，铣之子，珙之孙

癸卯科

邹澍宁：字润苍

周兴峄：字鲁望，煌之子，珙之孙，俨之曾孙

周宗汭：字呈图

邹治仑：字万嵩

李琮

陈鹏万：字南青

胡有光：字震川

丙午科

夏墀①

曹世华

石为标：字竹园

戊申恩科

陈永图：见甲榜

陈鹏志

王玉成

杨映南

----

① 墀：台阶。也指阶面，《西京赋》：“青琐丹墀。”

乙酉科

张进：见甲榜

向玉林

壬子科

周宗华：字莲西，煌之子，珙之孙，俨之曾孙

何锡九：字寿田

甲寅恩科

陈煦：字晓峰，廷璠之子，见甲榜

汤荣祖

周兴岳：更名衡宇，湘芷，煌之子，珙之孙，俨之曾孙

彭学淇

彭应槐

周兴岷：更名如冈，字井叔。煌之子，珙之孙，俨之曾孙

周宗泗：字苇杭，铣之子，珙之孙，俨之曾孙

乙卯科

向士珍

嘉庆戊午科

夏春

刘藜照

庚申恩科

陈廷达：于宣之子，见甲榜

辛酉科

陈伊言：朝书之子，见甲榜解元

刘邦柄：见甲榜

陈昉：字午垣，廷璠之子，见甲榜

甲子科

周汝梅：字雪樵

蒋与宽：更名兴衡

丁卯科

周国柱：字燮堂，兴沅之子

周朴：字文之

陈葆咸：字泽山，朝羲之子。更名鎏咸

戊辰恩科

邹枬：见甲榜

庚午科

李维先：长寿县籍

舒廷杰：原名渐逵

向宣

癸酉科

彭应棕：更名崧年

石灿卣 ①

向澄：字德泉

丙子科

石彦恬：字麟士

何轩：字曲侯，启昌之孙，裕基之曾孙

熊棱：更名柄

黎瀋

戊寅恩科

陈韶：字秋霞，廷璠之子，于宣之孙

周廷拭：更名运昌，字莹斋。兴峄之子，煌之孙，琪之曾孙

己卯科

赵一涵：字定涛

谭道衢：字逵九，辉宇之子

---

① 卣：古代一种酒器，盛行于商代和西周初期。

辛巳恩科

冯维征：字诚庵

陈鸿飞：字静庵

周廷桢：中顺天鄉试八十五名，字詹山，宗秦之子，铣之孙，珙之曾孙

夏恺

周克恭：字孚臣，兴岱之孙，煌之曾孙

壬午科

潘廷萼：更名士恂，字春塘

潘问孝：字纯夫

邹榘：字洁亭

陈元儒：更名瀚，巴县籍

戊子科

高登跻：更名伯楷

陈爔：治之孙，见甲榜

熊楠

辛卯科

邹棠：字召亭

壬辰恩科

陈章夏：字吉士，鎏之子

陈炳：字汉槎，治之孙，爔之弟

刘铭

陈鎏：更名镕，见甲榜

甲午科

李化南

丁酉科

周廷纪：字有堂，煌之孙，珙之曾孙，更名蕃寿

己亥科

周熙尧：字寿田，运昌之子，兴峄之孙，煌之曾孙

庚子科

陈光载：字赓虞，昉之子，廷璠之孙

彭光焯：字俊臣，崧年之子

癸卯科

白蓝田

道光甲辰

丙午科

陈绍申

彭炅[1]之

成　均

汉儒董子云：使列侯二千石，各择其吏之贤者岁贡二人。此贡之名所由昉也。我朝党[2]庠造士，于甲乙科外复设恩、副、拔三途贡列成均。所以宏延揽之门，至周且备。士生其间，安得不争自濯磨，以仰副圣天子作育人材之至意也哉。

副榜

明嘉靖年

夏可洲：甲午庚子两闱

万历戊午科

夏道在

何鸷

蔺希夔

国朝顺治丁酉科

陈命世：中庚子榜

---

① 炅：热。《黄帝内经·素问·举痛论》："寒气客于经脉之中，与炅气相薄则脉满，满则痛而不可按也。"也是明亮之意，陆龟蒙《奉和袭美二游诗》："炅然东壁光，与月争流天。"

② 党：古代地方组织，五百家为党。《周礼·地官·大司徒》："五族为党。"郑玄注："党，五百家。"

康熙庚午科

何宪先

陈理

乙卯科

刘作鼎

辛卯科

陈廷：已仕

陈峙：中甲午榜

癸巳恩科

周顼

甲午科

邹旃：中庚子榜

雍正补行癸卯科

汤辉道：已仕

丙午科

黄自新：已仕

乙酉科

邓鹏年：已仕

壬子科

周熙：已仕，举乡饮大宾

程绪：已仕

乙卯科

陈于端：申乾隆丙辰恩科解元

乾隆丙辰恩科

刘学泗

辛酉科

陈于藩：中壬申恩科

周含：已仕

甲子科

张铎世：已仕

丁卯科

谢玉树：已仕

壬申恩科

戴天申：已仕

石若沺：已仕

丙子科

李映桃

戊子科

吴坦

庚寅恩科

彭铈

辛卯科

陈鹏力

夏明

丙午科

舒鹏翼

甲寅科

文现书

嘉庆丁卯科

潘预

庚午科

熊楠：中戊子科

癸酉科

况抡标

丙子科

谭道衢：中乙卯科

道光壬午科

陈㸌：原名灼，见甲榜

乙未科

何杰

丁酉科

周廷绩

蒲蔚然

瞿塘易

咸丰元年辛亥科

车致远

周庄

拔　贡

明

刘养谦，已仕；沈映月，已仕

陈致孝，字敬所，事详贤达

何岑，字龙泉，已仕

何振虞，字文铎，已仕

国朝

陈计晋，字念孩；陈命世，中庚子科

陈援世，字独醒；陈名世，字玉夫

陈觉世，字伊先；陈用世，字行可

陈佩，字玉也；杨嘉祉，武隆人，忠州学正

黄烈，雍正乙卯；侯天章，雍正乙酉，中乙酉科

谭如玮，字连璧，乾隆癸酉，已仕

周锞，乾隆辛酉中辛酉科

夏岳，乾隆乙酉，已仕；何宗汉，乾隆乙酉候选州判

陈映辰，乾隆丁酉由新都学

陈廷璠，乾隆丁酉中庚子科

周宗泗，乾隆乙酉中甲寅科

陈伊言，嘉庆辛酉见甲榜

陈稷田，嘉庆癸酉

陈葆森，道光乙酉

陈炳，道光乙酉中壬辰科

李树滋，道光丁酉

周鸿钧，道光乙酉科

周傅勋，道光乙酉

优　贡

熊德葵

汤荣祖，中甲寅科

岁贡生

明

谭本宣	谭本芳
彭万善，已仕	舒展
夏斐，已仕	舒龙
谭文明	谭文朗，已仕
文羽书	王用，已仕
刘步武，已仕	谭寿封，已仕
杨泰来，已仕	文行，已仕
谭嘉礼，已仕	谭子俊
夏允，已仕	夏子霄

夏潢，已仕

刘怀德，已仕

夏国淳，已仕

周伯鱼，字耀瑞

黎民望

袁柄

曹愈彬，已仕

夏可涧，已仕

潘腾瑞

王宸极，已仕

张于廷

谭应简，已仕

罗暎，已仕

何文韩，已仕

夏景鑛

夏世登

夏景先，字肖祖，已仕

文可后，已仕

文可修

王家楫

何卫

夏子彦

谭元善，已仕

何仕修

文可佩

陈计定，字聚雨，已仕

陈善世，字德飞，已仕

陈计大，字聚星，已仕

熊闻，已仕

刘养高

程九万，已仕

毛来竹，已仕

谭嘉宾，已仕

夏思旦，已仕

文物，已仕

夏可裳，已仕

文可黼，已仕

何友亮，已仕

文可聘，已仕

文可时，已仕

朱乾祚

夏景铨，西阳学，涪州人

朱德盛

廖能预

王艺极

刘道，已仕

何楚，字珩所，已仕

文璧

郑于乔，已仕

周大江，字梓溪，已仕

汪文曙

夏道硕，字华仙

侯于鲁

刘之益，已仕

张天麟，已仕

何楫虞

文晓	向日赤
文珂	刘养廉，已仕
何仕任，字漱石，乙酉荐举孝廉	
熊尔敬，字铭丹	
向脯螭，字子亮，已仕	熊尔忠
潘盈科	毛凤诏
宋鼎	毛铌
李尧臣	曹允时
曹允清	曹宇山，已仕
曹代彬	向三聘，已仕

国朝

（恩）陈辅世，字德如，已仕

邹之英，已仕，忠州学，涪州人。

陈维世，已仕	陈任世，字雄伯，已仕
陈盛世，字子猷	王德
何继先，字肇闻，已仕	潘硕，字巨乡，贵州籍
何绍虞，字天月	何之琪
刘寅，字亮工，已仕	汤应业
汤非仲，已仕	夏卉
何锢	汤又仲
何述先	朱昂，字方来，已仕
汪学蓬，已仕	熊禹裔
黄良玺，已仕	何钺
严震春，字九龄	陈珏
熊英，字杰士	舒翯，字野云
皮时夏	何锐
汤荣，已仕	何英
吴士修，字道焕，已仕	

（恩）谭仁

夏玮

夏玥

陈淑世，字元美，已仕

冯懋柱，字乔仙

（恩）陈纲世，字伯纪

杨名时，已仕

殷子于

徐上升，字殿旭

潘岐，字扶风

陈万卷

倪天栋，字乔瞻

钱良栋，已仕

黄为琰，字若符，已仕

陈瓒，字玉琉

张珮，已仕

何衡，字持中

曹元卿

徐士魁

黄先奎，字文宿

张璞

王洪谟，字开周

张祐，字笃生

潘开文，字六村

王洪毅

（恩）朱璋

倪天值

彭铣，字觐光

严升

张璠

蒋子升

张纯修，字迪庵

倪文辉，字旭东，已仕

张焜

汪育楷，已仕

张琠，字端图，已仕，

周世德，字宇润，已仕

汪育东，字春尉

杨苾，字凝香

王复曾

邹锡钧，字衡中，已仕

彭儒宾，字廷秀

潘元良，字际飞

（恩）杨维楫，字济博

（恩）孔宪

邹锡礼，字寅斋

陈于彭，字办晳

舒其仁，字静庵

张灼

（恩）潘履谦，字益存

李芳桥，字作梁，酉阳学，涪州人。

夏堂，字行仁

文能振，字力亭

刘开国，字达三，酉阳学，涪州人

石钟灵，字青峨

薛锐，字惺斋　　　　　　　　郭珍，字步尧

陈善，字五敬　　　　　　　　王宣

陈于依，字秋屏　　　　　　　罗晨

文芳　　　　　　　　　　　　倪文斗，已仕

冯绍，字继文　　　　　　　　潘味谦，字乐卢

夏峄，字邹山　　　　　　　　何源

向上文，字焯云　　　　　　　冯铸鼎

何其伟，字肖峨　　　　　　　徐州凤，字鸣冈

张自飏，字赓言　　　　　　　（恩）潘建，字贰苏

王景槐，字构亭　　　　　　　蒋仕宏

黄廷钧　　　　　　　　　　　彭端鸿

何道灿　　　　　　　　　　　黎昂

（恩）舒湘　　　　　　　　　冉嵚

朱正飏　　　　　　　　　　　张寅清

徐绥　　　　　　　　　　　　彭学浩

陈蛟腾　　　　　　　　　　　夏元晋

（恩）何光智　　　　　　　　侯茂树

陈鹏舒　　　　　　　　　　　陶世忠，已仕

张道　　　　　　　　　　　　周宗溶

夏中孚　　　　　　　　　　　吴炳

（恩）李廷幹　　　　　　　　倪士镇

文希洛　　　　　　　　　　　郑元材

李廷显　　　　　　　　　　　何愉如

何文泮　　　　　　　　　　　何田

（恩）陈心传　　　　　　　　熊世本

（恩）黎涵　　　　　　　　　（恩）张兆斗

戴德馨　　　　　邹际荣

陈晋　　　　　　陶镕

何炎午　　　　　夏郁兰

熊林　　　　　　周毅足

（恩）杨恂　　　陈九仪

陈岩　　　　　　薛腾霄

刘镇川　　　　　王用予

府学贡生

国朝

（恩）汤辉绩　　陈浩

夏明，已仕　　　陈鹏力

潘大昕　　　　　冯绍

文方　　　　　　石若星

袁书田　　　　　潘硕源

陈际唐　　　　　陈尚儒

余以文　　　　　彭友信

欧阳德　　　　　陈鎏，见甲榜

周廷玙　　　　　易田

仕　宦

　　列科甲者，例得入官筮仕，顾有晚年获荐，未列职官，且爵位之崇卑不齐，仕途之登进亦异，未可略而不详也。因于科甲成均外，复汇仕宦一门，前代之宦绩可考，暨我朝之入仕而叨殊恩者，依次备纪其政著循良，勋垂竹帛，亦并悉注于篇。

晋

李骧：尚书郎。载《一统志》，事详贤达

宋

谯定：崇政殿说书，见乡贤，事详贤达

杨载：永陆县知县。见乡贤，事详贤达

明

舒忠：建文时山西平阳府知府。护理平阳道篆

白勉：永乐中刑部侍郎。见乡贤，事详贤达

朱灏：永乐中御史

刘文宣：云南昆明县知县

夏铭：江西道监察御史。见乡贤，事详贤达

周必胜：宣德中刑部主事

张佽：山东济南府教授

贺有年：贵州梅潭县知县

曹宇山：云南蒙化府宣议郎

刘岌：太子太保，礼部尚书。见乡贤，事详贤达

何友亮：湖广巴东县知县

周清：山东曹县知县

郭澄：户部郎中

向三聘：陕西通江县知县

刘承武：云南旬甸府别驾。升广东柳州府同知。甫之任奉檄署府事时，粤中岁欠，民流离失所。公借支仓谷库银赈饥救济。所活十余万人。上宪责以未经题请，令其速偿。越明年岁稔，凡受公惠者，皆踊跃输谷还官。惟库银不足，公捐廉俸，鬻家产偿之。柳人请崇祀名宦。

周昇：辟举南京池州府铜陵县知县

刘纪：监察御史

刘智懋：长宁县教谕

张善吉：兵部给事中，出任湖广巡抚。见乡贤，事详贤达

周昌：河南武阳县知县

谭文明：南京应天府同知

钱玉：陕西华阴县知县

谭寿封：南京应天府通判

何文韩：陕西商州学正

何仲山：河南武安县知县，见乡贤，事详贤达

陈常：山东东昌府同知

刘蒉：户科都给事中，见乡贤，事详贤达

夏允：河南永城县知县

张柱：贵州思南府知府，升岭南道参政

彭祐：湖广兴宁县教谕

夏邦谟：太子少保，吏部尚书。见乡贤，事详贤达

张模：湖广京山县知县

夏国孝：南京户部员外郎，见乡贤，事详贤达

夏子云：湖广岳州府同知。见乡贤，事详贤达

谭棨：陕西参政。见乡贤，事详贤达

夏可清：广东惠来县知县

谭臬：金事道

沈海泉：湖广崇阳县知县。出身无考

彭万善：贵州婺川县教谕

黎元：福建按察司金事

张建道：湖广靖州知州

谭嘉宾：山东知州

任传吾：北京刑部主事。出身无考

文羽麟：陕西陕州知州。见乡贤，事详贤达

徐尚：副使道

谭嘉礼：湖广汉阳府同知

杨泰来：湖广绥宁县知县

夏斐：云南大理府知府

王堂：郎中

谭应简：广安县学正

夏子谅：安徽安庆府知府

张筐：知县。见乡贤，详贤达

夏可渔：湖南衡州府同知

文作：广西布政使司。见乡贤，事详贤达

王用：湖北荆门州知州，转刑部郎中。加赠三品

张仕可：湖广武昌府同知

刘嘉宾：直隶保定府同知

曾所能：云南石屏州知州。见乡贤，事详贤达

沈映月：户部司务司主事

张武臣：贵州思州府推官

张建功：湖北元江县知县

刘养充：广东道监察御史。见乡贤，事详贤达

周钦：河南开封府同知，广西柳州府知府

文德：山西道监察御史。见乡贤，事详贤达

王承钦：知府

何杰：广西郁林府同知

何伟：给事中。仕岭东参议，升贵州参政。事详贤达

曹愈参：都察院都御史，云南巡抚。见乡贤，事详贤达

况上进：江南道监察御史

陈直：江西广信府同知。见乡贤，事详贤达

刘步武：湖广宜城县知县

文行：湖南辰州府通判

夏潢：江西赣州府通判

刘养谦：东乡县训导

杨景淳：户部郎中

刘怀德：无锡县县丞

王宸极：弥勒州知州

刘养栋：云南保山县知县

毛来竹：两淮盐运使

夏国淳：云南大理府通判

张与可：河南归德府知府，升副使道

程鹏：陕西镇安县知县。出身无考

张镕：江南苏州府同知

夏思旦：顺州知州

陈苊：福建盐运使司。见乡贤，事详贤达

文物：训导

夏可润：训导

夏可裳：贵州贵阳府训导

何岑：陕西白河县知县

向鼎：潼关参政，升陕西巡抚。见乡贤，事详贤达

何楚：湖广松滋县知县。见乡贤，事详贤达

陈正：浙江金华府推官

陈策：云南巨津州知州

文可黼：按《长泰志》，公以荫贡任长泰，家素裕。下车值岁祲，出己赀，饿者给粥，莩者裹葬。听讼见诸生必起立，催科揭榜通衢，民如期输纳，无逋者。逐梨园、禁师巫、抑制权贵。旧例赋入有耗羡，到任新春有铺陈，执事公悉却之。吏曰：此例也。公曰：例之陋者宜革。或曰：革羡余宜并革赎锾。公曰：羡余民之膏血，安忍取之？赎锾以罚有罪，无赎锾是无法也。且吾藉此葺先贤祠宇，又何私焉？会御史行部有权贵恨公者，密投揭毁公。御史加公有厉色，公侃侃争辩，拂衣解印绶，告归。泰民闻之，相率呼噪。御史召问状，慰曰：吾还汝令矣。公入谢。御史以揭示之，且诚曰：事贤友仁，圣人之言足为蓍蔡①。公应曰：惟贤故可事，惟仁故可友，圣训原自不错。御史改容谢之。期年，公卒于官。民罢市歌哭，如丧考妣。见乡贤，事详贤达

陈计安：江西贵溪县知县。按《广信志》：公恺悌存心，清白励守。革火耗，定驿

---

① 蓍蔡：蓍草和龟甲。均为卜筮所用之物。因以"蓍蔡"指卜筮。

马之法。乡市两安。后转刑部主事。甲申殉难，卒于京师

何以让：直隶大名府通判。晋大名府知府。见乡贤，事详贤达

刘起沛：大理寺卿

文可聘：湖北郧西县知县

文可时：训导

罗瑛：训导

文可后：教谕

夏景先：贵州婺川县知县

刘道：教授

谭元善：教授

陈计长：江南松江府同知。升湖南长沙府知府。未任，事详贤达

周大江：湖广武昌府通判。以讨宸濠助饷有功，追赠虬侯。事详贤达

夏道曙：洪雅县教谕

陈计大：贵州广顺州同知

陈计定：贵州贵阳府通判

何振虞：贵州黄平州知州

陈善世：贵州贵阳府教授

张天麟：陕西盩厔县县丞

向牖蟵：云南曲靖府推官。见乡贤，事详贤达

熊闻：浙江兰溪县知县

程九万：知州

刘养廉：东乡县训导

郑于乔：教授

国朝

何诜虞：湖南湘阴县知县

黄来谘：宜宾县教谕

刘衍均：浙江德清县知县。事详贤达

陈辅世：建昌卫教授

夏景宣：福建道监察御史

陈维世：洪雅县训导。生平谨饬谦让，温厚和平。当事以古君子风旌其间

陈援世：江南蒙城县。升寿州知州，未任

向玺：任保宁府、顺庆府教授

何洪先：广东东安县知县

陈任世：增广生。值贼徭黄掠涪，起义勇乡兵保守涪城。任星夜奔周家沱，迎贝勒贝子兵剿贼，军功议叙授任忠州学正

邹之英：由忠州学任马湖府训导

刘寅：大竹县训导

何继先：汉州训导

汤非仲：营山县教谕

何义先：广东镇平县知县

高千崧：西充县教谕

熊尔敬：合江县训导

张元俊：湖北潜江县知县

汤荣：洪雅县训导

黄良玺：训导

杨名时：绵竹县训导

吴士修：中江县训导

陈淑世：湖广荆州府推官

何铽：浙江鄞县知县

何铠：山东夏津县知县。事详贤达

倪天栋：冕宁县训导

何铤：福建罗源县知县

黄自新：西昌县教谕

冉洪瑢：山西宁武县知县

钱良栋：冕宁县训导

陈坚：拣发江苏河工，工议叙同知

何行先：内阁中书，改任嘉定府教授。事详贤达

杨楷：嘉定府教授

周琪：湖北江陵县知县

陈廷：荣县教谕

赵麟：湖北龙阳县知县

夏玥：通江县教谕

吴昉：江西安远县知县

陈岱：江西万年县知县

罗洪声：浙江义乌县知县

陈于中：年甫二十余岁，拣发黔省。初任永从，慎勤胜于老吏。值苗民警时有丁厄，督宪张奏请保留。任事调度得宜，升独山州知州。士民爱戴，再升八寨同知。又值苗民叛，攻临城下者三，堵御严密，城得无破。城中士民惊逃，每日使小伺携独子登城晓谕，戒勿惶恐。三日后，援兵至而围解。特旨升授广西庆远府知府。任黔二十余年，束装就道，琴鹤相随而已。及升广东粮驿道，众称缺美。叹曰：吾不乐此美名，只思不负皇恩，力求无过足矣。到任年余，因病卒於官。至乾隆二十六七年间，有后任者违例被议，奉旨溯查自某员参革议处，后又系何人任内复启弊端。十余年来，历任七员拣出一尘不染者三员，奏闻而中寓焉。清白吏终始如一，卒能保全身家，其可法如此

侯天章：明达敏决。历任陕西南郑县、宁羌州、乾州。多惠政。听断平允，俱有青天之颂。时乾州有妇新寡，意不欲守。族人强留不可，乃自呈请再醮。章究其词状，妇自称能识文墨，因署其词后云：“破镜初分月未圆，琵琶欲抱上谁船。秋风近日虽凉薄，吹到坟前土未干。”妇读而感泣，竟以节终

黄元文：广西昭平县知县

吴仕宏：云南江川县知县

杨洪宣：广东仁化县知县

李天鹏：江西奉新县知县

高易：新都县教谕

陈恺：河南济源县知县

杨嘉祉：忠州学正

邹旆：历任山东朝城县、城武县、峄县，陕西安塞县知县。禀性刚方，清廉自持。历官十余载，所在皆有政声，士民爱戴。解组归，囊无长物。好读书，勤作育，后进者多出其门。里人敬之

黄世远：广东监大使

黄为琰：渠县训导

何有基：兵部会典馆纂修，特授甘肃秦州直隶州知州。丁艰起服，借补湖北沔阳州知州。所至皆有政声

张珮：训导

陈于锦：河南济源县知县

汪育楷：三台县训导

周世德：邛州训导

何达先：教谕

易肇文：湖北光化县知县

周锦：广西来宾县知县

张煦：山西蒲县知县

李世盛：浙江盐大使

邓鹏年：黔江县教谕

陈于宣：居心廉洁，爽直信义。历任湖南永定、会同、绥宁三县，卓有循声，加通判衔。始任会同时，其县洪江一镇，商贾辐辏，货财毕集，向有陋规，每年约计数千金。宣甫下车，即为禁革，各给规条晓谕，莅任八年，一尘不染。士民商贾建生祠以祀。及调任绥宁，地贫瘠，苗汉各半。苗里中有铜矿绵亘三十里许，因有妨民，永行封禁。往往有呈请开采者，以数千金求详，宣屡为斥逐。乾隆二十八年，又有乌合巨商张美校等敛万余金赴县求详，馈银三千两，却之不准。商恃司书由上宪，呈请忽牌下许令开采。宣以不可开之情形，连即详禀三次。上宪不从，另委厂员监开试采。半载主其事者适以他事犯案，搜查劣迹，即以不查县详押令开采，显有邪径等情附之。弹章审实，竟成大狱，官参吏处，而宣矞然不淬。新任抚军鄂器重过于同官，欲题直隶靖州知州。

辞曰：他人以不饬簠簋①而被议，我之循分乃当然耳！由此得名不忍为也。遂告归。

邹锡彤：心性纯笃，才情练达。初任山西襄垣县，劝民课士，安良除盗。一时境内无游食者。今《襄垣志》犹载之。越三年，值万泉、安邑两县刁民争界，聚众猖獗，执杀有司。抚臣题奏。上命公相讷星驰办理。讷公至，欲动官军尽剿俩县之民。彤与潞安太守李力请命往办。悉心研鞫得□□□者几数千人。后由知县历升司马郡守□□所至。创书院，省夫役，兴利除弊，案无余牍。历官三十余载，士民戴之如父母焉。后官云南迤东道

刘为鸿：广西郁林州知州。题升知府

汤辉道：成都府教授

何裕基：会试明通榜，任温江县教谕

周煌：字海山。乾隆丁巳恩科，翰林院编修。历任右春坊，右中允，翰林院侍讲。册封琉球国副使。左春坊，左庶子，翰林院侍讲学士，内阁学士，兼礼部侍郎，刑部右侍郎，兵部左侍郎，工部尚书，兵部尚书，都察院左都御史，尚书房总师傅，赐紫禁城骑马。乾隆庚辰恩科福建正主考官，辛卯科山东副考官，丁卯科云南正考官。提督浙江、江西学政，庚子科会试总裁。诰授光禄大夫、予告太子少傅，晋赠太子太傅，钦赐祭葬，谥文恭。崇祀乡贤

陈于宁：山西芮城县知县

陈于翰：江西高淳县知县

周铣：制行谨严，存心恺悌。任伏羌三载，多惠政，士民德之。如乾隆三十四年，疏瀹通济渠，捐俸千余金，灌地二十五里。羌人号其渠曰周公新渠。其实心行政盖如此。后迁敦煌，士民焚香泣送。曾有留别诗二律云："三载承留事若何，两惭抚字与催科。才疏未惯申韩律，治拙遍惊召杜歌。信是民淳风自古，敢言德厚政惟和。甘棠阴雨徒虚拟，马首相思意倍多。""瓜期已及复遥迁，宦路于今更数千。父老衣冠频眷恋，陇秦山水自流连。攀舆意挚怜双凫，献寿情多愧一钱。寄语斯人休怅怅，新猷好待被歌弦。"去后羌人不忘，立生祠以祀

---

① 簠簋：簠，古代祭祀时或宴享时盛黍稷、稻粱的器皿；簋也是古代盛食物的器皿，也可用来盛放祭品。簠簋，引申为贿赂。"不饬簠簋"是对做官不廉洁的一种婉转的表达。不饬，即不整顿，不整饬。

黄坦：湖北枣阳县知县

邹锡钧：宜宾县教谕

周鍈：云南黑盐井盐大使

张景载：直隶成安县知县

黄基：江南娄县知县

文正：垫江县教谕

周熙：洪雅县教谕

程绪：洪雅县教谕

邹锡畴：历任浙江遂安、萧山等县知县

徐玉堂：湖南辰溪县知县

夏舢：江南砀山县知县

周含：富顺县教谕

张琠：梓潼县训导

陈治：湖南华容县知县。清廉自饬，绰有循声

罗岀：顺庆府训导

陈朝羲：福建建阳县知县

向岀：山西壶关县知县

张铎世：隆昌县教谕

徐玉书：越巂厅教谕

李栋：拣发云南知县。改任永宁教谕

陈于午：翰林院庶吉士

陈于藩：山西定襄县知县

潘鸣谦：历任福建侯官、长泰、龙溪等县知县，加通判衔。性醇谨恺悌安祥，士民爱戴。任侯官时，邑有淋汶港水泛决坝，居民万家苦之。谦履亩省灾，念切民瘼，捐俸五百金，并劝众输银约十余金，筑复古坝以卫之，而濒江之民得安居乐业，立生祠以志不谖

戴天申：新津县教谕

张元鼎：浙江黄岩场盐大使

谭如玮：峨嵋县教谕

刘宗元：监生，历任湖北随州、荆门州，贵州平远州知州

陈朝书：历任山西襄陵县、云南通海县知县。升云南府同知。性醇厚，慎语言。历州县二十余年，所到之处皆兴利除弊。云南通海路当孔道，夫马络绎，皆出民力，民甚苦之。书甫到任，即通谕四乡，凡夫马往来，由县发价，丝毫不累民间。详请定案，士民德之

何沛霖：汶川县教谕

张永载：历任河南罗山县、上蔡县知县

陈鹏飞：历任山东曹县、莱芜县知县。扶翼斯文，宏奖士类

岳贞：顺天乡试副考官

倪文辉：威远县训导

周兴沅：山西猗氏县知县

陈朝诗：历任湖南安福、耒阳，江西贵溪等县知县，清廉耿介，守正不阿。事详《贵溪县志》

潘元会：历署湖北蕲水县、广济县知县。升授黄州府岐亭同知。再升江西瑞州府，未任卒。为人清介自持，实心政务。署任蕲水，地产藕，民多取藕作粉以易粟。旧有粉贡，当事皆取自民间。书役滋扰，阖邑累甚。会因不能详免，自捐俸数百金。并劝谕蕲地殷实之家，公置藕田百余亩，以供岁贡，积弊立除，民胥乐业。蕲人戴德，至今不忘

潘喻谦：拣发直隶署肃宁县知县

文楠：拣发甘肃候补县，后任广东陆封县知县

周兴岱：字东屏，乾隆辛卯翰林院编修。历任司经局洗马，翰林院侍讲，翰林院侍讲学士，内阁学士兼礼部侍郎，吏部侍郎，户部右侍郎兼管钱法堂事务，礼部右侍郎兼管乐部事务。兵部左侍郎，都察院左都御史，经筵讲官，南书房供奉。乾隆癸卯科山东副考官，乙酉科陕西正考官，甲寅恩科湖北正考官，嘉庆辛酉科江西正考官。提督广东学政，诰授光禄大夫

熊如麟：犍为县教谕

何启昌：江西靖安县知县

毛振翩：山西高平县知县

周宗岐：翰林院编修

熊德芝：河南襄城县知县

周兴涪：南江县教谕

夏岳：垫江县教谕

夏嶷：岳池县教谕

熊德□：马边厅教谕

李映桃：平武县教谕

杨华峰：陕西延长县典史

李映阁：双流县教谕

毛佩苏：安徽休宁县县丞

彭宗古：字信亭，忠州籍。由州学中雍正壬子种举人。任山东蓬莱、日照、德平等县知县

王煊：绵州训导

王玉成：□明县教谕

王怡：字致和，酆都籍，由县学中乾隆甲子科举人。任山西夏县知县。升浙江宁波府同知。乾隆三十四年迁入籍

曹世华：广东会县知县，儋州知州

覃模：山东淄川县知县

邹沨宁：浙江宁海县知县

邹澍庚：历任山西汾西榆次、临□各县知县。升朔州知州

周宗泰：江苏武进县知县

舒鹏翼：历任广东嘉应州州同，肇庆府通判，长乐、鹤山、阳春、英德各县知县。升授湖北黄州府陂亭同知

夏明：新繁县教谕。

陈廷璠：广西藤县知县。崇祀乡贤

陈廷达：广西宜山、崇山县知县。升广东连平州知州

陈煦：历任江西信丰、南昌县知县，吴城同知，升凤阳府知府。调安徽安庆府知府

陈夒让：福建建安县知县

周宗华：历任山东德平、福山、诸城各县知县。升曹州府、桃源同知

周衡：直隶抚宁县知县。迁定州知州。升正定府知府

周如冈：历任湖南沅江、武陵、武冈、湘乡、长沙等县知县。升澧州直隶州知州

舒国珍：广东招收场盐大使

周宗汭：崇庆州学正

倪文斗：兴文县训导

夏峰：清溪县训导

陈永图：湖南永兴县调宜章县知县。事详《宜章县志》

曹亮礼：山西怀仁县典史

文如筠：贵州瓮安县知县

周廷授：历任湖北襄阳、武昌知府。升授贵州贵西道内用通政司参议

周廷撸：江苏试用县丞

熊德葵：泸州训导

陈鹏志：大竹县训导

何锡九：大邑县教谕

彭应槐：江安县训导

向士珍：南江县训导

潘翅：通江县教谕

夏春：丹棱县教谕

黄廷钧：会理州训导

张进：龙安府教授

周宗泗：山西繁峙、黎城等县知县

何浩如：湖南安化县知县

周汝梅：郫县教谕

周兴峄：浙江建德县知县，调萧山县

陈伊言：甘肃秦安县知县，升固原州知州

周廷承：安徽县丞

潘大昕：石泉县教谕

石钟灵：大邑县教谕

陈昉：福建福鼎、上杭、同安等县知县

舒世锡：监生。甘肃试用州同

蒋与衡：广西北流县知县

夏墀：安徽含山县知县

潘硕源：岳池县训导

陈葆森：安徽芜湖、阜阳等县知县

李维先：潼川府训导

杨映南：湖北石首县知县，旋改教谕

彭崧年：纳溪县训导，保举分发浙江署余姚县知县

石灿卣：金堂县教谕

舒昺南：广东澄迈县金江司巡检

庞兴溶：湖北宜城县典史

谭道衢：巫山县训导

陶世忠：龙安府训导

赵一涵：筠连县教谕

高占鳌：广西马平县穿山司巡检

陈韶：内阁中书，授南河、山盱、宿北同知，现加知府衔

周廷援：山东沂州府盐捕通判

周克恭：梓潼县教谕

陈燨：山西道监察御史，礼科掌印给事中，拣发江苏分巡道

陈镕：浙江龙泉县知县

石彦恬：福建海澄县知县

刘铭：兴文县教谕，保举知县

舒仪翼：江苏顾山司巡检

文怀清：分发直隶候补巡检

周廷桢：南部县训导

陈瀚：郫县教谕

邓炳廷：山西夏县典史

高伯楷：新津县教谕

周廷绩：云南候补州判

熊德芸：直隶隆平县知县

邹枂：工部屯田司主事

刘邦柄：广东海康县知县

蒋茭：贵州余庆县知县

陈稷田：江苏铜山县知县

谭镒：军功议叙广西象州吏目

张曙：浙江钱塘县县丞

李腾霄：酆都人，贵州库大使，升广东潮州府安埠通判。致仕入涪州籍

陈銮咸：翰林院待诏，改授会理州学正

陈益襄：巫山县教谕

周廷振：分发浙江盐大使

郑昆：奉节县教谕

石若泗：东乡县教谕

周廷挚：宗华长子，广东布政使司照磨。现任英德县洸口巡检

周蕃寿：榜名廷纪，陕西候补知县

舒廷杰：福建龙岩州直隶州同

武　选

进　士

国朝

夏玙：康熙壬辰

举　人

明洪武年

何德明

国朝康熙辛酉科

邹述麟：巴县籍涪州人

丁卯科

张文英

癸酉科

郭阳裔：字珠蕊

己卯科

王令树

汪洪

壬午科

张永胜

辛卯科

夏瑀

雍正补行癸卯科

徐澧

乾隆辛酉科

刘凤鸣

乾隆乙酉科

谭在榜

乾隆壬子科

汪文彩

嘉庆辛酉科

云从龙

嘉庆丁卯科

甘家齐

嘉庆庚午科

张遇春

嘉庆戊寅科

谭运斗

道光戊子科

高飞熊：兵部差官

道光甲辰恩科

董运泰：乙巳科挑选考取，型为三等，以卫千总用

武　绅

明

何德明：洪武中，屡立战功。封万户侯。掌涪陵军伍

刘信忠：洪武间随将军廖永忠收明昇父子，功授湖广都司

汪汉国：参将

何舜卿：德明之子，袭封千户伯

周达：南京神枢四营副总兵　诰封荣禄大夫

何清：舜卿之子，洪武庚午科文举人。袭封千户伯

何之玕：天启中守备

国朝

邹应芳：由行伍任夔州镇总。其官都督挂平彝将军印

邹述麟：武举，江南川沙营守备

邹之贵：川北镇标都司

夏珹：安徽安庆府水师营守备

余金山：黎雅营把总。行伍

曾受：由行伍出身任甘肃永昌协副将，升湖北郧阳府总镇。又升縠城提督军门。卒于官。世袭通判

王国辅：由乡勇立功擢升河南许州协副将。直隶保定镇总兵

汪调元：开县汛^①把总

封　典^②

前代莫考。

诰敕封赠：

朝廷所以奖臣劳，而又推恩于所生锡^③类，施仁典至渥^④也。自世宗宪皇帝特沛^⑤恩纶，从九品上至四品，俱准以本身应得封典上移一代，且博及于本生父母，或受恩抚养之伯叔。至于丁忧^⑥终养，诸臣并许与现职同给，曲体人子乌私，实自古所无也。膺斯典者，可不思仰答殊恩于万一乎？

国朝

夏克明：景宣之父，赠奉直大夫

向玺：岜之祖父，虵赠文林郎

邹应芳：莿之祖父，虵赠文林郎

邹之英：锡彤之祖父，虵赠中宪大夫

周茹荼：煌之曾祖父，赠光禄大夫

周俨：煌之祖父，赠光禄大夫

陈命世：岱之父，赠文林郎

---

①　汛：明、清时期军队驻防地。孔尚任《桃花扇传奇·誓师》："元帅有令，三军听者，各照汛地，昼夜严防。"

②　封典：皇帝给予官员及其妻室、父母和祖先的荣典。始于晋代，其制度历代各不相同。清制，以封典给官员本身称为"授"；给曾祖父母、祖父母、父母和妻室，存活着者称为"封"，卒者称为"赠"。一品官曾祖父母以下的均有封典；三品以上的封其祖父母以下，七品以上封其父母以下，九品以上仅给其本人。将官员自己所得的名号转移给其他亲属，叫"虵"。明、清对官员及其先代和妻室授予封典时，皇帝命令有诰命和敕命之分。对五品以上的官员由皇帝诰命授予，称诰封；五品以下用敕命授予，称为"敕封"。

③　锡：赐，旧指上对下的给予。

④　渥：1.沾润，2.浓郁，浓厚。

⑤　沛：盛大、充沛、优厚。

⑥　丁忧：旧称遭父母之丧为丁忧。《宋史·礼志二十八》："诏任三司、馆阁执事者丁忧，并令持服。又诏：川陕、广南、福建路官，丁忧不得离任。"

陈振世：于中之祖父，赠中宪大夫

张元俊：永载之祖父，貤赠文林郎

侯兴通：天章之祖父，貤赠文林郎

周珙：煌之父，赠光禄大夫

陈峙：于宣之父，赠承德郎

邹旆：锡彤之父，赠中宪大夫

陈坚：于中之父，赠中宪大夫

何铨：有基之父，赠奉直大夫

周琬：锦之父，赠文林郎

张元伟：景载之祖父，貤赠文林郎

陈瓒：治之祖父，貤赠文林郎

陈昆：朝书之祖父，貤赠奉政大夫

潘立茂：元会之祖父，貤赠奉政大夫

张煦：永载之父，赠文林郎

向远翔：岂之父，赠文林郎

周珣：兴沅之祖父，貤赠文林郎

潘愈睿：鸣谦之祖父，貤赠承德郎

刘淑：为鸿之父，赠奉直大夫

熊希衮：德芝之祖父，貤赠文林郎

侯朝佐：天章之父，赠文林郎

陈于铭：朝书之父，赠奉政大夫

陈于彭：治之父，赠文林郎

陈于宸：鹏飞之父，赠文林郎

潘嵩：鸣谦之父，赠承德郎

夏琪：岳之父，貤赠修职郎

周鍈：兴沅之父，赠文林郎

杨芳林：名时之父，貤赠修职郎

何铠：启昌之祖父，貤赠文林郎

刘为鸿：宗元之父，赠奉直大夫

潘承志：元会之父，赠奉政大夫

何裕基：启昌之父，赠文林郎

李志：栋之父，貤赠修职郎

文步武：楠之父，赠文林郎

谭学诗：如玮之父，貤赠修职郎

何锐：沛霖之父，貤赠修职郎

毛辅奇：振翮之祖父，貤赠文林郎

毛廷俊：振翮之父，赠文林郎

张玮：元鼎之父，貤赠修职郎

熊龙：德芝之父，封文林郎

周铠：兴涪之父，貤赠修职郎

周铣：兴岱之伯，赠中宪大夫

何启昌：浩如之父，赠文林郎

周铠：兴涪之父，赠修职郎

张伟：元鼎之父，赠修职郎

毛辅奇：振翮之祖父，赠文林郎

毛廷俊：振翮之父，赠文林郎

文步武：楠之父，赠文林郎

李志：栋之父，赠修职郎

何锐：沛霖之父，赠修职郎

谭学诗：如玮之父，赠修职郎

陈朝龙：煦之父，封朝议大夫

陈廷藩：煦之本生父，封朝议大夫

陈于午：鹏志之父，授文林郎

陈溶：永图之父，封儒林郎

陈惇五：昉之父，赠儒林郎

陈于贤：永图之祖父，赠儒林郎

陈继唐：燨之父，封中宪大夫

陈鹏高：葆森之本生祖，赠文林郎

陈鹏遥：葆森之祖，赠文林郎

陈芝瑞：葆森之父，封文林郎

陈晙：煦之胞兄，貤赠儒林郎

陈鐕：韶之胞兄，貤赠奉直大夫

何肇基：锡九之父，封修职郎

彭学鸿：应槐之父，封修职郎

张钦载：进之祖父，赠文林郎

张克念：进之父，赠文林郎

曾启仲：受之祖父，诰赠武功将军

曾俊：受之父，诰赠武功将军

舒光宗：鹏翼祖父，赠奉政大夫

舒锟：鹏翼之父，赠奉政大夫

彭应桂：崧年之兄，赠封修职郎

赵天长：一涵之父，赠修职郎

谭辉宇：道衢之父，封修职郎

冉世泽：州同加二级，文昶之祖，赠奉直大夫

冉洪义：州同加二级，文昶之父，赠奉直大夫

汪文彩：元焯之父，赠奉直大夫

汪元焯：州同加二级。封奉直大夫

陈光辉：际云之父，赠奉直大夫

陈际云：州同加二级。封奉直大夫

孟左卿：州同加二级。封奉直大夫

命　妇

发灯伴读，熊丸著贤母之声；戒旦相期，鸡鸣表令妇之德。母以子贵，而褒封颁自

鸾台；妻以夫荣，而纶音锡于凤阁。异数殊恩，可不记与？第旧志缺而未载，今虽广为采辑，奈前代之无从考核者较多，非详今而略古也。

国朝

夏汪氏：景宣之母，赠宜人

向冯氏、李氏：岩之祖母，她赠孺人

邹方氏、刘氏：荩之祖母，她赠孺人

邹任氏：锡彤之祖母，她赠恭人

周吴氏：煌之曾祖母，赠一品夫人

周徐氏：煌之祖母，赠一品夫人

陈沈氏、姚氏：岱之母，赠孺人

陈郝氏：于宣之祖母，她赠孺人

陈朱氏、张氏：于中之祖母，她赠孺人

张陈氏：永载之祖母，她赠孺人

侯田氏：天章之祖母，她赠孺人

周杜氏、任氏：煌之母，赠一品夫人

陈黄氏：于宣之母，赠安人

邹杜氏：锡彤之母，赠恭人

陈文氏：于中之母，赠恭人

何陈氏：有基之母，赠宜人

周文氏：锦之母，赠孺人

张罗氏：景载之祖母，她赠孺人

陈瞿氏，治之祖母，她赠孺人

陈左氏，朝书之祖母，她赠宜人

潘王氏：元会之祖母，她赠宜人

张何氏：永载之母，赠孺人

张文氏、李氏：景载之母，赠孺人

向周氏、杜氏：岩之母，赠孺人

周陈氏：兴沅之祖母，她赠孺人

潘郭氏：鸣谦之祖母，貤赠安人

刘游氏：为鸿之母，赠宜人

熊许氏：德芝祖母，貤赠孺人

侯庞氏：天章之母，赠孺人

陈何氏：朝书之母，赠宜人

陈古氏：治之母，赠孺人

潘熊氏：鸣谦之母，赠安人

夏王氏：岳之母，貤赠孺人

周向氏：兴沅之母，封孺人

何文氏：启昌祖母，赠孺人

陈文氏：鹏飞之母，封孺人

刘徐氏：宗元之母，封宜人

潘高氏：元会之母，赠宜人

何曹氏：启昌之母，赠孺人

李何氏：栋之母，貤赠孺人

文周氏：楠之母，封孺人

谭刘氏：如璋之母，敕赠孺人

何吕氏：沛霖之母，貤赠孺人

周氏：兴涪之母，敕赠孺人

毛陈氏：振翮之祖母，敕赠孺人

毛陈氏：振翮之母，赠孺人

张李氏：元鼎之母，敕赠孺人

熊王氏：德芝之母，封孺人

夏景宣妻王氏：封宜人

陈岱妻文氏、曹氏：封孺人

何有基妻张氏：封宜人

周锦妻李氏：封孺人

陈治妻邹氏：赠孺人

陈鹏飞妻黄氏：封孺人

周煌妻文氏、方氏：赠夫人，封夫人

刘为鸿妻徐氏：封宜人

刘邦柄妻邹氏：封孺人

舒鹏翼妻魏氏、向氏：封孺人

舒瞿氏：鹏翼之祖母，貤赠宜人

舒曹氏：鹏翼之母，封宜人

彭刘氏：崧年之嫂，貤封孺人

彭应槐妻项氏、曾氏：封孺人

彭崧年妻余氏、向氏：封孺人

陈永图妻潘氏：封孺人

曾贺氏：受之祖母，赠夫人

曾冉氏：受之母，赠夫人

周陈氏：铣妻，兴岱伯母，貤赠恭人

周王氏：兴峄、如冈、衡之生母，赠恭人

周顾氏：宗华、宗畬之生母，赠宜人

周宗岐妻杜氏：貤封一品夫人

周兴岱妻杜氏：封一品夫人

周兴峄妻方氏：封孺人

周如冈妻方氏：封宜人

周衡妻邹氏：封恭人

周宗华妻彭氏：封宜人

周宗畬妻宫氏：貤封恭人

周廷授妻刘氏、赵氏：封恭人

周廷抡妻方氏：封孺人

周运昌妻黄氏：封孺人

周廷振妻李氏：封孺人

周廷援妻任氏、彭氏：封安人

陈文氏：于中之母，封恭人

陈于中妻周氏：封恭人

周宗泗妻任氏：敕封孺人

刘黄氏：为鸿之祖母，貤赠孺人

刘龚氏：邦柄之母，封孺人

彭吴氏：应槐之前母，封孺人

彭张氏：应槐之继母，封孺人

陈瞿氏：永图之祖母，貤赠孺人

陈黄氏：永图之母，封孺人

何向氏：浩如之母，封孺人

刘孙氏、夏氏：宗元之伯母，貤赠宜人

谭周氏：道衢之母，封孺人

何张氏：锡九之母，封孺人

何锡九妻陈氏：封孺人

杨吴氏：名时之母，诰封孺人

杨名时妻郭氏、李氏：敕封孺人

覃氏：模之母，敕封孺人

覃模妻□氏：敕封孺人

陈熊氏：煦之祖母，貤封恭人

陈苏氏：煦之生祖母，貤封恭人

陈王氏：煦之母，敕封恭人

陈周氏：煦之本生母，诰封恭人

陈王氏：昉之母，敕封安人

邹锡彤妻俞氏：封恭人

陈昉妻周氏、任氏：敕封安人

陈镨妻向氏：貤赠宜人

陈廷达妻程氏：诰封宜人

陈邹氏：燨之母，诰封恭人

陈爔妻秦氏、张氏：诰封恭人

邹锡畴妻程氏：封孺人

邹浀庚妻樊氏：封孺人

陈葆森妻韩氏：敕封孺人

邹澍庚妻杨氏：封恭人

邹袁氏：澍庚之嫂，虬封宜人

邹周氏：枘之祖母，虬封恭人

邹张氏：枘之母，诰封恭人

邹枘妻韩氏：诰封恭人

何浩如妻夏氏：封孺人

冉世泽妻陈氏：封宜人

冉洪义妻况氏：封宜人

汪冷氏：元焯之母，封宜人

汪元焯妻谢氏：封宜人

陈沈氏：际云之母，封宜人

陈际云妻王氏：封宜人

涪州志卷之十

人物志

贤达　孝友　忠烈　义举　寿考　寿附　文苑　隐逸　流寓　节孝　贞烈

从来地灵人杰，有山川灵秀之钟，而后磅礴所积，英贤出焉，固已然。石韫玉而山辉，水含珠而川媚，则山川又未尝不藉英贤以增色也。涪陵人才辈出，惜晋宋以前文献无征。自有明以逮我朝，令闻彰于邦国，庸行笃于庭帏。效精忠则心湛冰壶秋水，高任侠则义孚白日青天。国老庶老有其人，上庠下庠隆其养。文章华国，泉石归真；贤哲遗踪，洵足向慕。千古贞媛矢志，允堪矜式百年。罗而载之，简编生色矣。

贤　达

志列乡贤，所以崇德也。顾有行孚舆论，名待旌扬，既不可混次于乡贤，而懿德庸行又不可滥列于他目。故已崇祀者于祠内第书其名，更举行谊同揆合乡贤而汇为贤达。详注其事，庶典型备载、乡评允协矣。

晋

李骧：

与成都杜轸俱为尚书郎，共轸齐名。每有议论，朝廷莫能逾之，时号"蜀有二郎"。出《一统志》。

宋

谯定：

初喜学佛，析其理以归于儒。后至汴学易于程子，造诣愈至。其后程子贬涪，定又从之。靖康初，召为崇政殿说书，以论不合辞去。高宗即位，定犹在汴，召遣诣行在，将大用之会，北兵至，遂归青城山。蜀人称曰谯夫子，年百三十岁，犹授易于涪。后不知所终云。崇祀乡贤。

杨载：

以功名自负。金立刘豫，载白张浚："愿得百两，横行敌中，当手刃刘豫以报丞相。"浚壮其言，遂遣之。载偕十士至金伪降，金任之，行反间，豫果废。十士已亡其八。乃决归。浚以闻授知永陆县。崇祀乡贤。

晏渊：

蜀中著作记晏渊字亚夫，号莲荡，晋中郎将晏靖之后，世居襄阳。后徙蜀，家长寿之涪坪山。受学于朱文公，尝言淳熙四年，文公年四十八注《孟子·子产听郑国之政》章，谓成周改岁首而不改月，则晚年之确论也。尝欲更注，而其书已行于世。崇祀乡贤。

明

白勉：

永乐进士，历官刑部侍郎。练达刑名，有匡济才。及卒，谕赐以祭。有"刚方清介"之褒，乡人荣之。崇祀乡贤。按：有明题名碑，系蒋勉。《一统志》载："蒋勉，涪州人，永乐中进士。擢刑部主事。练达刑名，历升本部右侍郎，能声著闻。"

鲁玉：

《陕西通志》：字士洁，涪州人。正统末知泾阳，廉谨，深得民心。保留再任，前后二十年。有贤声。

朱灏：

字仲明，东里人。永乐间进士。官御史。抗疏忤谏，解组归田，置义田以赡族，凡孤贫不能嫁娶埋葬者，酌量抚恤之。一时士民莫不景服。

夏铭：

宣德进士。任御史，深得宪体。母死，庐墓三年。著《四书启蒙》以训后学。崇祀乡贤。

刘岌：

景泰进士，清慎谦和。历官两朝，眷注独隆，以礼部尚书加太子太保致仕。家居恂恂，身衣韦布，乡人称之。享年八十有五。崇祀乡贤。

张善吉：

成化进士。由行取为工科都给事中，升湖广巡抚。崇祀乡贤。

何仲山：

成化举人。任武安令，抗贼不屈，却金不受，崇祀乡贤。

刘菠：

宏治进士。正德初任户科都给事中。宦珰[①]刘瑾擅权，公首倡疏，极言其奸。廷杖几毙，下狱罚戍。后瑾败，世宗复起江西廉宪卿贰等官，公因杖伤足未就。卒，赐葬谕祭；荫其家。谥忠愍，省会、郡城建有"坤维正气"等祠。有秋佩先生文集。并名臣奏疏行世。崇祀乡贤。

夏邦谟：

字舜俞，正德进士。历任工、户、吏三部尚书，勋积茂著。卒，世宗两次谕祭，勒碑墓前。崇祀乡贤。

夏国孝：

号冠山，嘉靖进士。历官南京户部员外郎，辞归终养，行李萧然如寒士。居火峰滩，以诗文自娱，足不入城市，纂著涪志及诸文集。崇祀乡贤。

张珽：

嘉靖举人，任知州。刚正孝友，以所居作祠，率族众修祀事，乡人化之。崇祀乡贤。

谭棨：

嘉靖进士，任陕西大参。居家孝友，历官清廉，乡评重之。崇祀乡贤。

夏子云：

嘉靖中乡举。从文肃，谈理学。因叹曰：丈夫不耻不闻道，乃艳一第耶。自是蹑屩为五岳游。久之，谒选知舒城县。时有贵人以事枉道至舒，势强盛，云不为理，贵人跟跄而去，竟坐不称。调判宁州，迁判岳州，治九溪驭诸武弁。严毅不少假借，威令大行。当道屡荐，进五品服俸，升衡州同知。寻引归。居家孝友，种德乐施。里人称之。所著有《少素文集》行世。崇祀乡贤。

---

　① 珰：汉代宦官充武职者的冠饰。侍中、中常侍在冠上加黄金珰，附蝉为文，貂尾为饰。因侍中、中常侍是宦官，故后来人们即以"珰"为宦官的代称。本文的宦珰刘瑾即宦官刘瑾。

王敬：

《湖南通志》：字士吉，涪州监生。知祁阳县始，祁民买田宅者，私易远年。契书增改经界，酿为讼端。敬立法，买卖田宅各报实，赴官印契，自此讼简。祀名宦。

何楚：

涪人，嘉靖中知松滋县。生平言动不苟，盛暑不废衣冠。七岁尝粪以疗父病，耄年竭力以事伯兄。所有钱谷，推赡族人，一乡称其孝。崇祀乡贤。

文羽邻：

嘉靖举人，任陕州知州。历任廉平，居家孝友，养重林皋，公庭绝迹。尤以文墨著，子孙科第蝉联不绝。崇祀乡贤。

张筐：

嘉靖举人，俭素刚方。作县令归，食多不足，单衣林下，延馆训子。洵为廉吏。故子大业亦中乡闱，崇祀乡贤。

文作：

隆庆进士，知闻喜县，以治最征。历武选郎，赞议帷幄，平辽之役，其功居多，升云南大参。分守临沅时，罗雄土舍弑父据险，潜谋不轨，作奉檄剿之。贼党再叛，复剿平之。先后以功上闻，制褒升广西布政，加一品服俸。崇祀乡贤。

曾所能：

嘉靖乡举。任云南石屏州知州，丰仪倜傥，言语慷慨。居乡著孝友声，居官以爱民为本，尽心水利，州人至今思之。崇祀乡贤。

刘养充：

隆庆进士。万历初，令祥符，继任韩城、大康，皆以廉著行。取广东道御史，大差贵筑时，土司斗乱。以巨万贿遗直送私室，充悉以法绝之。转临巩兵宪，补葺长城百里，衣惟布素，边需不减丝毫，边皆感其廉肃，归款最众。竟以勤王多瘁卒于边。捡囊惟裋褐半端、图书数箧而已。是日途悲巷泣，虽毡裘之伦，亦通使致吊。其居乡也，谨厚敦族，逊让接友，时人谓其有祖忠愍公之训焉。崇祀乡贤。

文德：

万历进士，山西道御史，历任有廉声，后典晋试，多得士心。崇祀名宦、乡贤。

曹愈参：

万历进士，历官参政。有一路福星之谣，生平不欺童稚，长厚颂于闾里。官至方伯，家如寒素。万历三十九年，任昌平兵备道，停止矿税，捕缉盗贼，除强暴，清营蠹，军民怀德，建生祠祀之，详《北直名宦志》。崇祀乡贤。

何伟：

万历癸未进士。任慈谿令，多善政，慈人思之。呈请咨题，准入名宦。文内有"贡茶弊绝，魂惊猾吏之奸；海防计周，气詟倭夷之胆"等语。在刑垣时，奉敕恤刑中州，多所全活。迨分守贵筑，以征苗理饷有功，特升方伯，因母老终养归里。著有《何氏家训》《诗文》等稿待刊。崇祀乡贤。

陈致孝：

开塾设教，科第咸出其门。事母赵氏极孝。时子直出任陕西湄县，迎养祖母途遇盗贼，致孝以身覆其母。曰："此吾老母也，诸物任取，万勿惊骇吾母。"贼义之曰：此孝子也，释而去之。崇祀乡贤。

夏可渔：

《云南通志》：涪州举人。万历间任归化知县。有清德，后升昆阳知州。百姓歌之曰："公来莅止，清慎而勤。公今陟矣，民奚以宁？"祀报德祠。

田一井：

《云南通志》：涪州人。万历间任呈贡知县。大兴水利，民感其德。立祠祀之。

陈直：

字鹿皋，万历举人。年少登科。志笃孝友，以祖母赵氏守节九十有余，随就教仁寿，迎养尽欢。凡有所获，平分两弟，不私毫厘。后知陕西湄县，立有生祠。继任江西广信府丞时，署永丰县。县民以奉檄开矿累害土居，十室九空，民无宁日，直挺身不畏权贵，为民捍御，力除民害，因祀名宦。有碑刻传世，又崇祀乡贤。

何以让：

万历举人。任武昌令，转大名府。陈情终养，敕赠"懿孝名儒"坊，著有《两都》等赋行世。崇祀大名府名宦，并崇祀乡贤。

陈莐：

字济宇，致孝次子也。万历举人。历任栾城、良乡两县。升江西广信府，福建运使。居官十五年，廉声遍著。崇祀广信府名宦。祖母守节六十年，莐自疏题，因建贞节石坊，在州城北门外。崇祀乡贤。

向云程：

字葵庵。谦和睦众，人称长者，行年八十略无纤过。子鼎贵显，屡受诰锡。乃徒行乡曲，衣不重帛，口不绝夫典故，行不愧于家邦。崇祀乡贤。

向鼎：

字六神，进士，为人刚正不阿。官由长兴令至潼关参政，历四任，俱多政绩，居乡好施予。涪郡荒旱，鼎代涪民输赋一年，又捐资建北塔，工将半，遇贼变而止。虽未成功，涪人皆德之。崇祀乡贤。

向㴉螭：

字子亮，贡生，参政鼎之子也。兵燹之后，家最贫乏。隐居琼崖，惟以诗酒自娱，非公事不至公庭。日与老友数人游咏，时人以洛社耆英①目之。崇祀乡贤。

文可蘦：

布政作之子也。父殁，事母陈氏最孝，母六十而瞽，蘦起居必侍，饮食必亲。积三十年，母九十乃卒。既葬，庐墓三年。以明经任长泰令，治行卓异，卒于官。泰人私谥清毅公。崇祀乡贤。

周大江：

字梓溪。由明经任湖广武昌府通判，地素苦盗，公捕盗有方，盗寝息，民食其福，建生祠、铸铁象于彭家泽以祀之。江西宸濠反，从建安伯王阳明转运有功，追赠虹侯。以其子录用。

周茹茶：

刘君硕《周彝山传》：字自饴，号彝山。孝子允升六世孙也。父勤王讨贼，因谗被议。茹茶奔走建白，事乃雪，著捷略。乙酉二月，遇健侠数十，拥庐跪请从戎，乃儒服出报闻阃帅，令同川镇贾登联恢复省城。不一月，永荣七城屡以捷闻。谕以孤军不可深入，班师暂驻江津，兵马委旗鼓扬。道成代茹茶，只骑赴桐梓省亲，会病。众兵杀道成而散。病愈复请命阃帅而重镇，会彦侯全师丧亡。兄建芳报没江津，不避贼锋往收葬。入江津城见兵将绝食，谒王镇号瑞吾者曰："今日之利在食，宜移镇真安山界。乘麦熟，因粮以徐图进取"。王善其议，八月师进遵义，戊子复成都。拜湖南路正总兵。祖父俱晋

---

① 洛社耆英：见后"寿考"小序注。

荣禄大夫，因亲病致仕。

陈计长：

苌公之子。学问渊博，有经济才。自云间解组归林，年已七十。值献贼破蜀，避难黔中之婺县。时有同年西充李乾德者，巡抚沅中，闻蜀遭变，怀节间行过婺，遇公，知西充已陷，阖家被害。愤结思报，与公商策。公曰：“公为朝廷大臣，君父之难，义不可以没没。我乃老迈儒生，不能随从军事，而方路不可不预筹严密商定。”李不复强行，同时有统军曾英、杨展等素知公名，亦以书召监军，因年老未就。随上三札子，悉言破贼擒枭事宜。嗣后献贼就戮，流孽渐平，公参谋之力多焉。著有《鸣鹤堂六政亿言》等集行世。

蔺希夔：

崇祀乡贤，事详隐逸。

沈云章：

崇祀乡贤。

国朝

夏道硕：

潜心理学，善草书，传记多出其手。值献贼破涪，犹正衣冠出而责以大义，被贼执之，逼降不从。截其右手，后以左手操写如旧。

陈命世：

计长之子。品行端方，敦本崇实。中顺治庚子经元。居家注书课子，寿终七十八岁。康熙癸卯年，里人公举请入乡贤，因大宪调更未获。咨题通江少司马李先复表其墓，有“领袖涪英，纲维士气”之句。

刘衍均：

品正行笃，言笑不苟。燕处不去衣冠，出入必告祖考。任浙江德清县令，慈爱百姓。因公落职，陷浙十余年。士民公敛钱米供养，称为杜母。雍正元年始归，寿八十余。涪人钦其长厚。

何行先：

秉性高古嗜学，足不履城市，结庐于横山洞侧，额其洞曰“退之读书处”。每屈于科而志气恬如，手不释卷。至康熙辛卯冠乡榜，称为蜀东名元。学问文章，邑人仰之。

何铠：

弱冠登科。端谨自持，闭户潜修，不矜不伐[1]。任夏津，解组归里，课子侄，俱登科第。著有《永言随笔》垂训家庭。

向远翔：

赋性诚笃，敦本务实，尚俭朴，慎交游。设教二十余年，毫无倦志。涪之博科甲者，多出其门。三子皆列贤书、登仕籍，奕奕有声。邑人咸称至诚笃实之报。

陈峙：

命世之子，颖悟过人，嗜学不倦。应童子试时，三次冠军，始列胶庠。中辛卯副车，复中甲午举人。刻有时艺行世，与胞弟岱同登乡荐。合居四十余年，通财用，不分彼此，一门雍睦，内外无间言，里人称为孝友家风，宜其花萼联辉也。

夏璹：

娴礼节，善辞令，儒雅风流，涪人称为彬彬君子。

周煌：

秉性恂谨，学问鸿博。洎登仕版，典试福建、山东、云南，矢公矢慎。后奉使册封琉球，履险如夷，不受馈金，圣眷宠加，不次超擢。再命江西、浙江学使。正文体，端士习，大有功于文教。任兵部尚书时，年满七旬。御赐"中枢耆望"匾额。乾隆五十年，在京溘逝。奉上谕周煌上书房行走有年，老成端谨，奉职克勤。赠太子太傅，并派散秩大臣带领侍卫十员往奠茶酒。所有应得恤典，该部查例具奏，赐谥文恭，恩谕祭葬。

何浩如：

一号海门。由举人官安化县。赋性纯笃，品行端洁。发为文章，精醇朴茂。尝本此教人，领其绪论。入弟子员登乡荐、捷南宫者，不下百人。其治安邑也，爱民如子，戒勉交至，民无敢健讼者。充两次同考官，所得皆知名士，月课与诸生讲论，恒过半日，人几忘其为长官。归田后，琴鹤风清，仍数亩自守，邑人贤之。

周铣：

号绪庐，乾隆戊午举人。任甘肃伏羌县知县，为政廉平，尤喜栽培士类。修建朱

---

① 不矜不伐：矜：自大自夸。伐：自我夸耀。《尚书·虞书·大禹谟》："汝惟不矜，天下莫与汝争能。"《隋书·李谔传》："虽勤比大禹，功如师望，亦不得厚自矜伐。"不矜不伐，即不自夸、不自大，廉逊谨慎。

圄书院，进邑中高材生，亲为讲授，文风丕振。后卒于任，士民至今颂之。

陈朝诗：

字正雅，少有勇力，乾隆己卯举人。任湖南安福县知县。强干有力，诛暴惩奸，邑称大治。有盗魁廖天则者，居澧州东村，徒众数百人，沿江抢劫，巨案累累。上官稔知其恶，莫能制。督府知朝诗能檄，调至省问曰：能捕此巨盗乎？朝诗曰：能。归选健役五十人，改装潜行。至贼家，舍宇壮丽，垣墙高厚，门尽闭。朝诗跃身越垣数重至后楼，诸贼在楼饮博。朝诗一跃而上，一贼械而拒捕，朝诗手格之，立仆。群贼俱惕伏不敢动。朝诗开门，呼役齐入，械贼十一人讯之，俱伏如律。一时有神勇之称，旋丁忧回籍。

陈朝书：

字右文，朝诗弟，乾隆丙子举人。任山西襄陵县知县。修学宫，捐建临汾书院，兴利除弊，襄人德之。丁忧归，闻兄朝诗以官逋羁安福，倾数千金，完项不悆[①]。甲午补云南通海县知县，减钱粮之半，以甦民困；设海屯公田，以供差徭。一时廉能之名遂与兄埒。

陈朝羲：

字象图，朝书弟，朝隆庚午举人。官福建建阳县知县，亦多循绩，著作甚富，时称陈氏三杰。

陈鹏飞：

字之南，乾隆己卯举人，癸未进士。任山东莱芜县知县，廉明公正，民畏而爱之。幼事孤母，以孝闻。母文以节，请旌。殁后鹏飞庐墓三年，尽哀尽礼。文章品行士民仰之。

潘元会：

字克斋，乾隆庚辰科举人。官湖北竹谿县知县，有廉能称。竹谿故产藕，岁充贡正供外，吏胥多浮侵，耕者十不得一，民甚苦之。元会抵任后，捐廉俸千金，又出官钱数千缗，为置公塘以应。至今民怀其德，后升岐亭同知，晋江西瑞州府知府。

周兴岱：

字冠三，号东屏，煌次子，乾隆辛卯进士。改庶吉士，授编修。历官赞善、洗马、

---

① 悆："谇"的异体字。

庶子、侍讲学士。五十六年擢内阁学士，晋礼部右侍郎。六十年在南书房行走。嘉庆四年调吏部，奉命祭告川陕岳渎，明年再调户部。时三省教匪未靖，因谕兴岱令所过川陕地方察视宣谕，凡协从者谕其自新，地方官善为安抚。兴岱自陕入栈，奉命惟谨，所见情形辄据实陈奏。一路居民，亦赖其慰抚，相安无恐。抵成都，复奉旨会同总督勒保审拟前督魁伦贻误潼河一案，事毕请假至涪省坟墓，乡之人谓与其父煌前后承恩，得还乡里，尤为异数云。七年，以事降补侍读学士，再降编修。十年擢侍讲，明年复擢内阁学士，明年授兵部侍郎，晋左都御史，卒。兴岱屡典文衡，入直禁近，生平直谅，无城府。然颇持节，概不轻假借。子廷授六品荫生。

周兴峄：

天性敦厚，孝友传家。兄弟七人析家赀，兴峄皆以丰腴者推让兄弟，而自甘俭薄。初任浙江建德县时，居官廉洁，御下慈祥，阖邑送此之谓"民之父母"匾额。并立生祠，为历任所未有。后调任萧山，治剧理烦，百废具举。时邑有水灾，汀雨侵旬，万家漂没。兴峄议开西兴驿、永兴闸，放水以救民，邑人以开闸不利于官阻之。兴峄谓：苟利于民，生死以之。竟开闸，水遂落，民用是得全。未几，果以疾卒于官。

周运昌：

榜名廷拭，字莹斋。子熙、尧皆孝廉，父兴峄为廉臣。公子家清贫，尝遨游在外，莹斋居家，独力支持。生平种德乐善，故文恭公父子翰林，兴峄三世皆孝廉，蝉联弗绝。及身亲见六世科举，簪缨之盛涪中，本朝所未有也。

陈廷瑶：

字六斋，乾隆庚子举人。性廉正，不苟取。治荔浦时，俗好起亲尸骨入瓮停葬，为作正葬，严谕止之。藤素多盗，设法弥御。又修培书院课士，文风大振。种种善绩，出自醇儒。子五皆显宦，迎养署中，勖以清廉。尝令分俸以助族戚贫乏，里党中无不仰其德范，崇祀乡贤。

陈永图：

字固庵，嘉庆壬戌进士。入翰林，官湖南永兴、宜章令。尝以经术造士，门下登贤书、为名诸生者甚众。充三次同考官，所得如石承藻、黄德琏辈皆负重名。

陈爔：

字春脁。祖治知湖南华容县，卓有循声，多盛□事。爔成进士，入祠林，官御史转工科给事中，现任江苏兵备道。时以祖训为官箴，言行经济有醇儒风。

蒋炎：

号苇夫，素以孝著。知贵州龙泉县。历任遵义县，贞丰州。随地建绩，士民颂之，为之建生祠。

蒋与衡：

号玉亭，秉性耿介。任巴州学正，门下擢科名者多人。现任广西北流县，捐廉建城，循声最著。

刘邦柄：

字握亭，号寅谷，少有至性。年十龄值母病剧，焚香告天，刲^①股和药，病果愈。以嘉庆戊辰进士知广东海康县。县海疆民濒海而居者，田庐向苦漂没，公为募工役相地筑堤以障之，自是无潮汐患。尤喜奖进士类，捐俸设义学，文风丕振。历署化州、石城、吴川等邑，所至多惠政，士民咸颂之。旋丁外艰，哀毁骨立。未几，病卒。著有《海上吟诗集》待刊。

刘藜照：

字禄阁。少颖异，勤于学。弱冠入泮，登乡荐。言笑不苟，举止必端。教授生徒，谆谆于读书立品。每以孝弟务本彰训子孙，固粹然儒者也。居家善事父母，菽水奉养，常得欢心，与伯兄最友爱。嘉庆三年，教匪滋扰，奉母奔驰，兄为贼所虏，公一恸而昏。少复苏，遂成气疾，时发时止。道光十四年，北上谒选，气疾忽剧，卒于江陵舟次。翰林陈君燨为之铭其墓曰："是为禄阁之室，朴素浑坚，永启厥后，福禄绵绵。"

孝　友

地义天经，孝友本属庸行。藉以要誉，岂子弟之心所安？然大本克敦，宗族乡党称焉。孔子曰："人不间于其父母昆弟之言，人言之孚孝友之孚也。"录以风世，是何可略。

---

① 刲（kuī）：割杀。《国语·楚语下》："诸侯宗庙之事，必自射牛、刲羊、击豕。"亦为割取之义。《战国策·齐策三》："今又劫赵魏，疏中国，刲魏之东野。"

明

何楚：

七岁尝粪以疗父病，余详贤达。

刘奇山

司谏秋佩弟也。司谏以言逆旨，罚其私帑充军饷。奇山归卖田宅，往来穷边，备历艰辛。逮司谏被释旋里，奇山作一高楼，奉兄饮歌其上，以乐余年。

文可黼：

见乡贤，事详贤达。

夏正：

居火峰滩。生时父殁，时年方五岁，访父墓而哭极哀。后遭母丧，庐墓三年。宪司题表孝子，官有碑刻《邑人夏道硕传》：夏公讳正，号赤溪，居涪火峰滩江之滨。岁未周，遭父邦本丧。母陈氏年甫廿，矢志育之。岁五龄，问母曰：父何在？母泣语之曰：汝父五年前浴于江，死矣。正即哭，仆地不起。稍苏，复问母曰：江何处？母遥指其处，正即腾身赴江所，家人遽追抱止之曰：已探得，葬此山之麓，岂犹在水耶？正遂哭于其麓，卧地不起，亦不肯归，哭不绝声，里人叹为至孝。年益长，读书游于泮。娶易氏，同奉母无遗力。寝食温清，不逾古礼。母有训必跪而受命，嘲之者曰：此礼久不复也。正曰："此常礼耳，何足云孝？但一日不尔，则吾心如有所失。如此心何？"嘲者惭而退。母尝病，医者谓必得鹿血和酒吮。正日夜告天曰：鹿不可得，潜自锥其身，沥血和酒以进，母病顿愈。逾月病复发，正复如前锥身沥酒，病又愈。久之，母稍觉，泣谓之曰："汝若再如此，吾死有余恨。"正跪曰："儿身未尝痛，然亦遂奉命止。"家豢雏鸡以养母，一日鹰为攫其一，正泣拜于地，曰："天！天！吾此鸡以养母，非自奉也。"须臾鹰回翔，掷鸡如其处。次期又于他处攫鸡而掷之，如是者三。家烘脯为犬衔而出，正追及怒声曰："恶犬，汝不知此吾养母之脯乎？汝秽吾脯，吾不知汝死所矣！"次日其犬忽毙。盖其孝之感及禽兽如此。至于行事，不能尽述，姑举一二以示后焉。已举入孝子祠，载省志。

文经：

庠生。事亲至孝，两院奏闻，赐旌奖孝子，列坊于宗祠之左，已入孝子祠，载省志。

夏铭：

母丧，庐墓三年。余详贤达。

何以让：

楚之子也，字环斗，万历举人。事亲最孝，知大名时，两次陈情，终养归里。菽水承欢，孝敬倍至。亲殁，庐墓三年。当事屡荐不出，寿七十有二。奉旨旌表，入孝子祠。敕建"懿孝名儒"坊，载省志。余详贤达。

王应元：

明武隆人。家贫居乡，力农养父。父每出饮，元候于途，扶之以归。一日父醉卧，应元力田。其家不戒于火，急奔回。烈焰甚炽，身濡泥水，出而复入，救之者三。号哭火中，抱父而死。已入孝子祠，载省志。

毛宗成：

父早卒，事母孝，力农膳养。偶盗至，独负母匿林中，垂涕拥护，得免于难。母卒，葬于室侧，每日往视，至老不倦。已入孝子祠，载省志。

国朝

周俨：

字墨潭，孝廉儒之兄也。为人慷慨，尚义行，敦孝友。当逆贼肆害时，俨欲负父潜逃，不幸为贼所执，两臂受伤，血溢昏愦，竟夜方苏。及弟儒被害卒，俨事亲倍谨，父足疾不能行立，俨出入必亲扶之。先达赠诗，有"以身作杖"之句。母先丧，俨与妻徐氏事父孝养备至。每进食，夫妇必共视之，食毕乃退，率以为常。及父病笃，俨亲尝粪，跪请多医以治之。及父殁，居丧悲号，屡至呕血。水浆不入口，形容枯槁。越七日，而须发顿白。乡人见之，靡不嗟叹。至弟妇孀居，两侄孤幼，视如己子。朋友有急，必周济之。甚有托妻寄子者，亦不畏难而任之。人谓孝友、节义萃于一门，洵不诬也。已入孝子祠，载省志。

周儒：

字鲁生，庠生。与兄俨事亲，均以孝名。每遇亲疾，儒辄焚香祝天，愿减己算，以益亲寿。于康熙庚申年，忽遭谭贼凶劫，戈戟拥门，举家惊遁。儒父名茹茶，年老卧病，兼有足疾难行。贼欲害之，兄俨以身捍亲，甘冒白刃。儒急父兄之难，冲围巷战。利刃伤额，后得四邻奔救，贼乃遁。随视父兄，犹在缚中，儒急解父兄之缚，悲号欲绝。延三日，创发死之。儒妻章氏茹苦守节，生子二，长名项，次名璠，俱依伯父俨存抚之。人谓子孝妇节，其后必昌，及项游庠，中康熙癸巳恩科副榜，咸称为快事。已入孝子祠，载省志。

黄志焕：

康熙己丑年夏五月，城中火灾前一日，其父病卒。及火焚正至屋，志焕不顾家资，先负母出，复进屋启父棺，负父尸，突烈焰而出。是日州牧董维祺躬督救火，目睹其事，即闻于郡守，俱额奖之。已入孝子祠，载省志。

黄正中：

孝友。性成温清，定省未尝缺礼。父病，正中衣不解带，奉侍汤药，又亲尝粪。后弟用中夫妇皆早丧，遗子为瑄最幼，正中夫妇孔哺鞠育，怜爱同于所生。族党贤之。

杨维楫：

杨奇之子，甫二岁而父卒。维楫稍长，事母何氏甚谨，温清定省，朝夕不离左右。雍正二年，为母呈请节孝，奉旨旌表。有"冰霜映雪"之坊，在学宫右。母病，日侍床褥，衣不解带，药饵必亲尝。母临终之日，思食河鱼，楫遍觅不得，号泣而还。路遇一鲤，急持归，母已气绝。楫捶膺破颡，几死者数次。七日不能食，既葬，寝苦枕块，庐墓三月，不出户外、不入闺中者三年，终身见鱼流涕，不忍食。

彭儒宾：

事亲最孝。父没，哭泣三年。事继母尤谨。兄弟七人，同席共食者三十余年，分产时以肥美让弟兄，自取其硗薄者。由是至老，兄弟皆怡怡一堂，各享寿八十余而终。

淳显扬：

家最贫。父病卒，无力办葬，自鬻于邻富之家，获银二十五两，以为葬父养母之资。后赎身回，值母病笃，割股和药以进，母病果愈，增寿十余载而终。葬祭尽礼，亦获寿八十余岁卒，人以为孝思所致云。

高焘：

高以元嗣子。母夏氏居孀三十余年，焘事母尽孝。母病笃，刲股救之。终不起，居丧哭之极哀。越五日，金疮作，死于苫块间。里人难其事，而悲其死焉。

石为杨：

五岁失怙，母江氏在堂。杨稍长，力耕供膳，甚得欢心。一夕母病笃，割股和药以进，母病果愈。乡族贤之。

彭铣：

父逢春，性严，铣怡色奉养，值晚景，朝夕承欢，不忍一日偶离。父病勤侍汤药，卒。事母益谨，母寿至九十三。友爱幼弟，最笃族党，咸推服之。

熊龙：

国学生。赋性醇笃，持身端严。幼失怙，事母极孝。每先意承志，俱得欢心。母年七十六卒，葬祭尽礼。与弟麟素敦友爱，和好无间。犹喜施济，历救贫疾无数。生平言动不苟，一以厚道自持，乡里钦服。有子五人，教以义方，俱英年显达，联捷科第，人以为盛德所致。享年七十岁。以子德芝任黔南知县，敕封文林郎。

陈鹏飞：

幼失怙。茕茕孑立，母性严，朝夕怡颜以顺之。及成进士，不敢远游遗亲忧。值母怒，必长跪俟开颜而后起。筮仕山左，迎母养三载。母卒于署，扶榇归，葬祭尽礼，庐墓三年。次伯乏嗣，爱继晚房，给众侄各产一坋，原为弥隙之计，而长房中竟有微论者，飞即以得授之产让之，而论始息。里党服其友义。

覃均常：

云里人。年十六父病笃，祈神求医，百计治疗罔效，乃焚香告天，引刀自刲其股，和药以进，后其父病愈。享寿而殁。

陈盛虞：

孝友性成。父殁，事母朝夕承欢，曲尽子道。及母病垂危，求救无方，乃刲股和药进之，遂愈，享寿七十有五。其弟继虞贫不能支，盛虞将分受祖田慷慨分给，毫无吝色。

徐儆：

贡生。徐应魁子。父病瘫痪六年，日夜不离左右。迨后父殁，居丧尽哀。事母冯氏，食必具甘旨，余必请所与。母殁，有姊寡居，贫无所倚，儆迎归养之。终身孝友著闻。

韩仕锟：

善事父母，服食必周。母六旬外病瘫痪，八年不能动履。仕锟日夜不离左右，并无倦心。长斋八载，以报亲恩。居父母丧，哀毁骨立。乡人贤之。

陈瓒：

字玉琭。为人正直端方，慷慨倜傥。凡乡族中有不平事，一经排解，无不悦服。胞弟瑚乏嗣，遗一女适向项，以千金产业资从弟女。里党称其友义。

舒其文：

监生。性淳厚，建修宗祠，和睦乡党，抚恤族中孤贫。乡里急之，不惜贷助。与兄其仁同居六十余年，内外无间言。监修文庙，寒暑五易，自捐资费，乡宪周大司马碑记载之。

潘岐：

字扶风，贡生。秉性醇良。幼孤，即谙本源，能敦大义。明季兵燹后，屡遭劫灰。田产俱没，以笔代耕。奉养孀母，及丧葬诸事，皆一力独任，毫不及弟。复以弟艰穷无措，将自置田产摘三之一与之耕住，弟乃得有恒居。子履谦，领恩荐。孙硕源，补弟子员。家道昌隆。

吴世纪：

里人。其父尔瑞，娶梁氏。生子世伦，甫九月而梁亡。继娶陈氏，生世纪，五年陈卒。纪倚兄长养至九岁，伦病，纪调汤药不离左右，垂危，纪焚香呼吁，刲股和药救之，旋愈。今兄弟尤和好无异，邑人称其友爱。

余正国：

自楚入涪，经商川北射洪县，积年获银万余两，尽寄伯兄置买庄业。后归，兄未分给，正国慨然让之。另置田宅居住，终无间言，里人称其友义。享年九十有一。

吴文瑞：

幼失怙①，事母尽孝。母病，两次刲股救之，皆痊。友爱弟兄，三世同居，推有让无，从无间言。且乐善好施，如舍药施茶，创修庙宇、桥梁等事颇多。前州牧王公用仪，旌其门曰："德龄媲美"。

郎仕德：

父早丧，事母最孝。母卒，庐墓三年。时值严冬，坟生三笋，里人奇之。沐恩旌表建坊。

夏礼行：

庠生。生九月，母杨氏卒，赖继母刘抚养成立。刘晚年得瘫疾，久卧，礼行侍汤药，

---

① 失怙：失去依靠，特指父亲。白居易《祭乌江十五兄文》："孩失其怙，幼丧所亲。旁无兄弟，藐然一身。"失去母亲为"失恃"。《诗经·小雅·蓼莪》："无母何恃？"

衣不解带，数年如一日。享寿八十九岁卒。

韦仁卿：

儒士，性孝友。母氏盛早卒，父巨玺再娶冯氏，父旋卒。仁卿有二兄两弟，均极贫乏。仁卿独养继母二十余年无难色，厥后伯兄及两弟死，均为营葬，抚其侄五人成立，侄女二代嫁之。寿六十而终。

朱之安：

家极贫。鬻身^①于卢祖信之家，以葬父母，后乃赎。

罗昌全：

性孝。父洪纯病卧十日，昌全泣十日不止，忘寝食。母李氏病危，昌全年甫十八，割股和药以进，母病立愈。

盛和声：

甫入庠，父母相继卒，厥弟五人均赤贫，和声岁所得俸金，皆分用之。十余年毫无蓄积。

何泰如：

庠生。其姊夏之琏妻早岁孀居。仅一子，家极贫，泰如以寒士共其衣食，七十三岁始卒。泰如敛以己棺，扶柩葬于北拱坝，与之琏合坟。始终四十余载无怨言。

徐永珍：

母早丧，事父九龙最孝。家极贫，住破窑中。父嗜酒，永珍每日营工，赊^②酒以供。己尝乏食，而奉父有余。其父享寿七十卒，乞棺以葬，棚栖墓侧三载，悲哀不忘，里人重之。

毛荣璠：

母李氏早故。事父相儒孝谨。有祖田三十石，父爱其弟荣瑶、荣璧。璠曲体父意，悉让之，依笔墨为生。丙午岁饥，两弟复就食，璠与之共爨^③如初，族党咸义之。年七十卒。

---

　　① 鬻（yù）身：鬻，卖。《汉书·食货志第四上》："通财鬻货曰商。"鬻身，即卖身。旧时农极贫者，男子也可以卖身于某家充当长年或奴隶，换取一定资金来急用。靠劳动换取钱币，累积到一定数额，可以赎身，重新获得自由。
　　② 赊：赊欠，赊买。赊酒，即赊酒，《史记·高祖本纪第八》："常从王媪、武负赊酒。"
　　③ 爨（cuàn）：烧火煮饭。

夏明宣：

父讳治，宣生八岁而孤，兄又早卒，宣抚孤侄并二弟成立。兼事孀母以孝，八十七岁始卒。其子棨食廪膳。

杨昌荣：

三岁丧母，年十一父胜德亦故。家贫无葬具，自鬻于杨体常之家，获金具衣棺以葬。后乃赎。

李文朔：

弥月失怙，母氏刘孀居，文朔力农供膳。时祖父母爱怜季子，倍与田宅。文朔仅得十分之二，略无间言，且孝事祖父母与母始终不倦。

李绪：

家贫。竭力养亲，不与兄弟较。州主李公培垣额其闾曰："德门寿恺"。寿八十六岁。

李曰书：

幼贫，弃儒力田，以养父母。遇岁旱，设法以周其弟侄辈十余家。父母终，衣棺一力独任。八十一岁卒。

陈文池：

生四月而父卒，母李氏矢志抚以成立。文池深痛不及事父，谨遵母命无违。母病，割股和药以进，病立愈。其后母病，文池妻彭氏亦割股救姑[①]。乡人称为双孝云。

谭念谟：

性孝友。父没，弟贫不能养母。念谟业医，独养三十余年，始终不倦。凡弟有窘急，必力为周助。其后母没，丧葬俱一人独任。

杨廷用：

名学全，性孝友。幼失怙，事母以孝闻。母卒，凡丧祭费，身独任之，未尝派及兄弟。兄龙韬早没，遗孤二，廷用与兄居离数十里，朝夕抚视，为之经理家政，十余年不倦。弟侄辈借贷不求偿。寿八十八，无疾而卒。逾年，族戚犹来墓致奠无虚日，甚有流涕不已者。

倪士镇：

号治屏，年十七入泮，旋食饩贡成均。嘉庆戊午之变，父菁莪殉节，椎心泣血，

---

① 姑：古时妻子称丈夫的母亲，即今之"婆婆"。

几不欲生。因母老弟幼，不得已，以舌耕供菽水。母卒，葬祭尽礼。其弟训蒙为业，用不足，分馆谷助之。每岁暮解馆，必命弟携眷同居一室。弟殁，复为之营葬。抚育幼侄，始终无所吝。友教四方，门下多知名士。所著诗文等身，不欲传，不以集名。年六十五梦冥府征聘而卒。

彭学鸿：

贡生。彭铣子，父卒，时年九岁，哀毁骨立。后凡饮食必思，见父衣履必泣。母皮氏病，尝粪以卜死生，侍汤药昼夜不倦。母没，庐墓以居，遂卒墓侧。真纯孝也。公举于朝，建孝子坊。

谭世汇：

庠生。谭鉴次子。父病，尝粪，每夜焚香告天，愿以身代。父卒，哀号泣血，庐墓三年。逆匪破鹤游坪，负母夏氏逃里许。贼至，以身护母，被数十创，究保其母。享寿八十二岁。当母病时，卧床五年，药必亲尝，粪溺必亲涤，仍告天愿以身代。及没，水浆不入口，七日须发俱白。葬毕，庐墓侧。池中红莲开放，忽变为白。且兄弟各居，朝夕亲自检点。劻以成德沐恩，准建孝友坊。

谢正春：

性至孝。道光六年，父母俱病，五夜焚香告天，愿以身代。于是年七月剖腹取肝和药以进，亲病立痊，己身亦复无恙。虽属愚孝，然非实有至性者不能。州牧重为奖励之。

夏锡智：

少勤力作，事父母以孝，数十年甘旨之奉，悉出自身力，祖业所遗毫不问及。兄没，事嫂完节，抚侄成立。于少弟，则倍分以田产。父母丧葬，一肩独任无难色。且教子有义方，好施乐善，人多称之。

郑顺唐：

庠生。父明早故，事母萧氏最孝，每遇母病，即祷司命愿以身代。母命其避水，唐终身不由水道。母性戒杀，唐体其意以放生。至持己端谨，身不入城市，尤见守身之大。

周毅足：

贡生。事亲最孝，行端品正，乡人咸钦德范。

黎光宗：

监生。广刻善书，尝施棺木钱米，以济孤贫。厥弟浮浪，倾家将业出卖，光宗既无悛心。光宗乃出千金，约以还之，弟又卖之，光宗绝不与较。长子传礼入胶庠。

李为桢：

事亲克孝。且曲体亲心，以友爱兄弟，分财让产数百金不吝。现年七十，其子庭燎入邑庠。

彭为楷：

事父以孝。父卒，母病疽数年，楷躬亲洗涤，煎汤药不倦。母没，哀毁骨立。葬祭尽礼，且善医不计财，所活甚众。

陈顼：

性孝友，娶陶氏，生二子而卒。顼年方二十九岁，不复娶，言论终不及闺阃。享寿九十一岁，五世一堂，里人荣之。

李如骥：

性纯朴。父母病，屡割其股。岁凶，施米以赈贫乏。二子蒸然、蔚然均游泮水。享寿七十八岁。

何光秀：

以孝事亲。亲没，泣血庐墓。且广行阴骘事，里有争讼，必捐费以和解之。

张大鹏：

父天时，屡患便塞。大鹏多方调治，亲涤污浊不倦。兄大伦病，医药必亲身捡点。兄没后，日夜悲号，因之成疾而卒。

王家宾：

性孝友，积学未售，父故，母氏游多疾。尝为亲涤溺器，药必先尝。事兄家栋最恭，饮食出入必共。且训蒙以正，造就多人，并作孝友歌以劝世。

谭照奎：

廪生。纯朴孝友，同胞八人，照奎居长。历年获馆金六百余，悉以分润诸弟。其五弟照伦乏嗣，照奎以次子承祧，自给田产。七弟照黎屡冠童军不售，照奎为之代捐监生，乡试费用悉自奎出。尝曰："友弟兄以顺亲，吾分也，何以钱为？"

陈静思：

庠生。事亲最孝，每遇父病，即忧泣不食，病愈乃复初。父卒，庐墓三年。严冬必伴孀母以宿，便溺亲涤。母卒，悲号七日，须发俱白，仍庐墓三年。且居心长厚，童仆无欺，里人咸颂之。其孙伯芝入泮。

刘朴：

性忠厚。父早故，两兄一弟俱业儒，朴独营家务三十年。置巨业不自私，均分兄弟。州刺史额其门曰："德播乡邦"。子列胶庠，孙食廪膳。

何震均：

事亲敬养备至。及亲没，哀毁尽礼。每遇祭扫，常潸然流涕。训一孙中乡试副车，现年八十六岁。

黄文华：

号竹楼，云里人，廪生。黄鹤鸣胞兄。事母极孝，母卒，庐墓三年。性友爱，一兄两弟，同居毫无间言。中年失偶，不娶，或劝之，文华曰："娶妻为后嗣耳，已有两子，何必再娶？"其他善行颇多，不备载。

王铨：

号选之。妻彭氏，夫妇俱孝。白莲教匪入境，奉母杨氏避贼小河仙女洞，离家百余里。母惯食家中稻米，铨于乱离之际回家负米奉养数年。母多病，偕彭氏侍汤药，洗涤污秽，始终不倦。兼能敬事胞叔婶，友爱堂兄弟。凡生养死葬，身独任之，毫无怨言。夫妇年均七十，无疾而终。

曾志宏：

性友爱。乾隆初，与胞兄志含开店州城。倏遭回禄^①，火已封门矣，兄守店欲死，志宏以絮沃水蒙首，冒火进店，负兄出。家资烧尽无余，移住小河，另谋生理。起家数万金，享寿八十余，人以为友爱之报云。

王师贡：

号正达，云里人。幼贫，长贸易，小康。凡父母养葬之费，俱独任之。两兄皆贫，事之最谨。亲族中无赖者，多寄食其家。教匪作乱，设船沿河渡人，不取财，活人数千。乱息后，斗米千余钱，出所积米，减价平粜^②，更往川南买米以济之。享寿八十有五。

---

① 回禄：传说中的火神。《左传·昭公十八年》："禳火于玄冥、回禄。"杜预注："玄冥，水神；回禄，火神。"后回禄用作火灾的代称。《聊斋志异·马介甫》："又四五年，遭回禄，居室财物，悉为煨烬。"

② 粜：卖出粮食。平价收购叫籴；平价出售叫粜，始于春秋战国时。平粜指卖出粮食，平抑物价。

李荣祖：

号显绪，白里人，秉性醇厚，事母不离左右。每日鸡鸣，焚香为母祈寿，母寿九十有八，时荣祖已六十余矣。常效斑衣之戏以娱亲，爱慕如孺子。一兄早逝，其母养葬之费，并不派及诸侄。且精于岐黄①，与人疗病不取财利。其妻覃氏亦孝，奉姑五十余年如一日，现年八十有六，尚存，乡人贤之。

覃昶：

号熙和，云里人，覃模之次子也，赋性慈和。母病足，起居须人扶持，昶衣不解带，雪夜霜天，闻呼即起，八年不倦。现今夫妇齐眉，八十尚存。

杨家祥：

字瑞庵，云里人。赋性醇和，事亲极孝。昏起晨省六十余年，未尝远离。且慎言节欲，和睦族邻。好谈阴骘事，时刻善书以送人。尝曰："人子之身，父母之身也。吾生平跬步不敢苟，惧辱亲也。"亲没，哀毁骨立。葬后每日必至墓前，泣曰："儿来也！"久之不忍去，如是者数年，其孺慕之诚如此。

张曙：

字梓林。年十二失怙恃，依祖母居。妻文氏，亦孝谨。遇祖母疾，衣不解带。祖业无多，曙夫妇以勤俭起家。不私已有，均分与胞弟腾晔。胞妹早寡家贫，梓林迎归全节，抚女甥成立遣嫁。里人共称为孝友。

周汝梅：

笃学敦伦，事父母先意承志。母氏邹凤患痰疾，梅方髫龄，即能曲尽孝思。父母享大年卒，哀毁孺慕，人所难及。且友爱胞弟，分产不计肥硗。后官郫县教谕，倡修圣庙，购祭器、铸械鼎，以经术造士，名士多出其门，年六十九卒于官。著《煮字吟馆时文》《绿韵山庄古文》二种。

杨恒：

号诚之，增生。事亲极孝，凡事不设一欺语。理家政四十载，毫无私积。少时有胞弟溺死，闻信即跳入塘内，几以身殉，幸人见救之。亲没，不入阃内者三年。弟兄

---

① 岐黄：岐伯和黄帝。是医家以为祖，合称"岐黄"。后来"岐黄"成为中医学术的代称。徐珂《清稗类钞·艺术》："李畏斋，湘潭人，善岐黄，自号医隐。"

分产，推多取少。里中相观而化者甚众。

刘榕斋：

监生。教养三侄成立，为之婚配。其侄女及族间之无力者，嫁娶之资，均出自己。且迎兄至家，娱老内外，全无怨言。

曾毓灿：

儒士，字笏山。提督曾受之侄孙。性孝，谨事父母。怡色婉容，虽小事必告。父没，后每岁束脩必供母所需，不私己有。一门之内，雍雍如也。且言动不苟，里中从游者化之。

夏伯瀛：

性孝友爱。与兄伯源异母。父没，听兄教，事之如严父，起居不离。兄没，伯瀛手置田产，与子侄均分，内外无间言，里人羡服。

彭象贤：

职员。性孝友，弱冠代父持家政，凡父母所欲与，必会意以与之。父母有不豫，必多方以娱之。其叔母曹氏寡而贫，且乏嗣，象贤以胞弟钿承继衣食。婚配悉分己有，终身和翕如初，是叔母曹之得成节妇者，象贤之力也。

欧阳德焕：

贡生，性诚朴。其父外继一子为长兄，胞弟四人。俱以兄由过继，不许分产，德焕为之曲全，均分如一。老母养膳，一身任之。幼染弱疾，善保其身。年二十余，妻杨氏故，终身不再娶。每训及门，以曾子为法。一生嗜学不倦，久困乡场，晚年乐道自甘。族中贫乏者，尝以馆谷相助，学者争师之。

周宗泰：

善事父母、亲族，皆以孝闻，且友爱最笃。与胞弟宗泗朝夕相依，不忍稍离。友于之谊，人咸慕之。

陈廷璠：

号六斋，于宣次子也。兄弟四人，于宣归田时，伯兄朝龙、叔弟惇五俱早丧，璠以一身色养备至。乡会试外，跬步不离。父母没，哀毁尽礼，庐墓如制。寻见兄嫂弟姒无子苦节，以次子煦出继兄后，三子昉出继弟后，独力支持，毫无间言。季弟廷达庶出，为于宣晚年子，仰体亲意，教育成人，与煦同入庠常。后璠为藤县令，达亦同宦粤西，怡怡之爱，士民感慕成风。昉亦入庶常，其子晙以昉官貤赠文林郎。韶由举人，现官南河同知，韺官教谕。廷璠以煦官诰封朝议大夫。一门科甲联登，亲见其盛。人咸以为孝友之报，殆不爽矣。

陈煦：

号晓峰，朝龙之嗣子也。本生父廷璠，同胞兄弟六人。孝友性笃，自幼出继，嗣母王孺慕弗离，恩同已出。由举人入庶常，改官信丰令。迎养嗣母，先意承志。母族清贫，煦备多金奉其母。分给之来求者，无不如意，母心慰甚。本生父宰粤西，有退志，煦备舟车迎养。兄弟姊妹皆从煦以禄养，二人骨肉娶首为乐事。及其颐养林泉，寄奉甘旨必丰，未几本生父母见背，煦回籍办理丧葬，费数千金，一人任之无难色。嗣母王寻卒，于太平任扶榇而归，哀毁尽礼。两次皆庐墓督工，初无遗憾。胞叔廷达官德庆，亏公项七千余金，煦借贷解填乃免议。弟昉官上杭，公私交累，煦以廉俸弥补数千金，得与煦同归奔丧。弟韶官内阁中书，米珠薪桂负累匪轻，煦因公入都，辄为代偿。惟鐕早殒，韺为庶出。未仕，为韺就广文职，翼其博微，禄以养庶母也。昉先殁，其侄尚幼。侄光辅入泮而夭，光载领乡荐，一切薪水之需、束脩之费皆自煦培植之。其以一官而推爱一家，辑睦三党，煦之笃学敦伦、读书致用如此。

陈葆森：

字驭珊，生十月而孤。母氏周孀居时，好赒济亲族，生食死葬者多人。葆森仰体母意曲成之，以得欢心。居官后，亲族受惠者尤甚云。

邹棠：

字召亭，笃学敦伦，事父母愉悦，无稍忤亲意。长兄没，孀嫂孤侄辄分馆谷助之。弱弟二人，菜业儒，尊荣入泮，皆出棠之教养。登辛卯乡荐，人以为孝友之报。

田宗祥：

性友爱。兄没，抚侄成立，又焚仲兄三百缗借券。母丧，独力营葬，并无难色，且多为利物利人事。

任文藻：

字采轩，廪生，事母极孝。弟文泮，以贸易破家，藻变己产千余金，代偿逋欠。母丧哀毁，数日内须发尽白。

余长发：

敦孝友。季弟长春为母王氏所爱怜，长发善体母志，竭力养母，使弟衣食得所。

乡里称之。

卢大训：

字宗器，秉性□良，事亲诚笃。父殁，尽哀尽礼，庐墓三年。其养母更诚，亲族子弟，薰其德而善良者多。

夏在衡：

字柄权。父早卒，弟妹三人皆继母出，婚嫁教诲一身任之，以己财与两弟均分。事继母尤孝。

吴其仁：

字子虚。胞兄远出不归，其仁迎嫂冷氏，同居数十年，诚敬不衰。居丧极尽哀礼，疏食饮水，庐墓三年。

冉治华：

字其旨，伯仲三。父铠，家贫绝食时，治华年十六，鬻身以养亲，母舅何田阻之。治华始贸易，供菽水家少有。凡弟兄两家生死事，皆治华力任。后得重疾，其妻陈氏，刲股肉疗之，获痊，人以为孝友之报。

张四维：

字敬斋，庠生。性至孝，亲病尝粪以卜吉凶。亲没，丧葬诸费并不派及昆季。好施与，善医，活人甚多。

郑道生：

白里人。父文尊被白莲教贼围去，道生朝夕哭读文昌帝君纯孝文，父竟逃回。母方氏目瞽，常于玉皇观点灯诵经，以祈母寿。且乐善好施，给木棺、坟地，葬亲族多人。现年七十，尚行之不倦。

曹仕伦：

字振常，东里人。年十三，母周氏病危，割股和药以进。母死，哀毁尽礼。事继母江氏尤孝。

何玺：

其潜之子，文明之孙。嘉庆己未春，贼匪入鹤游坪，文明素患瘫疾，卧不能行。贼将及宅，玺急入室，弃所有银钱，负文明奔逃。途遇数贼，遂释文明，只身与贼力战受伤，不少屈，贼始去。仍负文明逃奔，获吉，人羡其三世孝友云。

盛清：

□□人。父国□，乾隆三十四年入金川从军，清时年八岁。事母罗氏至孝，佣工以养，孺慕宛然。年三十余，始娶妻生子。今已一堂四世，以孝友作家传焉。

何中：

号理黄，庠生。生甫十二日而母氏陈卒，父娶继母刘以长育之。及生子女各一，遂多嫌怨，甚难博其欢心。赖叔父翼覆，教读成立。年十五出外训蒙自给，曲全慈爱，入泮后馆谷稍丰，便分半以助甘旨。父卒，一切家产悉让以与其弟，终无间言。刘卒，中哀毁尽礼，力支殡葬。后弟复资食于中，子廷琛食廪饩，廷光入弟子员。

汪廷献：

性醇朴，事亲以孝闻。父病笃，与妻陈氏俱刲股和药以进，病愈致享大年。夫妇亦享年八十四岁。

陈纯清：

天性纯笃，事亲以孝闻，父母没，庐墓三年。与妻夏氏齐眉。现年八十。

周廷枚：

字卜臣。幼失怙，事母极孝，尤敦友爱。家谱散失数十年，极力搜辑，水陆星霜，不惮劳瘁，乃得有成书。且秉性耿直，遇亲族有过，辄规劝倍至。慷慨好义，闻一善事，即踊跃为之，不惜费，竟以此贫其家，并无倦志。课二子，俱入邑庠。

余体甲：

性醇厚。父锡龄病卧床褥，久侍汤药不倦。道光己亥冬，病笃，百方罔效，甲尝粪以验吉凶，其味甚辛。医曰是为金克木，今得手矣。易方服之，果愈。

蔡心辉：

字瑞彩，性敦和睦。其兄心昭，家赤贫，按月致薪米，二十余年不稍吝。侄有无赖四人，各予数十金，使之习正业。又尝制棺，给贫无以葬者。里党咸颂之。

王秀升：

性纯诚，善事父母，时得欢心。父母为之定聘，女忽瞽，女家议令别娶，秀升以亲命不可违，竟成婚，毫无嫌怨，父母甚喜之。其友爱兄弟尤笃，虽分居，如同室。勤学至中年，始入泮。生子复克肖。里党共称仰之。

陈开鉴：

敦伦笃学，尚大义。母氏李患瘫疾，卧床三十六日。是时开鉴已分居，复来前不离，奉事饮食，举动不假人手。每夜惟与两弟分侍达旦，历久不倦。堂侄禹畴性能读书，一切膏火束修，皆出自开鉴。玉成多术，越十余年乃入泮，禹畴亦敬事之如严父。族人咸交推之。

何文明：

孝友性成。分产时，母氏黎先抽良田二处与长子文秀、少子文达，然后析而三分。文明曲顺母意，且于三分中之少者就之，颇得欢心，毫无间言。今子孙犹遵其教，乡邻羡之。

刘金伯：

性孝友，事继母、寡嫂极尽至诚。弟没，代偿债百余金。亲丧，独任其费。且秉心正直，与人排难解纷，故乡邻无不悦服。

张国定：

幼丧母，父因贫不续娶。定既长，谏父再娶，从之。生弟甫半岁，而父殁。定事继母孝，抚弟课读婚配，自置田产与弟分之。继母冰居三十载而终，定葬祭如礼。今现年八十，子入大学。

高渐培：

嗜学敦伦。父母有不豫处，曲为宽解，俟霁颜乃止。其胞弟有急难，挺身救之，不避劳怨。子伯钰，列邑庠。

何其潜：

文明之子。继母谭氏，性极严，其潜曲体母心，无一毫见拂处。岁戊戌大饥，施米济人，于幼稚小孩，倍加拯恤，所活甚众。族间贫乏者，或耕或贾，均出资本为之助，人咸服其孝义，颂道不衰。

忠　烈

宋文相国云："孔曰成仁，孟曰取义，惟其义尽，所以仁至。"故或直言极谏，或慷慨赴死，要皆奋不顾身，知有国而不计身家者也。揭而书之，至今独生气凛凛云。

明

刘蒇：

正德间任给事中。值司礼监刘瑾擅权，几危社稷，同朝畏惧结舌，莫敢直谏。公上书数千言，力抵其罪，廷杖几毙，罢归田里。事详贤达。

何澄：

燕王靖难兵入，建文逊国，澄同方孝孺等殉难，克尽臣节。事详《明史》。

陈计安：

崇正末为刑部主事，闻李自成入京，哭曰："臣智不能谋，勇不能战，惟以死报国耳。"城陷被执，不屈死之。

国朝

周儒：

字鲁真，事亲以孝闻。贼将谭宏之乱，其兄俨负父潜逃，为贼所执，两臂受创。儒急父兄之难，与贼力战，受重创死。

陈福元：

云里人。康熙十九年，谭贼倡乱，民遭劫掠。福元率众往御至渝。次年正月，在巴县清溪坝与贼力战死。所率健卒二人周长庆、杨聚祖同殉难。

余世龙：

性阔达，有胆略。嘉庆八年，从张总兵攻白莲教匪于巫山县之羊耳山，败绩死之。崇祀昭忠祠。

胡星：

幼具胆略。嘉庆八年，率乡勇千余堵白莲教匪于青杜丫等处。所向克捷，追贼至滩沙坝。贼众合围，星力战自晨至午，被执不屈死，年二十四岁。部下李芳、李培、李廷然俱殉难。崇祀昭忠祠。

谭景东：

少孤，事母孝。白莲教匪王三槐等扰梁山窜垫江，景东集团勇千余人，保守鹤游坪。嘉庆四年正月，贼至攻坪，悉力抵御。经七日夜，贼退。二月七日，复拥众攻围，枪炮震山谷，团勇奔散坪破。景东以所乘马，禀母跨之而逃。母曰："汝父无他子，汝亟去，毋我虑也。"母遇害，景东奋力击贼，身受七十余创而死。崇祀昭忠祠。

王良才：

嘉庆四年，教匪王三槐入境。公奉州牧李公培垣示，充团练首，率众千余人拒贼。追至垫江县西字河，伙贼有谭姓者假充团首暗入，贼党先夜使人以水灌枪炮，临阵举发不应，力战死。崇祀昭忠祠。

周肇基：

附生，幼英敏。贼破鹤游坪，执其父母以枪刺之，公以身庇。受伤力战而死。

倪一岳：

号菁莪，监生，素以忠义自矢。嘉庆四年，教匪扰涪，岳闻贼至，先送家人渡江。偕仆永吉返。置酒劝饮，反复诚谕，以贼为可据理折之也。贼怒以刃胁岳，岳衣冠箕踞骂贼，乃围至李渡镇。贼重其义，诱岳降以为宾从。岳复骂不绝口，竟被害。永吉以计脱归，得知死节处，殓尸时犹见怒目不瞑，生气满面。其子仕镇贡成均，以事闻于上，崇祀昭忠祠。

王仕昌：

性慷慨，有大志。随父良才御贼，并其子天相力战死。崇祀昭忠祠。

杨智一：

云里人，赋性高旷，涉猎星学。嘉庆三年，教匪入室，从容具衣冠，端坐骂之。被伤数千刃而死。邑明经况抡标为之歌有"古称马贼常山舌，公今意气何勇决。衣冠兀坐御干戈，口诛贼魂不见血"等句。

盛万春（武生）　夏宗濬（监生）　袁芳（生员）

徐昶（附生）　夏尧先　冉仕元

刘玉梅（监生）　冯帝传　彭自澄

刘铎（监生）　夏帝宗　黄国龙

黄岐山（监生）　赵洪韬　彭永清

彭于彬　徐正常　张志元

彭绍献　邹世俸　李纯修

彭作模　陈绍广　冯陞

杨光太　陈绍虞　谭朝举

戴成龙　鞠志仁　李保

李富香	朱山	魏世金
张正禄	杨肫如	魏碧
李建远	贺文元	何玉林
李乾锐	曾贵	张正银
王正顺	李俸	刘文照
鞠志连	李荣	张应全
鞠保	李正华	张德贵
刘仕学	李作楫	李廷杰
黄百川	李作富	周汝明
熊五凤	李廷俸	张荣富
熊五龙	李芳	王文秀
姚永政	李培	瞿文芳
彭学波	李本万	郭俸先
蔡金虎	郭长生	汪鸣冈
蔡金梅	石大章	杨仕贵
蔡金仁	石彩文	陈富勾
蔡金禄	吴登秀	唐千发
蔡金明	吴金文	陈富乾
蔡金安	周文奇	唐万发
蔡金瑶	廖奇荣	李一万
蔡金贵	朱明占	陈秀谟
蔡金顺	朱明章	唐荣邦
唐荣先	蒲仕玉	周一梅
李秀春	古文恒	周一位
李明贵	古文德	周成年
陈金柱	冯上乾	刘映先
唐三才	冯上春	刘纯先
陈国安	王荣从	王朝树

蒋成富　孙长生　黄顺年

蒋成荣　孙国林　黄显

蒲禄　周克顺　吴国荣

吴国顺　刘钊　蒲在相

魏国顺　陶大遂　蒲学胜

魏国举　蒲汉鼎　蒲长生

张本海　蒲汉元　蒲在年

僧通学　蒲汉高　蒲在汤

僧果正　蒲汉仲　蒲大山

王天文　蒲正法　萧富三

王天才　蒲在朗　萧玉廷

尹仕科　蒲在邦　萧星斗

萧星万　陈大珍　李文科

周明海　袁衷　王玉春

唐世兴　唐待聘　王贵

甯贵　唐之成　罗广贤

徐廷芳　胡文宗　罗芳廷

徐举荣　唐文贵　黄学孝

徐举榜　陶文　黄学礼

徐举文　刘长生　吴国松

徐举道　刘登芳　刘二

盛登荣　魏金良　魏世宗

盛文富　周之荣　黄宗孔

高国才　高文锦　魏世早

余金玉　高长林　杨昌法

何学纲　万洪玉　张本洪

何学常　卓相赞　陈国恒

余文连　朱金钟　陈国奇

余文郁　徐元　蒋崇太

朱仕礼　刘久才　戴荣

魏世登　赵子宽　张廷碧

周廷杨　赵允才　陈长生

刘仲贤　马俸　黄丙

张和南　傅信学　黄朝林

黎应龙　赵应富　何曾安

李贵　夏建成　刘四海

李廷清　夏奇敏　熊桂理

赵斗弼　夏廷玉　陈朝

赵洪元　冯丙受　余墨斋

余文祥　席元龙　王珍

余文浩　席光美　王珍儒

余文学　何元　刘健行

唐之桐　朱茂德　刘锦华

张朋　刘湛祥　刘敬荣

张万　冷友　刘辉朝

孙廷芳　冷贵　刘启昆

严生于　马朝爵　刘启书

陈文刚　马锡爵　刘启万

刘启文　刘泗洺　孙国用

刘维邦　刘太明　王国明

刘辉彩　刘文全　王朝相

刘天成　刘林祖　王朝林

刘美安　刘应先　王成

刘明　刘国辅　王鉴

刘均　刘在朝　黎朝富

刘启铸　刘美东　董多能

刘汉玉　刘廷献　高明贤

高明华　白允扬　周于奇

高明贵　周声扬　周之业

高明成　周之聪　周之硕

冯海山　周殿扬　周于稿

冯南山　周南扬　周连陞

冯秀清　周汝明　周之珍

冯启汉　周之秀　周长元

冯昆元　周之道　周之明

冯所如　周于潜　周荣举

周之弼　周龙安　李文同

周之伍　周汝龙　吴国清

周孔扬　周二炳　吴正兴

周之寅　周毓　胡德远

周朝扬　王世德　王维进

周朝举　李朝相　王维富

周廷举　李万元　王维龙

周廷辅　李美章　王维仲

周朝中　李昌荣　王硕

文廷彩　白汉钦　张子贞

文钜　蒲在陞　张子洪

文洪儒　夏元吉　张正春

徐宇高　魏国玉　张子修

榖相　魏廷祥　张正诗

况荣　魏廷秀　谭世太

操文元　余文亮　谭世吉

王天忠　夏登魁　余文造

王天眷　夏学衡　余文举

张显元　余文进　夏登芳

罗开远　胡国贵　夏宗才

何世凤　胡登元　许君泽

何世举　余文明　许登玉

陶学宽　余文学　王秀荣

韩正文　何二汤　夏登国

余学龙　黎正乾　夏学校

夏天文　王如碧　程本周

夏见文　夏希文　王秉忠

沈元泰　王天伦　李安常

夏文衡　马应贵　黎陛

赵帝瀋　王朝相　张正体

夏文英　白伦陞　夏学

朱仕孔　邬国举　陶正海

徐华章　邬国昂　刘在朝

白登龙　汪潜安　余学伦

赵子贞　马祥爵　夏福保

刘美东　冯于全　余文俊

夏一载　朱衣焕　王岐山

夏一绪　孙容江　刘启万

胡正富　余文伦　孔继智

杨正泰　冯占元　舒正连

王官保　蔡金朝　蒲汉龙

幸文元　周之举　陈正纲

钟文　冯朗山　周于书

熊占明　赵天福（军功）　吴廷魁

操文昇（贡生）　胡怀书（军功）　姚永宁

赵勋（附生）　蔡金柱（军功）　罗仲坤

以上列入昭忠祠　见通省志

张双玉　郑玄　况万选

刘瀛川　吴东山　赵俸

甘羽周　陈俸　张林

李升　李泰　王琏

苟俸　魏忠　王国顺

王国正　沈元泰　孔继仁

夏学贤　汪占元　张显元

舒世碧　冯以仁　盛三

黎维祥　王天相　萧贵

黎正鳌　王国琛　余清明

黎荣山　王松　何贵

张本海　谭龙　蒲在锡

王凤山　周荣举　萧光明

黄岐山　舒贵　杨文

余东山　赵贵　刘贵

余廷彩　陈贵　方荣贵

以上列入昭忠祠　未入通省志

补录堵御鹤游坪军功

团道

夏渥荣（庠生）

汪琏（增生）

汪琳（庠生）

团首　余应祥

谭镒：监生，有胆识。教匪攻鹤游坪堵御有功，大帅奏请部议准，授广西柳州府象州吏目。

汪调元：武生，幼具伟略，因堵贼征苗屡有劳绩，授开县汛。

张执中：嘉庆二年，贼匪王三槐等叠攻鹤游坪，执中同团首，诣营请兵协力堵御，鹤游坪赖以安全。后蒙大帅奏请部议，准授正七品职衔。

谭在榜：武举。以御贼立功，部议授正七品职衔。

谭崇云：千总

刘瀛川：千总

张耀文：千总

谭世清：军功

舒世禄：军功

石文轩：军功

赵斗吉：军功

按：乾隆五十九年：邪匪刘松、宋之清、刘之协等因习教破案，经各省拿获审办，松、清当即伏法。惟刘之协自扶沟脱逃，伙匪党张天伦等，于嘉庆元年起于湖北襄阳、宜都、当阳等地。是年九月四川达州逆民徐天德、东乡逆民王三槐等亦乘机蠢动，分起楚、蜀，蔓延楚豫陕甘川蜀，倏往倏来。越吕堰、双沟，出朱阳、荆子关，上秦岭，入南北栈，渡汉沔，逾阴平，扰巴山、渔渡，逾白水江，蓦梓潼水，出没夔、巫、郧、竹、商、雒之间，而以南山老林为巢穴。东至于唐邓，西至于松潘，北至于礼县，西至于孝感，蜀中东乡两次被劫，巴州、通江、仪陇、长寿等处城池均失守。邻水、云阳、新宁、垫江、涪州、忠夔及长江北岸数十州县有经贼两三至或七八至不等。全川大震，蹂躏最惨。威勤侯勒公于嘉庆二年十一月奉命督师入川，协同太保德、额二公及都统明公亮、西安将军赛公冲阿、固原提督杨公遇春、湖北巡抚惠公龄、湖广总督吴公熊光等，带领诸将弁各地追剿，前后斩获著名首逆冉文俦、罗其清、冷天禄、张汉潮等不下百余人。积恶头目萧占国、樊人杰、汤思蛟、龚健等亦数百人，悔罪投出者数万人。由元年迄九年八月大功始藏，凯旋后蒙恩奖励。凡团首乡勇打仗阵亡者，均准入昭忠祠。合勘川案省志并查涪州分州两祠所竖木主有入通省志而未入昭忠祠者，有入昭忠祠而未入通省志者，又有祠志俱无而始见于今之采访者，每错综不一，大约乱时或禀报有遗漏，或死生有先后，或抄写有讹误，而其上为国家敌忾，下以保障里闾，其抗节捐躯至死不屈之心，则同以小民而能激发于义愤，如此并附志之，以为后之舍生取义者劝。

喻泽远：白里人。嘉庆三年贼匪入境，泽远率其子孙督乡勇堵御失利，被擒，骂贼不屈而死。道光间其乡人公请入祀昭忠祠，以历年久远，碍难详请，而其乡人义之。其子琮现年八十二岁，五世一堂，人以为忠烈之报。

义　举

北行俗美，野人足备干城；排难解纷，布衣亦多豪侠。他若疏财仗义，未始非利济之怀，月旦具在，安可听其湮没不彰耶？因备举其人、录其善，庶人皆慕义，其有裨于风化者多矣。

明

张九经：客有隐金铜佛中寄其家，后家被盗，以佛故未攫去。客至，九经归佛与金。客感其义，分金谢之，竟不受。入孝义祠，并载省志。

向鼎：见乡贤，事详贤达。

张与可：龟龙关水势汹涌，往往覆州溺人，张捐赀凿平。又沙溪春水暴涨，人马冲没，二百年无议利济者，君慨然捐金建桥。郡守韩侯题曰“永赖”。自是人无病涉之苦。

朱灏：字仲明，东里人，永乐间进士，官御史。抗疏忤谏，解组田间。置买义田，分亩赡族，一时士民景附之。

张聪：天性谨厚。其侄逋负欠官粮，聪为鬻产代输，出侄于狱，未尝言及偿还。

国朝

舒翯：贡生。为人崇本务实，乐行善事，于八角厅建普净庵，并设义渡以济人行。

潘嵩：庠生。为人诚笃，居家必整衣冠，设文会以课后学，成名者甚众。待乡里和睦，有贫乏者周济以为常。古冢裂毁，悉为封闭。父殁，庐墓尽哀。后其子味谦，列成均；鸣谦、喻谦俱领乡荐，登仕籍。州人称为敦本崇实之报。

舒其仁：贡生。建宗祠以睦族，置墓田以供祀。族中三世孤贫，为之抚养，婚娶置产业给之。不能自存者，不吝资助。见楚客覆舟失衣物，赠金而去。丙子岁旱，米价腾贵，请于官，挪项采卖邻米，减价粜发，全活甚众。文庙垣外地为市侩私买架屋，捐金赎之。与弟其文同居六十余年，无异议。后其子国珍领乡荐，步衢列胶庠。

覃邦本：吏员。为人扶弱济贫，素有隐德，见重乡里。后其子栋食邑廪，模登贤书，人以为积德之报。

程绪：副榜。兄弟分析后，兄羸病贫乏，绪以己产让兄，舌耕供食。族中有贫者，亦不吝分助。

彭逢春：慷慨好义。有贫人鬻子，即捐银赎回。又载米赴楚，有少年持银五十两买米未成，遗银而去。逾时少年寻至，春以原物给还，不受其谢。乡有旧联姻者，其婿出外十年不归。女父欲另嫁。春阻之，使人觅其婿回，助赀配合。

郑仕福：居李渡镇。除夕盗入其家，福觉之，盗叩头祈免。福曰："为盗非若本心，为贫所迫耳，吾予若金。后须改行。"给以酒食钱缗而去。盗得资本，卒为善类。

张世仲：好义疏财。曾纳谷四百石入社仓，州牧谢详请给予顶带，藩司钱给有"急公尚义"匾额。后补修城墙，复捐银二百两，里人为之刻石城南。其子列胶庠。

陈灿若：慷慨好施，矜济贫乏。曾捐赀买木棺，制布衣，凡无力安葬者，次第给之，无德色。年六十终。

高田：庠生。公正笃实，友爱兄弟，分多润寡。乡里有不平者，为之排难解纷。当事额其庐曰："芳行堪式"。

易敏文：居李渡镇。市偶拾遗金五十两，失主寻至，讯实即将□还之。分金以谢，不受。

郭阳裔：康熙癸卯武举，为人敦本睦族。祖居北山坪，自置业于曼子山，将祖业归伯兄，买业付长侄，自甘贫约，终身无悔，年七十二岁而卒。子孙皆入胶庠，至今尤和睦，无间言。

张友法：白里人。明季姚黄贼攻劫鹤游坪，杀戮焚掳，友法率众力御之。国朝定鼎，请例起科，急公奉上。涪人德之。

曾志学：性淳厚。少丧父母，两兄持家，颇积财产。分析时，志学念两兄理家勤苦，甘心尽让诸侄，仅以祖业均分。至老友爱，乡人称之。

汪名扬：轻财好施。雍正及乾隆年间，每遇岁旱，乡人乏食者，捐米周济，前后百石有余。借贷难偿，原券给还。前州牧谢以"松茂椒蕃"旌其闾。年八十三岁卒。

舒其道：庠生。好义，盛暑必伤衣冠。乙卯大旱，出家贮之谷，减价借给贫邻。有以衣饰易谷者，给还衣饰，量助谷石。乡里仰之。

彭赴选：见义勇为。康熙年间，赴选充武隆里长。多代贫者完纳钱粮，不索偿。太守萧星拱额其门曰"急公尚义"。又善和睦乡邻，息讼劝善，州牧董旌其庐曰"扬挖淳风"，至今里人称之。

彭宗舜：庠生。慷慨好义，常舍地作羊角碛义冢，葬数千人。又以业内城门洞水源，开凿上下两堰，约济水田四十余石，里人德之。州牧张公旌其宅曰"好义之门"。

黄文耀：慷慨乐施，创修碗厂沟堰路，计一千八百五十丈，人颂之曰黄公路。道光十年，水淹中嘴场，男女无家露宿，啼饥者千余人，文耀捐米济饥，所全甚众，州牧黄公杏川嘉奖上详，平生所为类如此，尤喜表彰名节。今其子学治、德治均列胶庠。

宋登荣：为人好善。见贫寒困苦者，解衣推食不吝。捐修白果铺场路四十余里，不铭碑，又捐葬死而无棺者百余人。里人德之。

余崇勋：字海山。好施与。嘉庆辛未，涪云大旱，崇勋出米济饥，全活甚众。凡建桥、修路、分润族戚贫乏，约费二千余金。乡里义之。

陈正义：性慷慨。道光丁酉，捐钱七百一十八千。得当黎伦仕土业房屋，作巷口义渡，每年收租济人，里人便之。

邵维万：东里人。嘉庆壬申、甲戌大饥，升米百钱，维万两次捐米赈济，力不及，乃禀州领济仓谷平粜，全活饥民甚众。

吴锡朋：平素好善，买鳅鳝鱼施放数年。道光戊戌出小江覆舟，阖船淹毙二十六人。独锡朋有物浮，乘流十五里获救上岸，时犹有鳅鳝随身，人皆以为报施云。

陈继唐：睦宗族，周贫乏，倡兴收掩浮尸。会设立章程，期于永久。勒碑在蔺市龙王庙。

谭兴棨：道光辛丑年，捐赀建设鹤游坪八轿石义学，分上、中、下三馆。州牧缪公额其门曰"尚义崇文"。学宪何题曰"鹤坪书院"。凡束脩膏火出自学田，永著条规，士林义之。

谭美东：貤赠登仕佐郎，慷慨好义。道光戊戌鹤游坪大饥，美东施米施粥，活人颇多。亲族有贷钱难偿者，每取券焚之，更加周恤不市恩，乡人式焉。寿七十八，无疾而逝。

谭世浴：见义勇为。岁丙戌，鹤坪大饥，世浴捐米周恤，所活甚众。州牧吴额其门曰"睦姻任恤"。

鲁大荣：天性醇笃。兄弟分居，后复析产与侄，置祭田以昭祀事，即以所余资族间婚嫁。且好行方便，修险路，施木棺，遇贫者借贷不取息。丙戌戊岁大饥，荣量力赈济，全活甚众。孙克英、克俊、克裕均少年列胶庠，人以为厚德之报。

刘裙：为人浑朴。稍有余积，即捐行善事，尝施木棺以埋暴骨，捐钱以置义冢，里人义之。

张茂应：六岁而孤。长英敏，克家迈种，手置田园多庄，疏财重义。宗族亲戚有孤贫者，量力助之。创修倪峰寺殿宇，并建文星阁。三子均列胶庠。寿七十二岁，无疾而逝。

甘文才：号抢英。幼失怙恃，依叔成立。叔病，割股救愈。性豪侠公平。尝云："吾人不能为天下出力，当为一乡不可少之人。无作自了汉。"事无大小，经其排解，两造俱服。生平造桥修路，培补庙宇。每暑月于要道搭凉棚，以息行人。严寒施被，岁终施米，乐善不倦。享年八十，州牧李公给以"硕德耆英"匾额。

向玉鉴：字辉山。凡族中不能嫁娶者，必代为嫁娶，收埋河中浮尸，三十余年不惜资费。乡人义之。

杨智麟：字朝瑞。幼失怙恃，长，慷慨好义，有余赀即提携亲戚，赈济邻朋，胞叔家赖以教养者三世。敦宗睦族，尊师重道。生四子：恒、恂、憷、怡，列胶庠者二，贡成均者二。享年八十有一。

陈炳南：道光二十年，斗半米千钱。炳南出谷一百石，减半价发卖，全活甚众。

杨崿：字向之，国学生。好义乐施，时行方便，族有孤女不能嫁者，代为衾具嫁之。朋友中客死无归者，殡之不吝费。尝捐纳济谷，买济田，人多义之。寿七十六岁而卒。

李广进：慷慨倜傥，乐善好施。救人之难，济人之急。遇事捐赀以成人之美者，指不胜屈。每岁终，里中孤贫者，必量给钱米，不责偿。行路侈为美谈。寿六十余卒，足迹未尝履公庭。

李昭绪：字荣贵，秉性刚直。年十五由粤来涪，营积多金，分润弟兄不少吝。遇岁旱，施米为粥，全活甚众。贫者借贷，不取息。建庙宇，修险路，好行善事，至老不倦。身列成均，未尝履公庭。

薛沅：性慷慨好义。父没，丧葬之费不派及昆季。遇贫乏，无不周恤。他如赈饥施棺，治道修桥，捐赀尤多。嘉庆间，匪徒乘乱拐妇女贩卖，沅在珍溪镇设法防治。匪徒敛迹，一乡获安。

陈文广：性敦厚，好施济。其族中无力婚葬者，文广捐赀以给。凡道路崎岖，庙宇倾颓，皆力为培植。年九十，精神矍铄，其妻王氏亦年九十。五世一堂，子孙凡百四十二人，文广及身见之。

鲁启麟：倡置义冢，收掩浮尸。与同里陈继唐设有拯溺会。

熊世俊：好施与。嘉庆初，教匪乱后，值大饥，米价崇贵，捐米三十石以平粜。州牧重其义以上闻。太守颜其额曰"为善一乡"，州牧曰"德义永年"。一堂五世，八十八岁而卒。

秦钟瑄：好信义，敦名教。尝倡修宗祠，董率族中子弟，善者奖之，不善者惩之，众皆服其方正。其贫而无力婚嫁者，尝捐赀以助不及。子侄有能读者，捐膏火束脩，使与其子同学，藉以成名。子葆恬，现食廪饩。

陈志常：长里子路溪夏间河水泛涨，行人阻隔，志常捐资置船渡人，二十余年不懈，人咸义之。

戴世远：东里人。训蒙糊口。乾隆乙酉路拾遗银三十两，次日访得失银者谢姓，如数还之。后二年复还罗姓失银十两。

柯进瑚：东里人。嘉庆己卯，有夫妇归黔者，资用之绝，鬻妻以偿。进瑚心恻，捐金代偿，且赠旅费，夫妇感泣而去。

夏曰浩：性好善。有市侩私斗收米，贫民坐累，命子文彬诘于官，以除积弊，所费不下千金。

钟清鸣：监生。赋性慷慨，好施与，重然诺。族友中借贷必应，力不能偿者，不与较。每遇年饥米贵，出谷减价平粜。人多德之。

况元保：嘉庆三年，教匪煽乱，自芝草垭至白家场，妇女老稚奔向韩家沱，渡江逃生以数百计。有一贼单骑执枪追至观音桥，元保恐过桥伤人，立桥左以计诱贼，刺以长矛，贼带伤走。元保料其复来，急赴韩家沱雇小船数十，催众渡江。及贼党追至，不伤一人，烧毁民房数百家而去，里人至今称之。

许廷扬：耕稼起家，接物平和，晚年尤好义。里有石庙，久经颓废，神像露处，廷扬集里人募化补修，捐金数百为之倡。落成，复舍腴田三十亩，以作焚献，人咸慕其乐善焉。

王子院：性正直。幼工诗文，尤慷慨好施。己亥岁凶，捐米赈饥。教匪扰境，捐资数百金，督修鹤游坪寨。捍卫之力，子院居多。

谭辉宇：性豪爽，敦信义。族中子弟不安本分者，直言面斥之，人咸畏其方正。里中有诗书斋，训蒙糊口。被强盗入室抢劫，其人性朴而贫，且盗为富人覆翼，事难破。辉宇自备讼费，不避艰苦，为之告诘。得其首从数人，按律伏罪。又尝督修考棚，倡修东会桥。其子道衢，由孝廉授巫山教谕，道正贡成均，余皆业儒，人以为好义之报云。

杨登荣：白鱼池人，家不甚裕，性好施予。凡族戚困乏，量力周之不吝。道光七年岁饥，州主吴公劝富民输粟助赈，杨不待召，自以米十石赴州乐输。官给"谊敦任恤"匾额以表其闾。

张执中：积学未售，笃于友爱。值凶年，与弟大鹏共捐米以济贫乏。岁终，凡里中有窘迫者，必量力以周恤之。嘉庆二年，贼匪王三槐等叠攻鹤游坪，执中同团首诣营请兵，协力堵御，鹤游坪赖以安全。后蒙大帅奏请，部议准授正七品职衔。

金世凤：秉性正直。为邻里排难解纷，无不服者。嘉庆间，逆苗煽乱，大兵进剿，众举凤于当事，协办军粮，夫役随到立付。时士卒多有扰民者，凤即白于主帅，严治之，众赖以安。凯旋议叙，大帅袁欲以上闻，凤不慕荣利，辞之。刺史李额其门曰"鸿志鹤龄"。分司张旌其功曰"在公勤慎"。

何绎如：其逊子也。家极贫，其逊卒时，绎如年仅五龄，贸易成家，置田六十余亩。直廉尚义，于伯叔父前，生养死葬，曲尽心力。犹有不足之意，寒士不能读书，束脩膏火之费，代为之出。凡邻里无力嫁娶、殡葬者，咸助之，并出赀使人全其夫妇。又出赀使人息其讼端。遇称贷，不索券，亦不责偿。嘉庆辛未年饥，斗米千钱。慨然售田四十余亩赈米施棺，以济贫穷，里党皆赖以生全，至今人犹艳称之。

张永万：性乐善，独力修土地塘庙宇，买常住土铸惜字库，设醮共费八百金，里人贤之。

李鸿业：楚南人，乐善好施，尚义急公。此次修志，移建奎阁，鸿业自乐捐钱五百千，邑人义之。

喻琬：号含辉。秉性廉介，慷慨好施。遇贫苦亲邻，极加温恤。乾隆六十年，州牧详请给予寿耆[①]。嘉庆辛未岁歉，慨然捐赀赈济。本府李赐以"谊笃乡闾"。夫妇齐眉，寿俱享年八十四岁。

---

① 寿耆：耆，老。指年高而有道德、有修养的人。

倪秉泰：性喜施予，凡遇岁饥，无不乐输赈济。道光辛丑岁歉，斗米千钱，慨然捐葫麦三十石于州属李渡镇赈济，乡党贫者，均瞻实惠。

寿　考

《礼》：八十常珍，九十饮食不离寝；又，八十月告存，九十日有秩，先王所以尚年也。第乡饮之礼，涪陵久缺，爰逐加博访自八十以上者，汇载耆寿一目，虽不敢谬比于洛社耆英[①]，而黄发儿齿，悉登纪载，亦足征圣朝人瑞云尔。

耆英

宋

谯定：年一百三十岁犹授《易》于涪，后不知所终。

国朝

潘承志：敦尚古，处友恭，兄弟置祭田以祀宗祖。力经营以课子孙，长子元良列明经；七子元会领乡荐，登仕籍；长孙颐，恩贡。寿至八十举乡饮，介宾将期颐，邑人举报申请，当事赠有"升平人瑞"匾额。后以子元会贵，诰封奉政大夫。九十六岁卒。

李万春：应赠文林郎，寿九十而终。

杨永荣：增生，年九十五岁。

张焜：贡生，寿八十八岁。

易乾一：庠生，年八十七岁。

朱尔瞻：庠生，现年九十三岁。

宋宣：庠生，年八十六岁。

---

① 　洛社耆英：宋文彦博、司马光等聚集洛阳高年者共十三人（一说十一人）置酒相乐，称洛阳耆英会。《宋史·文彦博传》："文彦博与富弼、司马光等十三人，用白居易九老会故事，置酒赋诗相乐，序齿不序官。为堂，绘像其中，谓之'洛阳耆英会'，好事者莫不慕之。"宋司马光《洛阳耆英会序》："昔白乐天在洛与高年者八人游，时人慕之，为九老图传于世。宋兴，洛中诸公继而为之者凡再矣。皆图形普明僧舍，普明，乐天之故第也。元丰中，……潞公谓韩公曰：凡所谓慕于乐天者，以其志趣高逸也，奚必数與地之袭焉，一旦悉集士大夫老而贤者于韩公之第，置酒相乐，宾主凡十有一人。"

王洪猷：庠生，现年八十六岁。

陈万通：庠生，年八十五岁。

张玮：诰封修职郎，年八十四岁。

李子芳：庠生，年八十五岁。

冯甲第：州庠生，年八十三岁。五世一堂。

盛长：庠生，年八十二岁。

何震一：增生，年八十四岁卒。

冉玮：监生，年八十三岁。

陈仁：庠生，年八十一岁，曾募捐银百余两，置玉皇观常住。又施大柏树场街基四十间，租钱为文昌川主焚献，乡人义之。

张祐：贡生，年八十九岁

邹璋：庠生，年八十二岁。

周福：庠生，年八十岁

何镶：监生，年八十岁。

吴煜：增生，年八十岁

王洪勇：监生，年八十岁。

甘克和：庠生，年一百零五岁，五世一堂。

朱嗣昌：监生，年九十二岁。

陶世忠：龙安府教授，现年九十四岁。五世一堂，现列成均、入胶庠者四世。

谭大川：恩锡寿耆，年九十二岁。五世一堂，子钟琳、钟岚、钟秀、俱武庠。孙辉斗，戊寅武举。

陈廷璠：举人，与妻周氏，八十齐眉。合卺。周甲事详贤达。

陈于宣：赠朝议大夫，寿八十有七。

夏纫兰：庠生，寿八十八岁。

夏礼行：庠生，寿八十七岁。

潘鸣谦：重饮鹿鸣，寿八十四岁。

任儒修：武生，现年八十岁。

张文仪：庠生，寿九十四岁。

孟正璟：寿九十五岁，诰封五品顶戴。

张寅清：贡生，寿八十四岁。

夏元昇：庠生，寿八十三岁。

毛宗乾：国学生，寿八十五岁。

谭绍武：武生，年八十一岁。

吴玉成：庠生，现年八十岁。

徐受采：庠生，年八十六岁

秦钟禄：国学生，年八十岁。

高永昌：监生，年八十六岁。

胡味三：庠生，年八十岁。

高攀：监生，年八十岁。

徐上仪：庠生，年九十岁。

乡耆

唐可惠：小江人，年百二十二岁。夫妇齐眉，子孙同堂者七世。敕建"期颐偕老坊"。一生朴质，打铁为业，竟以孝友闻，故享大年。子孙蕃衍如此，见《锦里新编》。

陈登第：年九十四岁，夫妇齐眉。子七人，孙十八人。曾孙三十一人，元孙四人，五世一堂。子孙辈俱耕读为业，不染游惰之习，乡人仰之。

舒光宗：年八十六岁。为人正直，忠厚，训课子孙，俱入胶庠。乡人重之。

张瑢：年八十六岁。元配陈氏，年八十四岁。夫妇齐眉。

何镇：年八十三岁，朴实好善乐施，子八人，孙二十余人，曾孙十余人，元孙一人，五世一堂。

吴先信：年八十二岁，忠厚居心，公平待物，里人仰之。

姚瑚：年八十一岁，为人孝友，居心诚实，夫妇齐眉。

夏元敏：年八十岁。父卒时，诸弟俱幼，敏为之婚配，训课其弟元祥，列胶庠。

彭锈：年八十岁，夫妇齐眉，五世一堂，今犹康健钁铄。杖履乡党。

赵琼英：年九十五岁。　　　　　　萧纯：年九十六岁，为人忠厚诚朴。

李璠：年九十岁。

舒其学：年九十岁。

张文玉：年八十五岁。

张珍：年八十五岁。

刘英贤：年八十四岁。

何睿：年九十岁。

易乾亨：字贤林，年八十九岁。

何启聪：年八十七岁。

吴之瑄：年八十七岁。

刘乾生：年八十七岁。

陈纯：年八十七岁。

夏建松：年八十四岁。

何鏻：年八十四岁，州牧报举耆宾。

杨公卿：年八十四岁。

程明诗：年八十三岁。

张得中：年八十三岁。

姚子建：年八十二岁。

杨仕琮：年八十二岁。

刘瑛：年八十一岁。

熊恒琺：年八十一岁。

陈于相：年八十一岁，报举耆宾。

何调元：年八十一岁。

唐纯：年八十一岁。

何子道：年八十岁。

吴仕侨：年八十岁。

陈仕佐：年八十岁，为人端直勤俭。

郑文贤：年八十岁。

彭体训：年八十岁，为人勤俭笃实。

黄连成：年九十六岁。

邓应鹏：年八十八岁。

张应翔：年八十五岁。

罗一瑞：年八十七岁。

张德清：年八十八岁。

梁锡泰：年八十六岁，州牧报举耆宾。

张旭：年八十六岁。

陈忭：年八十六岁。

况尔仲：年八十六岁。

夏景昕：年八十六岁，元配八十岁。

宋宷：年八十七岁。

张鹏舒：年八十六岁，夫妇齐眉。

陈祥：年八十六岁。

余翼鳌：年八十六岁。

陈栈：年八十六岁。

何启厚：年八十五岁。

赵凤林：年八十五岁。

吴述先：年八十五岁。

杨溥：年八十五岁。

袁德儒：年八十岁。

瞿思焕：年八十岁。

宋容：年八十岁。

潘履泰：年八十岁。

张洪儒：年八十四岁。

李国珍：年八十三岁。

曹旭：年八十三岁。

尚洪儒：年八十三岁。朴实勤耕。

高成章：年八十八岁。

吴敬久：年八十岁。

贺朝鸾：寿九十岁。

禹国相：寿九十三岁。

杨国臣：年八十岁。

陈万昌：年八十岁，夫妇齐眉。

高成典：年八十六岁。

徐荣试：年八十岁。

石镛：年八十三岁。

杨表：年八十岁。

瞿克孚：年八十岁。

汪明远：寿九十岁。

刘俸祖：现年八十四岁。

李曰礼：现年八十一岁。

严以庄：现年八十一岁。

郭茂林：寿八十八岁。

郭茂松：现年八十四岁。

夏永泗：寿八十一岁，妻邬氏，八十九岁。夫妇齐眉，五世一堂。

杨坚：寿九十六岁。

吴瑢：寿九十岁。

傅节文：年八十岁，为人诚实，精医学。

傅鸿任：年八十岁，州牧报举耆宾。

李钺：年八十二岁。

周纯修：年八十岁。

吴世瑨：年八十三岁。

石若瀛：年八十三岁。

王其英：年八十四岁。

杨本新：寿九十岁。

彭赴选：寿九十二岁。

雷汝烈：年八十岁。

杨本胜：寿八十八岁。

曹尔昌：寿九十一岁。

郑之朝：寿八十九岁。

傅天庆：寿九十岁。

朱天阳：寿九十四岁。

张世爵：寿九十二岁。

冯选超：现年八十岁。

刘建祖：现年八十六岁。

文玮：寿一百岁，恩赐"庆衍期颐"坊，州牧张晴湖赠以联云："三万六千三百日，一堂五世一家春"。

朱嗣昌：现年九十三岁。

冉存鳌：寿一百零二岁，天性浑朴，不入城市。州牧张晴湖邀请不至，高尚如此。

罗应甲：寿百岁，乾隆五十年覃恩准建百岁坊，州牧赠以联云："野鹤巢边松最老，仙人岛上雨初晴。"

张曲秀：现年八十七岁。

幸文昌：同乐场人，寿百岁，五世一堂。　王洪泽：现年八十二岁。

张伦朝：新庙场人，现年百岁。尚耳聪目明。

张正楷：现年八十四岁。

吴永贵：龙潭场人，年九十二岁，妻刘氏九十一岁，夫妇齐眉。

张应政：年九十五岁，后长子钊亦年八十七，次子□亦年八十四。一门人瑞。

戴仕仁：现年九十岁。 　　杨廷用：妻彭氏，夫妇齐眉。寿八十八岁。

彭国芸：寿八十六岁。 　　覃文魁：妻周氏，夫妇齐眉。年八十五岁。

杨碧如：现年八十一岁。 　　王文岸：妻吴氏，夫妇齐眉。寿九十岁。

杨于镛：现年八十岁。 　　熊世俊：五世一堂。寿九十岁。

杨于铣：现年八十三岁。 　　廖岐圣：五世一堂，寿九十八岁。

郎永蓁：现年八十岁。 　　夏曰浩：五世一堂。寿九十二岁。

刘文贵：现年八十，夫妇齐眉。 　　鲁大荣：妻孟氏，夫妇齐眉。寿八十六岁。

邬学先：现年九十岁。 　　游正才：寿八十四岁。

韦巨韬：寿九十六岁，妻冯氏，九十二岁，夫妇齐眉。

郭嘉奖：现年八十岁，忠厚传家，和平应物。

夏元会：寿八十三岁。 　　谭寿山：年八十九岁。

萧邦礼：寿八十八岁。 　　谭青山：年八十五岁。

杨能耆：现八十三岁。

汪堤：妻程氏，夫妇齐眉，五世一堂。寿九十岁。

王若尼：年九十四岁。 　　谭映明：年八十六岁。

谭华岳：年九十一岁。 　　谭盛朝：年八十五岁。

谭注江：年九十三岁。 　　谭景德：年八十二岁。

谭沛：年九十四岁。 　　汪文海：年八十岁。

谭登典：年八十七岁。 　　湛正一：年九十五岁。

谭荣山：年九十五岁。 　　傅元恺：年八十岁。

谭大体：年九十岁，夫妇齐眉。 　　舒尔栋：年八十岁。

谭景琏：年八十一岁，妻周氏，九十三岁。五世一堂，子登岸、登元均列胶庠。

谭灼：年九十岁。 　　张能应：现年九十七岁。

瞿先进：年八十二岁。 　　蒋芝秀：现年八十六岁。

冯春秀：年八十六岁。 　　袁钿：妻李氏，年八十九，夫妇齐眉。

舒登堂：现年八十一岁。

邹治梁：年八十九岁。

邹治岷：年八十六岁。

郑玘：年八十五岁。五世一堂。

谭世洲：年八十四岁，五世一堂。

谭尚书：年八十七岁，妻徐氏，夫妇齐眉。

谭尚易：年八十岁，妻姜氏，夫妇齐眉。

蔡占隆：乐善好施，年八十一岁。

张朝纲：现年八十一岁。

夏帝顺：现年八十五岁。

张子骥：现年八十一岁。

洪景泗：乐行善事，五世一堂，年八十九。

刘世俸：现年八十四岁。

刘家鹏：现年八十二岁。

钟毓文：现年八十岁。

张绍麟：现年八十岁。

陶运德：现年八十五岁。

毛作新：现年八十五岁。

陈利华：寿八十六岁。

符兆刚：年九十一岁。

刘文先：现年八十一岁。

郑玉相：现年八十五岁。

唐三超：现年八十二岁。

刘万唐：与齐眉妻程氏俱年八十二岁。

冉洪仁：云里人，一生忠厚，寿八十一岁。

熊松茂：现年八十四岁。

李应贵：年八十五岁，五世一堂。

陈昌玉：年八十六岁，五世一堂。

蒋芝栋：年八十三岁。

刘朝俸：妻李氏，齐眉。年八十一岁。

姚君正：年九十三岁，夫妇齐眉。

舒尔晳：年八十三岁。

黄学周：寿八十岁。

罗赞韩：年九十六岁。

杨天池：年八十二岁。

王大德：现年八十六岁。

王治朝：现年八十二岁。

夏槐：现年九十七岁。

孙镇：现年八十八岁。

王珍：现年八十一岁。

阮真圆：现年八十七岁。

刘文达：现年八十二岁。

胡世茂：现年八十一岁。

叶光照：现年八十三岁。

刘宗朝：年八十四岁。

黄华铣：寿八十七岁，夫妇齐眉。

吴周文：现年八十六岁。

刘合林：现年八十六岁。

郑元吉：现年八十六岁。

王应泰：年八十三岁。

郑时芳：年八十八岁。

朱国相：年八十八岁，五世一堂。

王子珑：年八十四岁。终身不娶。

曹仕朋：年九十岁，终身不娶。

湛仲惠：年八十二岁。

陈典：现年八十五岁，五世一堂。

傅良臣：年八十四岁。

路朝辅：现年八十岁。

贺梧：年八十三岁。

杨纯纲：年九十七岁，夫妇齐眉。

王克常：年一百四岁。五世一堂。夫妇齐眉。

禹荣臣：现年八十四岁，五世一堂。

王嘉荣：年八十四岁。

马文兰：卒年九十五岁，夫妇齐眉。

胡兴苑：卒年九十一岁，夫妇齐眉。

赵维爵：现年八十九岁，五世一堂。

左金魁：卒年九十五岁，五世一堂。

谢仁杰：卒年八十二岁。

杨秀荣：现年八十二岁。

喻棕：现年八十岁。

王魁：年九十三岁，夫妇齐眉。

余镕：年八十八岁，五世一堂。

刘沛江：年九十一岁。

何芝仁：年九十岁。

黄世爵：年九十五岁，五世一堂。

向尚明：现年八十二岁。

黄世隆：年九十岁。其子子文后亦八十。父子以医济人。

黄子宗：年八十岁，四世一堂。

陈子坤：年九十一岁，妻王氏，年九十二岁。夫妇齐眉，五世一堂。

陈为绪：现年八十岁，好善乐施，夫妇齐眉。五世同堂。

张奇能：现年八十岁，未履公廷。夫妇齐眉。五世一堂。

高必蕃：与妻文氏八十齐眉，合卺周甲。

栾珏：年八十七岁。夫妇齐眉。

栾仁：年八十五岁。

金秀：年九十岁，五世一堂。夫妻齐眉。

黄必达：年九十三岁，五世一堂。

邵维林：年八十六岁，五世一堂。

刘惠远：现年九十一岁。

柴文祥：卒年八十五岁，夫妇齐眉。

郑光乔：年九十五岁，五世一堂，夫妇齐眉。

李朝铭：年九十七岁，五世一堂，夫妇齐眉。

王国臣：现年八十四岁。

彭伯顺：现年八十七岁，夫妇齐眉

邵维儒：现年八十五岁。

湛泽远：现年八十七岁。

熊照荣：现年八十四岁。

田宗武：卒年九十七岁。

田宗科：卒年八十五岁。

田仁恺：现年九十五岁。

徐九富：现年八十八岁。

冉尔玉：卒年九十一岁。

刘子美：卒年八十五岁。

黄镳：年八十一岁。

张文卿：现年八十七岁。　　　　　　王理：现年八十七岁。

袁赤玉：现年九十六岁。　　　　　　袁国印：现年八十四岁。

徐周文：现年八十八岁。　　　　　　文条：现年八十一岁。

高元槐：现年八十一岁。　　　　　　刘树才：现年九十七岁。

何道亨：为人忠厚，年八十四岁。

高尔类：为人和平忍让，与人无争，年九十岁。

王其华：为人诚朴，年八十二岁。

盛榜文：为人朴实，年八十六岁，妇常氏，白发齐眉。

喻梓美：现年八十四岁，与妻夏氏齐眉。

汪绍羲：美华之子，现年八十二岁。　　谭学固：寿九十二岁，五世同堂。

卢廷章：年八十四岁。　　　　　　　彭之初：年九十三岁

彭之龙：年九十二岁。　　　　　　　鞠正绪：年九十一岁，四世同堂。

何其潜：年八十四岁。事详孝友，妻刘氏，年九十岁。

黄鉴：年九十二岁，五世一堂，恩赠八品顶带。

汪长清：年九十六岁，夫妇齐眉，五世同堂，督府给有"庆衍期颐"匾额。

监生汪居仁：年八十八岁，五世同堂。府宪给有"乐善引年"匾额。

谭如玥：现年八十七岁，五世同堂。

申代荣	刘文朗	伍文魁	龚子珍	倪恒丰	王世弼
陈廷照	胥希乾	程克举	王朝贵	胥希亮	甘文衡
孙学诗	李仕儒	甘家廷	吴常安	杨有鼎	甘国选
李增衡	杨有聪	朱华宇	冉洪秀	夏正楷	朱效乾
黄敏武	陈文权	毛永书	毛永信	赵正纲	张仲元
陈绍和	钱星煌	刘大贤	郑人敏	钱星灿	郭　宜
萧心亮	谭绪谟	李仕学	张曙治	胡朝林	余　鉴
黄存鉴	罗登祥	张　嵩	萧明现	明定一	刘万清
周廷棣	戴学琏	秦正洪	舒尔寿	戴心仁	杨在学
瞿应淮	李义荣	李文纲	张应恪	陈耀彩	吴应爵
刘永富	陈廷书	况必俸	吴桂芳	杨德铸	余上鳌

吴汉章　赵之模　陈在和　蔡金童　冉永清　刘　醒

李文鱼　李本厚　何仁统　李三乐　蒋伦礼　何朝品

赵文林　陈元氾　夏维炳：现年八十岁。

刘惠西：年七十八岁。　　　　　　刘增：现年八十岁。

吴映岐：庠生，现年九十岁。　　　尹如久：现年八十岁。

张正谊：现年八十八岁。　　　　　刘醒：现年八十五岁。

游国祚：现年八十八岁。　　　　　孙镇：现年八十七岁。

喻琬：现年八十四岁。　　　　　　王明材：年八十五岁。

曾遇铎：现年八十岁。　　　　　　王仕才：现年八十三岁。

文　苑

周子云：文辞，艺也；道德，实也。笃其实而艺者书之，盖谓文辞之无关道德也。然载籍极博，非融洽经史、根柢理窟，又何以炳炳烺烺、辉映奎壁哉？除已载贤达不赘外，特采艺苑名流，卓卓可称述者，以次汇叙成帙。

元

贾长卿：名元。《蜀中著作记》涪州人，有文学。凡使蜀还京者，人必问曰：得贾先生文章否？题《观澜阁歌》，撰《文庙御碑记》，乡人重之。见通志。

贾易岩：《通志》涪州人，以文名，著有《涂山古碑记》。

明

刘蒧：字秋佩，宏治进士。正德间，以劾刘瑾，廷杖遣戍。后归里与其弟奇山、侄绍武歌咏于安乐洞永思楼。著有《名臣奏议》《见闻录》《秋佩文集》行世。

夏子云：嘉靖举人，精理学。尝叹曰：丈夫不耻不闻道，乃羡一科第耶！后官衡州府同知，旋引归。著有《少素文集》行世。

陈计长：天启举人，学问渊博，官江南松江府同知。解组归田，著有《鸣鹤堂六政亿言》行世。

何伟：万历进士，官慈谿令，以终养归里。著有《何氏家训》、诗稿、文稿行世。

夏铭：宣德进士，官御史，精理学。著有《四书启蒙》以惠后学。

何以让：字环斗，明万历戊子举人，官北直大名府。陈情终养，尝赋诗自娱。著有《答客篇》《归来稿》《南北两都赋》《舌璧摘辞》《九权书》《黄老辨》《五行释劝》《旷怡篇》《春秋笔记》。

国朝

刘之益：闻见博洽，康熙癸亥年创修《涪志》。

冯懋柱：学问渊博，康熙甲午年重修《涪志》。

陈于铭：字西斋，府学明经，博通经史，理解精微。三子俱登乡荐，凡后进之士多出其门。著有《时艺》待刊。

夏崌：弱冠能文，尤究心诗学，兼通音律，中癸卯恩科经魁[①]。年二十四岁而卒。

陈于端：长于时艺，中丙辰恩科解元[②]。

何铠：弱冠登第。闭户潜修，以文章名著，有《永言随笔》待刊。

文正：颖悟过人，可以一目数行，博览群书，中辛酉经魁。

陈于藩：长于时艺，试辄冠军，为文醇正典雅，蜀东称之。

黄坦：潜心经史，为文昌明博大。中辛酉解元，著有《辉萼堂诗文》待刊。

张景载：聪明嗜学，彬彬尔雅。以文名冠川东，学者宗之。

黄基：究心道学，为文力追先正。中辛酉经魁。

邹锡礼：潜心学问，融贯四书，讲义长于时文，后进多出门下。

陈鹏飞：聪慧颖悟，凡作一艺，独开生面，士类中称为锦心绣口。著有《时艺》待刊。

何裕基：丰采纯雅，潜心学问，中乾隆丙辰恩科经元。著有《时艺》待刊。

周煌：字景垣，号绪楚，别号海山。生而聪颖，十三学举子业。下笔奇思叠出，群惊为异才，入翰林。历任江西浙江学政，充四库全书总阅，会试总裁，阿哥书房总师傅。著有《琉球国志》《应制集》《海东集》《豫章草》《湖海集》《蜀道吟》《海山存稿》若干卷行于世。

彭应槐：字文轩，号殿元，举人。任江安儒学，博学能文。著有《地舆便览》行于世。

---

① 经魁：明代科举有以五经取士之法，每经各取一名为首，名为经魁。乡试中每科必于五经中各中一名，列为前五名。清代习惯上亦沿称前五名为五经魁，或五魁。

② 解元：唐制举进士者皆由地方解送入试，故称乡试第一名为解元。宋元以后亦称读书人为解元。

陈永图：字固庵，嘉庆壬戌进士。任湖南宜章县。通经史，精文辞，受业者多以科第显。著有《宜章县志》《章水唱和集》行世。

周汝梅：字羹甫，号雪樵。嘉庆甲子经元，任郾县教谕。博通经史，为文力追先正，寝食于古，登作者堂。著有《绿韵山庄古文》《煮字吟馆时艺》待刊。

张克镇：号重夫，贡生。河南上蔡县知县二载之子，随父读书河南。博通经史诗，古文辞俱有法律，遗稿待刊。

黄鹤鸣：廪生，品学兼优。著有《春秋精义贯旨》《廿二史约纂》《四友堂文稿》《诗稿》《律赋》。年四十二卒，士林惜之。

何炎午：明经。博通经史，精时艺。工诗，尤长于古文，有韩、柳、欧、苏之胜。著有《抱经堂集》《迟云山馆诗稿》待刊。

况抡标：字树岩，副榜。性嗜学，对经史辄忘寝食。圣贤道理，洞见本原，尤通《易》。著有《周易先天一说》八卷。

彭应桂：字肖岩，廪贡生。博学宏览，善属文。著有《馥元堂时文诗草》待刊。

隐　逸

巢由之洗耳①，严陵之钓台②，固千载高风矣。后世匿迹林泉，安知非终南捷径。然无心轩冕，洁清自好。以视奔竞之徒大有迳庭。廉退之风，又乌可少哉！

明

晏亚夫：性恬淡高洁，博学嗜古，不乐仕进，郡人咸称其贤。春秋配祀四贤，故《总志》又谓五贤祠。

蔺希夔：号云门，博洽典雅，潜心理学，著有《易注》行世。一时向慕从游者，千里毕集。有强之仕者，夔曰："名教中自有乐地，何以官为？"额其庐曰"万松窝"。

---

①　巢由之洗耳：巢由即巢父、许由合称。巢父、许由都是唐尧时人，隐居不仕。洗耳，表示厌听其事。《高士传·许由》载："尧又召（由）为九州长，由不欲闻之，洗耳于颖水滨。时其友巢父牵犊欲饮之。见由洗耳，问其故。对曰：'尧欲召我为九州长，恶闻其声，是故洗耳。'"

②　严陵之钓台：严陵即严光，字子陵。东汉初会稽余姚人。曾与刘秀同学，少有高名。刘秀称帝后，严子陵改名隐居。后被征召到京师洛阳，授谏议大夫。严不受，归隐富春山，在富春江边垂钓，此处后成东钓台。西钓台则是南宋末年谢翱哭文天祥处。

文渊：号跃吾。精书翰，长风雅，足不履廛市，性最洁。多栽花竹以适怀。生五子，植五桂于庭，仿佛燕山窦氏，勉子力学，长者成三楚贤令，幼者登贤书，孙枝皆词坛杰士。

刘昌祚：号瀛台，美丰仪，精词翰。虽屡世台省，毫无贵介气。神宗朝以祖忠愍公之荫，屡旨起用，皆高尚不就。时有七叟为侣，共联题咏，今江心石鱼，尚存七叟胜游之刻。

夏可洲：号海鹤。博通词赋，读书大渠灏，架草亭于江岸，日吟咏著述。渝州倪司农遇，同颜其居曰"野史堂"。因赠一联云："有才司马因成史，未老虞卿已著书。"始名犹露副榜，继则身远城市。人号"野史名儒"。

夏可淇：庠生。博古自好，屡举不第，乃退以诗书娱老。尝以古人笃行自励曰："学古入官若入官而鲜效，不如不入官也。"居家孝友谦让，与兄可洲号"夏氏二难"。

刘绍武：号石冈。刘奇山子，司谏刘秋佩侄也。司谏被谪后，石冈于宅后创最乐洞，以为诵读之地，暇则与宗族子弟修礼让，终其身不谈国事。

刘天民：昌祚之子，年十三为弟子员。下帷读书，足不履市廛，口不谈势利。崇祯间以忠愍公之荫召用，不就，时人以高尚其志，呼为"昌祚肖子"。

国朝

冉崿：贡生，选训导不就。性恬淡，立身端直，虽跬步不苟。以经学训后进，游其门者多正士，年七十余而卒。

渡江老父：涪陵人，伊川先生谪至涪州，渡江中流，船几覆舟，中人皆号哭，伊川独正襟危坐如常。已而及岸，老父同舟问曰："当船危时，君正坐色甚庄，何也？"伊川曰："心存诚敬耳！"老曰："心存诚敬固善，然不若无心。"伊川欲与之言，而老父径去。

流　寓

士君子桑弧蓬矢[①]，志在四方。讵曰：生于斯，长于斯，遂安土重迁，无事车辙马迹为耶？纪其遗迹，能无向往？

---

　①　桑弧蓬矢：桑木做的弓，蓬梗做的箭。《礼记·内则》："国君世子生，告于君……射人以桑弧蓬矢，六射天地四方。"象征男子应有四方之志，后用以勉励人应怀大志。

汉

马援：汉伏波将军。当时征五溪蛮，屯兵于涪城之南五里，今人名其地曰马援坝。

唐

李白：彰明县人，昔入夜郎，往来于涪。后遂改涪之五龙镇曰李渡。

宋

程颐：河南人。宋哲宗时，擢崇政殿说书。绍圣间削籍窜涪州，寓居北岩注《易》，涪人崇祀北岩。载省志。

尹焞：洛阳人，少师事程伊川。靖康初，以荐召至京师。不欲留，赐号和靖处士。次年，金人陷洛阳，焞阖门遇害，焞死复苏。后刘豫以礼聘，焞不从，乃自商州奔窜。绍兴四年，止于涪，就伊川注《易》北岩山，辟三畏斋以居，涪人多宗之。后以范冲举，召为崇政殿说书，辞以疾，冲请命漕臣至涪亲迎，乃就，道祭伊川而后行。载省志。

范成大：客寓涪州，有《涪陵江诗》载艺文。

罗从彦：字仲素。尝从杨时讲《易》，至乾九四爻云："伊川先说甚善。"鬻田走州见伊川，问之，伊川反复以告。从彦谢曰："龟山先生具是矣。"乃归卒业。见《渊鉴》。

黄庭坚：洪州人。以修《实录》谪涪州别驾，黔州安置。自号涪翁，与太虚书曰："某屏弃远方，以御魑魅，耳目昏塞，旧学废忘，是黔中一老农耳。"载省志。

王充：梁州人。游黔南时，黄庭坚谪于涪，与充相爱甚笃。庭坚书曰："南充王子美，其质温粹。久与之游，见其诚心而不疑，循理而竞竞。"按：《一统志》："充游黔南，太守高请以训黔之学者。时黄庭坚被谪于州，相爱甚笃。常书以颂王之德曰：'南充王子美，其质粹温。久与之游，见其循理而不竞，诚心而不疑。'"当从《一统志》。

刘彝：福建福州人。仕宋累官直史馆，知桂州。禁与交人互市，交阯陷钦、连等州，坐贬官，安置随州。又除名为民，编隶涪州。载省志。

明

杨慎：字升庵，新都人，正德辛未状元。与松泉夏尚书交厚，尝客于涪。

吴敏：《宋诗纪事》：敏，字元中，真州人。大观二年辟雍首选擢浙东学事司干官，充馆职。钦宗即位，知枢密院事，拜少宰。谪涪州安置。

国朝

王士正：字渔洋。寓于涪，有《碧云亭》《江心石鱼诗》载艺文。

吴省钦：字白华。官四川学政，时游北岩题有注易洞诗。

张问陶：号船山，遂宁人，官翰林院检讨。有诗名，为周东屏之婿，尝客于涪。

节　妇

妇操茹荼，贞媛矢志，抑坤舆之所钟欤。盖得阴气之正，自觉冰霜凛凛，足愧须眉，殆非巾帼之谓也。涪陵山峙水洄，每多西南间气。其芳闺懿范，堪垂诸彤管以流芳百世者，指不胜屈。司风化者，所当急为阐扬焉。

明

张德星妻王氏：年十九岁夫卒，子元甫二岁，抚至成童。遣就外傅，躬织纴以给之。逢时祭，精洁诚敬。后元领乡荐，元子善吉、孙柱皆成进士，人以为苦节之报。

张孔时妻冯氏：年二十二夫卒，遗一子，氏矢志抚孤。孝养舅姑，孀居六十四年卒，有司表其门。

任学妻萧氏：年十九夫卒。极贫无子，遗一女亦卒。事姑孝，誓死不二。又为姑庶子经营，完娶。年八十二终。

吴鼎妻范氏：年十七夫卒。极贫无子，兄怜其贫寡，迎之还，弗许。州守廖森闻而存恤之。年八十五卒。

生员张诩妻夏氏：年十九夫卒，无子。豪家请姻，氏割耳截发以异节。请旌坊，建西关外。

刘大节妻许氏：年十九夫卒，遗腹生子。氏矢志抚孤，养葬舅姑。至今称其地为节孝里。

文可宗妻庞氏：年二十一夫卒，矢志抚孤。养葬两姑，嫁三女。守节五十五年。卒，州牧张详请旌表建坊。

儒生张亲仁妻朱氏：夫卒，事姑最孝。孀居至老，建节孝昭垂坊，在北关外。

钱妻刘氏：都谏秋佩公女，适进士钱玉之子。氏年十九夫卒，庐夫墓旁，誓死靡他。躬辟垆造四桥，人谓父忠女烈云。

儒士沈捈妻张氏：节孝石坊，现存盐井坝。

陈一廉妻赵氏：年二十夫卒，抚一子，生三孙，皆领乡荐。寿九十三岁。旌建"冰心映日"坊，在北门外。

文武妻王氏：武卒，氏年甫十八，事姑孝。贞静慈和，言动惟谨。有劝其改节，氏割耳刺面以示，守节五十年。详请旌表坊，赐"节孝流芳"四字。

周文焕妻蔡氏：崇正甲申，适周播迁，患难诸苦备尝。夫卒，有仇家索债，逼嫁，氏遂还依母居，苦节四十六年。

国朝

明经向日赤妻黄氏：赤继妻，秉性贞静，甘穷约。夫为贼害，氏青年矢志抚子端及两女嫁娶婚配，艰苦备历。后端夫妇殁，又抚孙远鹏及二孙女，苦节三十余年卒。康熙乙酉，远鹏登贤书，人以为苦节之报。已请旌表入节孝祠。

张文仲妻沈氏：已请旌入祠，坊建南岸堡。

孝子周儒妻章氏：已请旌入祠。

杨芳林妻吴氏：夫被贼害，氏年廿余，坚志守节，倍历艰险。子二：长名奇，次名时，纺绩督课，年五十卒。学宪邑侯额其门一曰"柏舟之操"。一曰"孟妻一派"。后名时膺乡荐，名奇子维楫列胶庠。请旌入祠。

杨奇妻何氏：已请旌入祠。

彭长春妻杨氏：年十九夫卒，遗腹生子宗舜，艰辛抚子。孝养翁姑，姑病笃，割股以救。姑殁，事继姑无异。苦节三十年，族党贤之，后宗舜列胶庠，颇慰冰霜之志。已请旌入祠。

举人夏嵋妻高氏：年二十二夫卒，氏抚孤成立。守节三十九年，请旌入祠。

周鉴妻罗氏：年二十九夫殁，守节三十余年。已请旌入祠。

庠生陈于宸妻文氏：文任之女，年二十适陈。舅殁姑老，兼有八旬余，祖姑氏竭诚孝养，俱得欢心。越三载，夫卒，子甫一岁，多病家贫，鬻簪珥医治，长遣就傅，归必查课程，纺绩以助膏火。茹蘗饮冰，历四十余年。后子鹏飞成进士，任曹县令，迎养署中，卒年六十有八。已请旌入祠。

解元陈于端妻夏氏：庠生夏瓒之女。年二十五夫卒，子方襁褓。翁姑已殁，尚有八旬余祖姑，氏竭诚孝养。苦节三十余年，子鹏高列胶庠，已请旌表。

周镐妻黄氏：年二十四夫卒，氏矢志守节，历四十七年。已请旌表。

举人文步武妻周氏：年二十六夫卒。子未周岁，氏养亲抚子，守节四十余载。乾隆壬辰，子楠捷南宫，筮仕甘肃。已请旌表。

监生谭绍尧妻张氏：明经张纯修女，年二十二夫卒，矢志抚孤，事翁姑得欢心。守节三十余年。已请旌表。

生员杜纯祖妻李氏：吏目李文焕女。年二十八夫卒，氏矢志坚贞。养亲抚子，守节四十五年。详请旌表。

举人何铨妻陈氏：贡生陈用世女。年二十五夫卒，一子一女，氏苦志守节，足不出户，教子有基成进士，任湖北沔阳州。历节至七十九岁终。大学士陈宏谟为之立传，载艺文。

刘洪任妻陈氏：陈振世女。年二十七夫殁，无子。继侄承嗣，矢志靡他。历节至八十四岁终。

邹锡节妻刘氏：生一女，夫随父任山东，卒于署，氏年二十六。姑怜其幼，微示以意，夜即自经[1]，辛女呼号引救，守节三十余年。将卒，脱簪珥遗婢嘱曰："我死，汝为我沐，勿令人见我体。"言讫，卒。已请旌表。

朱瓒妻万氏：年十八夫卒，遗腹生子，家极贫，氏矢志不贰。养姑抚子，备历辛勤。苦节至九十余岁终。

刘心田妻熊氏：年十九夫殁，氏誓不贰。志历节至七十余岁。

庠生熊轶林妻陈氏：廪生陈汉章女。秉性柔顺，持躬谨严，年二十四夫殁。氏矢志冰霜[2]。孝养翁姑，抚二子希衮、华衮成立，不坠先绪。守节至八十八岁终。

张圣统妻罗氏：罗朝凤女。年二十三夫卒，氏矢志冰操，守节至八十九岁终。

刘体乾妻彭氏：庠生彭钺女。年二十八夫卒，一子甫三岁。氏坚志抚子，遇贼入室，强拒不屈。州牧萧星拱额以"直节流芳"，年八十六终。

---

① 自经：自缢、上吊。《论语·宪问》："岂若匹夫匹妇之为谅也，自经于沟渎而莫之知也？"谅，信。《汉书·朱买臣传》："居一月，妻自经死。"

② 矢志冰霜：冰霜，比喻坚质清白。《宋书·刘义庆传》："处士南郡师觉，才学明敏，操介清修，业均井渫，志固冰霜。"矢志，矢同誓，矢志冰霜，即立下坚贞清白之志。旧时多用于赞扬女性孀居守节。

徐有中妾杨氏：徐经商云南，获资千金，卒于滇。氏年十九，无子。父兄劝改嫁。不从，携金扶柩归里，坚心守志，事嫡若母。依嫡子存活，历节至八十四岁终。

张世仙妻石氏：年二十九夫卒，遗子璠。氏矢志冰霜。教子由廪生贡成均，历节至八十三岁终。

彭佐卿妻张氏：年二十六夫卒，氏矢志柏舟[①]，养姑教子。子丧，又抚孙成立。守节至八十三岁终。

庠生石若汉妻陈氏：年二十二夫卒，抚子成立，守节至四十余年。详请旌表坊，建石家沱。余详孝妇。

曹仕宾继妻舒氏：年二十六夫卒，无子。抚前室子锜成立，后锜又亡，孙文升、曾孙元，元孙起昌四代皆早夭，其遗孤俱氏抚成人。历节八十三岁终。

邱国英妻何氏：年二十夫卒。无子，氏苦志冰霜。历节八十二岁终。

庠生吴钦妻杨氏：杨汝柏女。年二十八夫卒，氏养亲孝谨，抚子成立。年八十一岁终，州牧王廷松额以"劲节延龄"。

林维栋妻瞿氏：年二十九夫殁。氏矢志不贰，养亲抚子，年逾八十，州牧谢国史以"劲节延龄"额其门。

鞠敬成妻杨氏：年二十夫卒，遗一子，矢志柏舟，抚子成立。历节五十余年。

黄琬妻孙氏：年三十夫故，遗一子。氏矢志抚孤，守节至八十三岁终。

陈宪谟妻舒氏：庠生舒翼女。年二十八夫卒，无子。家清贫。氏誓守不贰，茹荼自甘。戚党有怜其贫者，赠以衣物，坚辞不受。年八十岁终。

彭锐妻杨氏：杨国臣女。年二十六夫卒，子甫半岁。氏坚志抚孤，守节至七十八岁终。州牧额其门曰"矢志柏舟"。

冉琼妻易氏：年二十四夫卒，子二。氏誓守甘贫，课子耕读，历节五十余年。

傅仲升妻郭氏：年二十九夫殁，氏矢志柏舟。历节至八十岁终，州牧额其门曰"钟郝矩范"。

周傥妻张氏：明经张笃生女。年二十五夫卒，子二。氏矢志抚子入庠，孙兴涪列贤

---

① 矢志柏舟：柏舟本为《诗经·鄘风》篇名，《诗经·鄘风·柏舟》序："柏舟，共姜自誓也。卫世子共伯蚤（早）死，其妻守义，父母欲夺而嫁之，誓而弗许，故作是诗以绝之。"后多引此典谓坚贞守节的女人。矢志柏舟即发誓做共伯妻子那样坚贞守节之人。

书，年八十岁终。

高以元妻夏氏：贡生夏瑚女。年十六夫殁，无子，家贫。氏守贞不二，纺绩供亲，继侄承嗣。苦节至七十六岁终。

夏敬勤妻程氏：年二十八夫卒，子幼、家贫。氏矢志冰霜，养葬翁姑，抚子成立。州牧谢国史额其门曰"竹茂松筠"，寿七十六终。

庠生黄文中妻陈氏：寿州知州陈援世女。年十九夫卒，氏剪发伴麻，成履以殓。夫葬时，翁姑已卒。随母终老，长斋四十余年。为母祈寿，母果享寿九十五，氏亦七十六岁终。

谭瑜妻昌氏：年二十八夫卒，一子二女。氏矢志柏舟，养葬翁姑，婚配子女。州牧王廷松、谢国史额其门，一曰"玉洁冰清"。一曰"钟郝矩范"，守节至七十五岁卒。

陈昭妻何氏：年二十八夫卒。氏矢志冰霜，抚孤成立。守节至七十五岁而终。

庠生李材妻何氏：何奠川女。年二十八夫卒，守贞自矢。事舅姑，教二子，辛苦备历，守节至七十五岁终。

汪轶妻罗氏：年二十五夫卒，矢志柏舟，事祖姑暨姑，俱得欢心，苦节至七十四岁终。

彭旭妻魏氏：年三十夫卒，遗一子尚幼。家极贫，氏矢志坚贞，养姑抚子，守节至七十三岁终。

杨树成妻鞠氏：年二十八夫殁，矢志抚子成立。子卒，又抚孙成人。历节至七十三岁而终。

庠生舒其德妻何氏：年二十八夫卒。姑性刚，氏委婉奉事，得欢心。抚三子成立，苦节至七十二岁终。

吴皞妻杨氏：杨维楫女。年三十夫殁，遗腹生子，氏矢志坚贞。养翁姑抚孤子，守节四十余年。

李砑妻胡氏：胡尔珍女。年二十二夫卒，无子。氏纺绩度日，养葬翁姑。守节至七十二岁。

张守道妻唐氏：年二十八夫殁，子甫一岁，氏守贞抚孤，历节至七十一岁。州牧陈于上额以"柏舟载咏"。

苟麟妻席氏：席兰元女。年二十六夫卒，遗三子。氏矢志柏舟，抚子成立，年七十一岁终。

彭铸妻李氏：生员李沛女。年二十八夫殁。仅二女，氏冰操自矢，继侄承嗣。守节至七十岁终。

庠生文裕武妻冯氏：冯伦女。年二十八夫殁。无子，氏励志冰霜。历节至七十岁卒。

吴进涵妻鞠氏：鞠长久女，年二十九夫卒。无子，继侄承嗣，守节至六十九岁终。王州牧额以"冰霜劲节"。

彭儒彬妻杨氏：年二十八夫卒，氏矢志冰霜。奉姑孝谨。守节至六十八岁终。

高旭妻王氏：王三华女。年二十三夫卒，无子。氏苦志守节，继侄承嗣。历节四十五年，州牧表其门曰"冰节继世"。

吴文杞妻王氏：王敬忠女。年十八适吴，夫病，割股救之，获痊。越十载夫卒，子三。氏矢志不移，事姑尽孝，姑病，亦割股救愈，享年一纪。三子躬督耕桑，孝友成家。历节至六十五岁终。

黄琼妻覃氏：覃华初女。年二十一夫卒，子甫六月。氏矢志柏舟，抚子成立。苦节至六十五岁而终。

夏裕妻刘氏：刘子佑女。年二十八夫卒，无子。氏矢志守节。继侄熙为嗣，抚之成人。年六十一岁而终。

熊犹龙妻袁氏：袁先谟女。年二十八夫卒，子二。氏矢志柏舟，抚子成立。年六十二终。

余忭妻张氏：年二十岁夫卒，子一。氏矢志靡他，孝养舅姑，抚子成立。年六十四岁而终。

监生汪永妻甘氏：甘大猷女。适汪时，翁姑俱殁，事继姑以孝闻。年二十九夫卒，子二尚幼，抚之成立。苦节至六十二岁终。

张鹏妻罗氏：年二十七夫殁。遗一子，氏抚成人，卒，复抚一孙成立。苦节至六十二岁终。

何榔妻乐氏：年二十四夫殁。子二，氏抚育成立，坚冰不移。苦节至六十一岁而终。

周镕妻冉氏：酉阳明经冉□女。年二十适周，一月夫卒。矢志靡他，苦节至六十余岁终。

汤枞妻万氏：年三十夫卒，子辉业、辉绩俱幼。氏矢志冰霜，苦心教子，辉绩食邑廪。守节至六十七岁终。

汪玳妻夏氏：年二十八夫卒，氏柏舟矢志，诵经长斋，抚子成立。二孙入胶庠，苦节至六十二岁终。

庠生文灼妻周氏：荣禄大夫周俨女。年二十六夫卒，子甫二岁。氏矢志抚孤，守节六十岁终。

王琪妻古氏：古时中女。年十六夫卒，子一。氏矢志抚孤，长斋礼佛。苦节至六十一岁终。

知县何铠妾陈氏：年二十四铠卒，子一。氏誓不贰，志抚子成立。苦节二十七年终。

庠生李纯妻黄氏：黄正武女。年二十八夫殁，子一。氏矢志守节，养姑教子。历节至六十岁终。

蔡廷贵妻袁氏：年二十七夫殁，子一。矢志抚孤，后子丧，志终不贰。历节三十余年。

夏纯智妻周氏：周伯昌女。年二十六夫卒，子甫八月，氏柏舟自誓，抚孤成立，孀居五十八岁终。

余志显陶氏：年二十一夫卒。氏矢志冰霜，抚子成立，娶媳周生三孙。子卒，姑媳抚育，陶五十二岁终，周亦孀居无异志。

童生李如榕妻王氏：王瑄女。年二十夫卒，氏矢志坚贞，抚遗腹子成立。历节五十六岁终。

罗德永妻周氏：年二十九夫卒，子一。氏矢志冰霜，抚子成立。历节四十余年。

邓维淳妻陈氏：陈仁女。年二十二夫殁，氏苦志守节三十一年，五十三岁终。

举人沈宾妻向氏：庠生向远翿女。年二十二夫卒，遗一子。氏矢志冰霜，抚子成立，年四十五岁终。

徐珍妻潘氏：文林郎潘紫临女。年二十五夫殁，子二。氏矢志训子，长学鸿列胶庠。孀居，四十五岁卒。

蔡宏玉妻郭氏：年二十六夫卒，氏矢志柏舟，抚子成立，历节三十余年。

石维岱妻刘氏：庠生刘文龙女。年二十二岁夫殁。氏孝事孀姑，抚遗腹子成立，历节四十年卒。

陈文学妻蒋氏：蒋子文女。年二十二夫卒，氏矢志冰霜，养姑教子。姑卒，葬祭尽礼。州牧谢国史曾额其门，历节至八十余岁。

郑成典妻田氏：年十八夫卒，子一。氏矢志不贰，抚子成立，守节至七十八岁终。

秦绍绰妻卢氏：年十八夫卒，子甫数月。家极贫，矢志守节，养姑以孝。姑病奉药饵，每彻夜不眠。抚子旭成立，州牧王廷松额以"劲节凌霄"。历节至七十七岁。

杨鸣珂妻孙氏：年二十夫卒，苦志守贞，事姑至孝。姑卒，携子庐墓三载，历节至七十九岁。

傅近韩妻吴氏：年二十九夫殁，子四。氏矢志守贞，事姑以孝。姑卒，尽哀尽礼。守节五十八年，眼见五世同堂。

陈国柱妻倪氏：年二十五夫卒，氏誓守不贰，历节至八十三岁。

张宏载妻古氏：年二十夫卒，家无斗筲，氏矢志不移。纺绩课子，守节至七十八岁。

生员周瀚妻鲜氏：鲜六锡女。年二十一夫卒，家贫，无子。氏矢志不改，纺绩养姑，葬祭尽礼。历节至七十八岁。

曾孙达妻龚氏：年二十九夫卒，矢志柏舟。抚子成立，寿至九十六岁。

石鲁存妻罗氏：年二十八夫卒，子一。氏坚志抚子，守节至八十三岁。

□□熊犹麟妻陈氏：知县陈岱女。年十八夫卒，无子。矢志冰霜，养姑孝，继侄璐承嗣。娶何氏，甫三载，璐又亡，遗一子，姑媳抚育成立。陈年七十三，何亦孀居十八载。

夏元铎妻曹氏：年二十八夫卒，子一，甫三岁。氏矢志靡他，抚子成，守节至八十岁。

郭点妻周氏：周大训女。年十九适郭，逾年夫病，氏切指煎药救愈。越三年，生子文基，甫四月夫殁，氏抚育成立。娶妇潘氏，六载文基又卒。子一岁，姑媳抚之成人。氏守节至七十余岁，潘亦守节二十七年终。

李朴妻罗氏：年二十六夫卒，氏矢志坚贞，事姑尽礼。抚子如璋列胶庠，守节七十七岁。

吴南华妻张氏：年二十三夫卒，遗一子，氏矢志孀居，抚子成立。守节至七十四岁。

曹绪儒妻李氏：年二十五夫卒，子甫一岁。氏矢志冰霜。抚子成立，守节至七十五岁。

黄道符妻秦氏：年二十八夫卒，氏养亲抚子，守节至七十八岁。

张厚载妻程氏：年二十八夫卒，二子俱幼。氏养姑抚子成立。二子继亡，又抚两孙。辛苦备尝。守节至七十八岁。

张登贵妻任氏：任盛隆女。年二十三夫卒，氏苦节不移，抚子成立，历节至七十三岁。

王国正妻陈氏：年二十五夫卒，遗一子。氏矢志抚孤，历节至七十五岁。

彭体慧妻刘氏：年二十九夫卒，氏养姑教子，备历艰辛。守节至七十九岁。

张珊妻王氏：年二十三夫卒，遗一子。氏矢志抚孤，后其子又丧，氏终不移初志。苦节至七十一岁。

刘沆妻黄氏：黄尔祥女。年十九夫殁，无子。氏矢志守节，事翁姑，丧养尽礼。年六十七岁。

徐玉□妻冯氏：年二十四夫卒，氏矢志不移，抚子成立。州牧陈于上额以"冰壶秋月"，苦节至八十六。

萧道政妻任氏：年二十二夫卒，一子。氏矢志冰霜，历节至六十九岁。

曾鲁妻唐氏：年二十八夫殁。遗三子。氏矢志冰霜。菽水尽养，事姑抚子成立，历节至八十四岁。

曾煦继妻罗氏：年十八适曾，逾二年生一子，事姑克谨，抚育前妻二子如己出。年二十四夫卒，氏矢志教子，纺绩自甘，历节至五十八岁终。

萧国珍妻刘氏：年二十夫卒，遗腹生子敏。氏矢志柏舟。养葬翁姑，尽孝尽礼。守节至九十六岁。

方体乾妻况氏：况尔林女。年十九适方，逾年夫殁，遗子琭甫岁余。氏矢志靡他，事翁姑尽孝，姑病瘫痪卧床八载，氏侍汤药无倦容。遣子就傅，督课倍严，后子列胶庠，苦节至六十二岁。

萧儒顾妻王氏：年十九夫卒，子登云甫半岁。翁姑在堂，氏矢志冰霜，仰事俯育，守节三十余年。

刘世梅妻王氏：年二十二夫卒，子一。孀姑在堂，氏柏舟矢志，孝姑尽礼，抚子成立。历节三十余年。

李万才妻冉氏：年二十二夫卒，一子一女。氏茹荼抚孤，勤俭持家。历节至七十二岁。

李天泰妻邹氏：年二十夫卒，无子。翁姑劝其改嫁，氏誓不二志，孝顺翁姑。惟谨夫有两兄长早丧，次出外翁姑，养葬氏独任之。后继侄为嗣，甫生一孙，嗣子旋卒。氏又抚孙成立，历节至九十二岁。

生员黄璞妻李氏：年二十三夫卒，子二。氏矢志守节，孝事翁姑，勤俭持家。增业产以贻双儿，历节五十八岁。

熊珩妻王氏：年二十八夫殁，子一。氏矢志冰节，家贫，菇苦抚子成立。历节至七十岁终。

孙经妻王氏：年二十八夫卒，一子尚幼。事姑克孝，养葬竭力。勤操内政，抚子成立。历节至六十四岁。

易洪文妻张氏：年二十八夫卒，子二。氏矢志守贞，抚子成立，历节至七十五岁。

刘维教妻秦氏：庠生秦继先女。年二十八夫卒，子甫数月。家贫苦，氏冰节自持。日勤纺绩，抚子成立。历节至七十五岁。

瞿瑜妻何氏：何文明女。年二十七夫卒，遗二子俱殇。氏矢志不移，历节至七十三岁。

黄琦妻吴氏：年十八适琦，数月夫卒，遗腹生子仕相。氏矢志守节，事翁姑尽孝，抚幼子成立。置房修屋，备极劳瘁，苦节至六十四岁终。

李统妻谢氏：谢天命女。年二十二夫殁，遗一子。氏苦志冰霜，抚子成立，历节六十九岁。

童生谢洪绅妻蒋氏：蒋子沛女。年十八夫卒，无子。氏孝事舅姑，纺绩度日。苦志冰霜，历节至六十三岁。

张秉中妻湛氏：年二十八岁夫卒，氏矢志守贞。历节至七十四岁。

周樽三妻高氏：年二十五夫卒，抚子成丁，殀亡。氏终不易志，苦节至七十三岁。

进士何有基继妻王氏：游击王懿女。年二十八夫殁，无子。氏冰霜自矢，历节七十三岁。

张法载妻陈氏：举人陈珏女。年十八夫卒，遗一子。氏矢志守节，抚子成立。孀居至六十二岁。

庠生张秉岐妻程氏：教谕程绪女，年二十八夫卒，氏矢志冰霜，事翁姑得欢心，爱诸侄如己子，守节至七十二岁。

陈让妻何氏：何子建女。年二十五夫卒，遗一子甫三岁。氏矢志冰霜，州牧谢国史额其门曰"松柏贞操"，历节至六十八岁。

高人爵妻夏氏：年二十一夫卒，遗一子，甘心守节。抚孤成立，有孙七人。孀居至六十三岁。

夏仕祥妻黄氏：黄纯益女。年三十夫殁。子幼。抚子成立，守节至七十三岁。

庠生夏晓妻文氏：年二十八岁夫殁，无子。氏矢志柏舟。历节至七十有一岁。

吴仕杰妻杨氏：年十八于归，越五载夫殁，遗一子，逾年翁姑相继亡。氏坚志冰霜，抚子成立。守节至六十五岁。

庹孔茂妻沈氏：沈元一女。年十七适庹，越六月夫卒。无子，矢志守节，继侄承嗣，苦节至六十三岁。

监生黄持锐妻易氏：易肇文女。年三十夫卒，氏矢志柏舟，纺绩课子。观澥、观澍俱列邑庠生，历节至七十三岁。

庠生高本忠妻李氏：李振羽女。年二十九夫卒，氏矢志抚孤，苦节至七十一岁。

彭宏义妻梁氏：梁学甫女。年三十夫卒，氏教子读书，守贞不二。历节至八十三岁。

刘琮妻陈氏：年二十二夫殁。遗一子。氏坚志冰操，抚子成立。其子又卒，氏仍纺绩自赡。苦节历四十余年。

樊欲林妻陈氏：陈湛女。年二十一夫卒，一子。氏苦节抚子，孀居至六十三岁。

姚宗国妻陈氏：陈诰女。年二十一夫卒，氏矢志守贞，苦节至六十四岁。

高必达妻文氏：文琳女。年二十一夫卒，遗一子，逾一载，子亦随夭。氏矢志冰霜，事祖翁姑及翁姑，俱得欢心。及殁，丧葬尽礼。抚弟妹成人、婚嫁。苦节至六十一岁。

黄仕进妻陈氏：陈士仲女。年二十一夫卒，氏矢志守节，翁姑养葬之费，氏皆出自纺绩。苦节至六十岁。

倪文燕妻徐氏：年二十二夫卒，一子。氏养亲教子，备历艰辛。守节至六十三岁。

陈世荣妻张氏：张灿英女。在家值母病，曾割股以救。年二十适陈，越二载夫卒，子甫六月。夫族欲夺其志，氏潜归依父度日，矢志冰霜。俟子稍长，始回家营业，抚孤成立。已生三孙，苦节至六十三岁。

张希贤妻栗氏：年二十六夫卒，子方半岁。氏念两世孤孀，含悲茹苦，养亲教子。守节至六十四岁。

吴煌妻蒋氏：年二十九夫卒，无子。氏矢志坚贞，居依伯叔，将产业作祭田，守节至六十八岁。

举人杜昭妻夏氏：举人夏峆女。年二十四夫卒，无子，遗一女，氏苦志守节至六十二岁。

童生夏锡妻蔡氏：蔡如兰女。年二十三夫卒，无子，遗一女。氏矢志柏舟，守节至六十一岁。

张学桂妻潘氏：贡生潘元良女。年二十二夫殁，无子，遗二女。氏冰操自守，勤纺绩为二女奁，苦节至六十岁。

周国炳妻秦氏：年二十二夫卒，家极贫，氏纺绩养祖姑，抚子成立，守节至六十岁。

刘天鹏妻舒氏：舒心睿女。年十九夫卒，无子。矢志守节，继侄承嗣，州牧谢额以"节操松筠"，历节至六十二岁。

韩铭妻吴氏：吴煊女。年十七适韩，甫六月夫卒，无子。氏矢志冰霜，守节至五十五岁。

石若潜妻戴氏：戴洪先女。年二十八夫卒，氏坚志贞守，抚子成立，历节至六十五岁。

张岱妻余氏：余子硕女。年二十五夫卒，无子。氏矢志冰霜，历节至六十二岁。

夏元会妻盛氏：盛孔鲁女。年二十三夫卒，遗子二。矢志冰霜，抚子成立，苦节至六十六岁。

夏涵妻郭氏：年三十夫卒，子二。氏矢志冰清，抚子成立。守节至六十七岁。

周憓妻彭氏：年三十夫卒，家贫。氏矢志柏舟，自勤纺绩。苦节至六十七岁。

陈于楹妻任氏：枝江县知县任直女。年二十五夫卒，无子，家极贫。父母迎之归，父旋殁，亦乏子嗣，惟母女相依，纺绩度日。守节三十八年，今母寿九十余岁，后氏亦年六十有三。

石若鸿妻尹氏：武生尹信女。年十七于归，结缡三载，鸿贸易市肆，被火身故。氏奔至，欲投火同毙，街戚力救，得免。氏矢志冰霜，孝养翁姑，抚二岁子成立。州牧谢国史表其门曰"心映冰壶"，苦节至五十六岁。

文以慧妻朱氏：朱渐升女。年十八夫卒，遗一子。家贫甚，氏矢志靡他，纺绩度日。苦节至五十四岁。

刘泽著妻文氏：年二十三夫卒，遗一子。氏坚志不移，抚子成立，已历节三十余年。

陈于华妻刘氏：监生刘世琦女。年二十夫卒，无子，家贫甚，父母迎之归。父旋殁，依母居。纺绩度日，冰霜自守。苦节至五十七岁。

余琪妻唐氏：年二十六夫卒，遗一子。氏矢志靡他，抚子成立。州牧额以"芳型足式"，苦节至六十三岁。

周广传妻罗氏：年二十七夫卒，无子。家既贫，翁姑又衰老。纺绩养亲，守贞不二。苦节至六十三岁。

乐世宽妻何氏：年十八夫卒，无子。氏冰霜自守，孝事翁姑，历节至五十五岁。

　　黄志廉妻陈氏：年二十九夫卒，子二。氏矢志不移。养姑教子，守节至六十有四岁。

　　杨海妻张氏：张守芳女。年二十五夫卒，一子。氏躬勤纺绩，抚子成立，历节至六十岁。

　　郑子才妻胡氏：胡润清女。年二十七夫卒，遗一子。家极贫，氏守贞抚子。后其子又殁，矢志不移。苦节至六十余岁。

　　冉万钟妻王氏：王在廷女。年十九夫殁，遗腹生子。氏苦志抚孤，誓不贰志。守节至五十余岁。

　　监生谭如琰妻席氏：年二十一夫卒，无子。氏矢志冰霜，守节至五十七岁。

　　张瑜妻涂氏：年二十七夫卒，无子。氏誓不贰志，苦节至六十余岁。

　　举人张一载妻陈氏：长寿举人陈源虞女。年二十八夫卒，无子，继侄承嗣。守节六十三岁。

　　周泽仁妻陈氏：陈贤书女。年二十八夫卒，氏矢志冰霜，养姑教子，历节至六十二岁。

　　杨馘妻彭氏：彭希圣女。年三十夫卒，氏矢志守贞，苦节至六十四岁。

　　张秉钜妻周氏：年二十八夫卒，氏矢志守节。事翁姑孝，姑病疮，氏为吮舐。历节六十有二岁。

　　陈仕忠妻胡氏：胡士杰女。年二十四夫卒，遗一子，旋夭。氏苦志冰操，继侄承嗣，守节至五十八岁。

　　黎潽妻赵氏：年二十二夫卒，遗一子甫三月。氏冰霜自矢，抚子成人，守节至五十六岁。

　　沈金韬妻何氏：年二十九夫卒，子甫半岁。氏冰操自矢，抚孤成人，历节至六十二岁。

　　朱之俊妻梁氏：年二十七夫卒，子一。氏誓死靡他，抚子成立，守节至六十岁。

　　黎国泰妻徐氏：徐玉珩女。年十九夫殁，子一。氏矢志柏舟，甘贫不移，历节五十二岁。

　　郭炘妻刘氏：年二十六夫卒，子二。家贫甚，孝事翁姑，抚二子成立，守节至五十九岁。

　　石锸妻汪氏：年十九夫卒，无子。氏矢志柏舟，继侄承嗣，苦节至五十三岁。

　　郭进学妻舒氏：舒光宗女。年二十八夫卒，遗一子。矢志不二，奉翁姑尽孝，纺绩课子，历节六十一岁。

陈经妻杨氏：贡生杨渤女。年二十八夫卒，子甫七十日。氏矢志靡他，抚子成立，守节至六十一岁。

李联榜妻张氏：年二十四夫卒，氏守节抚子成立，孀居至五十六岁。

张应祥妻薛氏：年三十夫卒，遗二子。氏矢志冰霜，抚子成立，守节至六十余岁。

庠生舒怀妻吴氏：年三十夫卒，遗二子。氏矢志柏舟，抚子淐贡成均，历节至六十余岁。

张荣妻刘氏：刘九皋女。年三十夫卒，氏矢志冰霜，历节至六十余岁。

文刚妻李氏：彭水庠生李尔俊女。年十八夫殁，遗一子。氏苦志抚子，历节至五十八岁。

韩仕钤妻蒋氏：蒋子元女。年十九夫卒，子二，翁姑在堂。氏矢志冰霜，养亲教子，历节至五十一岁。

监生何宗溶妻徐氏：庠生徐星女。年二十四夫卒，子一。氏守志不移，抚子成人，苦节至五十六岁。

夏鹜妻陈氏：陈元功女。年二十八夫殁，子名启仲，氏矢志冰霜，抚子成立，守节六十岁。

覃仕富妻周氏：酆都庠生周之桥女。年二十三夫卒，无子。氏矢志柏舟，继侄为嗣，守节至五十五岁。

刘钦妻熊氏：忠州贡生熊又宣女。年二十八夫卒，一子。氏坚冰自守，抚子成人，历节至六十余岁。

徐树泽妻杨氏：生员杨栖凤女。年二十七夫卒，子一。氏霜操自持，养亲抚子，足不出户。历节至五十八岁。

张廷举妻舒氏：舒维风女。年三十夫卒，子三。氏守志不移，养亲抚子。历节六十一岁。

石若瀲妻杨氏：年二十四夫病危，割股以救，不愈。遗一子，氏抚成人婚娶。甫生一孙，子及媳俱亡，又抚孙成立。甘贫苦节，历年五十九岁。

举人陈源妻李氏：庠生李楷女。年二十五夫卒，氏矢志不二，抚二子成立，俱列胶庠，历节五十有五岁。

廪生石若浩继妻夏氏：庠生夏继祖女。年二十五夫卒，矢志守贞，抚前室子维岱成立，生孙。维岱卒，氏又抚孙。艰苦备尝，历节至五十五岁。

监生陈鹏遥妻周氏：燉煌县知县周铣女。年十九夫卒，氏矢志柏舟，事姑得欢心，继侄承嗣，历节至五十九岁。

李林生妻杨氏：杨上春女。年二十八夫卒，遗一子。氏守贞不二，子夭。继侄承嗣，历节至五十八岁。

杨常舒妻何氏：何子异女。年二十八夫被人殴毙，氏携子鸣冤，克报夫仇。因剪发自矢，抚子成立，历节五十八岁。

覃邦教妻王氏：王启后女。年二十八夫卒，氏矢志靡他，养亲尽孝，教子读书成人，守节至五十八岁。

彭镗妻潘氏：潘美先女。年三十夫卒，氏养亲抚子，守节至六十岁。

武生张应元妻黄氏：举人黄世远女。年二十一夫卒，子甫一岁。氏坚志苦守，历节至五十一岁。

庠生陈于熙妻周氏：光禄大夫周珙女。年二十三夫卒，子二。氏鞠育教养，次子列胶庠，历节至五十三岁。请旌。

朱联妻易氏：年二十三夫卒，遗一子。氏矢志冰霜，抚子成立，守节三十载。

张洪道妻冉氏：年二十二夫殁，氏坚志守节，□□氏老病卧床五载，氏左右不离，俱得欢心。历节至五十三岁。

韩廷梁妻张氏：张廷捷女。年二十二夫卒，无子。有劝其改嫁者，氏断发毁面，以示不二。家贫，恃女工度日。历节至五十有二。

陈玺妻吕氏：长寿贡生吕登女。年二十四夫卒，子二，长三岁，次一岁。氏矢志柏舟，抚子成立，守节至五十七岁。

杨永贵妻冯氏：冯大伦女。年三十夫卒，一子。氏矢志不移，抚子成人，历节至六十岁。

黄道一妻周氏：年二十七夫卒，无子。氏矢志守贞，继侄承嗣，历节至五十七岁。

李倚伦妻毛氏：毛鸿举女。年二十九夫卒，无子。氏矢志冰操，守节至五十九岁。

庠生高元模妻吴氏：吴汶女。年二十七夫殁，子三。氏矢志冰霜，戒杀放生。抚子成立，历节至五十八岁。

张琪妻王氏：年二十四夫卒，子一。氏矢志抚子，生二孙，子卒，氏又抚孙。不改初志，历节至五十四岁。

李廷梅妻杨氏：杨廷选女。年二十三夫殁，氏勤纺绩养姑抚子，矢志坚贞，历节至五十二岁。

严邦治妻陈氏：庠生陈天行女。年三十夫殁，氏勤纺绩养亲，教子守节，至五十八岁。

汪一汲妻徐氏：年二十三夫殁，一子。娶媳无出，子媳俱卒，氏坚贞守志，誓死不移，历节至五十五岁。

徐尚易妻陈氏：年二十二夫殁，遗腹生子。氏矢志守节，孝养翁姑，抚子成立，历节至五十七岁。

夏渊妻赵氏：湖南龙阳知县赵鹓女，年二十三夫殁，子殇，氏矢志守节，继侄为嗣，苦节至五十七岁。

张秉煌妻舒氏：庠生舒其德女。年三十岁夫卒，遗一子。家贫甚，纺绩自食。誓不二志，抚子成立，旋卒，氏茹苦守贞，历节至五十六岁。

童生车云程妻周氏：敦煌县知县周铣女。年二十九夫殁，无子，继侄承嗣，守节五十五岁。

毛志云妻简氏：年十九夫殁，无子，氏矢志靡他，事翁姑，养葬尽礼，继侄为嗣，历节至六十四岁。

毛志禄妻李氏：年二十二夫丧，遗一子。氏坚志冰霜，事姑、养葬尽礼。抚子成立，守节至五十七岁。

汤柏妻张氏：张裔长女。年二十六夫卒，遗二子。氏矢志守节，纺绩教子，长辉华列胶庠，次辉廷亦克成家。享寿七十，守节四十四年，生平每遇疾病，只许子问症进药，不许延医诊视。其冰洁如此。

庠生汤辉文妻罗氏：罗升女。年二十六夫卒，遗一子。氏纺绩经营，抚子成立，苦志冰霜，至六十七岁。

汤辉甲妻刘氏：朝议大夫刘绪女，年二十九夫卒，遗二子。氏矢志冰霜，足不出闺门。纺绩经营，抚两子成立。守节至七十岁。

陈于贤妻瞿氏：年二十六夫殁，遗一子。氏矢志柏舟，纺绩经营，抚子成立。长孙永图入翰林，改知宜章县，人以为苦节教孙之报。守节至六十七岁。

王灿妻何氏：何钟女，年二十八夫殁，一子。氏苦志守贞，抚子玉成，登贤书，历节七十岁。

刘仁宏妻徐氏：徐玉珩女。年二十二夫殁，无子。氏矢志守贞，苦节至六十一岁。

毛志凤妻张氏：张正西女。年二十八夫卒，子甫五岁。氏誓志冰霜，事姑谨顺，抚子成立，甘贫菇苦，历节至六十一岁。

何启星妻韩氏：年二十夫殁，子甫半岁。氏矢志守节，事姑尽孝，抚子成立，历节至四十五岁。

吴文定妻赵氏：赵芳国女。年二十六夫卒，遗腹生子。氏矢志守节，抚子成立，孀居至五十余岁。

潘鹤妻刘氏：年二十五夫卒，一子尚幼。氏誓志冰霜，姑殁翁老，纺绩供养。抚子成立，历节至四十八岁。

潘履坦妻罗氏：年二十六夫卒，遗一子。氏矢志守节，持家抚子，历节至四十八岁。

庠生夏树本妻戴氏：年二十三夫卒，遗一子。氏冰霜自守，抚子成立，历节至五十三岁。

何靖基妻刘氏：年二十二夫卒，无子。氏矢志柏舟，历节至五十六岁。

童生周兴泮妻蔺氏：年二十七夫卒，遗一子。氏矢志不渝，抚子成立，守节至五十五岁。

何宗泰妻徐氏：年二十二夫卒，遗一子，甫三日。氏矢志守节，抚子成人，孀居至五十九岁。

杨庆元妻卢氏：卢必达女。年二十夫殁，遗一子甫二月。氏矢志守节，抚子成人，孀居至五十八岁。

卢心明妻刘氏：年二十夫卒，仅生一女。氏励志守贞，继侄承嗣，善事翁姑，自甘贫苦。历节至六十一岁。

庠生向上高妻熊氏：年二十三夫卒，仅遗一女。翁姑继丧，夫弟上安、上理俱幼，四壁萧条，户无成丁。氏葬祭尽礼，纺绩自勤，抚两弟成立。苦节至六十七岁。

杜良相妻王氏：王猷女。年十八夫卒，子未及周岁。氏矢志柏舟，事姑抚子，苦节至四十八岁。

童生向上安妻庞氏：安方聘定一载，安得剧疾，氏之兄弟挽媒悔亲，氏闻之，啼泣自经，母觉解救，事遂寝。年二十适安，未经两载，安竟以疾终。生一子，不育，家贫如洗。有劝其改嫁者，断发自誓，纺织度日。抚兄子向瀛成立，苦节至四十五岁。

吴仕杰妻杨氏：年二十三夫殁，翁姑继丧。氏矢志冰霜，抚子成立，守节四十三年。

邹治岐妻徐氏：国学徐图南女。年二十五夫卒，遗一子。氏柏舟自矢，抚子成立，历节至四十八岁。

文于端妻况氏：况琼女。年二十四夫卒，遗一子，甫四月。翁姑在堂，氏矢志不移，养亲抚子，历节至五十二岁。

曾琰妻徐氏：国学徐宏仁女。年十六于归，越二载夫病，刲股以救，不愈，无子。氏事姑克孝，矢志冰霜，继侄承嗣，历节至四十二岁。

邹瑾枝妻杜氏：年二十六夫故，守节三十二年卒。

邹瑶枝妻王氏：年三十夫故，守节三十二年卒。

刘如玉妻杨氏：年二十一夫故，子文相甫八月。氏孝养翁姑，教子成名，守节至三十年卒。

易文位妻徐氏：年二十夫故，矢志不移，守节四十七年卒。

王玉试妻黄氏：年三十夫故，守节三十八年卒。

张盛世妻刘氏：年二十八夫故，守节至八十一岁卒。

况仕纯妻曾氏：年二十七夫故，守节二十一年卒。

余祖荫妻张氏：年二十八夫故，守节四十五年卒。

赖含章妻张氏：年二十四夫故，矢志坚贞，守节五十一年卒。

余祖训妻焦氏：年二十八夫故，守节二十九年卒。

郭檀妻周氏：年二十四夫故，誓不二志，历节至八十三岁终。

郭文基妻潘氏：年二十九夫故，守节三十七年卒。

樊毓材妻陈氏：年二十六夫故，历节至八十五岁终。

万文焕妻郭氏：年二十二夫故，冰操自励，历节至八十二岁终。

刘邦杖妻张氏：年二十九夫故，守节二十六年卒。

李其昌妻张氏：年二十四夫故，矢志不渝，守节三十三年卒。

李廷藩妻袁氏：年二十三夫故，霜操自持，守节二十八年卒。

聂墉妻包氏：年二十八夫故，历节至七十九岁终。

罗祥举妻戴氏：年二十一夫故，矢志坚贞，守节至五十一岁终。

邹导和妻李氏：年二十七夫故，守节四十一年卒。

邹心泰妻袁氏：年二十二夫故，矢志柏舟，守节至八十一岁终。

王师万妻夏氏：年二十七夫故，守节四十三年卒。

王朝卿妻刘氏：年二十六夫故，守节二十年卒。

曾文仲妻刘氏：年二十九夫故，苦志守节三十二年卒。

陈于枢妻刘氏：年二十二夫故，霜操自持，守节四十九年卒。

夏从义妻冯氏：年二十四夫卒，守志不移，苦节二十七年卒。

何彬如妻王氏：年三十夫故，守节四十年卒。

夏之琏妻何氏：年二十一夫故，遗一子。矢志不渝，苦节至七十三岁卒。举人周汝梅立传，载艺文，学宪潘旌以"葆贞完孝"。

文楷妻夏氏：年二十一夫故，柏舟自矢，守节四十年卒。

高翠屏妻宋氏：年二十八夫故，历节至八十一岁终。

范安仁妻赵氏：年二十八夫故，守节三十三年卒。

沈松妻向氏：年二十一夫故，矢志不渝，守节五十二年卒。

鲜廷相妻李氏：年二十四夫故，坚冰自励，守节五十一年卒。

陈昭麟继妻周氏：年二十五夫故，守节四十八年卒。

陈于极妻任氏：年二十五夫故，守节四十六年卒。

陈洁妻夏氏：年二十五夫故，守节四十六年卒。

张珂妻王氏：年二十八夫故，守节三十八年卒。

况德厚妻刘氏：年二十七夫故，守节四十五年卒。

徐灿妻张氏：年二十八夫故，守节三十七年卒。

况仕进妻舒氏：年二十三夫故，矢志柏舟，守节三十一年卒。

王永才妻徐氏：年二十五夫故，守节四十一年卒。

方行健妻况氏：年二十夫故，矢志不移，历节至九十一岁终。

何文广妻张氏：年三十夫故，历节至八十四岁终。

刘滑妻文氏：年二十九夫故，守节四十三年卒。

张行诚妻潘氏：年二十一夫殁，矢志不渝。守节四十一年卒。

刘惩妻盛氏：年二十夫故，誓不二志，守节三十四年卒。

张治宗妻钱氏：年三十夫故，历节至七十九岁终。

杜栩妻杨氏：年二十五夫故，历节至八十九岁终。

张行玠妻夏氏：年二十一夫故，坚冰自持，守节四十一年卒。

杨蕊熙妻黄氏：年二十二夫故，霜操自持，守节四十三年卒。

杜升富妻彭氏：年二十夫故，誓不二志，守节十九年卒。

余仕榜妻何氏：年二十四夫卒，矢志靡他，历节至七十六岁终。

王镒妻蒋氏：年二十八夫故，守节二十二年卒。

杨宗鲁妻彭氏：年三十夫故，守节四十五年卒。

廪生谭珩妻冯氏：年二十七夫故，事姑尽孝，历节至八十四岁终。

蔡心定妻杨氏：年二十三夫故，矢志不移，守节二十年卒。

彭梅妻周氏：年二十六夫故，守节三十三年卒。

彭涛妻李氏：年二十九夫故，守节三十六年卒。

余崇礼妻杨氏：崇礼，一名世龙，从军羊耳山阵亡，入昭忠祠。氏年三十，为夫矢志守节二十二年卒。

魏世锐妻何氏：年二十七夫故，历节至九十一岁终。

胡茂林妻杨氏：年二十夫故，矢志柏舟，守节二十二年卒。

何珽妻李氏：年二十七夫故，历节至八十二岁终。

戴正文妻覃氏：年二十五夫故，守节四十七年卒。

杨学诗妻李氏：年二十四夫故，誓不二志，守节二十九年卒。

刘遇熙妻何氏：年二十五夫故，守节三十三年卒。

秦邦彦妻况氏：年二十二夫故，矢志不渝，历节至八十三岁终。

杨道义妻彭氏：年二十七夫故，守节四十六年卒。

李本相妻何氏：年二十四夫故，矢志坚贞，守节十九年卒。

李同谟妻杨氏：年二十三夫故，矢志不二，守节三十一年卒。

傅良璧妻李氏：年二十六夫故，守节二十一年卒。

薛元举妻吴氏：年二十九夫故，守节三十七年卒。

杨于仑妻何氏：年二十夫故，冰霜自励，历节至九十一岁卒。

彭世煌妻鞠氏：年二十六夫故，守节至五十九岁卒。

盛国鹍妻罗氏：年二十六夫故，守节至八十四岁卒。

胡廷镇妻刘氏：年二十一夫故，矢志不移，守节二十四年卒。

陈珍妻王氏：年二十四夫故，矢志靡他，守节四十七年卒。

夏浩妾李氏：年二十八浩故，矢志不移，守节二十八年卒。

张旭诰妻庞氏：年二十一夫故，矢志坚贞，守节五十七年卒。

张曙才妻夏氏：年二十九夫故。历节至八十三岁终。

陈应魁妻杨氏：年二十九夫故，守节三十三年卒。

尧太兴妻张氏：年二十八夫故，守节四十四年卒。

陈朝富妻杨氏：年二十六夫故，守节十九年卒。

吴正富妻夏氏：年二十七夫故，守节二十四年卒。

任尚信妻杨氏：年二十九夫故，历节至九十四岁终。

潘显芝妻郑氏：年二十九夫故，历节至八十八岁终。

黄声宏妻刘氏：年二十六夫故，守节二十五年卒。

孙洪道妻余氏：年二十九夫故，守节三十二年卒。

刘维潜妻秦氏：年二十九夫故，守节二十二年卒。

刘邦杜妻周氏：年二十二夫故，矢志不渝，守节二十六年卒。

夏培本妻冯氏：年二十七夫故，守节三十五年卒。

夏能承妻刘氏：年二十六夫故，守节四十年卒。

程世垲妻许氏：年二十八夫故，守节四十年卒。

刘绷妻张氏：年二十四夫故，矢志靡他，守节四十四年卒。

高化龙妻张氏：年二十六夫故，守节四十六年卒。

夏汤玉妻芶氏：年二十夫故，冰心自矢，守节四十三年卒。

刘为鸥妻李氏：年二十二夫故，矢志不二，守节五十六年卒。

庠生汪瑄妻舒氏：年二十八夫故，历节至八十一岁终。

谭呆妻何氏：年二十七夫故，守节三十八年卒。

孙尚攀妻汪氏：年二十八夫故，守节三十七年卒。

周之瑶妻冯氏：年二十九夫故，守节四十四年卒。

汪映梅妻白氏：年二十六夫故，守节廿六年卒。

谭铧妻夏氏：年二十三夫故，矢志不移。守节二十一年卒。

舒尔鼎妻罗氏：年三十夫故，守节四十四年卒。

张捷元妻应氏：年二十四夫故，矢志冰霜，历节至九十岁终。

瞿恩荣妻张氏：年二十六夫故，历节至九十二岁卒。

张仕龙妻田氏：年二十五夫故，历节至八十九岁终。

王育松妻陶氏：年二十夫故，霜操自持，历节至八十二岁。

胡忠德妻罗氏：年二十六夫故，守节四十八年卒。

廖铸妻谢氏：年二十四夫故，矢志坚贞，历节至七十九岁终。

余文楠妻吕氏：年二十五夫故，历节至九十七岁终。

杨正碧妻陈氏：年二十六夫故，守节二十五年卒。

谭景祥妻陈氏：年二十三夫故，矢志不渝，守节四十七年卒。

陈之育妻冷氏：年二十夫故。柏舟自矢，守节五十八年卒。

杨桢妻陈氏：年二十九夫故，守节四十六年卒。

龚文林妻谭氏：年二十八夫故，守节四十一年卒。

张文炳妻谭氏：年二十八夫故，守贞不移，苦节四十九年卒，详请旌表。

汪维源妻张氏：年二十五夫故，历节至九十岁终。

陈瑄妻杨氏：年二十五夫故，守节二十二年卒。

陈文福妻谭氏：年二十四夫故，矢志不移，历节至九十九岁终。

谭璞妻陈氏：年二十九夫故，历节至九十一岁终。

余文柳妻邬氏：年二十四夫故，矢志靡他，守节五十三年卒。

余钫妻王氏：年二十一夫故，矢志霜操，守节五十七年卒。

方蒸妻周氏：年二十九夫故，历节至八十六岁终。

舒正文妻李氏：年二十三夫故，矢志不二，守节二十九年卒。

高行恕妻李氏：年二十八夫故，历节至八十五岁终。

张仕清妻陈氏：年三十夫故，守节三十七年卒。

周兴淮妻王氏：年二十六夫故，守节四十二年卒。

幸开伦妻田氏：年二十八夫故，历节至八十岁终。

刘正春妻黄氏：年二十八夫故，历节至八十四岁终。

黄振宗妻熊氏：年二十六夫故，守节二十七年卒。

李天庆妻冉氏：年二十八夫故，守节四十五年卒。

夏时新妻张氏：年二十四夫故，誓不二志，守节二十年卒。

张仕英妻盛氏：年三十夫故，历节至八十一岁终。

刘敬敷妻秦氏：年二十九夫故，历节至八十五岁终。

潘灏妻余氏：年二十八夫故，守节廿七年卒。

张元枚妻向氏：年二十八夫故，历节至七十九岁终。

游溶妻舒氏：年二十四夫故，矢志不渝，历节至八十三岁终。

艾萱妻王氏：年二十九夫故，历节至八十三岁终。

苏朝松妻倪氏：年十八夫故，矢志靡他，守节五十三年卒。

杨珊妻孙氏：年二十九夫故，历节至八十四岁终。

张理妻况氏：年二十九夫故，守节四十二年卒。

陈开义妻李氏：年二十五夫故，守节三十九年卒。

周天逵妻况氏：年二十五夫故，守节二十年卒。

周吾妻张氏：年二十九夫故，守节四十九年卒。

王馥荣妻徐氏：年二十五夫故，守节四十六年卒。

何淳妻彭氏：年十九夫故，冰霜自励，守节五十五年卒。

余海妻杜氏：年二十六夫故，守节三十三年卒。

何一沅妻袁氏：年二十八夫故，守节二十八年卒。

张金玺妻余氏：年二十五夫故，历节至八十二岁终。

况锟妻周氏：年二十六夫故，守节廿四年卒。

周自沛妻夏氏：年二十五夫故，历节至八十岁终。

徐树铎妻杨氏：年二十九夫故，守节三十二年卒。

李灗妻谭氏：年二十五夫故，守三十六年卒。

高焜妻石氏：年二十四夫故，矢志不移，守节四十七年卒。

潘应惠妻吴氏：年二十五夫故，守节四十六年卒。

张锡龄妻廖氏：年二十七夫故，守节三十三年卒。

余正绪妻张氏：年二十二夫故，矢志坚贞。历节至八十二岁终。

蔺天仲妻刘氏：年二十九夫故，历节至八十七岁终。

谢璋妻周氏：年二十八夫故，历节至七十九岁终。

谭振玉妻贺氏：年三十夫故，守节三十六年卒。

陈经常妻余氏：年二十夫故，柏舟自矢，守节二十九年卒。

张天文妻罗氏：年二十二夫故，矢志不二，守节二十七年卒。

张仕朝妻王氏：年二十一夫故，矢志坚冰，守节三十八年卒。

彭应学妻夏氏：年二十二夫故，矢志不渝，历节至八十五岁终。

阚洪浩妻向氏：年二十七夫故，守节三十八年卒。

盛天成妻黄氏：年三十夫故，守节四十七年卒。

张大学妻王氏：年二十四夫故，誓不二志，守节二十九年卒。

盛维玖妻朱氏：年二十四夫故，矢志靡他，守节二十三年卒。

盛时德妻刘氏：年二十九夫故，守节四十二年卒。

夏静源妻赵氏：年二十四夫故，矢志霜操，守节五十四年卒。

余思明妻李氏：年二十八夫故，守节四十八年卒。

郎文朝妻余氏：年二十八夫故，历节至八十四岁终。

庠生张崇典继妻冉氏：年二十夫故，坚志冰操，姑周氏老病，卧床五载，不离左右，极得欢心。守节五十五年卒。

徐适妻汪氏：年二十五夫故，历节至八十岁终。

潘翠妻曾氏：年二十四夫故，矢志靡他，守节四十八年卒。

何煦妻潘氏：年二十六夫故，守节四十四年卒。

李应梅妻侯氏：年二十夫故，柏舟矢志，守节四十年卒。

王㭋妻易氏：年二十七夫故，守节三十六年卒。

梁照妻李氏：年二十八夫故，守节四十九年卒。

庠生毛师尧妻何氏：庠生何瑶女。年二十二夫故，子芹甫一岁。氏冰心抚子，守节四十年，请旌。

陈惇五妻王氏：同知王锡撂女。年二十九夫故，守节三十四年，请旌。

孔传圣妻何氏：何德一女。年二十二夫故，遗一子，继仁氏，霜操自持，抚孤养亲，守节三十三年卒。请旌。

孔□贤妻吴氏：吴见玉女。年十八夫故，遗一子继礼，氏柏舟矢志，养亲抚孤，守节三十三年，请旌。

谭锱妻贺氏：贺锡爵女，年二十七夫故，子世清，氏矢志抚孤，守节三十六年，请旌。

张琨妻余氏：监生余凤女。年十八夫故，遗腹生子元享。氏矢志养亲，抚孤守节三十三年，请旌。

龙镰妻胡氏：胡崇光女。年十九夫故，遗一子明祥。氏矢志抚孤，守节三十六年，请旌。

吴璜妻周氏：周世祥女。年二十七夫故，遗子树增。氏养亲抚子，守节四十三年，请旌。

郎成名妻周氏：周奇女。年二十七夫故，子二：长仕德，次仕奇。氏抚育成立，守节四十九年，请旌。

谭灿妻王氏：垫江廪生王咸林女。年二十夫故，子二：长德慧、次德广。矢志不渝，抚二子成立，守节五十八年，请旌。

夏在禧妻倪氏：威远举人倪存谟女。年二十六夫故，子二。氏抚成立，守节三十二年殁，请旌。

周廷扬妻郎氏：年十八夫故，无子。氏坚冰自守，继侄承嗣，守节三十八年，请旌。

席廷秀妻夏氏：夏明天女。年二十夫故，子二：长元音，次元璋。氏矢志抚子，守节三十一年。请旌。

石绪妻曹氏：曹翰府女。年二十八夫故，子二：长渠、次遗腹斌。氏抚育成立，守节三十年卒，请旌。

游瑶妻余氏：长寿举人余光女。年十九夫故，一子修华。氏霜操自持，抚子成立。守节三十三年，请旌。

陈芝瑞妻周氏：周宗汾女。年二十六夫故，子葆森甫十月。矢志柏舟，抚子，由选拔任县令。守节三十一年，请旌，坊建西关外。

袁永基妻冉氏：冉嵩女。年二十一夫故，遗子锡龄。氏冰霜自励，抚子成立，守节三十三年。请旌。

瞿正文妻潘氏：潘治女。年二十七夫故，子二：长邕，次彤。氏抚育成立，守节至六十九岁卒，请旌。

秦仕校妻朱氏：朱雉女。年二十四夫故，无子。氏矢志不渝，继侄承嗣，守节三十一年。请旌。

喻文达妻余氏：余何斗女。年二十八夫故，子四：仁元、义元、京元、赞元。氏抚成立，守节三十一年，请旌。

孝子彭学鸿妻张氏：庠生张崇典女。年十六适彭，前室子应槐甫四岁，视如己出。生应桂、应棕，年二十六夫故。氏义方训子，两登贤书，一贡成均。孙十余人，领乡荐、列胶庠者甚众。科第延绵，人以为苦节之报。福建探花廖为立孝节传，载艺文。守节四十八年，请旌，坊建鸡冠场。

周奕华妻陈氏：隐阁麟女。年二十三夫故，无子。氏矢志冰霜，继侄世昌承嗣，守节三十六年。请旌。

周兴涞妻罗氏：罗隐女。年二十五夫故，无子。氏继侄承祧，历节至八十岁终。请旌。

王登佐妻谈氏：谈正礼女。年二十九夫故，子秉衡。氏抚育成人，守节三十二年。已请旌表。

余世英妻冉氏：生员冉尔瞻女。年二十五夫故，子有晖。氏抚成立，守节三十三年，已请旌。

艾正常妻徐氏：徐正纲女。年二十八夫故，遗子大本。氏养亲抚子，守节三十六年。已请旌。

余世俊妻高氏：高大萝女。年二十四夫故，遗子有富、有贵氏抚成立，守节五十二年。请旌。

高必俊妻蔡氏：生员蔡瑆女。年二十七夫故，无子。嗣侄启承，历节八十二岁。请旌。

潘绘妻尤氏：尤学朗女。年二十九夫故，子仁坤。氏抚成立，历节至八十五岁。请旌。

舒健翼妻庞氏：庞文普女。年二十九夫故，子昺南、鹤鸣。氏抚成人，守节二十九年。已请旌。

石正仕妻刘氏：刘建三女。年二十七夫故，无子。氏继侄承嗣，守节三十三年卒。已请旌表。

陈衷妻周氏：生员周宗洺女。年二十二夫故，无子。氏矢志柏舟，继侄芳兰。守节三十二年，请旌。

余廷儒妻传氏：传成书女。年二十三夫故，子焕甫周岁。氏矢志冰霜，抚孤成立，守节四十一年。请旌。

汤清权妻张氏：张世祥女。年二十九夫故，遗腹生子和清。氏抚成立，守节三十二年卒。请旌。

胡双桂妻张氏：张东旦女。年三十夫故，子金辉、明辉，氏抚成人。守节至六十一岁卒。请旌。

孟谦恒妻文氏：文理龙女。年三十夫故，子光泽，氏抚成立。守节三十一年。请旌。

庞世才妻张氏：张元朝女。年二十一夫故，子兴墉。氏矢志抚孤，守节三十三年。已请旌表。

庹文彬妻刘氏：刘子现女。年二十一夫故，子金夒甫一岁。氏抚孤成立，守节四十九年。请旌。

进士刘为鸿侧室黄氏：年二十鸿故，遗子爕元，氏矢志冰操，抚孤成立，守节四十三年。请旌。

余占魁妻覃氏：覃春芳女。年二十八夫故，子应员。氏抚成立，守节三十四年卒。已请旌表。

魏钟善妻黄氏：黄善才女。年二十三夫故，无子。冰霜自励，继侄承嗣，守节五十五年。请旌。

余德伦妻邹氏：邹鸣皋女。年二十四夫故，子二：璨、瑾。氏抚成立，守节五十五年。已请旌表。

夏时育妻熊氏：熊星拱女。年二十三夫故，子本恕。氏抚成立，历节九十岁终。请旌。

刘国鼎妻郑氏：郑桂章女。年二十八夫故，子洪贵、洪升。氏抚成立，历节至八十岁终。请旌。

徐占元妻夏氏：夏汝极女。年二十八夫故，无子。矢志靡他，守节四十二年。请旌。

陈朝龙妻王氏：江津贡生王家俊女。年二十三夫殁，无子。翁姑在堂，矢志柏舟，竭力孝养。朝龙生母苏常病目，每出入，氏躬扶持后。以夫弟廷璠子煦承嗣，纺绩课子，故煦得少年科甲。历节至九十岁终。

以上皆各请旌，见通志者九人：

陈世荣妻张氏：未嫁时，母病割股和药以进，年二十三夫故，守节三十余年。

黎玉升妻李氏：年二十二夫故，矢志守节，现年六十三岁。

汪体仁妻余氏：年二十七夫故，姑病割股救愈。教子成立，入国学，苦节五十二年卒。

夏在爵妻倪氏：年二十八夫卒，孝养继姑，抚四子成立。逢吉贡成均，为楫入邑庠，年六十余卒。

况国柱妻周氏：年二十三夫卒，翁姑令改志，氏引刃自矢，家贫，纺绩度日。后遭教匪横暴，不屈被砍伤，幸伤转获愈，年五十余卒。

陈熙妻周氏	庠生高玉镶妻舒氏
潘元会继室孔氏	国学李田玉妻韩氏
薛元举妻吴氏	国学游应龙妻石氏
汪能言妻张氏	伍万远妻徐氏
龚宗礼妻谭氏	杨桢妻陈氏
刘金才妻张氏	萧天伦妻莫氏
杨汝熙妻黄氏	杜海妻刘氏
戴正清妻覃氏	王育松妻陶氏
张子妻杜氏	余芳妻王氏
夏元良妻何氏	胡玺妻刘氏
庠生蔡如桂妻汤氏	张洪道妻冉氏
廖潮贵妻陈氏	王文炳妻熊氏
余银妻张氏	熊璐妻何氏
夏元度妻冯氏	陈文仲妻沈氏

以上见通省志，未见旧志。

张泽妻夏氏：年二十二夫殁，一子一女，矢志霜操，抚育子女，谢州牧额以"冰清玉洁"，历节至八十三岁。

瞿铨妻杨氏：杨莲芝女。年二十二夫故，矢志不二，历节至八十岁终。

杨文炳妻段氏：段廷阳女。年二十五夫故，坚贞自矢，历节至八十五岁终。

蔡世礼妻杨氏：年二十八夫殁，长子代隆，次子遗腹代兴。兄嫂继亡，兼抚五侄，历节至八十岁终。

戴仁寿妻谭氏：年二十二夫故，家贫甚，矢志坚贞。历节六十八岁终。

国学张大才妻汪氏：年二十七夫故，子旋夭。继侄玉琳承嗣，历节至六十六岁终。

张新禄妻邓氏：年二十五夫殁，长子世远，次子遗腹世同，勤耕为业。历节至五十五年卒。

洪钫妻张氏：年二十六夫卒，遗子之珷。家极贫，苦志冰霜，历节至六十六岁终。

杨崧妻周氏：周鼓女。年二十夫出外殁，无子。氏养葬翁姑，历节至七十八岁终。

杨昌基妻冯氏：冯嘉贵女。年二十八夫殁，子二。抚子成立，历节九十岁终。

国学郑允祥妻周氏：周纯学女。年十八夫故，子甫十日。冰操自持，抚子成人，苦节至六十八岁卒。

谢奇武妻周氏：周怀仁女。年二十六夫殁，子仁福、仁忠。氏抚成立，苦节四十六年卒。

李凤妻王氏：王自理女。年二十九夫故，抚子国鉴、国镒。训读成家，守节四十一年卒。

杨怀禄妻高氏：年二十八夫故，抚子凝等成立。历节八十八岁终。

董业明继妻邵氏：邵宗尧女。年二十五夫故，无出，抚前室子洪万成立。历节至七十四岁终。

汪绍福妻况氏：年二十六夫殁，家贫，遗一子思章。氏断发自誓，抚孤成立，历节七十四岁终。

刘仕宁妻吴氏：年十八归刘，甫八月夫卒，遗腹子廷杰。氏矢志冰操，养亲抚子，苦节五十三年卒。

骆兴才妻周氏：年二十八夫故，养亲抚子，守节四十年卒。

李之连妻杨氏：杨岐山女。年二十夫故，遗一子旋夭。氏矢志柏舟，历节七十岁终。

贺谦妻李氏：李维良女。年二十夫故，遗一女旋殇。氏改房产为贺氏宗祠，并为赡族义田，历节至七十二岁终。

魏明远妻王氏：年二十四夫故，遗一子，家贫。氏矢志坚冰，纺绩抚子，历节至七十四岁终。

栾琦妻郑氏：郑国保女。年二十二夫卒，氏操比松筠。抚子廷辅成立，苦节七十二岁终。

栾珩妻冉氏：冉芝行女。年二十五夫故，氏矢志不渝，抚子廷禄成立，守节□十五岁卒。

　　袁正渭妻李氏：年二十四夫卒，自励□□，抚子文贤成名。守节四十□年终。

　　谢万珣妻郑氏：郑应明女。年二十四夫卒，□子代品家贫甚，冰操抚子。苦节□十余年卒。

　　雷可华妻莫氏：年二十夫卒，遗一子立榜。矢志柏舟，抚子成立，历节至六十余岁终。

　　戴镇继妻王氏：年十八夫卒，无出，矢志冰霜，抚前室子宽训成立，守节五十二年卒。

　　王洪才妻苗氏：苗世爵女。年十六夫卒，遗腹生子荣长，霜操抚育，苦节四十年卒。

　　王明中继妻黄氏：黄文应女。年十九夫故，无出，冰霜自矢。抚前室子洪顺成立，苦节四十五年卒。

　　邵崇谟妻李氏：年二十夫卒，矢志坚贞，抚子宗尧成立，苦节五十二年卒。

　　张允文妻曾氏：年二十夫殁，遗子仕麟，氏誓不二志，抚育成立，苦节五十四年卒。

　　戴绍虞妻邵氏：州同邵维万胞姐。年十八夫故，家贫，无子。继侄承祧，苦节至五十余岁卒。

　　萧洪志继妻张氏：张洪学女。年二十夫卒，无出。抚前室子成立，苦节四十六年卒。

　　何其凤妻李氏：年二十三夫卒，遗子廷材。氏矢志柏舟。教子成立，守节五十年卒。

　　张天全继妻陈氏：陈继善女。年十七夫卒，无出，家极贫。冰操自矢，抚前室子如己出，苦节五十年卒。

　　蒋仕岱妻徐氏：年二十五夫故，坚志抚子秀美、秀芳成立。历节至五十七岁终。

　　黄辅文妻张氏：年二十六夫卒，矢志不二，守节三十三年卒。

　　鲁启光妻萧氏：萧广南女。年二十四夫卒，无子。纺绩养姑，及姑卒，哀毁尽礼。守节三十年卒。

　　邹巽廷妻韩氏：年二十夫卒，遗一子，家贫，翁姑在堂。矢志养亲，抚子，苦节十八年卒。

　　孟大成妻谭氏：年二十九夫殁，矢志靡他，孝养继姑，守节二十年卒。

　　黄忠敏妻鲁氏：鲁文华女。年二十九夫殁，矢志不贰，养姑抚子，守节四十年卒。

　　胡星妻彭氏：年二十六夫殁于王事。子甫周岁。氏抚孤，随母弟避难，苦节七十五岁卒。

　　吴瑛妻张氏：年二十六夫殁，二子俱幼，矢志抚成，闾里咸钦，守节至八十岁终。

吴莹妻蒋氏：年二十六夫殁，无子。秉性刚直，人敬畏，不敢干以非礼，守节七十一岁卒。

陈谏文妻严氏：年二十四夫卒，遗一子甫月余。矢志抚孤，备尝艰苦，年四十九卒。

陈仕滨妻何氏：年二十八夫殁，遗二子俱幼。家贫，亲穯事，不轻见人。守节七十岁卒。

梅国玉妻郭氏：年二十九夫卒，矢志抚子继宗成立，孝养老姑，持斋茹素，历节至八十三岁终。

石灿章妻王氏：年二十九夫卒，亲老守幼，家贫。养亲抚子，纺绩度日，苦节至六十六岁终。

曾铰妻徐氏：年十八夫故。无子，矢志靡他，继道溢承嗣，持斋茹素，年八十卒。

覃曦妻蒋氏：贵州贞丰知州举人蒋荚女。年二十七夫卒，遗一子一女，矢志抚孤，孝养继姑，守节四十二年卒。

周道清妻黄氏：黄方桥女。年二十二夫故，遗子学明，矢志抚子，孝养翁姑，年六十卒。

彭汝庠妻陈氏：陈錂女。年二十夫故，家贫，遗子早夭。氏苦节六十余年卒。

何昶妻李氏：长寿李伯玉女。年二十夫卒，子成梿甫逾月。氏冰操事翁姑，姑凤膺疾，亲侍汤药久不倦。姑卒，哀毁尽礼。翁尚存，勤纺绩，佐甘旨未少缺，苦节十九年卒。

洪武议妻李氏：李天鷫女，年十九夫故，无子。氏霜操自持，守节至六十一岁卒。

张兆奎继妻韩氏：年二十二夫卒，坚贞自矢，寡言笑。养亲抚子，勤纺绩，守节十六年卒。

何载璜妻曹氏：曹相女。生子增年，二十四夫殁，翁姑老且病，氏善事。甫一载，姑逝，日操井臼，夜勤纺绩，以娱翁抚子，苦节十六年卒。

陈洁妻夏氏：年二十四夫殁，冰心自矢，养姑尽孝，抚二子元理、元约成立。年七十二卒。

潘怡谦妻陈氏：年三十夫卒，遗三子，矢志抚子成立。守节四十三年卒。

麻廷瑞妻张氏：年二十九夫故，无子，养葬老姑，抚二女婚嫁，苦节十六年卒。

张型渠妻陈氏：年二十七夫卒，遗子克理甫百余日。氏抚成人，旋卒，又抚孤孙，延张氏一线之传。守节四十年卒。

夏崇礼妻冯氏：年二十三夫殁。遗腹生子，继祖翁姑及继姑并伯翁恩赐翰林，夏宗洛生养死葬，氏独任之。苦节三十余年卒。

高元极妻任氏：年十九夫卒，无子，家贫，坚冰自矢。纺绩茹素，苦节至八十六岁终。

高琅妻陈氏：年二十一适高，甫五载夫殁，仅一女不育，矢志守贞。继侄承嗣，家极贫，两世翁姑在堂。氏以针黹①供奉甘旨，苦节六十五岁卒。

何彬妻陈氏：年二十六夫卒。矢志抚子崇煜成家，孙曾皆业儒。终养翁姑，守节四十余年卒。

庠生黄廷魁妻潘氏：年二十八夫卒，无子，抚二女择配。养葬老姑，守节五十年卒。

朱景春妻石氏：年二十八夫卒，矢志抚子国献成立。孝养翁姑，守节二十一年卒。

刘元泰妻袁氏：年二十夫卒，玉洁冰清。抚二子成人，六十八岁卒。

王嘉谟妻徐氏：年十九夫故，冰霜矢志，遗腹生子，抚之成立，孝养翁姑，年八十七终。

高天祐妻秦氏：年十七适高，甫五月夫卒，无子。霜操自持，孝养老姑，守节十五年卒。

高灿斗妻周氏：年二十八夫卒，守志不渝，敬事翁姑，苦节三十年卒。

夏时育妻熊氏：年二十一夫卒，遗一子，誓守不二，养姑抚子，历节至九十一岁终。

高必达妻文氏：年二十四夫卒，柏舟誓志，家贫，纺绩事翁姑。守节三十年卒。

郑月堂妻夏氏：年十九夫故，遗一子。坚冰自矢，抚孤历节至九十五岁终。

谭怀宽妻邓氏：年二十四夫卒，遗一子。矢志不移，抚孤成立，守节三十九年卒。

夏一富妻包氏：年二十六夫故，遗一子，矢志靡他。抚子成立，守节三十九年卒。

郑显祖妻周氏：年二十六夫故，无子。霜操自持，守节三十年卒。

孙汝龙妻刘氏：年二十二夫故，遗一子，矢志不移。抚子成立，守节三十年卒。

曹光禄妻余氏：余崇勋女。年二十六夫出外殁，矢志抚子成立，年四十五卒。

吏员潘仕尧妻刘氏：年二十六夫卒，子二，矢志养亲抚子，孙必胜列武庠，年六十六终。

吴以行妻王氏：年二十七夫卒，遗二子：安福、安禄。矢志抚子成立，守节三十年卒。

①　针黹：缝纫、刺绣。泛指女性手工活。

韩玿妻马氏：年二十五夫卒，遗子克岐二岁。矢志坚贞，养姑抚子，守节三十八年卒。

何思尧妻夏氏：年二十七夫殁，遗三子。氏抚成立，孝养翁姑，孀居八十四岁终。

沈明贤妻戴氏：年二十五夫殁，抚三子成立。州牧徐额以"贞节可风"，年八十一岁终。

李桂兰妻陈氏：年二十六夫故，遗子半岁。家贫，往母家，纺绩抚子，年六十一终。

余文星妻陈氏：年二十三夫故，无子。冰心孝养翁姑，孀居六十七岁终。

郑国聘妻沈氏：年二十七夫故，二子一女。苦守成立，孀居十六年卒。

郑国进妻徐氏：年二十五夫故，矢志抚三子成立，守节廿八年卒。

熊瑛妻夏氏：年二十四夫故，遗二子：世福、世禄。矢志守节，抚子，四世一堂。年八十四终。

熊昆妻李氏：嘉庆二年昆被教匪围，不屈死，氏年十八。冰心抚孤，守节至八十岁终。

庹灵机妻夏氏：年二十岁夫卒，遗孤四龄。氏矢志抚子，苦节十九年卒。

庹鸣皋妻高氏：年二十六夫卒，矢志抚孤，年五十一卒。

熊柱妻雷氏：年二十六夫卒，无子。随翁致仕归，继侄为子，生孙甫二岁，子卒。复抚孤孙，今十五岁，在熊门抚孤两世，守节已三十九年，现年六十五岁。

熊承惠妻刘氏：年二十六夫卒，无子守节。翁致仕归，生二子，氏抚育十年，以劳瘁殁。

徐正业妻陈氏：陈洪义女。年二十夫故，遗一子，矢志抚育，养七旬舅姑，十七载甘旨无缺。子亦克绍书香，苦节至五十二岁卒。

鞠永富妻余氏：余成宗女。年二十三夫故，遗子克明，氏抚成立，孝养老姑，苦节二十六载卒。

周世澜妻姚氏：年二十七夫殁。遗二子，氏勤俭抚孤，言笑不苟，守节三十年卒。

李籹妻陈氏：酆都庠生陈启图女。年二十八夫卒。子幼，矢志养姑教子，守节三十年终。

甘家珍妻李氏：邑庠李造舟女。年二十七夫卒，无子，继侄承祧，苦节五十二年卒。

曾述闻妻华氏：华世贤女。年二十一夫故，孀操抚孤，子成章，生孙七人，年七十五终。

秦宗鲁妻易氏：年十七夫故，遗腹生子。誓志不渝，抚孤成立，苦节四十三岁终。

周镒妻梅氏：梅苍泽女。镒先与两嫂不睦，及氏至，化以礼让，不数月，皆和好。年三十夫殁，有士豪欲污其节，氏严词拒之。延师教于后，次子毅足列明经，以孝闻。年八十七终。

罗文献妻徐氏：年二十七夫故，善事翁姑，抚子成立。守节至七十五岁终。

邬文远妻夏氏：年十七夫殁，矢志坚贞，有司额以"冰清玉洁"，守节六十四岁卒。

熊大仁妻杨氏：年二十一夫卒，无子。志秉霜操，守节十七年卒。

杨有柄妻周氏：年二十六夫殁，族人利其产，逼嫁不从，坚志抚孤及夫二幼弟俱成立，五世同堂，守节至七十八岁终。

邹桥妻陈氏：年二十七夫殁，守节二十年卒。

张华昌妻何氏：年二十一夫卒，矢志抚孤，撤其环钿，言笑不苟。历节至八十五岁终。

洪武论妻向氏：向的三女。年二十五夫卒，遗子国宾，冰心守节，抚子成立，历节六十一岁终。

张逢泰妻李氏：年二十六夫卒，遗一子，旋夭。立节冰霜，继侄问知承嗣，姑病割股救愈，守节三十一年卒。

况普妻吴氏：年二十一夫卒，遗子学伦。氏冰操抚孤，备历贼乱，悉能保全，苦节七十二岁卒。

张显华妻郑氏：年二十八夫卒，遗一子。矢志守节，家贫，幼绩耕桑，不避风雨，抚子成立，年五十四卒。

邓良才继妻敖氏：敖子池女。年二十九夫卒，抚前室子世爵如己出，苦节四十年卒。

贾正伦妻冉氏：冉章仁女。年二十九夫卒，家贫，抚子成立。苦节五十二年卒。

冉正岳妻孙氏：年二十八夫卒，矢志抚子成立，苦节五十年卒。

栾学妻黄氏：年二十五夫卒，矢志抚子成立，苦节五十年卒。

栾廷槐妻姚氏：姚永乾女。年二十四夫卒，矢志抚子成立，苦节至六十岁。

黄登鳌妻冯氏：冯朝辅女。年二十八夫卒，矢志抚子成立，守节三十二年卒。

杨嘉栋妻龙氏：龙泽安女，年二十四夫卒，矢志抚子成立，苦节五十年卒。

杨纯德妻王氏：年二十八夫卒，无出，抚妾子瑛成立。瑛旋卒，又抚孤孙茂诗。苦节五十二年卒。

郑国元妻陈氏：年二十一夫病两次，割股救，不愈，无子。矢志守贞，继侄如衡承嗣，孝养老姑，割股三次以救姑病。抚嗣子成立，守节二十三年卒。

杨加润妻徐氏：明末献贼屠川，夫妇同族人避兵贵州遵义。生二子，年二十夫故。国朝定鼎族人不归，氏独携二子回涪。田房被人侵没，呈州牧赵索回，守节至七十岁终。有传，载艺文。

李文喜妻罗氏：年二十三人卒，无子，仅二女。矢志坚贞，抚育择配，年六十四卒。

段含仁妻黄氏：年二十八夫殁，遗子国林，成立而卒，遗孙玉美甫岁余，氏又抚成，家亦渐裕。历节至七十六岁。

徐国祥妻李氏：年二十二夫殁，遗二子。家贫，矢志坚冰，纺绩训读，长子秀三列胶庠。守节至七十五岁。

王清远妻谢氏：年二十四夫殁，遗二子。氏霜操抚育，长子已成立，生孙成人，历节至五十七岁。

蒲文光妻韦氏：年二十九夫殁，遗二子。矢志抚子成立，历节至八十一岁。

陈仕忠妻胡氏：胡士杰女。年二十四夫卒，无嗣，族人欲夺其志，分其产，氏冰心不移。继侄承嗣，守节至六十三岁。

陈廷桢妻丁氏：年二十五夫卒，遗一子一女，抚成人，孝事姑，姑病割股救愈，孙嗣繁衍，五世同堂。历节至九十一岁终。

庠生高辉斗妻周氏：明经周廷瑶女。年二十三夫殁，遗子早夭，仅存一女。坚志抚育，孝养舅姑，守节至五十七岁。

夏明德妻常氏：常钊女。年二十二夫卒，坚志守节，事孀姑抚子，四世一堂。享年六十三岁。

朱文辉妻夏氏：年二十九夫卒，孝养翁姑，得其欢心，抚孤成立，历节至七十四岁。

陈育妻高氏：年二十六夫卒，家贫，携一子一女依母家住。纺绩抚育，苦志守节四十六岁卒。

蔡桂妻余氏：年十九生子，甫四十日夫殁。矢志柏舟，孝养翁姑，抚子成立，年六十卒。

瞿一模妻夏氏：年二十夫故，冰心自持，年四十卒。

黎滔妻谭氏：年二十四夫卒，遗子正翱，零丁孤苦，家道寒微。氏持霜操，抚子成人，历节至七十一岁终。

蒲溶妻何氏：年十八夫卒，遗腹生子文蔚。坚贞抚子，娶媳曾氏，生孙二子，旋卒，媳年二十八长孙，早夭，次彬然名登仕版，姑年五十三终，媳年六十五终，人谓一门双节。

陶洄妻周氏：年二十八夫卒，立志守节，历节至八十二岁终。

陶元仲妻游氏：年十九夫卒，无子。矢志不渝，事姑三十年，甘旨未缺，年五十二终。

蒲在院妻刘氏：年二十七夫卒，无子。苦志守节，年六十五卒。

王国仲妻李氏：年十九夫故，矢志冰霜，年六十八卒。

李志赵妻何氏：年二十五夫卒，矢志靡他，守节三十五年卒。

许佩妻胡氏：年二十八夫故，无子，仅一女。遵翁命纳婿刘维弼，更名许承绪。续嗣，孝养翁姑，守节四十年卒。

汤辉祖妻岳氏：年十九夫故，乏嗣。矢志坚冰，继侄承桃。年四十九卒。

冯品玉妻李氏：李有白女。年十七夫故，遗子光宗。柏舟矢志，孝子成立，守节二十六年卒。

杨仕贵妻薛氏：薛调元女。年二十七夫故，遗子三人，氏抚成立，孝养翁姑，守节二十八年卒。

刘川伯妻陈氏：陈以仁女。年二十八夫殁，子夭，厄穷困苦，守节四十五载卒。

曹柄继妻潘氏：年十五适曹，抚前室子启昌甫半岁。爱怜倍至，自生二子两女，年二十八夫卒。奉事祖姑舒氏、姑瞿氏、俱得欢心。苦节至八十四岁终。

夫卒。奉事祖姑舒氏，姑瞿氏，俱得权心，苦节至八十四岁终。

钟功武妻吴氏：年二十八夫卒，矢志守贞，养姑极孝，历节至六十三岁。

邓国珍妻袁氏：袁化成女，年十九适邓，生子二，越九年夫卒，矢志抚孤成立，娶媳生孙，长子物故，媳他适，氏又抚孙成人，独支家政，现年六十有六岁。

范尊五妻倪氏：年十七月千归，越一载夫卒，无子，矢志不二，事姑诚敬，以胞侄次子永年过继承桃，现年五十三岁。

林元慈妻杨氏：年二十岁夫故，矢志柏舟，抚子永均成立，苦节至七十一岁。

瞿一模妻夏氏：夏在宽女，年十八适瞿，二十一岁夫故，坚志守贞，事翁姑孝养备至，苦节十六年而卒。

汤辉廷妻李氏：年二十八夫卒，遗二子，矢志抚子成立，历节至七十八岁终。

操国柱妻何氏：孝友何其潜女，年十九于归。二十四岁夫卒，矢志守贞，孝事翁姑，历节至五十六岁。

陈上清妻彭氏：年二十四夫卒，无子，抚弟上宾之子振翼成立。教育有方，苦节五十年，七十四岁卒。

何瑄妻黎氏：年二十九夫故，矢志坚贞，事姑训子，苦节四十九载，七十八岁终。

何其书妻陈氏：年二十四夫故。苦节五十载卒。

石百福妻王氏：王天锡女，年十八适石，生一子，二女，越十载夫殁，矢志守贞，养葬翁姑，抚子成立，苦节至六十一岁卒。

瞿光玉妻王氏：王矿女，年十七适瞿，二十四岁夫故。遗二女，矢志不移。养葬翁姑，抚女成人，苦节十八年卒。

李廷瑛妻张氏：年二十八岁夫故，遗二子，矢志守贞，纺绩教训次子本元成名，历节至六十九岁，潘学宪给以"葆贞完孝"匾额。

杨玩妻谢氏：谢顺华女，年二十二夫卒，孝亲抚孤，苦节四十二年，现年六十四岁。

谢万珍妻杨氏：杨体常女，年二十四夫卒，抚子成立，孝事翁姑，苦节四十六年卒。

谢代芳妻冉氏：年二十六夫卒，家贫抚子成立，苦节三十年卒。

文东汉妻陈氏：年二十五夫卒，家仅中资，矢志抚孤，兼好善，苦节五十年卒。

贾秀通妻萧氏：萧于宽女，年二十八夫卒，抚子成立，苦节四十六年卒。

杨全妻张氏：年二十四夫卒。遗腹生子，家贫，抚孤成立。苦节三十二年卒。

关位邦妻萧氏：萧仕彦女，年二十四夫卒，抚子成立，苦节四十二年卒。

贺莹妻傅氏：傅调元女，年二十三夫卒。抚孤子如松成立，苦节四十七年，现年七十岁。

李奇蔚妻冉氏：年二十一夫卒，遗腹子特士，抚之成立，州牧谢国史旌其门曰"遗芳百世"，苦节五十一年卒。

王嘉贤妻马氏：马葵昭女，年二十八夫卒，抚子成立，苦节四十四年卒。

刘金声妻王氏：王嘉荣女，年二十二夫卒，家贫甚，子榜荣早逝，继抚其孙成立，丧葬翁姑尽礼，苦节四十六年卒。

罗洪信妻毛氏：毛荣毕女，年二十八夫卒，抚子成立，苦节四十四年卒。

周正文妻曹氏：年二十八夫卒，抚子成立，苦节四十年卒。

张达伦妻陈氏：陈上珍女，年二十八夫卒，时子甫八岁，夫弟达□逼令改嫁，氏断发不从，归依母家。守节四十年卒。

陈大才妻张氏：年二十八夫卒，无子，家甚贫，纺绩终身，苦节三十二年卒。

陈昌友妻牟氏：年十八夫卒，家极贫，抚子成立。苦节五十四年卒。

丁荣华妻邹氏：邹武谟女，年二十六夫卒，抚子成立，苦节四十四年卒。

陈应学妻王氏：年二十六夫卒。家贫，抚子成，苦节四十八年卒。

骆德位妻李氏：李应福女，年二十八夫卒，抚子成立，苦节四十五年卒。

向永德妻孙氏：孙正明女，年二十六夫卒，抚子成立，苦节四十年卒。

安修德妻罗氏：罗洪芳女，年二十夫卒，抚子成立。苦节四十五年卒。

梁先敏妻曾氏：年二十五夫卒，抚子国材成立，苦节五十年卒。

梁国材妻曾氏：先敏之媳材卒时，曾氏年二十二，抚子文寿成立，两世节孝。苦节三十六年卒。

龙曙妻梁氏：年二十二夫卒，抚子文德成立，苦节三十八年卒。

龙文德妻梁氏：文德，曙之子。卒时，妻梁氏年二十四，抚子奇玉成立，两世节孝，苦节二十四年卒。

杨通时妻陆氏：年二十夫卒，长斋诵经，抚子成立。适有以牛肉挂陆氏厨前者，忽疾雷一声，失牛肉所在，其至诚之感与？苦节五十六年卒。

余三贵妻刘氏：年二十夫卒，孝养翁姑，抚子维楫成立。苦节五十六年卒。

余万煌妻王氏：年二十八夫故，养翁姑抚子世瑞、世琼、世瑚、世瑛成立。年六十四卒。

张象贤妻盛氏：年二十六夫卒，养葬翁姑，抚子兴泰成立，苦节四十二年卒。

宋大珍妻杨氏：年二十九夫卒，抚子子龙成立，苦节二十四年卒。

宋子龙妻张氏：子龙大珍子卒时，氏年二十八，抚子荣安成立，苦节三十一年卒。

宋荣安妻张氏：荣安子龙之子，大珍之孙卒时，氏年二十九，抚子凤麟、凤盈成立。三世节孝，苦节二十六年卒。

石文俸妻张氏：年十九夫卒，孝事翁姑，抚子维升成立，旋逝，又抚孤孙钟文成立，苦节六十一年卒。

邓凤仪妻张氏：年二十五夫卒，孝事翁姑，抚子文顺成立，苦节四十八年，现年七十三岁。

高启隆妻陈氏：年二十一夫卒，抚子天潮成立，苦节五十三年卒。

何世祥妻谭氏：年二十八夫卒，孝事翁姑，抚子文元成立，苦节六十一年卒。

郭履祥妻周氏：举人周兴沏女，年十九适郭，次年夫卒。抚子阿多成立，苦节三十八年卒。

徐增荣妻王氏：年二十三夫卒，抚子成立，苦节四十六年，现年六十九岁。

王锡九妻汪氏：年二十夫卒，无子，遗一女，矢志不移，守节三十八年卒。

徐□妻邓氏：年十九夫卒，抚子成立。苦节三十年卒。

王天荣妻朱氏：年二十三夫卒，家极贫，孝事翁姑抚子成立，苦节四十四年卒。

左汉俊妻杨氏：杨春鸣女，年二十八夫卒，无子，遗一女，家仅中资，苦节五十二年卒。

李在望妻吕氏：吕斗先女，年二十四夫卒，家甚贫，抚子成立，苦节四十六年卒。

吕思逯妻刘氏：年二十五夫卒，家甚贫，矢志抚子，子卒，又抚孙，孙旋夭。饮冰茹蘗，不改初心，苦节五十年卒。

庞文贡妻杨氏：年二十四夫卒。抚子章华成立，章华旋逝，继抚孤孙，年四十八卒。

冉国朝妻毛氏：毛荣禄女，年二十六夫卒，抚子成立，苦节五十二年卒。

戴绍先妻冉氏：冉大鹏女，年二十五夫卒，抚子成立，苦节五十年卒。

窦正寿妻李氏：李朝铭女，年二十二夫卒，抚子成立，苦节四十年卒。

窦正现妻王氏：年二十六夫卒，抚子仕钧成立，苦节五十年卒。

严仕进妻吴氏：吴正儒女，年二十六夫卒，抚前室子成立，苦节四十三年卒。

赵志怀妻王氏：王学富女，年二十二夫卒，抚子成立，苦节四十年卒。

熊大鹏妻蹇氏：蹇时和女，年二十四夫卒，抚子成立，苦节三十四年卒。

陈思第妻蹇氏，蹇金尧女，年二十四夫卒，抚子成立，苦节三十年卒。

窦正德妻张氏：张洪礼女，年二十三夫卒，抚子成立，苦节五十年卒。

黄景淮妻李氏：李美仁女，年二十一夫卒，无出，继侄为嗣，苦节四十一年卒。

杨峻妻曹氏：曹玉恒女，年二十五夫卒，抚子成立，苦节三十年卒。

杨华妻冉氏：邑庠生冉锡庆女，年二十八夫卒，抚子成立，苦节三十七年卒。

薛仕材妻任氏：年二十八夫卒，抚子洪亮、洪义、洪顺成立，苦节四十八年卒。

周成龙妻张氏：年二十六夫卒，孝事翁姑，抚子国鉴成立，苦节三十八年，现年五十九岁。

蔺世俸妻许氏：年二十九夫卒，孝事翁姑，抚子廷辅、连城、辑五成立，苦节三十年，现年五十九岁。

唐永治妻蔺氏：年十九适永治，甫八月夫卒，无子，矢志养姑寿终。又让产与夫弟永仕、永怀，苦节三十六年，现年五十五岁。

周兴滢妻夏氏：年二十八夫卒，矢志养姑寿终，苦节四十年，现年六十八岁。

蔺芳妻梅氏：年二十八夫卒，抚子成立，苦节四十四年，现年六十八岁。

舒文旨妻艾氏：年二十八夫卒。抚三子一女成立，后三子相继逝，又抚孙成立，苦节三十六年，现年六十四岁。

段远银妻张氏：庠生张仕可女，年二十四夫卒，族人逼嫁，矢死不从。抚夫兄绍贤遗子仕德成立，苦节五十三年卒。

庠生陈鹏图妻刘氏：年二十四夫卒，矢志守节，现年五十六岁，督学潘额以"葆贞完孝"匾。

陈鹤龄妻夏氏：年二十三夫卒，矢志守贞，督学潘额以"葆贞完孝"，苦节五十六年卒。

陈普妻黄氏：年二十七夫卒，无子，矢志守贞，长斋念佛。苦节四十四年，现年七十一岁。

刘有桃妻徐氏：徐正德女，年二十二夫卒，族人逼嫁，不从。抚子三人成立，苦节五十年，现年七十二岁。

汪思义妻况氏：年二十五夫殁，矢志抚孤，现年七十四岁。

陈应芳妻苏氏：年二十六夫卒，遗子旋卒，有劝改节者，氏曰：子死有侄，遂依侄终身。现年七十四岁。

王锡晋妻张氏：年二十八夫卒，遗二子，家贫，纺绩矢志抚子，现年六十五岁。

刘邦科妻赖氏：年二十六夫病危，割股救，不愈，遗一子一女，矢志抚育。族有贫乏者，常周恤之，现年六十三岁。

徐月桂妻刘氏：年二十六夫病笃，割股救不愈，矢志守贞。姑殁翁存，家口繁多，氏以一身任之，家无间言，现年四十六岁。

陈绖妻刘氏：年二十七夫卒，矢志抚孤成立，现年五十八岁。

经思有妻粟氏：年二十九夫卒，矢志守节，抚孤成立，现年六十岁。

陈文衡妻夏氏：夏业女，年二十夫卒，矢志冰霜，孝养翁姑，义方训子，现年四十五岁。

王世芳妻毛氏：生员毛振翎女，年二十七夫卒，矢志柏舟，翁姑病危，割股以进，养葬俱尽礼。抚孤四达成立，现年六十岁。

雷时荣妻陈氏：年二十八夫卒，矢志抚孤，克智成立，现年六十一岁。

石在岱妻张氏：年二十一夫卒，遗腹生子作谋，冰心自矢。抚子成立，守节四十三年。

汪时榕妻朱氏：年二十四夫卒，遗一子汉，霜操自持，抚子成立，守节已三十六年。

李钟益妻盛氏：盛在高女，年二十九夫卒，矢志守节，抚三子成立，现年七十六岁。

吴大成妻倪氏：年二十一夫故，遗二子，旋夭。族人有逼嫁图产者，质州主剖断，克全初志，现年六十一岁。

李其泽妻余氏：年二十八夫殁，遗三子，矢志事姑，抚子成立，现年五十九岁。

廖永清妻夏氏：年二十夫卒，遗一子，矢志不渝，抚孤成立，现年七十八岁。

廖长玖妻王氏：年二十一夫卒，遗一子，家贫，冰心抚孤，勤俭起家，现年七十三岁。

蔡万才妻刘氏：刘应凤女，年二十四夫卒，矢志守节，现年五十二岁。

戴文庸妻王氏：年十六适庸，庸病笃，割股救，罔效而卒。氏年二十四，矢志守节，现年七十一岁。

张荣华妻夏氏：年二十二夫卒，遗腹生子裕云，柏舟矢志，抚孤成人，现年六十二岁。

金朝献妻刘氏：年二十九夫卒，遗子未周岁，家赤贫，养姑抚子，苦节自甘，现年七十五岁。

陶元俊妻石氏：年二十八夫故，遗子尚幼，氏苦志守节，抚子成立，现年六十八岁。

蒲蒸然妻夏氏：年二十二夫卒，遗二子，矢志坚冰，抚子成立，现年五十三岁。

周之桢妻杨氏：嘉庆四年，之桢堵御教匪死，已入昭忠祠。时杨氏年二十六，侍姑王氏避难，得生。矢志守节，事姑至孝，姑病卧床九载，侍奉不离，毫无倦容。现年七十岁。

李郁南妻孔氏：孔传铎女，年二十四夫卒。遗子元淑甫六月，苦志抚成，生孙宗瀛、宗泾，现年四十六岁。

吴缵洄妻曾氏：曾超泰女，年二十九夫故，遗子赠，矢志抚子成立。现年六十六岁。

雷添禄妻黄氏：黄宜春女，年二十六夫故，遗子雷鸣甫二岁，矢志抚孤，现年五十有八岁。

周玺辉妻彭氏：年二十一夫故，霜操自持。现年五十五岁。

鞠永高妻杨氏：杨容女，年十八夫卒，矢志冰坚，抚子成立，守节已二十五年。

文潞妻邓氏：年十九夫卒，冰心抚子，孝养高堂，现享年九十三岁。

文毓南妻胡氏：年二十夫卒，矢志靡他，事霜母至孝，现年八十一岁。

王仕爵妻罗氏：年二十九夫故，苦志守节。抚子文焕成立。食邑廪，现年八十三岁。

黄德元妻曾氏：曾术俊女，年二十四夫故，孝养媥姑。抚子成立。苦节坚贞，现年六十八岁。

罗承授妻焦氏：年二十四夫卒，遗一子，氏抚成立。生四孙，守节已二十八年。

刘明祖妻罗氏：年二十一夫卒，矢志冰坚，抚子成立，生二孙，现年四十九岁。

倪喜泰妻夏氏：年二十三夫卒，无子，霜操事姑，继侄承嗣，现年四十三岁。

文字春妻唐氏：年十九适文，生一子，越六年春故，冰心抚孤，未几子卒，立志不移，守节已三十一载。现年五十六岁。

杨秀樑妻周氏：年二十六夫故，三子俱幼，矢志茹荼。抚子成立，纺绩赎业，苦志二十八载，现年五十八岁。

夏维霖妻王氏：年十六适夏。越五年夫染疾，氏哀号吁天，祈以身代，竟不起，既无舅姑，又鲜兄弟。幸遗腹生一子，教养成立，今已孙曾满室矣。历节四十七年，现年六十八岁。

蔺世鉴妻李氏：年二十七夫殁。遗一子，氏上事翁姑，下抚幼子，勤劳备至。苦节三十七年，现年六十四岁。

陈洪道妻潘氏：年二十五媥居，冰操自矢，事翁姑以孝。苦节四十三年，享寿六十八岁，今孙曾亚名列胶庠，人咸以为苦节之报云。

蔡德贞妻周氏：年二十四夫病，割股救，不愈，矢志靡他，养亲教子，现年六十二岁。

田泰元妻刘氏：教匪扰鹤游坪，泰元集众御贼，被害。氏寻夫尸衣殓归葬。氏年二十八，矢节自守，孝亲抚子，州牧石额以"节隆昌后"，现年七十三岁。

徐富存妻张氏：年二十三夫殁，遗腹生子，家贫，冰操自持。苦志抚孤，现年五十三岁。

谭世滨妻朱氏：年十八夫殁，遗腹生子，氏矢志柏舟。养亲抚孤，孙二，现年五十二岁。

庠生张玉光妻洪氏：年二十七夫殁，矢志守节，黄学宪额以"玉节金坚"。以彰其志。

瞿先伸妻罗氏：罗镜女，年二十八夫殁，矢志守节，现年六十八岁。

谭道一妻张氏：年二十六夫殁，遗二子光模、光远俱幼。氏抚成立，现年五十二岁。

冉裕龙妻蔡氏：年二十四夫故。家贫，无子，冰心自励。继侄广元承桃，现年七十四岁。

彭中和妻曹氏：曹仕伦女，年二十八夫故，无子，继侄克俭承嗣。现年五十六岁。

彭中安妻周、妾万氏：中安殁时，周氏年三十，万氏年二十，均无出，姑存，二氏皆孝事，继侄兆贞承嗣。周苦节二十五年卒，万现年五十，人谓一门双节。

盛维琯妻庹氏：年二十九夫卒。遗一幼子，家贫，矢志抚孤，现年五十二岁。

张崎妻文氏：文有范女，年二十八夫卒，遗子尚幼。养亲抚子，甘贫守节，现年五十八岁。

冯文法妻傅氏：傅春发女，年二十二夫卒，氏秉清操，抚遗腹子成立，子殁，又抚孙，现年五十三岁。

杨秀贵妻孙氏：孙奇香女，年二十三夫卒，遗子甫三月，氏冰心抚子先品成立，现年七十二岁。

文顺友继妻陈氏：陈上珍女，年二十一夫卒，无出，家贫。矢志抚前室子成立，现年五十八岁。

杨理妻郑氏：郑遐昌女，年二十五夫卒，遗子茂荣抚育成立。苦节五十年。

杨茂荣妻郑氏：茂荣，理之子。卒时，妻郑氏年二十三岁。誓不二志，苦节三十年，人谓一门双节。

胡自孝妻冉氏：冉文藩女，年十六夫卒，无子，氏持霜操。继侄承嗣，现年五十六岁。

陈兴旺妻马氏：马正品女，年二十二夫卒，无子，冰心守节，现年五十八岁。

刘忠榜妻邵氏：年十九夫卒。遗子半岁，冰操抚子，现年五十八岁。

赵邦国妻黄氏：黄文栋女，年二十夫卒，遗子玉昂甫两月，氏坚贞，训子成名，年六十八岁。

谭万林妻侯氏：侯在举女，年二十四夫卒，坚志守节，养亲抚子，现年五十四岁。

黄禄高妻夏氏：年二十四夫卒，无子，矢志靡他，现年六十九岁。

蒋仕惠妻张氏：年十八夫卒，矢志不渝，养姑二十年，姑病亲侍汤药。抚子秀岳成立。现年七十二岁。

蒋秀芳妻徐氏：年二十夫故，矢志不移，抚子光吉成立。现年四十岁。

朱俊廷妻张氏：年十六适朱，八月夫卒，无子，翁姑在堂，视膳问安不少离。继侄承嗣，生二孙，子媳皆卒，又抚孙，现年五十六岁。

陈鹏龄妻夏氏：生员夏箬女，年二十八夫故，家贫，纺绩守节，现年八十一岁。

蒋克善妻周氏：年二十四夫殁，遗腹生子更新，清贫苦守，抚子成立，现年六十二岁。

举人周石兰妻孟氏：孟大成女，年二十九夫卒，无出，抚前室子成立，事姑孝。年五十五岁。

孟谦义妻汪氏：国学汪清涟女，年十八适孟，九月夫卒，无子，冰心事姑，年四十二岁。

夏尚恒继妻袁氏：年二十六夫卒，无出，抚前室二子成立，历节二十九年。

汪文奎妻项氏：年二十九夫卒，无子，冰心自守，历节已二十六年。

邬世享妻陈氏：年二十夫卒，矢志守节，孝事舅姑，抚育幼子，现年四十二岁。

汪清相妻□氏：年二十九夫卒，守节三十九年，请旌。

黎景铎妻刘氏：年二十夫卒，无子，矢志守节，继侄涵承嗣列成均，孙入郡庠。现年八十二岁。

陶元俊妻石氏：年二十四夫卒，矢志靡他，现年六十七岁。

汪文升妻舒氏：年二十八夫卒，矢志守节，现年五十一岁。

张洪榜妻谭氏：年二十七夫殁，无子，遗女二人。守节，抚女婚嫁。现年六十八岁。

谭登福妻余氏：年二十七夫卒，遗二子，氏抚成立。守节已二十九年。

晏名世妻余氏：氏未及笄，父闻晏病瘫，欲悔亲，氏不从，遂适晏。年二十夫殁，矢志守节，教子成立。守节六十年。

罗柏桥妻王氏：年二十八夫殁，遗腹生子，矢志守节，抚育成立。现年七十岁。

但杰士妻袁氏：年二十九夫殁，遗三子，氏抚成立，生孙七人，守节已二十二年。

刘照妻陈氏：年二十八夫殁，遗腹生子，氏抚成立，生孙五人，现年六十一岁。

郭之俨妻郑氏：年二十四夫病，割股救不愈，守节事姑，现年五十五岁。

孙锴妻王氏：年十八夫卒，无子，继侄承祧，冰心自矢，事翁及继姑皆孝，现年五十岁。

罗分继妻方氏：年二十六夫殁，无子，继侄承嗣，冰心自矢。抚嗣子成立，现年五十有五岁。

李应梅妻侯氏：廪生侯茂树女，年二十夫殁，家贫，坚志守节，现年七十岁。

罗纯笃妻刘氏：年十九夫殁，无子，霜操自持，孝养翁姑。继侄承嗣，现年四十二岁。

罗纯经继妻方氏：年二十六夫卒，无子，继侄承嗣。苦志守节，现年五十岁。

罗斐然妻孙氏：年二十七夫卒，抚一子成立，现年五十七岁。

郑国均妻曾氏：年二十九夫殁，无子，继侄成嗣，生孙三人，现年五十九岁。

孙锦妻刘氏：举人刘国贤女，年二十九夫殁，无子，矢志守节，抚兄子如己出，现年六十三岁。

王国贤妻杨氏：年二十七夫殁，遗二子，矢志守节，抚子成立。现年九十岁。

李抡元妻沈氏：年十九夫卒，遗一子，坚冰自持，孝姑抚子。现年四十九岁。

分县潘廷欢继妻周氏：年十九夫殁，无出，矢志冰霜，抚前室子成立，生三孙。现年六十岁。

欧阳暹妻张氏：庠生张周瑞女。年二十八夫卒，遗一子，矢志守节，抚子成立，现年四十八岁。

喻洪顺妻刘氏：年二十四夫殁，无子，家贫，随母纺绩，守节冰坚，现年五十四岁。

郑以伦妻刘氏：年二十一夫殁，遗一子，氏霜操抚子，孝养翁姑，现年五十一岁。

胡国佐妻戴氏：年二十夫被贼伤，遗一子，氏冰心抚子成人，现年六十九岁。

吴文梁妻姚氏：年二十九夫卒，守节抚孤，现年六十二岁。

杨澄儒妻雷氏：年二十三夫卒，矢志坚冰，守节抚孤，现年五十九岁。

姚纩妻陈氏：年二十四夫卒，志秉霜操，抚孤守节，现年五十八岁。

高国治妻魏氏：年二十七夫卒，抚孤守节，现年六十二岁。

彭为柄妻李氏：年三十夫卒，守节抚孤，现年七十八岁。

杨映筠妻彭氏：贡生彭学鸿女，年三十夫卒，无子，继侄承嗣。苦志守节，年七十三岁。

姚棉妻魏氏：年二十八夫卒，守节抚孤。现年五十九岁。

彭烈妻姚氏：年三十夫卒，无子，矢志守节，现年五十八岁。

李煌妻彭氏：年二十八夫卒，遗一子二女。家贫，纺绩婚嫁，备极劳瘁，苦节至七十一岁。

方兴权妻王氏：王海女，年二十五夫卒，遗子天爵，守节抚孤。现年五十五岁。

朱学益妻魏氏：魏焕常女，年二十二夫故，家贫无子，冰心茹荼。守节四十年。

魏正樑妻杨氏：贡生杨恂女，年二十五夫故，遗二子，家贫。苦节已二十五年。

覃培元妻吴氏：职员吴芝堂女，年十八夫故。无子，继侄承嗣。守节已二十六年。

梁增妻方氏：方文龙女，年二十八夫故，遗子时旺，守节抚孤四十二载。

秦银妻杨氏：年二十六夫故，遗子先麟，矢志抚子。守节已三十八载。

张在朝妻王氏：王安清女，年二十五夫故，遗子旋夭。家贫，纺绩度日。有劝改节者，氏坚志不移。现年五十六岁。

李心全妻余氏：余荣华女，年二十四夫故，遗一子二女，冰坚抚育。现年五十九岁。

余大鹏妻熊氏：年二十一夫病，割股救，不愈，遗孤八月。氏抚成立，生孙，现年六十有一岁。

田仁里妻李氏：年二十八夫病，两次割股救，不愈。养亲抚孤，现年六十二岁。

庞尚清妻文氏：年二十六夫卒，家贫，矢志抚孤，耕读课子。现年六十一岁。

熊珊继妻洪氏：年二十四夫故，抚前室子世楠如己出，养姑抚子，现年八十岁。

熊猷麒妻廖氏：年二十五夫故，母家欲夺其志激，氏赴州具认坚守词状，人咸敬之。守节二十余年。

范安仁妾周氏：年二十九仁卒。历节四十九年。

文登级妻张氏：年二十七夫卒。遗三子，氏抚成立。孙八人，曾孙十人，现年八十岁。

李元坤妻刘氏：年二十夫卒，遗子甫弥月，矢志抚孤，纺绩度日。现年六十八岁。

周兴淑妻陈氏：年二十六夫故，遗子廷桩，氏抚成立，孙二人。现年六十六岁。

陈启贤妻李氏：年十九岁夫殁，遗子甫四月，冰心自矢，抚孤守节。现年五十七岁。

覃易妻陈氏：年二十七夫故，无子，继侄承嗣，家贫，躬自操作，苦志守节，现年七十二岁。

吴藩妻李氏：年二十八夫殁，矢志守节，翁姑在堂，侍奉不息。现年五十六岁。

彭治桂妻廖氏：年二十七夫殁。矢志守节，抚子成立。现年五十八岁。

张运妻吴氏：年二十九夫卒。家贫，茹荼守节，抚孤成立。生四孙，现年六十九岁。

庠生文炳妻曹氏：年二十九夫卒。无子，誓志不二，孝养翁姑，守节三十余年。

张其妻任氏：年二十一夫卒。矢志守节，孝养翁姑。抚子廷春成立，历节四十余年。

增生高晋揩妻周氏：年二十九夫卒。矢志守节，现年七十六岁。

陈世荣妻聂氏：年二十六夫卒，家贫，矢志抚子，两次割股以疗亲疾。现年七十岁。

聂荣恩妻石氏：年二十六夫卒。无子，继侄家麟承嗣。苦志守节，现年五十六岁。

聂承恩妻李氏：年二十四夫卒，遗子家齐方弥月，冰霜誓志，抚子成立。年五十八岁。

王亮清妻潘氏：年二十六夫卒。遗一子，早夭。霜操自持，纺绩度日。现年五十八岁。

尚德智妻徐氏：年二十四夫卒，冰心守节，抚子成立，现年八十三岁。

蔺国铭妻刘氏：年二十三夫殁，无子，矢志松筠。事姑与祖姑得欢心，苦节二十余年。

李映明妻侯氏：年十九夫卒。冰心自矢，孝养老姑，苦节至七十四岁。

张银万妻李氏：年二十八夫卒。矢志养亲，抚子成立，旋夭，又抚孤孙。现年五十七岁。

举人周朴继妻王氏：年二十三夫卒。矢志不渝，守节二十余年卒。

何柄妻蔡氏：年十六夫卒，遗子甫周岁，家贫茹荼，抚子守节。现年五十七岁。

傅镗妻冉氏：贡生冉巘女。生二子，翁殁，姑存，久病。教匪入境，夫染疫不醒。氏负姑逃避。祝神割股，姑病稍安。越三载，夫殁。氏年二十九，痛不欲生，守节抚子，今已七十有一。

刘元妻吴氏：吴洪谟女，年二十八夫卒，子四，尚有遗腹，勤纺绩度日。养亲抚子，苦志守节，现年六十九岁。

张子万妻杨氏：年二十四生子朝凤。教匪扰境，夫命氏负子逃避。夫受贼害，贼退，氏寻尸安葬，悲痛欲绝。因子幼，苦节抚育。现年已七十岁。

周权妻文氏：文条女，年二十二夫殁，遗子瑞甫周岁，姑病足难行，起居氏必躬扶。纺绩抚子，现年五十三岁。

刘华美妻黄氏、媳杜氏：黄氏年二十五夫殁，遗腹子仁钊成立，娶媳杜氏。年二十三钊卒，姑以家贫子幼，劝媳改志，媳曰："贫者人之常，节者妇之分。居常守分，吾谁适从。"遂姑媳相依，誓奉终身。姑现年七十七，媳年已四十九岁。

黄德元妻曾氏：年二十四夫殁，遗二子，冰心自矢。事姑抚子，现年六十八岁。

张在桂妻袁氏：年二十四夫卒，抚二子成立，守节三十五年。

潘仁章妻胡氏：年二九夫卒。冰心守节，现年五十八岁。

刘蔚然妻卢氏：年二十八夫卒。矢志抚孤，言动不苟。孝顺舅姑，现年六十八岁。

罗登第妻朱氏：年二十四夫卒，无子，有劝改适者，昼夜涕泣，不从。继侄承嗣。苦志守节，现年七十六岁。

王为轮妻易氏：年二十九夫故，遗腹生子恒昌。矢志孝养翁姑，抚子成立。现年七十三岁。

匡定汉妻萧氏：年二十四夫卒，无子，矢志不移。继侄承嗣。现年六十岁。

罗贤章妻张氏：张维灿女，年十五夫卒，无子，又无亲族。继表侄承嗣，志如冰坚，现年四十二岁。

张廷玉妻廖氏：年二十九夫卒，遗腹生子，氏抚成立，守节四十一年。

何汝谐妻余氏：年二十七夫卒，于雷波厅遗二子杰、彬。矢志抚子成立。年七十二岁。

何光晋妻况氏：年二十八夫卒，无子，志秉霜操。事亲尽孝，现年七十岁。

熊嵋妻萧氏：年二十八夫卒，遗腹生子，岁余，旋夭。氏矢志靡他，苦节自守，现年五十一。

邹光照妻刘氏：年二十五夫卒，翁姑在堂，遗子幼弱，矢志养亲抚孤，现年四十八岁。

王正明妻程氏：年二十九夫卒，遗三子一女，矢志抚育成立，现年五十五岁。

陈映嵩妻李氏：年二十九夫病，割股救，不愈，矢志守节。舅姑在堂，家贫，氏赖针黹并设女塾以供甘旨。抚子成立，现年五十有九。

洪武諓妻周氏：周鸿智女，年二十八夫故，遗子国恩，矢志抚子成立，现年七十七岁。

韩绍元妻戴氏：年二十五夫卒，遗二子，氏抚成立。孝养媾姑，苦志守节，现年五十六。

阙树原妻李氏：年二十三夫卒，矢志靡他，抚二子成立。俱夭，又抚孙。苦节五十一年。

汪潏川妻夏氏：年二十三夫卒，遗二子，矢志不渝，养姑抚子，现年八十六岁。

夏沂妻刘氏：年三十夫卒，子廷顺、廷福。氏善事翁姑，守贫抚子，苦节六十六岁。

邓汝梅妻张氏：年二十二夫故，矢志媾居。抚孤成立，现年六十一岁。

舒文旨妻艾氏：年二十七夫故。矢志守贞，纺绩抚孤，现年六十四岁。

李廷魁妻崔氏：崔任学女，年二十四夫卒，遗子天锡，冰心抚子，现年七十岁。

郑连城妻刘氏：举人刘藜照女。年二十四夫卒，遗二子，矢志抚育成立，善事继姑，现年五十四岁。

曾松章妻刘氏：夫妇俱江西人，在涪贸易。年十八夫卒，遗子甫周岁，氏坚志冰霜，因家贫路远，不能归，以孝事姑，借女工以抚子，岁有所余，必寄作甘旨之奉，现年六十二岁。

陈超妻石氏：举人石灿卣次女，年二十五夫卒，矢志守节，现年四十八岁。

郑文榜妻张氏：年二十一夫卒，矢志冰坚，守节至七十五岁。

张国模妻王氏：王用臣女，年二十八夫卒，矢志不移，养翁姑抚孤成立，现年五十八。

何仕玉妻舒氏：年二十四夫卒，冰心抚孤，五世同堂，现年八十岁。

卢心正妻杨氏：年二十四夫卒，遗子世昌甫周岁，氏矢志坚冰，孝养孀姑，抚子成立。生三孙尚幼，子媳继卒，又抚孙成人，现年七十五，康健如少年，人谓苦节必寿。

刘金柱妻陈氏：年二十夫卒，孝事翁姑，抚前室子秉旭成立，矢志不移，苦节五十年。

知县黄道中侧室王氏：福建蒲田县令成都人氏，年二十二夫卒，族人以青年劝改嫁，氏号泣，水浆不入口，数日族人惧，许其守志。女适州孝廉周运昌，随周居涪。苦节三十年，卒葬长里向家塆。其外孙周熙尧恐其淹没，因附载涪志。

王德福妻蒋氏：年二十九岁夫卒。纺绩养姑，坚志苦守，现年六十一岁。

夏修和妻余氏：年十六岁于归修和，二十一岁夫卒，抚子苦守，现年五十一岁。

陈超妻石氏：年二十九夫殁，无子，柏舟矢志，苦节二十二年卒。

左汉俊妻杨氏：年二十八岁夫卒，无子，遗一女，家仅中资，苦节五十二年殁。

蒋成纪妻刘氏：年二十九岁夫卒，遗二子四女，矢志坚贞，抚育婚配，艰苦备尝，守节三十五年，六十九岁卒。

夏治文妻姚氏：年二十八岁夫故，历节至八十岁终，已入通省志。

黎景铎妻刘氏：年二十岁夫故，割股救，不愈，柏舟矢志，姑病卧床八载，侍奉不倦。姑殁，葬祭尽礼，历年六十余岁终。

朱□妻皮氏：年二十四夫卒，柏舟矢志，纺绩苦守，现年七十岁。

李日书妻何氏：年十七岁于归，家贫无度，出其奁资养姑。姑病焚香，吁天祈以身代。姑殁，哀毁成疾，抚侧室子教养成立，八十四岁而卒。

杨作超妻让氏：年二十一岁夫卒，矢志坚贞，抚一子两孙成立，现年五十四岁。

曾淳清妻吴氏：年二十一岁夫卒，柏舟自矢，纺绩苦守，现年六十二岁。

夏廷献妻余氏：年二十九岁夫卒，坚贞苦守，抚三子成立。守节三十七载卒。

郑凤祖妻龚氏：年十六于归凤祖，事翁姑孝，二十五夫殁。哀毁尽礼，言笑不苟。有劝再醮，氏毁容剪发自缢，救之乃免。继侄承祧，守节四十一载，六十六岁而卒。

林玉白妻夏氏：年十四于归玉白，十七岁夫卒，矢志不移。继侄承祧，守节三十年。

冯琢芝妻刘氏：年十七于归琢芝，事翁姑孝。二十八岁夫卒，三子俱幼，家贫无度，纺绩苦守，现年六十八岁。

庠生谭光斗妻刘氏：年十六岁于归，十九岁夫卒，事姑孝，家贫苦守，抚二子成立，现年四十四岁。

杨正才妻常氏：年十九于归，二十八岁夫殁，矢志苦守，抚一子成立，现年五十四岁。

田仁先妻陈氏：陈天凤女，年十九适田，越五载夫卒，遗两子洪裕、洪世。矢志守贞，事翁姑，养葬尽礼。勤俭教子，兼抚孤侄洪都成立，四世一堂。有孝友风，历节至七十余岁。

汪地官妻江氏：年十七于归，越四载，地官外出十余年，渺无音信。里有人知地官已死，族党劝其改适，氏正色拒之曰："妇人之义，从一而终。且翁老姑盲，似此不入耳之言，急止毋多妄。"爰继胞侄理通为嗣，养葬翁姑，尽礼尽哀。历节三十余年，冰清玉洁，矢志靡他，现年五十六岁。

魏奠川妻陈氏：年二十七夫故，守节一子，家贫，得目疾，寿七十八岁。

余秦氏：年二十六，生二子，夫贸易死于外。氏闻矢志抚子养姑，现年七十岁。

《旧志》徐玉阶妻冯氏：年二十三岁夫卒，矢志不移，抚子成立，州牧陈于上额其门曰"冰壶秋月"。历节五十八年，现年八十一岁。

王文秀妻舒氏：年二十七岁夫卒。守节至五十岁。

郑醴妻刘氏：年二十七岁夫卒。守节至五十岁。

喻文馥妻刘氏：年二十五岁夫卒。守节至六十一岁。

游文相妻王氏：年二十五岁夫卒。守节至五十岁。

夏文著妻王氏：年二十八岁夫卒。守节至六十一岁。

刘继崇妻郑氏：年二十八岁夫卒。守节至五十五岁。

何毓琭妻余氏：年二十二岁夫卒。守节至八十五岁。

《旧志》曾鲁妻唐氏：年二十六岁夫殁，逮事老姑，菽水尽养，遗三子，抚育成立，年八十四。

烈　妇

明

李文惠妻姚氏：文惠出外，被强暴，刘秀南逼污，自忿缢死。奉旨旌表。

周大江妻何氏：大江由州同升别驾，值宸濠叛，大江司运军粮，风闻大江以迟军饷自经，氏不察为流言，遂拜姑，入室自缢。

庠生文可衡妻刘氏：奉直大夫刘天民女，布政参议刘之益姊。崇祯甲申间，随夫避兵于乡，夫出为贼所伤，氏闻触石而死。

庠生张光璧妻刘氏：刘天民次女，甲申夫妇避兵小江，贼追至，赴水死。

庠生文而元妻刘氏：刘之龙女，甲申夫妇避兵小江杨家洞，贼来攻洞，赴水死。

国朝

冉仲道妻王氏：仲道与淫恶况荣谦比屋同居。康熙四十一年二月二十四日，荣谦见仲道外出，用计诱氏，氏坚不受污。荣谦即持斧胁逼，氏仍詈骂不绝口，荣谦以斧劈氏头，越五日陨命。州牧徐按律将荣谦正法，王氏详请旌表建坊。

周之荣妻唐氏：教匪扰鹤游坪，贼强逼同行，不从。骂贼伤毙，时年四十。

喻琮妻黎氏：教匪入境，同媳李氏遇贼于双河口，强掳不从，骂贼伤毙，时年三十六。

喻文谟妻李氏：同姑黎氏避贼双河口，被掳不从。同姑骂贼伤毙，时年十八。

夏廷权妻宋氏：教匪入境，同媳王氏避难，遇贼强逼同行，不从。骂贼伤毙，时年四十。

夏启聪妻王氏：同姑宋氏遇贼强掳，不从随姑骂贼，伤毙，时年十九。

钟为梅妻黄氏：教匪入境，避难观音岩，遇贼强逼不从。骂贼伤毙，时年二十七。

夏汉妻乐氏：同媳刘氏，负七十孀姑避难，途遇贼掳姑，惊绝骂贼，伤毙，年三十九。

夏宗儒妻刘氏：同姑乐氏负祖姑避难，遇贼强掳，祖姑惊绝，同姑骂贼，伤毙，年十九。

席元音妻冯氏：贼破鹤坪卫，姑骂贼受伤，身死，时年三十三。

以上见总坊。

杨烈妇、张烈妇：东里四甲杨氏官有本妻，张氏官有庆妻。弟兄业农，嘉庆二十年弟兄出外，强暴陈大用、大洪等来家污辱，二氏俱不从，执耙殴毙。有司获犯伏法，坊建青铜溪。

张相臣妻文氏：拒奸不从，羞忿自缢。

曹文奇妻王氏：因邹怀仁出方戏谑，持刀自抹咽喉身死。

国学席廷秀妻夏氏：贼破鹤坪，代姑受刃，贼杀之。

伍万祥妻李氏：贼至惧辱，赴水身死。

贺广宗妻范氏：贼犯之，不受辱，被贼伤毙。

国学张效载妻傅氏：遇贼不屈，被杀。

张仪载妻周氏：周效载妻傅氏，死节。

萧秦氏、周高氏、钱冯氏、刘萧氏、罗袁氏：以上五人嘉庆三年死贼难。

萧夏氏、戴魏氏、杨张氏、夏韩氏、徐杨氏、谭何氏、谭余氏、蒋王氏、余陶氏、汪熊氏、朱王氏、瞿陈氏、张孙氏、包郭氏：以上十四人嘉庆四年鹤游坪寨破，死难。

游李氏、余邹氏、吴柴氏、蒋谢氏、徐薛氏、陈梁氏、鞠黄氏、彭何氏、况李氏：以上九人，嘉庆五年石龙寺遇贼，不屈，被杀。

王烈妇向氏：邑处士向□□女，事详艺文志，诗选绝命词。

贞　女

明

郭贞女：父失名，传言女受聘未字，届婚期夫亡，女遂誓志守贞六十余年，葬地名曰贞女湾。

夏贞女：夏子霄女，自幼喜读，不忍离父母，守贞四十年卒。李长祥立传，载艺文，有墓碑在蔺市镇。

国朝

何贞女：何子厚女，受张珝聘未字，年二十二，闻珝苦学病故，女截指誓不再字，遂奔夫丧。守制，事舅姑纯孝。后舅姑病笃，曾割股以救，不效。抚前室子如己子，纺绩课字，辛勤倍至，苦贞七十二岁卒。

黄贞女：黄俸朝女，许字杨，久出不归，女矢志不二。孝事父母，纺绩自食，守贞至六十六岁终。

夏葵姑：夏灿女，田伦未婚妻，望门守节，白首无瑕，奉指旌表。自行纺绩置田一段，施入节孝祠，以作焚献。每年约收租金一十一千文，儒学经管，现有碑记。

易贞姑：冉裕未婚妻，年二十，冉出外不归，姑誓不再字，守贞至六十九岁终。

田贞姑：刘国章未婚妻。年十八刘病故陕西，姑誓不再字，守贞至七十七岁殁。

以上二人见总坊。

戴贞姑：戴绍先女，年及笄①而父母见背，胞翁戴宗幼弱无依，女守贞不字，抚弟成立，年七十而卒。

杨贞姑：杨嶍女，事继母樊氏最孝，有慕其贤求婚者，姑不忍与母离，守贞不字。现年五十二。

朱贞姑：朱大友女，王荣位未婚妻，因夫远出不归，父母相继物故，女顾弱弟兴全曰："朱氏仅此一脉，誓不再字。"抚弟成立，现年四十九岁。

杨贞女：杨光盛女，幼许字陈氏，陈出外二十载不归，有劝之别字者，女断发毁形不从，年五十卒。

梁贞女：幼许文氏子，未及笄，文殁。女誓不二字，依母居。母殁，依兄嫂，兄嫂继殁，遗孤七龄，姑代理家业，抚育成立，现年六十四。

王贞女：长里高勖未婚妻。高卒，女奔丧不归，奉养舅姑终身，卒葬白里高姓大坟坝。

傅贞女：傅世福女，许字张姓，未笄，张远出，久无踪信。父劝另字不从，将衾物针黹焚之，剃发为尼，后父母殁，号泣哀痛，数日不食寿终。

———————————

① 笄（jī）：簪子，古代用来插住挽起的头发。《礼记·士婚礼》："女子许嫁，笄而醴之，称字。"本文特指女子到可以盘发插笄的年龄，既成年。

梁贞女：家长里，幼失怙恃，未字人，胞兄梁兴元生子崇鳌甫数月而夫妇继卒。女曰："梁氏一线，将谁依也？"于是守贞代抚侄成立，旋卒，又抚其侄孙，极尽辛苦，现年九十。

喻贞女：幼许字钟氏，后钟姓别娶。姑誓不再字，守贞五十年。

烈 女

明

文烈女：明经文晓女，明季甲申兵燹，随父避难酉阳，途次遇贼。欲犯之，女怒曰："我名家女，岂受辱耶。"贼鞭棒交加，百折不从，至夜乘隙自经[①]。督抚文有庵树碑葬之。

国朝

何烈女：名多姑，贡生何述先女，无子，欲以女赘冉为子，冉不从。述先复有所许，女闻之，谓其姊曰：人生百年必嫁，一诺便为百年，再诺是再嫁，孰若以长江为予死所。一日乘间潜奔江岸，家人觉之追救弗及，投江死。其父买舟觅尸至酆都，尸出中流，捞之三跃不见，时年十七。州人冯懋柱为传，兼吊以诗，载艺文。

以上二人见旧志。

舒幺姑：舒敦五女，避教匪，在渠溪鸡猛滩遇贼，强逼同行不从，骂贼伤毙，时女年十六。

秦烈女：秦文典女，冉文衡未婚妻，年未及笄，文衡病故，女素服奔丧，誓不再字。侍奉翁姑二载，女父母夺其志，别许字周姓，已受聘，女闻知，昼夜啼哭，三日不食而死，时女年十九。

以上二人见总坊。

胡长姑、唐二姑、赵小姑、黎大姑、程三姑、夏姑、谭姑、马长姑、游幺姑、蒲姑、冯小姑、袁大姑、尹大姑、白小姑、文小姐、尹长姑、孔小姑。

以上十七人，嘉庆四年鹤游坪寨破死难。

———————————

① 自经：经，自缢，上吊。《论语·宪问》："自经于沟渎而莫之知也。"《史记·田单列传》："遂经其颈于树枝，自奋绝脰而死。"

熊大姑、鞠大姑、柴小姑、黄二姑、郑姑、况姑、彭姑。

以上七人，嘉庆五年石龙寺不屈被害。俱见通省志。

孝 妇

国朝

陈孝妇：庠生石若汉妻，荣县教谕陈廷之女，性纯孝，通女训，年十九适石。翁孝廉石钧早殁，姑张氏老且病，躬侍汤药，毫无倦怠。越五载，夫殁。遗子钟灵甫七月，矢志冰霜，经营葬祭，倍极辛勤。姑以哭子丧明，医言人血能治，氏刺臂以血和药舐之，半月复明。姑病危，氏刲股以救，得愈。后姑殁，氏痛不欲生，葬祭尽礼。教子不稍姑息，延师课读，列胶庠、贡成均。一切所需，皆出自纺绩，苦节至七十二岁终，坊建石家沱。

熊孝妇：绥宁县知县陈于宣妻，明经熊英女，年十九适陈。秉性和顺，事姑黄孺人以孝闻，姑久病不起，伏侍床褥，衣不解带，数年奉药饵不假婢手。一日姑病剧，需茅根，时夜将半，自荷锄执火行里许采之，药采而火尽，途迷。忽磷火四起，藉照得归，归而反悸，乃徐告姑，姑叹曰："尔真孝媳，鬼神相汝，勿惊。"逾年姑病笃将终，握氏手曰："我无所虑，虑汝尚未生子，我死求神赐汝佳儿，报汝诚孝。"果数年生二子，长廷璠，领乡荐；次惇五，食饩胶庠。彭观察端淑撰有墓志铭，载艺文。

皮孝妇：贡生彭铣妻，皮绍先女，及笄，适彭，值祖姑中风，氏候便溺，换衾褥，数月乃终。事姑黄氏，曲尽妇道，夫铣卒，姑以哭子丧明，年七十九，氏已六十三，躬亲扶侍，未尝刻离，历十余年，姑寿九十三卒。氏几不欲生，以姑素持斋，逢姑斋期，必不茹荤，后亦享高寿。

廖孝妇：监生陈朝礼妻，长寿县廖尔梅女也。事姑何尽志尽力，得姑欢心。适姑病笃，医药罔效，氏沐浴虔祷，祈以身代。潜入密室中，引刀自刲其股，和汤食进，姑病旋愈。里党贤之，滇南孝廉高履方为之立传。

谭孝妇：鞠功臣妻，谭元成女，夫外出未归，翁病笃，氏割股以救，得愈。享年九十，氏亦六十二始卒。

张孝妇：庠生陈宗器妻，贡生张纯修女。秉性和顺，敬事翁姑，姑病笃，氏割股救愈，逾十八载始卒。

王孝妇：庠生周惺妻，王克卿女，居州东关外。失火延烧时，惺母八十余，病卧在床，家仅三岁儿，并无次丁，氏见火至，不顾家资，负姑携儿突火而逃。既熄，搭棚栖身，孝养如常。

易孝妇：贡生舒其仁妻，事姑薛氏，善承志意，虽蔬菽不敢先尝。姑病剧，欲食梨，时孟冬家园无存，氏雪夜遍觅邻家，仅得一梨供姑，病不药而愈，人以为诚孝之感。

尹孝妇：何命基继妻。事姑尽孝，姑病笃，氏割股救愈。氏年二十八遂终，人甚惜之。

以上九人见旧志。

覃孝妇：杨家祥妻，覃占魁女。性至孝，姑病日，侍汤药衣不解带。饮食亲进，溺器亲涤，如是者三年。

新纂：

熊孝妇：陈秉妻，姑老久病，氏婉颜承顺，侍奉床箦。衣不解带，历数年无倦容。

陈孝妇：谢良卿妻。

以上二人见通省志。

寿　妇

新纂

李寿妇：张荣华妻，享年九十九终。

王寿妇：朱沙坪韩□妻，现年九十三岁。

何寿妇：汪文朗妻，汪明章媳，翁姑寿俱九十，氏侍养不怠。现年九十三岁，五世同堂。

何寿妇：长里章□妻，现年九十三岁。

陈寿妇：彭学源妻，年九十卒。

李寿妇：覃占魁妻，庠生李荣夫女。现年九十岁。

杨寿妇：王师贡妻，素以孝闻，现年九十五。

陶寿妇：张元春妻，现年九十岁。

戴寿妇：朱玉生妻，寿一百，五世同堂。

彭寿妇：李同梅妻，年九十八，五世同堂。

黄寿妇：彭逢春妻，年九十三卒。

胡寿妇：陈□妻，年九十四。

殷寿妇：文理龙妻，年九十二。

郭寿妇：黄廷魁生母，年九十八。五世同堂。

周寿妇：潘廷锡生母，现年九十。

冯寿妇：杨昌基妻，年九十卒。

刘寿妇：何天成妻，现年九十七岁。

邓寿妇：何子文妻，年九十六岁。

潘寿妇：潘廷抡生母，年九十岁。

夏寿妇：鲜□□妻，年九十三岁。

赵寿妇：陈一廉妻，年九十三卒。

吕寿妇：余文楠妻，年九十七卒。

王寿妇：陈朝龙妻，年九十卒。

万寿妇：朱瓒妻，年九十卒。

龚寿妇：曾孙达妻，年九十六终。

邹寿妇：李天泰妻，年九十二卒。

张寿妇：瞿恩荣妻，年九十二卒。

何寿妇：魏世锐妻，年九十一卒。

鞠寿妇：舒尔馨妻，年九十一岁，五世同堂。

郭寿妇：王魁妻，年九十一岁。

戴寿妇：朱玉生妻，寿一百岁。

冉寿妇：刘材妻，年九十五岁。

石寿妇：陈现妻，年九十四岁。

郑寿妇：刘荣妻，年九十岁。

蔡寿妇：高必俊妻，年九十二。

熊寿妇：夏时育妻，年九十一卒。

张寿妇：谭启祥妻，年九十九卒。

王寿妇：杨□□妻。年九十五岁，五世同堂。

吴寿妇：黄世泽妻，年九十三岁。

黄寿妇：杨之洪妻，年九十三岁。

陈寿妇：谭世清妻，现年八十五。

杨寿妇：夏尧先妻，年满百岁，五世同堂。请旌。

黄寿妇：魏钟义妻，事翁姑以孝闻，寿八十岁。五世一堂，曾孙方容中甲辰恩科举人，人以为贤孝之报云。

涪州志卷之十一

涪州知州　德恩续纂

艺文志

文选　诗选

文以载道，文存而道即存；文以纪事，文传而事亦传。然则立诚之词，实不朽之业也。涪属名区，昔贤不少著作，乃沧海屡更，存鲁壁[①]者十一耳，今广为采辑，编次补入。盖所以纪事功、识典藏也。他若阐发道义，有裨心性，及点缀山川、景物之作，亦以类附。异日者太史采纳，庶风俗妍媸，于此可征，岂徒揭班马之藻[②]艳，以焜耀艺林已哉。

文　选

文章之散著，有与人心、风俗、政教相为维系者，故或上纪政教之休美，中述名教之幽光，下及山川景物。触绪抒怀，文之所关，实非浅鲜也。今计采辑六种，曰记、曰传、曰序、曰疏、曰书、曰铭。自前明以逮国朝，各以类叙，并不拘拘于人与事之前后云。

---

① 鲁壁：指孔子旧宅藏有古文经传的墙壁。《尚书·序》："鲁恭王好治宫室，坏孔子旧宅，以广其居，于壁中得先人所藏古文、虞、夏、商、周之书及传，《论语》《考经》，皆科斗文字。"后以鲁壁借指古代文化典籍。

② 班马之藻：班马，也称马班，汉代史学家司马迁与班固的并称，班马之藻是泛指可与班固和司马迁相媲美的文章。

涂山古碑记

元贾易岩^①　州人

《华阳志》云："渝郡涂山，禹后家也。"古庙废，元至正壬辰，郡守费著仍建庙。尝考娶于涂山之说，一谓在此，一谓在九江当涂。《东汉郡志》云："涂山在巴郡江州。"杜预考曰："巴国也，有涂山禹庙。"又古《巴郡志》云："山在县东五千二百步岷江东所。高七里，周围三十里。郦道元《水经》云："江州涂山有夏禹庙、涂后祠。九江当涂亦有之。"杜预所谓巴国江州，乃今重庆巴县。江州非九江之江州，汉史蜀志有稽。至今洞曰涂洞，村曰涂村，滩曰遮夫，石曰启母。复合《帝王世纪》《蜀本纪》《华阳国志》《元和志》等书参考之，禹乃汶山郡广柔人。其母有莘氏，感星之异，生禹于石纽广柔。隋改广柔为汶川。石纽在茂域，隶石泉军。所生之地方百里，彝人共营之。不敢居牧，灵异可畏。禹为蜀人，生于蜀，娶于蜀，古今人情，不大相远。导江之役，往来必经。过门不顾，为可凭信。先是，帝曾大父曰昌意，为黄帝次子，娶涂山氏，生帝颛顼，颛顼生鲧，鲧生帝，帝之娶于蜀，又有自来。又谓蜀涂山肇自人皇，为蜀君，掌涂山之国，亦一征也。至会诸侯于涂山，当以九江郡者为是。《东汉郡志》云："山在当涂。"杜预云："在寿春东北。"今有禹会村。柳子有铭，苏子有诗。且于天下稍向中，会同于此宜矣。《通鉴外纪》亦云："禹娶涂山之女生子启，南巡狩会诸侯于涂山。"如是，则娶而生子而后南巡，南巡而后会诸侯，娶则在此，会则在彼，次序昭然。会稽乃致群臣之地，或崩葬之所，故有禹穴。所谓涂山，一曰栋山，一曰防山，纷纷不一。太平乃晋成帝世，当涂之民徙居于此，故亦名其县曰当涂。好事者援此以为说，而实非涂山。世次绵远，地名改易烦乱，傅会不足征，况会稽、当涂在禹时，未入中国，禹安得娶彼哉？今特辨而正之。庶禹庙之建得其本真，而禹后受享于诞生之地，尤不可阙耳。

---

① 贾元（1283—1362）：字长卿，号易岩，涪州人，元末巴蜀著名文人。淹通经史，博学多才，清道光《涪州志》选其文《涂山古碑记》《学宫碑记》。其事见《四川通志》。

学宫碑记

元贾元　州人

　　碑亭之建，臣子所以奉扬国家至美，勒之金石，以示无穷。至正癸巳夏四月，涪郡守臣僧嘉闾新建碑亭成，教官张安具其事之本末，俾元为文以纪之。盖知天之至者，必崇天而极其至；知圣人之至者，必崇圣人而极其至。昔者帝尧知天之至，故曰"钦若昊天"。至我孔子知圣人之至，又曰"大哉，尧之为君！"于天而曰昊，于尧而曰大哉，可谓极其至矣。自孔子没，惟孟轲氏知圣人之至，故曰孔子之谓集大成。自生民以来未有孔子，厥后世君世主皆不能知。汉平之封止曰褒成侯，其后有封邹国公者，有封隆道公者。及唐元宗封文宣王，宋真宗于文宣之上加元圣二字，后又改为至圣。其号略备，亦岂足以尽圣人之德美焉。至我圣元，礼极隆备，振耀古今。此碑之不容于不刻也。成宗皇帝制若曰："孔子之道，垂宪万世。有国家者，所当崇奉。"其言至矣尽矣。武宗皇帝之践祚也，首祀先圣。若曰："先孔子而圣者，非孔子无以明；后孔子而圣者，非孔子无以法。于至圣之上，特加大成。"切当之论，极古未有。文宗皇帝在位之四年，制谓生知之出，有开必先，乃封先圣父母为启圣王、夫人。又谓闺门成教，尚虚元媲之封，乃封夫人亓官氏为至圣文宣王夫人。一家之内，自上及下，自外及内，皆被宠荣，有光万年，极前代所无。又谓圣道之传，由其徒嗣而明之，而褒颜、曾、思、孟为复圣、宗圣、述圣、亚圣，封以上公，亦前代所无。历圣之心，可谓知圣人之至，故能尽尊圣人之典，其文当与天地日月相为无穷。然元窃伏思之，创业垂统之君，具高世之识、不凡之见，故能立一代令典，为后世取正。恭维我世祖圣德神功文武皇帝，受命首重圣师，春秋严释奠之礼，原庙隆祠祀之制，开大学为首善之地，教胄子为出治之原。其在待王鹗也，每见则赐之以坐，呼状元而不名。其在正位也，礼命名儒许衡隆以师礼，亲之信之，一时文化之盛，远过前代，是又神孙善继善述，皆自此为之张本。皇上以天纵之姿，尤用意文治，人才彬彬，克复至元之盛。此当勒之金石，为万世法程也。涪之文庙，旧惟一碑，刻至元三十一年、大德十一年诏文，其余封谥之碑未遑也。守臣僧嘉闾至郡，□为缺典，乃捐俸金，采坚砥召匠抡才，勒碑建亭，命学正张安董其事。丹臒华丽，金碧辉映，诸郡所无。盖臣子之心，必诚必信。又于亭之前为小亭，居丛桂之上，扁曰"天香"，亦致敬天之意。亭道通泮池，池之上又为阁，道通讲堂，堂朝于碑，无一日不致瞻仰之意。先是庚寅秋，侯甫莅政，首创尊经阁，次御碑亭，后先相继，其于学宫，可谓详且尽矣。元草野布衣，幸亲见休光，敢不执笔以书？拜手稽首，敬为之记。

荣养堂记

明尚书万安　眉州人

夫堂以荣养名，岂直人子遂事亲之愿哉？抑亦彰朝廷之殊赐也。盖荣养其亲，固人子至愿，而俾得遂其禄养，实出朝廷设有请焉。而见咈则所愿，有不可得而遂矣。此予郡博士张成功先生，深为之庆幸焉。先生蜀涪陵人，二岁而孤，兄姊俱丧，独恃母王孺人鞠育教训，克底于成，继而以明经领正统辛酉乡荐乙榜，例授文学。因念母老，未可弃而远仕。遂疏其情，以就禄养为请，故有广安学正之命。广安密迩，先生因得奉母就养，此堂之特名为荣养也。与翰林修撰谦张先生，编修洪谟周先生，既为之序记。大夫士知先生者，咸为歌咏之，复属予书其后。予为仕不出乡国，下士之微禄，亦足以代其耕，则凡备官吏者，皆足以致禄而无难，仕固不妨于养也。迨夫封建既革，而后仕非去父母之邦，则不得仕。于是乎人以荣其亲者，始以不得养为歉；而居以养其亲者，始以不能荣为恨。求如古者，仕养兼致，盖亦难矣。此欧阳詹所以舍其朝夕之养，而来京师，其心以为将必有得而归，为伊母荣也。此包孝肃所以始及第，以亲老待养而不仕也。今先生仕不出乡国，官郡博士，授徒之暇，每峨冠博带，率先生妇子躬侍大孺人左右。凡甘旨之供，亦皆取诸常禄。俾为母者，享有子之乐；为子者，遂事母之愿。真可谓得人之所难得，不将永无负于所得乎？而今而后，尚体朝廷建学育贤之意，夙夜匪懈。本圣贤体用之学，以教训士子与识列中外者，咸有裨于治化。谁谓尽忠于国，即不能尽孝于家哉？

白云书院记

明给事中刘蒮　州人

凤凰山去州治七十里，秀发迥异，降钟多才，宋有李椿甲科，接武簪缨旧族，一门三举神童。唐有冉评事，亦当时俊杰。但碑记残础，荒烟磷燹之余，其详不可稽者多矣。本朝洪武间，余先人卜居山下。宏治间，余幸掇科第，备员谏职，岂山川精灵，停蕴含蓄，欲储肤硕耶？不然，何珍秘如此。一日乡人屡梦凤山动摇，而余宅旁有巨石中裂，声如劈薪，数刻乃已。而余以言事落职，韦褐家食。然则山灵真有韬敛期待之意与？山之顶益高益奇，如绘如铸。一登眺间，东望黔彭，南望金山，西极真播，诸郡如堆众皱。俯视人寰，不啻泛春水船游天河之表，凤山之妙为已极矣。逮夫北望数里，峰峦清耸，摄衣陟其巅，凤山又如在膝，是盖母脉也。来形如奔，住势如蹲，左右之山卫护如藩，苍松发响如涛，修竹森列如戟。野猿、山鹿、鸟雀之狎食如驯，百媚千娇，山禽之弄音如笛。山合处仅通人行如关，而水声淙淙，如敲金石。四时云气，依附山木如盖如练，如素衣卷舒，聚散之异态，俗号为白云观。成化初，有衲子结庐居此十余载。山高气寒，凡所播种，风霾夺其稔，鼯雀啮之既。老衲惟啖乌豆而已，人因称为乌豆禅师。迨老衲既没，胜地成墟，越廿余年，僧澄玉、子星、续观至，乡人更延之，诛茆筑土为之所。开辟勤垦，以时以岁，则山谷回阳，风霆扇燠，螟螣潜消。陆产之谷，播之宜土而有成。山若增采，人若增气，岂物理久啬而当丰与？亦耕者之为力有勤惰与？抑亦地之旺气流转他有嘉兆不系乎释子之去来与？皆未可知。乡人重为捐赀，戮力鼎新。正堂五间，肖佛像妥僧，于堂之旁连甍为庖浴所。未讫工，澄玉、子星相继沦没，观率其徒觉兴、宗鉴、宗正嗣葺而享其成。余侄威武、步武、绍武及诸生沈洪文行、沈崇曾栋读书其间，慨异境据于学幻，而咨嗟绻恋之弗置。余曰：得毋介甫争墩意乎？夫山水之胜，造物不能私，而付于人，其性之嗜山水者，或为亭榭以供眺望；不则为浮屠精舍释子守之。使佳山胜水，不致埋没于荒烟蔓草间耳，非为浮屠人设也，岂浮屠人所得私哉？兹白云关新宇既成，有释子为之守，而诸生肄业于此，则山水之胜，不致埋没。第恐愚者不悟，误以诵读流览之地，为释子传灯之地。弃孔□□□□□杨墨，则人心风俗至于大坏。是兹余之命名不可以不慎也。余因题其匾曰"白云书院"，置经书子史四科书籍于堂之壁，为四柜贮之，供诸生诵读，俾来学共览焉。续观知时务、达道理，忖度予意。拜而言曰：山僧为大人先生看守此籍，贤于东坡、玉带远矣。余亦忘其道之可拒，而乐其人之可取于是乎！刻石为文，以示山灵毋萌他岐之惑云。

余侯重立知稼亭记

明户部员外郎夏国孝　州人

惟我郡大夫重农务稼，政先立本。始至，谕诸民曰："若治生，尚其毋后稼事。夫稼事也者，贱而用贵，卑而教尊，劳而享逸。尔尚及时芟柞，徂湿徂畛，泽泽厥耕，绵绵厥耘。成兹嘉谷，以洽百礼，以贡赋事，以宁尔妇子。"众曰："诺。"比恭承藩臬文宗，南村阮公，前明水利，悉心兹务。区画十有二条，忧深思切，曲尽事宜，相期有成。檄至大夫曰："仁人于民也，心之忧矣。言闻之，政成之，寝而弗行，是重违德意与辜民瘼者也。"乃斋居卜日，再申诸民曰："治生莫如稼，治稼莫如滋，滋润成实，上农也。陂塘渠堰诸所，潴水也。尔其从事如法，濬於洞塞，崇污拓隘，厚防固基。然合四塞之冲，迂九曲之道，开张巨浸，引回洪流。若横私要据，怠荒玩愒，吾其任之。"众曰："诺。"大夫曰："役民而罔躬先，非以均劳慰怨，而与作则也，民谁与我。"乃测影正方，构亭凿塘于州城南隅，扁曰"知稼"。呜呼！尽之矣。亭成，州人士再拜。属冠山夏子为记。夏子曰："闻诸耕法，沿末耜之教为说愈长，然辍讲之日益久。水者，天地之泽予无穷。顾溢则涝、涸则旱，稼之灾也。夫耕法辍讲而水之利润互以灾稼，厥咎在政。夫政也者，赞化者也。因利导以制其中，谷不可胜食也。稽古哲圣，经野画田，爰讲沟洫。《诗》曰：'信彼南山，维禹甸之。我疆我理，东南其亩'之谓也。顾兹备画，上下式成。其以勤民，皆太上意也，可以训矣。"嗟夫，隆替者，数也；兴废者，事也；贤不肖者，人也。亭址久湮，伊今再作。日居月诸，知复如何。嗣是代至若见羊，昧礼剪伐棠荫，自可考政与德。缅思旧绩，其于南村公暨郡大夫遗意，重有怍色，且于公论有余罚，可不慎哉。南村公，楚麻城甲科，号通岩，守吾涪四载，惠政滂敷，盖不独此。

重修水府祠碑记

明按察司佥事黎元　州人

郡五龙镇，层峦列秀，笔削奇峰；锦水缠清，文章荡漾。盈宇宙间怀珍丛集者，东西南北皆在焉，亦东川形胜，擅一方之雄者也。江左有水府灵祠，创之从来也远矣。然经回禄变，置毁频频。夫以神灵显赫，岂不恤此一方民，而顾忍民之焚伤哉？盖天理人心，幽明一致。祥善殃恶，权之所司，镇之民间机械变诈者，得罪于天，为神厌恶，故假此示谴于庙貌不恤也。然惟灵在天，何不昭应？初不系于祠也。不然兵戈蔽野，卫士卒于锋镝之余；巨浪排空，妥舟汛于倾覆之际，何若此之速耶？虽不系于祠，而人心之神，发于愚者，自不容泯。同声金曰："尊灵以民之罹罪，宜罚于天，致庙貌若此，而功德之酬，瞻畏之所遽容已乎？况缙绅叩谒，礼度趋跄。人旅吁祈，往来辏集。所以将诚意者，在庙貌也。纵不新，神不责，而吾之敬神者敢可亵耶？是以作之新之，有今日也。夫惟灵公明鉴，格兹土岁有水旱，默调燮之；境有盗寇，阴捍御之；江河湖海之涉舸舰者，皆利济之。功德之庇民人者，同天地也。虽举镇家户，而香火承祀焉。乌足以报之哉？然功德无穷，报祀不罄。神有常鉴，善可感通。洗涤身心，谨明权量，贸易出纳，际不绐愚弱。而老稚适市，皆不二无伪焉。则人心何惭对越，而神亦悦贶于此矣。此人之所以敬乎神，而神之所以显于祠者也。不然是祠也，匪所以妥神，实所以慢神也，人之取戾也反多矣，岂建祠悦神之初意哉！"敢以此劝之人。故记。

关庙碑记（在李渡镇）
明按察副使张与可　州人

关圣大帝庙，余从天中倦还所创也。先是，张文奎募修，广郭可置一殿一楼。余以历年院道出巡，礼屏箐中，衣帛凑积市梁柱，故附郭百年不伐之巨柏，江干屡运未售之香楠，悉以情恳致之，然且虑匠作支持之难也。银钱米谷，盐货布缕，陆续增添，约可百十余金。协终圣帝金像正殿，三义楼，爰铸大鼎，再构殿前卷蓬、坊额、门窗。后装砖壁，灵爽俨赫，瞻仰愈肃矣。基址凝祥，既当五龙之中脉；规制宏敞，堪容万姓之祀釐。水环山峙，物辏民稠。慕忠义而思敬者，舟车络绎于路；庇灵威而图报者，烝尝叠献于庭。以彼冈陵险峻、趋竭艰危者，此不尚胜概哉。墙后地基二间，右边地基五间，则住持所需。为香灯具，仅记其大略如此。追维予为母请告，侍母养者才十五年，遽尔见背，抱恨何极。今闭门谢客，淡素自持，又十余年矣。叨两院荐牍者十数次，不敢以庸愚之身，再妨贤路也。偶思昔人云："出无益于民社，居无益于梓间，真僇民也。"余愧甚矣！又思余二世祖庆庵公以布衣独力竖观音寺、太平桥，至今为镇伟观。余虽俭囊羞涩，而好志慕义于先人，无两心焉。习知龟龙一关，水势澎湃汹涌，往往覆舟溺人，亟集工平夷之；又见沙溪春水暴涨，人马冲没，二百年来无敢议利济者，余竭资率众凿架桥梁，郡守韩侯题曰"永赖"。嗟嗟！片石撮土，敢与平成争列乎？余又愧死矣！大都庙宇、桥路仅不坠先志而藉缘就果，何裨榆阴，终不能脱傀民之诮也夫。

新建十方堂碑记

明参政向鼎　州人

善夫苏端明有言曰：凡作佛事，各以所有。富者以财，勇者以力，辨者以言。各以其心，见闻随喜，及受厥报，等无有二。夫以力以言，犹或庶几，至于以财，非破尽悭情，鲜不吝予，以致香积不修，行脚、头陀所至乏供，其谓善知识何？曾君益我独喜为之。其作佛事，当不自十方堂止，亦不自十方堂始。而兹堂之建，则有可不朽者。堂住高僧如贵，自峨眉图觉庵为海上游，复从海上西来，挂锡五龙镇，思为行脚诸僧地，见曾君益我好善乐施，募从元帝宫前求得一胜地，创立堂楹，买田十五石，俾堂庑及丛林中所宜有者，无不悉具，于以待十方衲子。堂成之日，予方奉简命镇荆南，贵公不远千里，飞锡至楚，乞余一言以志之。余初以为贵公广长舌之所致也，贵公谓余曰："堂成为诸行脚僧所取给，山僧幸有尺寸功，悉自曾公益我出。自兹以往，所济不可胜计。僧闻君子不倍本，今之喜作佛事，宜莫如益我公。无论兹堂之功，其人足多也。"余居乡已习，益我所谓现长者身说法，而堂址则予夙所登眺者，其景物最奇。曩余承乏海防，登普陀，普陀以海胜。及提兵备潼谷，稍暇，得登华山，华山以石胜。惟泰岱、嵩高、衡、恒、五台诸名胜境，雅欲探奇而有志未逮。昔者窃闻之皆以岩壑胜，而此山石削江回，烟峦万态，当与海岳争胜。春暖秋明，天风四至，翩翩千仞之上，骚人墨士览胜于此，诗情赋兴，必有不让汉晋隋唐诸名人。独擅千古，则益我之建此，岂独有补鹿苑哉？况今日南征北御，东伐西讨，大司农仰屋而叹，而益我从容兹举，恢恢乎有余地。使天下之为僧者，皆若贵公，天下之为儒而仕者，皆若益我，峙粮以待饥，虚席以伺往来，何至凶年有沟壑之民耶？益我之子若孙，皆修行读书，为时贤所推重，天才骏发，仡建旗鼓中原。而益我更多方积善以厚其基，其丰禧未易量也。若第谓天惠行脚，以北参南，询取资之德，奚足尽益我乐善之怀与！

武隆新建文昌祠魁星楼记

万历邹廷彦　巴县人

国家教化，翔洽海内，郡邑莫不精舍造士，以追《棫朴》之盛。用是人文宣郁，洋洋乎诗书礼乐，遍洽遐陬，猗欤休哉。武隆为渝属邑，旧枳县地，越在巴涪黔楚间。故朴直事，尚耕读，士人磊落有先进风。亡论往代，即朱仲明先生以名御史，抗疏忤时，解组田间，分亩赡族，士争景附。厥后贤科懿哲，班班可指。乃百年来，好古益力，而公车寥寥，识者有遗慨焉。顷庚子岁，谏垣陈公来令兹土，尔时夜郎孔棘，百姓嗷猹，事冗如猬。公下车迎刃理解，乃时与诸生陈说经义。建文昌祠，为堂五楹，置楼于前，不及堂之一，而高倍之，名曰魁星，取义太乙青藜。集诸生课艺，朝夕不辍。楼之左右，建桥曰"天剑"、曰"龙门"。楼之里许，置腴田若干亩，为士公廪，一切捐俸，咸与维新。于是，邑庠士曹允时、杨登元率诸生造予索记，邑大夫陈君策亦缄书道其治状，大都谓公少年文学，又恂恂长者。乃其最绩，则恺悌廉平，才识并运，清奸宄，禁常例，缓催科，抚流移，乡约保甲之缮修，甲兵关隘之整饬，义仓节孝之兼举，省刑节费，剖决平反，岂惟任劳，抑且任怨。即督亢之役，驰驱万垒中，触瘴深入，计日报竣，虽古循良何以远过。而吾邑士子，更得登楼问学，虚往而实归，抑何幸焉？愿惠一言为公不朽，予不佞曰唯唯，如诸君及陈大夫言，卓哉公之贤也！士诎首受书，谁不哆口。龚黄一朝握符宰割，内则薰灼，外则窥睌，能轸民瘼乎？簿书案牍，钩金束矢，堂帘贵倨，能与二三子游乎！夫设帨下士，陶铸人材，近世所难，况竖阁驾桥，置田劝学，悉出清俸，盖轶龚黄而上哉。《传》曰："我有子弟，子产教之。"吾于陈公亦云。公之经始斯楼也，岂不以凭高四顾，枕峙俯流。士于此藏修习游，当发其祥与？噫嘻，公之意深且远矣。盖吾蜀自文翁倡明道学，一时扬雄、司马相如之徒，彬彬而起。至今读其词赋，犹想见其人。而周濂溪、程明道两先生，官在合涪，各有书院，讲学授易。尔时度正、昙渊诸君子，遂以理学名于一代，至今炳燿祀典。由斯以谈诸士，毋徒虚此楼也。尚其搜鲁壁之藏，探邺架之精，撷华百代，追琢千古。以文章勋业经世，以道德性命淑身，后先相望，不上映奎璧，下播海宇，其谁信之？虽然事以人兴，亦以人废，后来君子，予不能无深望焉。是役也，邑幕陈君善学克勤省试，逾月功成，皆承公德意而乐于作人者也，例得并书云。

署涪守不波胡公生祠碑记

松江同知陈计长　州人

丁卯冬，涪绅士庶谓余曰："我署事胡公，德成政立，所至难泯。涪地受恩犹渥，祀弗可废也，请以记其实。"公名平表，字不波，滇南人，举乡进士。初选授县令，改忠州判。承乏涪篆，因得是任，先后淹于宦途盖有年矣。而公持躬居官，始终断断如也。署官初莅时，例有公堂供奉，公一无所受。至于馈遗蒸稛，纤细必却。涪俗嚣于讼事，旁午公案无留牍。朝至夕发，处之若无事，而尤恤于刑谳决详平。缙绅有过，力为保全，无敢刻诋。维时夏月多旱，公祷立雨；春来多雨，公祷又立晴，是何天人响应如斯也？而其最不可喧者，辛酉秋，渝城为奢寅所破，远近哄然，骚动全省。公闻而发指，亲诣石柱司，请秦兵堵截，复躬率义勇声援。衣甲胄而衽锋镝，围杀月余，奢寅就擒，蜀乃安堵。论功锡爵，公虽渐涉方岳，而名不酬实，公亦脱然名利外矣。由今思之，向令不有堵截之一行，是时大兵未辏，长涪以下又安可问哉？盖公清操日饬于躬，经济日储于豫，是以治未期月，而所在整暇，罕所匹也。夫功德及于民者，皆崇一代之祀典。如房谦之于长葛，文翁之于成都，皆为立祠，以永其传诵，涪人岂倖木石而不图所以慰远念者？嗟嗟龚黄，风邈吏治，如救火扬沸，而民不聊生。公以手不染而心如镜，随之事亦帖如，亦复挺身汤火，而使民不罹于水火刀兵，靡不敬之慕之，乐为之祠，有何私哉？余曰："唯。"为之记而系以颂曰："古称不朽，以功以德。施不在多，期于当阨。涪俗嚣嚣，惟公之抑。涪俗蚩蚩，惟公是迪。一尘不染，百孔是塞。诚可格天，谋足经国。非大英猷，孰将戎即？非大手眼，孰安反侧？得保安康，伊谁之力？有山巍巍，有水湜湜。公之在兹，孔迩□致。旦暮祇事，犹慎不克。於戏胡公，不愧血食[①]。"

------

① 血食：受享祭品，因祭祀有牲牢，故称。《史记·封禅书》："周兴而邑邰，立后稷之祠，至今血食天下。"

松石书斋记
陈计长 州人

种松山离城二里许。相传尔朱先生种松时，松影映石，石皆有松纹，至今呼松屏石。余雅慕之，建书斋于中。为下帷地，入窗山色一榻，涛声不减。斯立之吟哦，宏景之队眠也。有时月筛碎影，满院绿阴，虽止一笏地，何异千顷斋。余丱角键户学不窥园者数年，友辈数以文艺相投。每怀披沙拣金之想，又恐好丹非素，看朱成碧，未惬余怀。曾记先辈有言，此地有丹砂、云母、奇石，或烂然类黄金者，意先生金丹之余也，然非祷于先生，不得佳者。余心祷已久，然所见多不足奇。一日步林下，忽得一石，非绘非镌，现一"松"字于石面，拂之不去，岂云液之委蛇而成文，抑玉骨之凌霄而遗蜕也。把玩逾年，竟失所在。余考读丹经，言古得道至人，藏丹名山，非当仙者辄不见。既见亦辄变焉。如稽叔夜、葛稚川辈，犹未免赍恨以终，而况其他乎。则知神物之变，现未可测度。而涪陵之改县丹兴，厥有由耳。余方沉酣艺苑，奔走风尘，名心未忘，或非仙翁所许也。则虽吟卧于此，可幸致耶。第不知先生能许我于异日否。

石鼓溪记
陈计长

涪西于黄舣沱之上，有溪因蛟行暴雨，土泻岩崩，现出石鼓一具，洗阅，字画模糊，扣之无声。昔人以问张华，华曰："可用蜀中桐木，刻作鱼形，扣之则鸣。"至于字画则考之凤翔孔庙，有石鼓文词可读也。词云："我车既攻，我马亦同。"又云："其鱼维何，维鲔维鲤。何以贯之，维杨维柳。"惟此六句可读，余不可通。苏子瞻云："忆昔周室歌鸿雁，当时籀史变蝌蚪。"则石鼓之字盖蝌蚪之变。韩退之有《蝌蚪书后记》云："李阳冰之子服之，授予以其家蝌蚪孝经，汉卫宏官书，两部合一卷。且曰：'古书得其依据，盖可读'。"如是则退之宜识蝌蚪书者。而《石鼓歌》乃云："辞严义密读难晓，字体不类隶与蝌。"今子瞻乃能通其六句，则子瞻为精于字学矣。欧阳《集古》跋尾，盖谓韦应物以为文王之鼓，韩退之以为宣王之鼓，不知何据，卒取退之好古不妄者为可信然，未尝载其文。至子由和子瞻诗云："形虽不具，意有可知。"昔欧阳永叔云："古初石鼓有十，一半有文，一半无文，其可见者，四百一十七字；可识者，二百七十二字；可通者，一十六字。"今石鼓之字迹类蚓蛇，竟不可通意，其为无文之鼓乎？如法桐鱼扣之，微觉铿铿，诚古物也，借以名溪，俾传不朽。

野猪岩记
陈计长

巴城之东，越铜锣峡，有古滩城，为巴子置津处，名"野猪岩渡"。法人奔岸上，止以空船竞渡，因河水触岩，汹涌异常，不得不奔趋于岩，以摅舟患。惟见滩岩壁立，路仅一线。缩首蹲身，下视则万顷湍流，惊波震耳，行者苦之。余母文恭人身经其处，叹曰："幽闺之人，谁知履险之危有如此者，稍失足则鱼腹矣。若使鸠工①修葺，令窄隘者稍宽，崄峭者稍平，约费百金，此工可竣，我何惜簪珥而不为。"稍舒道路之厄乎。于是命匠凿补，未一月而工成，行者称便，命计长为记勒石。时崇祯乙亥中元日也。

无米洲记
陈计长

杜少陵客夔有年，酷嗜吟咏，不能徙去。每有所寓，皆名高斋，考其次水门者，为白帝城之高斋；依药饵者，为瀼西之高斋；见一川者，为东屯之高斋。故其诗有高斋非一处之句。余数至夔，访高斋之遗址，屡见城市邱墟，父老罕识，莫名其处。适丙子之役，予以公车旋里，道经巫峡，夏水泛涨，相传有"滟滪堆如鳖，瞿塘行舟绝"之语。于是舍舟而陆，历高岩峻壁，侵寻少坦，步郊原上，遥望有洲，考其洲之名，居人曰："名无米洲。"以其邻于高斋，为少陵往来盘桓吟坛。地灵馨竭，苗不实生，因于此洲上有庐舍，额曰"大雅堂"。按：少陵游蜀凡八稔，其在夔独三年，平生所赋凡千四百六篇，而在夔作者三百六十有一。以是知山川之灵秘，发泄殆尽。昔陆务观曰："少陵天下士也。早遇明皇，见知实深，尝慨然以稷契自许。及落魄至夔，客于柏中丞

---

① 鸠工：聚集人匠（做某事）。

严明府间，如九尺丈夫俯首居小屋下，思一吐气而不可得。"予读诗至"小臣议论绝，老病客殊方"，抑何言之悲也，且见少陵非区区于仕进者。向者，关耆孙尝上高斋故基，指其屋隘而陋，甚惜之。关景贤愿出力更筑之，客谓不可，隘而陋亦不可侈而大，此少陵诛茅避世之意。今洲之大雅堂，亦多湫隘，叹此老其眼如此，何用梯其意焉。

龙洞庵碑记
明孝廉罗若彦

今天下僧以寺重乎？寺以僧重乎？如以寺重也，则琳宫梵刹、棋布星列者，遥相望也。如以僧重也，则种种稗沙门适足为寺羞，顾安得为寺一洗之耶？郡南离江里许，有铁柜城，俗传汉诸葛武侯屯兵处。孤峰崒嵂，曲洞崎嵚，即武侯今日而在，亦必屯兵于此者。离城数十武，有龙洞庵，山高鹤唳，谷冷云间。李青莲云："别有天地非人间。"殆若为是发者。余私心向慕之，适渝城贼平，友人邀余读书庵中。负笈而来，甫至庵门，犬猥猥声不休。一僧出门相迎，延入猊座①旁，少憩，余观碧眼青瞳，发须根尽皤然。问其年，七旬矣。余曰："此高僧也"。惊讶者久之。越日与余言儒释合一之旨，曰："真如生灭，克己复礼也，定慧诚明也，真空未发也。"问其生平，诵习经义，则楞严圆觉，俱以为纸上陈言矣。余曰："此禅僧也"。复惊讶者久之。乃僧汲泉煮茗，日进余数杯。又余以秋收故，侍馆无童，日炊饭蒯芹，僧不妨亲供其事，亦似有殷殷注意余者。余曰："此贤僧、奇僧也。"复惊讶者久之。嘻！余尝馆于家福堂玉泉庵矣，有老僧性永者，庶几近是，谓龙洞庵而更有老僧乎？及问之，则为此庵开山僧也。乃僧一日诣余馆，五体投地而言曰："僧开山本庵有年。庵旧有碑记，鄙俚不文，业已就毁，欲藉如椽笔，以为山门光，祈慨惠无让也。"余曰："不二法门，无有言语。文字亦何用碑为？况毁则毁矣，又何用多事为也？"僧愀然曰："僧出世观化一番，不过藉碑以纪岁月耳，诸檀越功德，忍令其泯没无传乎？"余曰："诚如是，是乌容无言，愿闻其详。"僧于踊跃离座，合十向余而言曰："僧，郡民李禄季子也，童时祝发为僧，将得分祖地，结茆为庵，有乡民冷建终将得买冷大言田一坊，舍作常住。己丑大旱，大言转向僧索偿，僧窘无应，遂将田占

---

① 猊座：亦作"猊坐"。佛教语，即狮子座。佛教称佛为人中狮子，也指高僧之座。猊：狮子。

去。而冷建终之孙冷凤、冷咏者，怏怏不平也。商之僧泊同派僧明祖具告，署印本府粮厅路爷审实，断还备赀，买曹宅龙洞口田一处，又买钱宅五斗丘田一厢，至是而常住始足。乃募众檀越割施助缘，揆日鸠工，修上下庵宇，下酆陵请匠师妆塑满堂佛像，又请大乘华严诸法宝镇之。今诸檀越功德具在，巍然焕然。僧亦藉手以开山一事，恳终惠一言，以永垂不朽。"余闻之，喟然叹曰："有是哉！若而佛僧也，圣僧也。而余之目□□高僧、禅僧、贤僧、奇僧之知而尤浅也。盖天下百千万亿世界，皆佛世界。尘土泥沙，皆佛尘土泥沙。而何以童年出家，舍祖地为庵也？且何因常住田占去不得已而鸣之官以求复还也？且何以捐赀再买常住也？且何以鼎修庵宇，塑妆佛像，而请置诸经也？大都而前世亦是佛，亦是菩萨，亦是罗汉，偶堕落尘埃。而佛菩萨罗汉之性不昧，故情愿出家，以世界还他世界，以世界尘土泥沙还他尘土泥沙，其实还他亦自还也。彼冷建终者，亦罗汉果也。冷大言则魔也，鬼也。署印路公是活佛，活菩萨，活罗汉，使披缁出家，则更超而一乘也。然则此庵谓冷建终开山可也；谓冷凤、咏开山可也；谓路公开山可也。然非而必不能开山，以而出家做和尚也。若冷大言者，当世为魔为鬼，凡庵中建醮施食，俾得饱餐一筵可也。而后知而之为佛僧圣僧也，而后知余之目而为高僧、禅僧、贤僧、奇僧者之知而犹浅也，而后知而之以僧重寺，非以寺重僧也。"僧仍踊跃合十，唯唯而退。维时徒若孙二三子在侧。余笑谓之曰："汝师开山不易，只为汝等开现成山耳，然汝师所谓佛也，菩萨也，罗汉也，汝□□□□住现成山也。只做得半个罗汉，那半个待来生又做和尚，又另开山，方才结得果。又证佛果、菩萨果也，不然，依旧是个冷大言而已。"二三子稽首。唯曰："谨受教。"余遂援笔记此，付剞劂寿之石。

重修州学碑记

刘之益　州人

昔真西山先生谓学以言："夫学也，学先圣、学先贤、学先儒，固学也；抑知循守、良牧有可法可传；已能学，而又足以导人之学，使士林化之，取人之学以成己之学，亦皆学也。又何殊于学先圣先贤先儒而乃谓之学哉。"则学宫之修，诚不可浅视也已。涪陵自程叔子官于此，以学演夫易；黄庭坚官于此，以学精乎诗，是理学而循良者也。故生是邦者，宋有达微谯先生，以谈理名其学；亚夫晏先生，以淑惠名其学；而明有秋佩刘先生，以忠节名其学。至两闱[1]得捷之俦，莫不宗此学。而魁元卓灼，卿辅炳麟，殆皆醞酿于程与黄官是而然耳。其文庙自有明邵公贤创于前，都宪陈公大道广于后。峨峨辉映，洵西蜀一文献观也。不谓献寇煨烬，旧宫不存，而文风亦替。我大清定鼎，有署州赵公廷正者，慨然薄成一殿，然草昧简略，究不肃观。至今上廿有十年，乃得洪都萧公讳星拱来守是邦，绘以丹垩，翼以两庑，使诸贤、诸儒、乡贤、名宦及启圣四贤诸祠，稽诸故典，确其行状，镂以木主，治以俎豆。春秋两祀，必诚必洁。较他人尊幻妄之佛老，建无补之殿阁，孰得孰失耶？其于诸生也，按月必课，课必得才，厚所予以为笔砚资，频所给以为惰窳[2]劝，而一时人文蔚起，弦诵风生。今秋闱又捷，刘子衍均、夏子景宣，为修学之验，真足赞襄盛世郁美王国者欤！

余观公之在涪也，凛四知不受暮夜之遗，士得学其洁省；赎锾不为潜愬之蔽，士得学其明辨真赝；而章缝无滥与，士得学其端严；近习而侍从无私幸，士得学其公肃；彼桁杨使猾蠹知畏，士得学其刑清之源；以抚字而寓于催科，士得学其薄敛之隐。又如葺衙廨，民得瞻仰劝惩；均徭役，民得就熟力荒，士又得学其政事之宜。凡此缕缕，未可悉举。惟兹修学一务，洵关人文而至重者欤！时赞政州幕王公讳运亨，于修学佐理，咸与有力。爰是略即其事，以寿诸石，亦因公之学，为多士劝，足诚西山先生谓"学以言夫学也"云尔。

西门关帝像灵显记

明经夏道硕　州人

蜀汉关夫子，昔称圣之烈者也。海内外率庙而祀之久矣。然性之近义者，宗之；性之近勇者，慕之；即未必能义能勇者，莫不畏之爱之；庸者徼之，劣者亦谬而妄祝之。是故敬其烈，而亦仰其像也。像，土木也。夫子即欲显其灵，亦不能使土木灵。大概或示于事，或游于梦，或发其签卜，或托于迷魂呓语。又或隐现于空中云雾，荒渺之域而已矣，盖不能使其土木灵也。惟吾涪西门外之关像，则又土木灵焉。异哉！昔者

---

① 闱：科举考场会试叫春闱，乡试叫秋闱，合称两闱。
② 惰窳：懒惰。《论衡·祸虚》："惰窳之人，不力农勉商，以积谷货，遭岁饥馑，腹饿不饱，椎人若畜。"

先明甲申崇祯之十七年也，六月初八日，流贼张献忠拥数十万众，溯川江而上，至于涪。涪人走，贼尽毁城内外官民舍。涪赭，凡庙之毁不待言，即铜铁之神像，亦无不毁裂成镕溃，独关庙虽毁，而关像二法身巍然，两座若未尝有变也者。二法身前后相去约五七尺许，前者高过人，后者高丈余。火大作，砖瓦厚重，零星注下如雨，而二法身者，皆土木也，无寸毫毁。近而瞻之，冠履俨然，须眉如故，金屑不剥。至左右诸侍将，则又皆毁崩无尺金。金刀四十余斤，亦色毁卷蚀。正殿上中梁坠于二法身之间，独完不毁，其余栋柱椽楹庋案皆毁。余时为贼所执，虽被创，在火烟中亦得不死。贼去火熄，遥望二法身，金光露处，于瓦砾焦烙之上，三昼夜火气犹蒸人。及后人民归，见之起敬。随以草蓬盖护，已而鸠工庀材①，构新殿居焉，即今殿是。而今人入觐下拜，以为与新造者同，而不知仍为有明来之旧身也。今余六十有八矣，恐事久弗彰，敬以闻之郡守萧公。公曰然，吾将勒石以传。是为记。

建东壁阁记
夏道硕

　　按东壁图书之府，往牒盖侈谈焉，而扶舆之秀，有开必先。所关于世运人文，固有毓注区矣。蜀山水之奇，甲于宇内。而史所称涪更著。涪学宫隆起东亘，以峨嵋为原，瞿塘为委。都江濯其迹，黔流绕其襟。杕星独跨专城，而层磴穿云，凭高四望，云霞飞而波涛涌也。堪舆家谓：形胜迥异他封，而巽方宜有台阁，应辉煌之气。涪学士大夫，每心计之而不敢请。天假斯文，朱公以六诏人豪来守是邦。一日谒宣尼庙庭，欢然指顾多士曰："地灵人杰。曾何逊奇而杕之，左方为巽地，当以修补。云龙风虎之会，其崛兴乎。"侯日拮据郡国之务②，鞅掌不遑督，木事峻当奏最阙下。遂鸠工平基，选梗楠巨材，亭亭竖立为坊表。约高数十尺，旁为五楹，饰以青黄采色。以仿佛五大行。焕

---

① 鸠工庀（pǐ）材：召集工匠，备齐材料。多用于建筑。柳宗元《桂州裴中丞作訾家洲亭记》："乃鸠工庀材，考极相方，南为燕亭。"梁启超《变法通义·论不变法之害》："善居室者，去其废壤，廓清而更张之，鸠工庀材，以新厥构。"

② 鞅掌：繁忙。《诗经·小雅·北山》："或栖迟偃仰，或王事鞅掌。"《三国志·吴书·吕岱传》"加以文书鞅掌，宾客终日，罢不舍事，劳不言倦。"

乎所谓"层楼耸翠，高接云霄；飞阁流丹，下临无地"，扶舆之秀，若更有孕结焉。侯实具造而成。画舫征帆，往来三江之渚；目耀神眩，若盼泰山之巅而游剑阁之下也。再阅月而落成矣。乃诏诸学、博士、大夫，觞于其上。风响铮铮，星辰可摘，把酒临风，其喜洋洋有不鼓豪杰之气，而乘运光启者乎！侯之曾大父于嘉靖间振铎涪庠，誉传郡乘。侯之绍美，赫然有光。而两嗣君当舞象时，名动三川矣。侯之万世功，独在涪也乎哉。侯之治涪，更先民瘼，三载底绩，四封口碑。啧啧具在惠政，录丹凤音与人颂，东壁阁之建，其一班云："侯讳家民，别号任宇，进士。云南曲靖府人。"

鼎修三昧堂记

国朝明经　何之琪　州人

西方之教首严贪，盖贪则生悭，悭则惜钱谷、吝施予，而圣贤济物利人之道，因之泯矣。况由贪而嗔、而痴，种种心生，莫不始于此。甚矣佛教之防闲，切而有要也。愚谓世尊说法，虽为众生解脱而身入法门者，恐亦难以了此。当今日而求其蠲衣囊建梵刹，罄所藏而不之惜，非了澈真性、尘土金玉者，其孰能与于斯哉？则吾于钵和尚见之矣。和尚出陶姓，其先为云安达郡人。父大初，母王氏。髫龄髡发，披缁投师宗禅，号定庵，遍习释典，会逢劫运。年渐壮，遂携瓢笠，超然遐引，虽历金戈甲马间，而名山胜地无不晋谒。由是眼日益阔，性日益定，慧日益增。进参大善知识，面壁坐蒲，而顿悟门头矣。付衣以来，既不欲作云游，而浮杯于河，飞锡于空，亦不屑讲经义，而霏花于雨，点头于石，唯系素珠十八颗，称念阿弥陀佛而已。频年浪寄，霜雪盈头，思送骸骨归故乡。过镇为吾辈勉留，乃驻锡于观音寺。杜户静习，审交游，寡言笑。间拈宗旨示人，罔不解人颐者。在黔三塑韦驮金相，年来施草履，夏秋则煮茶，行道之人如织，供亿不怠，人以方之卓锡泉焉。因见一天门右隅有十方堂遗址，慨然曰："昔世尊于兜率宫钵中拈一青莲，示现愿乾坤作殿，日月为灯，度无量众受万间之庇，予何吝祇园布地金，而不为前人续貂乎？"爰检杖头阿堵，赁梓重修，凡三阅月而告竣。以无常住难，仍旧称故，更其额曰"三昧堂"，和尚所自题也。余思此堂，昔创于益我曾公，世变成苍莽，几三十年矣。今一旦而栋宇如故，和尚行将塑世尊金相于中，而庙貌又如故。此堂之缘，乃结之于出世之缁侣，不可谓非奇遇也。以视世之惜钱谷、吝施予，而不知圣贤济物利人为何道者，不星渊哉！若钵和尚所谓粲星日月、特地乾坤者矣。和尚索文记之，余喜其不违佛旨，而启破悭之门也，因为详其本末焉。

重修学宫碑记

国朝学政王奕清　江南人

涪郡自伊川程子谪居其地，州人谯定执经于门，得其指归。而旧侍几杖之尹焞，又避迹来涪，倡明理学。各以道德师于乡，经明行修之士，遂代不乏人。明宣德初，始建学治南。万历中，陈参藩踵事增华，备极宏丽。更置学田，膳诸生以时课业，故有明科第之盛，甲于川东，载诸志乘，班班可考。明末寇乱，鞠为灰烬。我朝定鼎，州守赵君、朱君，前后兴修。事虽草创，未壮厥观，然春秋对越，将事秉虔，规制可渐复也。洎滇逆蹂躏，兵革频仍，举两贤之所经营，又半付之寒烟蔓草。岁壬戌，萧君始至，自涪谒先师，顾瞻惕，然惧无以自安，特加修葺，用妥明禋。第恢复之初，工未易施，多所缺略。甲申夏，董君来守是邦，政尚声教，治从宽简，患除利兴，各以其序。爰念风化，首先学校，循行宫墙，见笾豆弗饬，琴瑟罔修，靡不缮理复其故常。越岁，政通人和，吏民晏然，乃议举文庙而更新之。维时诸荐绅黄耄曰："此非以图善吾后，而敢坐视自逸欤！"于是州守偕诸绅士，咸有所助。鸠工庀材，大兴力作，始于丙戌冬初，迄于戊子春仲。积四百八十余日而殿寝，崇邃门庑，靖深启圣、名宦、乡贤诸祠，焕然毕具。加于旧规小大，称事一无所苟。既竣，涓日斋戒，率诸寮属大合其秀士，陈牲币三献而落之，请予为书其事。方予承天子命督学来川，所历诸郡县学，大都风雨漂摇，圮废不治。颁行条约，首举兴修，谆谆诫勉，乃诸司视为具文，能以成事告者，寥寥无几。萧君者，于予未檄行之前，独先身任其事。留心文治，于兹仅见。夫仕而受政教之寄，克究知乎本源，相与殚心一力，不费公，不劳众，以底于成。从此人文蔚起，彬彬驯雅，接伊洛之宗传，安见谯氏其人不复生于今？矧涪郡山川森秀，标松屏荔圃之奇，擅铜柱锦洲之胜，以地灵而产人杰，又理所必然也耶。是为记。

重修学宫碑记

雍正五年　国朝学政任兰枝　江苏人

　　我国家文德诞敷，崇儒重道，今天子御极之初，即加封孔子五代王爵。又令天下各州郡详请改学，增设博士弟子员。一时山陬海澨，霞蔚云蒸，莫不争自濯磨以应。昌隆之运，猗欤休哉！自昔学校文人之盛，未有如今日者也。余奉命督学西川，巡行各属，见当事诸君，率皆有志修葺学宫、教励士子，以求克副上意，心窃嘉之。娄东王君[1]，为太原华胄，家门鼎盛，以副车出牧涪州，律己公而抚民惠。治涪数载，一切息讼劝农，锄奸剔蠹，罔有遗力。而敷政覃化之余，尤兢兢以风教为首务，每朔望祗谒先师，见学宫不饬，荒陋狭隘，愀然兴感谓：“圣人之道，与天地无极。历代忠孝挺生，英哲奋起，皆沐圣人之教而成。顾令具瞻所在，榱桷几筵，尽沦草莽，是岂所以妥圣贤，而隆禋祀[2]？且有宋大儒如伊川、山谷诸先生谪居此地，遗爱犹存，夫非后起而官斯土者之责欤？”爰进阖州绅士而商之，盖涪学自遭明季兵燹之后，湫尘已极。虽经前任萧董各牧更番修举，迄今已逾数纪，仍就倾颓。君乃捐俸，首为之倡，斩荆驱石，庀材鸠工，经始于雍正四年岁次丙午三月，其大成殿、崇圣祠、明伦堂、东西两庑，及礼门、戟门、泮池、棂星门等，悉皆黝垩丹碧，巍焕炳烺。复新建名宦、乡贤、忠义、节孝四祠，各置神主配享春秋四闱。缭以周垣，坚固高峻。其物料人工，悉出之易买雇觅，不费民间一钱一粟，不数月而遂以落成。工既竣，绘成一图，请记于余。余惟学校者，礼义之所出，政治之所本，而公议之所在也。涪虽僻处西蜀，去京师万里，然值圣朝右文，郅治薄海，教化大行之时。君乃建学明伦，礼乐具备，文物聿新，俾涪之人士揖让圣人之堂。日习夫衣冠剑珮、钟鼓管弦之盛，吾知惓然忾然。其益兴起于善，有不待言者。今科秋闱榜发，涪士登贤书者，较他邑独倍焉。君之为此也，淑百代之仪型，树千秋之彬雅。其为涪陵人文之助，厥功岂浅鲜哉？君名愿，字济谷。其治尚德化、崇本务，此举尤其守涪首事，余故乐得而为记云。

---

　　① 王君：名王愿，江苏太仓人。清雍正四年（1726）始任涪州知州。兴利除弊，尤重视文化教育，在涪州任职七年，得到涪州官民称赞。
　　② 禋祀：古代祭天礼仪。先烧柴升烟，再加牲体或玉帛于柴上焚烧。《周礼·春官·大宗伯》："以禋祀祀昊天上帝。"

重修歇圣庙碑记

国朝孝廉何行先　州人

涪城东北郭，旧有张桓侯庙，背城面江，下临济湍，相传为歇圣滩，谓之歇圣庙，乃侯收川镇蜀时，往来于此，后人追思之，立庙祀侯者也。宋大观中，于祠前掘地，得三印及佩钩刁斗。上刻侯名，仍沉之水中，以镇滩险，故涪人奉侯益谨。康熙四十有五年丙戌岁杪[①]，余行城东门，步江岸而西行数武，待舟憩滩石上。忽心动，矫首望侯祠，乃整躬肃志，瞻拜祠下。见庙宇卑陋，侍士倾颓，香烟零落，感慨系之。因思侯当日战功、义烈与壮缪并驱华夏，而荐庞释严均有国士之风，且功德于蜀为多。则蜀人之食德报功，谊当专笃，严庙貌而隆香火，与壮缪庙是等为宜。壮缪少读《春秋》，识元德而授以肝胆死生之信。至于崎岖颠沛，用经而其志不忒，用权而其志愈明，大义凛然，当乎天理人心之至。故凡有血气者，莫不尊亲。侯与之同扶汉室，厥义无殊，史称侯于马超来归，先主后示超以君臣之礼，超即时悔服。如此举动，何等细心。佩钩刁斗刻字，足见能文一斑。扶天理而卫民彝，其得春秋之大义也，不又万古维昭乎！然则凡有血气者，宁不有以动其良知，而同尊亲之戴耶。然人之敬服于神者，必托灵于签，其签原江东神之物。自明太祖以与壮缪，至今称灵侯庙，同用其签，人或疑之，不知幽明上下同一，至诚之道相流通，两侯之忠义其本于天理之一诚，诚则为物不二，其感孚灵应，自不可测。乞灵于侯，与壮缪同也。庙当涪黔二水合流之界。上下商旅，入庙思敬，多祷祀于侯，以期利涉。爰劝众捐资，重新庙宇，更塑侯像。百千万载，俎豆馨香。工成因以此言勒之于石。

重修涪州学宫碑记

国朝尚书周煌　州人

涪州文庙，创自前明宣德年间。州大夫邵贤、观察陈大道先后集事。一时人才蔚起，

---

① 岁杪：杪，年月季节的末尾。岁杪，即岁末。《礼记·王制》："冢宰制国用，必于岁之杪。"孟浩然《夜登孔伯昭南楼》诗："再来值秋杪，高阁夜无喧。"

称最盛焉。迄明之季，冷劫残烟，鞠为茂草。我朝定鼎，文教聿兴。圣祖仁皇帝临驭之二十二年，洪都萧公星拱[①]来治斯邑。因前署赵公廷正[②]草创之旧而更新之。栋宇巍峨，典制大备，都人士复睹槐市衣冠[③]，科名踵接，甲于川省。今百余年来，风霜剥蚀，丹碧飘零；大㳘[④]细桷，半皆朽蠹。当事屡进绅耆，欲事修葺，以公冗不果行。乾隆甲午秋，大殿前檐倾折。时原任湖南倅陈君于宣自绥宁任，予告归里，倡议重修。适长子宗岐在籍，分任其事。爰约同人舒其文协力输募，庀材鸠工，整废坯为峻固。较旧制而宏敞，门庑堂殿，配食从祀诸祠，焕然改观。于以妥神灵、明祀事、绍前光而示来许，诚盛事也。戊戌春，余奉使假归里门，诸司事属序于余，余稔厥颠末。工始于甲午年仲冬月，告成于戊戌年十二月，计阅一千五百二十日，费金一千二百有奇。督建历任刺史马公文炳、王公兴谟、牛公兆鼎、赛公尚阿，司铎张君中元、王君正策，司训涂君会川、吴君懋仁，首事候补通判知潮南绥宁事陈君于宣，翰林院编修周宗岐，国学生舒其文，监修邑廪膳生周宗沔、何道灿、陈沄，而经理部署始终不懈，舒君之力衰焉。并为记募首捐输各姓名，备勒诸石。

云梯岩川主庙碑记

国朝观察邹锡彤　州人

圣人以神道设教，所以佑民，即所以觉世也。人虽至愚昧，未有睹神像而敢慢视之者。此入庙思敬，有由然矣。吾乡之西南，有云梯岩，或曰是昔仙人所云游也，因以名焉；或曰谓岩高而云时出岫也，余姑存其说。岩有庙，祀川主神，居民咸沐其休也，创始亦未详其年。往时修葺之者，或作或辍，未能告厥成功。如是而岁久就坏，栋桷将摧，肖像黯昧，不称瞻仰。老成人咸计议曰："吾侪之受福于神厚矣，频年风调雨顺，

<hr />

①　萧星拱：江西南昌人，为清代涪州第四任知州。清康熙十九年至三十年（1680—1691）在任。任上大兴文教，发展生产，注重民生。后升任重庆知府，涪人德之。

②　赵廷正：本名赵廷祯，因避讳明崇祯皇帝，改廷正。他是清代涪州第一任知州，清顺治十七年（1660）到任，任职不到两年。

③　槐市衣冠：周代朝廷种植三槐九棘，以为朝臣列班的位次，后一槐也比喻三公之位。槐市也指朝廷或官府。衣冠指三公大臣穿的衣服，这里指涪州士子入仕状况。

④　㳘（máng）：房屋的大梁。韩愈《进学解》："夫大木为㳘，细木为桷。"

稻麦丰登，寇攘帖息①，灾疫不生。神之赐，其何敢忘？”乃募众捐资，愿新神庙者听，又议谙事者董其役。于是，比里之人争施厥材恐后，抢材程功，完旧增新，并议春秋醮会②，报答神功。以壬戌年二月始事，至季冬月偁功③。殿宇峻丽，巍然为一方改观。首事者嘱予纪其事，予思夫山川陵谷、丘陵、表畷防庸，古皆有祭，况夫卫我全川，保障斯民，非所谓有功则祀之者耶，固可以义起也。予读礼，家居间亦造焉。峭壁梯空，侧足而上，及至其庙，旷然平夷。林壑岩洞之萦纡，村舍平田之秀丽，江帆云雾之层叠，信地之高且胜者也，则谓仙人曾游也。可谓云出岫而得名也，可顾斯庙也得人焉。修理之芜者，治颓者，起事之兴废，其不在人乎？然非神之觉世佑民，何以使人敬奉之，而聿新之若是哉。故志之碑，以彰神之威灵焉。

腾蛟洞记

国朝明经陈于铭　州人

　　岁在癸丑，余得是山而家焉，读洞石之遗镌，乃知先我处此者樊子。樊子者，始以腾蛟名是洞者也。自经品题而后，此山数百年来，俨然蛟矣，非山矣。余尝优游，登眺以临徬徨，初不知扶舆积几多灵秀而产之。或千里，或数百里，未有知其修者。起伏迤逦，宛如长蛟，而荆榛灌莽，郁郁葱葱。相与蒙翳其上，复如青蛟出龙门，越巴蜀，跨千里而南来。昂头数十仞，撰一洞，宽二三丈许，若张口欲吞噬状，又不啻如怒蛟还顾。洞口旁有二坪，其右坪势若垂天之云，晏夫子读书处也；其左坪形如挂榜之山，相传某斋公之遗址，其名不可得而考也。孤峰圆尖，秀色插天，犹竖万丈之笔于洞门间者，牛星山也。三峰攒列，似可架笔，森然侍立者，三颗石也。既直且平，形如塞屏，壁立于牛星三颗间以障南北者，斯石何石，古名砚山。不知称自何人，始于何年也。俯视其下，犹砚池一勺。碧波潆洄，则风荡曲溪。分流而南，合腾蛟枕藉乎？其上若嘘而若吸也。余为之瞻顾，为之徘徊。所谓如长蛟、青蛟、怒蛟者，又不啻如

---

　　① 帖息：安定平息。《宋史·张咏传》：“时民间讹言，有白头翁午后食人儿女，一郡嚣然。至暮，路无行人，既而得造讹者戮之，民遂帖息。”
　　② 醮会：古时祭祀，祈祷活动。宋玉《高唐赋》：“醮诸神，礼太一。”
　　③ 偁功：偁，表现，显现。《尚书·虞书·尧典》：“共工方鸠偁功。”

潜蛟。然则谓山为蛟，信矣，谓蛟为腾，宜其变化风云，从龙上天，奚偃卧于斯而弗去，腾固如是耶？虽然，蛟非池中物也，特其得坤母之孕育也独优，不肯为躁鳞以小试云雨故耳。然自樊子去今，已百有余年，蛟之蓄锐养精于斯也，不为不久矣。吾知其积数百年之潜蛟，必将为数百年之腾蛟也夫，余是以记之。

重修观音寺碑记
国朝孝廉　张一载　州人

　　盖闻金捐八千，精舍告成；狮容万千，方丈宏启。垂画于清源台上，功德无边；集经在华林园中，慈悲不少。宅凡两易，奉诏而修三乘之慧门；像现一躯，闻钟而植五宗之净果。信是佛慈曜日，康衢共切皈依；因之人力移山，庙貌常隆顶礼。李渡观音寺者，五龙胜迹，一镇雄观。峻岭右环，百卉偕贝枝而畅茂；长江左带，群波向性海以潆洄。烟火连万家，绚烂天花之色；鸡犬达四境，嘲嘈梵呗之音。诸刹俱列旁围，此寺适当正脉。睹斯香阜，知灵感之非虚；建厥莲宫，识因缘之不偶。自明太祖垂裳之日，张庆庵发念捐修；洎明熹宗听政之年，张与可加功补葺。维时缁庐壮丽，顶结绛云；妙相辉煌，座嵌绿玉。三千兰若，南海即是西天；四八壮严，白衣常临紫竹。于是僧皆蚁聚，法以象肩。日月增新，不仅晨钟暮鼓；乾坤交泰，常留花雨香风。解脱网开，个个求救苦救难；和南礼至，声声诵大圣大慈。菩萨有灵，招提称盛。然而泰山岳岳，或感其颓；沧海茫茫，屡闻其变。当汉臣东返，洛邑之白马攸崇；迨魏帝西征，长安之青莲殆尽。良以无平不陂，天时固然；若夫由废而兴，人事有力。此前明兵燹而后，不无灰烬之伤；本朝定鼎以来，正值轮转之日也。但恐悭囊难破，空瓠易讥。洛阳河边，虚羡掷金之子；长白院里，徒怀掘地之踪。世路其艰，人情渐薄。岂能风雨骤至，相轮从刿县飞来；那得雷电合章，玉梁自天空降下。非有领袖之檀越，奚能集锦于绀园。时则本镇善士某某等，体创修寺院之文，发供养如来之愿。或欢心而舍己，或为首以募人。腋集则裘可成，箕勤而山在望。用遵旧制，间酌新裁。鸟革翚飞，香宇焕琉璃之色；指挥足慧，金身腾舍利之光。从此杨柳枝头，再浮甘露；鹦鹉车上，重转慈缘。鸟窠鹊窠，不令道林栖树；僧半俗半，徐看宝目赋诗。是役也，鹿苑改观，因婆心之感应；鸯摩矢念，皆居士之转移。种去福田，非怀求报之意；结来善果，宜表布施之功。爰寿贞珉，以纪善事。鸡园塔内，明灯照碣以当昭，旃檀树间，茂竹荫碑而不朽。

鸣玉溪记
国朝孝廉黄基　州人

尝谓天地间之最足移人情者，莫过于水。此成连之，所以引伯牙于方子春也。然必方子春而后可以移情，安所得赍粮千里，以观彼海水之汩没乎？孔子云：知者乐水，初不必名其为何水，但使来之有源，去之有委。而非断港绝航，则涓涓不息，即成江河，又乌在不可以临流而助美乎！余少读《寰宇记》，见我涪有所谓鸣玉溪者，虽未经涉其地，而因名想像，辄深溯洄。后余馆课乡塾，适经其地，见其崖断泉落，清音悠逝。如因风而响玉珂，数仞之下，走石横激，遂方折而潺湲以出，因是知此溪之所由名，非同附会而浪得虚声者。每遭兴至此，辄留连终日，不忍遽去。偶有所得，归即书之，不必其咏水也。而心之所会，无在不与水侔。积久成帖，因名其编曰鸣玉。小观以见涓浍一滴，皆天地所钟而下里，微吟亦性情是寄，独惜此水之趣。仅助兴于余，亦犹余作之仅似此水，而未足方乎名流也。岂若江山助张说之句，河岳增太史之华，而相得益彰也哉。余以质诸先达，先达曰：善哉！观乎人苟触处，逢源则眼界即境地而阔，此古人所以开窗棂而悟道也，则即以此溪为大观也可。

重修水府宫记
国朝孝廉潘喻谦　州人

五龙古镇，萧公栖神显道之所也。南面大江，旧额水府宫。赫声濯灵，血食百世。乾隆癸卯年，自夏徂秋，积雨淋漓，砖石浸润，一夕坍去西隅墙壁，势若奔雷。卒于阛阓无损，人咸异之。甲辰初夏，绅士潘鸣谦等倡议捐募，即偕董事之人踊跃经理。虽仍旧贯，而周遭上下，木石砖砌，历年久远，率多剥朽，悉易以新。工程几堉于创始，并踵事增华，阅百日而蒇事。庙貌焕然改观，费金钱若干。凡捐赀姓名，例得勒诸石。窃惟斯庙之建，年代无稽，断碣残碑，传闻异词。逮考前明黎金事原记，因万历初年尽毁于火，重修于六年戊寅，迄今二百有七载乃有是举。中遭明季流贼兵燹，蹂躏殆尽。斯殿如鲁灵光，岿然独存。非神威赫奕，安能盘固不摇耶？迨我朝定鼎以来，升平日久，镇中生聚日繁，烟火数千家；商贾云集，货殖百万贯。熙熙而来者曰："吾祷于萧公，其受命如响也。"穰穰而往者曰："吾酬于萧公，惟三倍是识也。"仰赖神庥，乐邀福庇，固宜其醵金易，而鸠工速也。然吾于金事之文有说焉。如述仙迹之显异，世世流传；纪神功之灵奇，昭昭祀典。此不必赞一词也。至于本神道设教之心，委婉化导，革薄从忠，俾人心日以公平，市肆益加辐辏，诚哉是言！黎公劝世情深，士大夫之责也。然而废兴之数有定，成毁之时不同。昔惟毁于火，火于春秋，书灾遇灾，思惧黎公，不得不以惕励之言，与众共加警省。既而世风丕变，俗庞之敦，留贻至今，镇中人得以永享其盛。故斯庙甫圮于阴雨，而为绸缪之谋、长久之计者，皇皇然不惮劳勚焉。既钦萧公神应之妙，即可验人心之厚，而敬信之专，且至为何如哉！是为记。

宿云洞记
国朝明经潘履谦　州人

胜地名区，所在多有，特非其时则莫传，苟得其时矣，即深山洞谷中，人皆欲得而览焉。涪陵有宿云洞，余幼时至其地，见为豹虎之所藏，狸鼠之所游，嘉葩毒卉，乱杂而争植，芜秽不堪。形势不出，不胜慨然。越甲戌秋，里人斩刈恶木，扫除污垢，以为祭祀祈神之所。比前所见，焕然改观，自是岁时伏腊，喜聚饮焉。洞有两层，中有平处。率烟雾丛生，有字在隐现中，人弗觉也。及拂视之，乃"宿云洞"三字。求其故，或曰其取诸少陵"薄云岩际宿"之句乎？余曰：不然。此景有飞泉，有竹、有木、有石，大江环绕，溪水曲流。曲径苍苔，林树蓊蔚。石楼石室，种种异常。拟之桃源，不是过也。其云游客所常至乎？且今愿言，观止类多新奇瑰异，或奕、或赋、或饮，随其所兴。迨棋散诗罢酒阑，间止翠竹之中，卧古木之下，坐怪石之上，此呼彼应，几忘夕阳在山。兼以读者朝夕吟哦，无分日月，宁非青云士所居乎？二说于古人必不诬也。独计斯洞也，前何以荒凉，非其时也；今何以轰烈，得其时也。随时之义，洞独有焉。是为记。

安乐洞永思楼记
夏子云

洞自石冈刘君始辟，名"安乐"者，娱晚龄也。陶朱猗顿之宅非安，庾亮袁粲之场非乐，兹洞独邃焉。幽深虚敞，缥缈岩峦。李青莲别有天地，杜拾遗万里桥西。争胜矣，顾出入往来，功业敛晦，君子奚取焉？亦各从其志耳。而关于世道亦大也。覆洞有楼，高拟云台。护星斗之光，染烟霞之气。名曰"永思"。虽寄兴任放，实敦本笃伦也。所思伊何，厥考奇山，伯考秋佩公也。浩浩恩私，曷其能报。力有尽而情无歇，付之永思尔矣。仰维奇山者，葛天无怀之民，慕古尚德，诚贯金石。非章缝不友，非诗书不谈。事秋佩如师，以此友恭交笃。武宗时，神器几危于逆瑾之手，而捐身排难，以舌笔为长城者，秋佩公也。福海内苍生，功当世祀。而况与考同体，则木主不容，不并列一室，而推考之意，亦自不能少违于抗宗之兄，所以为敦本笃伦也，无外之心，联父伯为一人。至大之见，代天下而报功。石冈之为人，亦可征矣。子孙玉立，绕膝成欢。而年逾八袠，抚有盈成，起居健甚，胜事本多，何暇于洞。孝思既久，何感于楼。古人铭盘，书绅不以德，福俱盛而忘，所以养目警心者，则洞楼所由创而命名也。盛事可述，而夙在亲好不能已于文词。是为记。

最乐洞记
张一鸣

古之君子，虽耄老不忘克治之学，后人读其书，想见其为人，有余慕焉。石冈刘公，寿逾七秩又七矣。其生平言行，罔不存天理而遏人欲未已也。犹思铭之户牖，俾得触目警心。宅左有巨石，追而琢之，奥如也，旷如也。题其额曰"最乐洞"。何哉？盖存天理，遏人欲，公之心也。存是心无不善矣。善必乐，乐必最。汉东平王曰："为善最乐"，先得公之心也。顾吾思人之不乐者，必其无善可乐。不能自乐其乐者，必不能使人亦乐其乐。矧以古稀之年如公者，而独存理遏，欲勤勤于学问，即不勒诸石，足为人之模范。则千百世而下，睹斯洞者，其景仰于公为何如也？纵不睹斯洞，而闻公之风，亦可以兴矣。

文昌阁记

周煌

城南五十里，旧有川主庙创自前明，乾隆十八年癸酉增建文昌阁。

国家崇德报功之典，莫重于祀。自郊庙而下，至于邦国郡邑，其有庇生民、扶世运者获得奉祀。而气象之广狭，区以别矣。李冰，蜀守也，蜀之人祀之。帝君姓张氏，讳亚子，蜀产也，不独蜀之人祀之，然李之祀几遍村落。而□□帝君庙貌，城以外百里不一见焉。岂其灵之不足哉？无亦世之人狃于近而忽于远。水旱疫疠之说易知，而纲常名教之功难睹欤？吾乡旧有庙一，所以奉川主。癸亥岁，里人始议募众建文昌阁于庙南。每岁二月三日，里中称觞为□□帝君寿，诚重之也。庙近宅向不置僧，延师训士，其中殆无虚日。至若鸡鸣风雨，书声朗然，视所谓暮鼓晨钟，梵音呗响，快何如耶？余尝读《化书》[1]，怪其事颇不经。及考郡国志，诸记载皆有之。夫轮回之理，释氏所常道也。牛首蛇身之奇，古帝所不能无也。余又维□□帝君掌禄嗣，而求者以众，天求而得，将不求而即不得乎？抑何以厌求而不得者之心也。昔者夫子教季路矣，问鬼而本之以人，问死而原之以生。何哉？崇实而务近也。□□帝君尝自叙，其始曰：张仲诗称张仲鸣乎？人道之所以不绝，而生理之所以长存也。今人第以是求□□帝君，则一十七世为士大夫身，皆可想见也。于是乎记。

致远亭碑记

州牧李炘　北平人

予守涪陵历数载矣。戊辰冬，偶于署之北隅，瞥见残碣数寸。其字全者十九，缺者五。盖宋花蕊夫人费氏宫词百首之二也。其词云："翔鸾阁外夕阳天，春色花光远接连。望见内家来往处，小门斜过画楼船。""内人追逐采莲归，惊起沙鸥两岸飞。兰

---

① 《化书》：五代谭峭著，六卷。相传南唐宋齐丘据为己作，故又名《齐丘子》。后人予以甄别，改名为《谭子化书》，但认为其中可能也有齐丘改进处。《化书》认为世界起源于虚，提出一切事物都在变化。"虚化神，神化气，气化形，形生而万物所以塞也。"对统治者夺民之食表示愤慨。提出"能均其食者，天下可以治"的思想。通行的版本有《道藏》《墨海金壶》《宝颜堂秘籍》等刻本。

棹行来齐泊水，并船相斗湿罗衣。"二词乃百中之辞，而望见内家内人追逐之句，尤其天然声情，不可磨灭者。且字体袅娜多姿，虽落落如晨星，复何憾焉？按《通志》：涪郡，古志载王安国花蕊诗序，此石当为安国熙宁五年定蜀时所刻。序云：乃得花蕊夫人诗，乃出于花蕊手。此刻或即摹花蕊手迹，未可知也。东坡居士曾书此词三十首，刻之《晚香堂帖》中，则当时见重于文人学士，争诵深传，略其人而取其才，大概可想见。今适得残碣，不忍抛掷。因属长子承基将原石嵌之壁间。复摹勒于石，俾后好古者览之。

建立昭忠祠碑记

州刺史张师范　阳湖人

自昔忠臣死节，杀身所以成仁；烈士殉名，见危所以致命。粤稽涪陵祀典，忠烈最著者，宋刺史王公仙。为元兵攻围，势竭孤悬，宋亡一年后城始破，公自刎死。洎乎前明崇祯之末，州人刑部主事陈计安遭甲申之变，城陷被执，不屈死。二公者，忠尽贯金石，节烈炳日星。以方古之节士，何多让焉。迨我朝嘉庆丙辰己未之间，教匪拘乱，蔓延川东，窜扰州之鹤游坪等处。士民团集，乡勇奋击贼于坪之百里以内。无何而怒兽突角，贼匪悉众攻围，谭景东等慷慨赴义，同时死难者四百二十余人。贼平凯旋后，诸帅奏奉。诏曰："各州邑有死事者，建立昭忠祠以祀之。"丙子岁，予集州之绅耆商民，捐金鸠工建祠北崖，以昭禋祀。因溯王陈二公，大节昭著，久无专祠，爰设二公之位于中，旁祀谭景东等死难诸人。庶几忠魂毅魄，有所凭依。俎豆馨香，久昭令典。遂为之铭曰："稽之祀典，首重死事。御灾捍患，均昭禋祀。前宋沦亡，君臣远徙，惟我王公，登阵勿疲，矢石频年，奋守孤注，国祚已移。握剑振臂，身与城亡，成仁取义。洎乎明季，海内鼎沸，社稷旋倾，王政焉御。嗟我陈公，被执抗厉，碧血丹忱，千秋忠毅。迄至我朝，教匪扰川，肆毒巴蜀，生灵埋冤。我涪疆土，烈士云屯，各守险隘，死无二心。短兵狭巷，巨炮荒林，身家遑恤，势灭妖氛。哀哉忠烈，玉石俱焚。我来五载，建祠甫成。忠魂烈魄，庶慰幽灵。"

州牧晴湖张公祠碑记

陈廷璠

公姓张氏，名师范，江苏阳湖人。初以薄秩入蜀，佐军务有功，擢县令。历任东乡、荣经、什邡、新繁等县。多惠政，有贤声。上官器重，复擢刺史。嘉庆十六年辛未来守是州。州，故涪陵郡也。左接巴渝，右界忠夔，前枕凤邑，却背黔彭，绵亘数百里，民物辐辏。俗尚不同，常称繁剧难理焉。公初下车，兴利除弊，有不便于民，悉更张之。政令严肃，听断若流。折狱必以情，虽世家巨族，亦不得干以私。廉明勤慎，与民休息。数年间，风俗移易，狱讼衰息，几于刑措。方公之守涪也，岁屡旱，公设策备荒，无微不至。迨癸酉甲戌间，旱尤甚，民大饥，死者相藉。郡县皆议请于上官，发粟平粜。公曰：“必待请于上而后行，文报往来，动需时日，则民死无噍类①矣。”乃先发粟而后以上闻。民藉以活者，几千万人，上官亦韪之。涪旧有钩深书院，生童肄业其中。公岁延名师，按月课艺。文风士习，固已蒸蒸日上矣。而又虑幼学者之无所师资也，乃立义学二：一设东关，一设西关。捐俸延师，俾童蒙辈得就，以归养正。又大修孔子庙及北崖尹子三畏斋，其所以端教化而厚风俗类如此。宋涪陵郡太守王公仙守城不屈死，前明甲申殉难刑部主事、我叔祖计安公，大节凛然，向无特祀，公为请旨修建昭忠祠，春秋致祭，兼祀嘉庆二三年遭贼阵亡诸义民。并捐修三抚庙及厉坛、先农坛，则又所以重节义而崇祀典也。至若编联保甲，置买济田，及重修养济院，虽皆奉行之事，要以实心行实政，而非徒苟且粉饰者。呜呼！士大夫平居论世，鲜不谓此身一出，即可措斯民于仁寿，而末世之吏治不足言及。一旦躬膺简任，则又思所以恤身家、保妻子，大都计筦钥耳，问苞苴耳，谁其虑及于士习民风，如公之廉而明、勤而慎哉？公之所治理如此卓卓，其系士民之思也固宜。丁丑春，公决计解组，涪士民遮道攀辕，请于上而留公行。公以年逾七旬，不欲久随风尘，引疾去。士感公之德，惜公之去，思而不已，乃立祠于三畏斋之西偏，以为岁时顶祝之所，以著涪士民客商爱戴之忱也，所以祝公之寿而康也。嘱璠为之记，璠亦部民也，部民共沐恩膏，戴德弗谖，祇绿匏系边隅，心钦佩之而恨未得一见。然观于合涪士民之思公如是，诚足以见公之所以出身，加民者之大，异乎俗吏之为之也。古人云：“得大贤而名益彰。”璠不敏，合口碑以叙公德之可传，

①　噍类：活人。《论衡·辨祟篇》：“项羽攻襄安，襄安无噍类，未必不祷赛也。”

璠亦将附公之末以传矣，幸夫！

女君子记

毛徙南

女君子者，何邑人？曾兰相室施孺人也。孺人为施三荣长女，幼娴姆教，施虽富孺人，惟纺绩自苦。迨归兰相，家徒壁立。孺人鹿车共挽[①]，鸿案相庄[②]，无矜容，亦无怨色，泊如也。翁汉斌年四十余，姑孙年四十岁，或歉孺人，质钗钏以奉，旨甘曾不少靳。后翁姑即世，殡葬一切，内佐皆尽礼。方其相兰相以成家也，如庞德公隐鹿门，夫耕妻馌，耰锄铮然，砺石声相应。手为茧者，数数矣。涉严冬，经溽暑，肤血汗雨犹未辍。迨衣食稍赡，勤苦如故。遇邻人族子有艰于举火者，不恤以寒宵机杼之蓄，尽力拯之，如此者三十余载，人咸称为女孟尝，非妄也。兰相没后，孺人尤好善不倦。其训子若孙，专以施贫睦族为务。盖其家资，已较前更盛，由其慷慨慕义，亦较前有加，故致此也。虽懿行淑徽，楮毫莫罄，要之非君子而能若是乎。于是乡人共尊为女君子，年今七十，尚荆布自若。将来厚德致福，正未有艾，爰为作记，以备观风者采焉，且以巾帼中欲为伟人者劝焉。

邹刘合刻序

明户部侍郎　倪斯蕙　巴县人

邹公讳智理，学名臣，合州人。

吾郡盖有邹立斋、刘秋佩两先生者。先生素不具论，论其大者：一读书中秘，当乡人秉政之时，抗疏危言，首列忠佞；一焚草青琐，当珰焰滔天之日，感时流涕，力抵逆瑾。至今读其疏，凛凛生气，令人舌吐而不收，其不死于三木囊头者，幸也夫。批龙鳞同，履虎尾同，齐志抱愤、不获竟展其用同，两先生疏，俱未有合刻之者，合之自郡守龙公、督

---

① 鹿车共挽：西汉谏大夫鲍宣（？—3）与妻子感情深厚，举案齐眉。两夫妇回家（乡下）路上共同挽鹿车，比喻同甘共苦。

② 鸿案相庄：东汉文学家梁鸿家贫而博学，与妻孟光隐于山中，以耕织为业，不求仕进。后避害逃到吴地，为人佣工舂米，每归，孟光给他煮好饭，举案齐眉，以示敬爱。

抚王公始。二公雅好读书，而于忠义则称两先生。居是邦，事大夫之贤者，两公其有焉。余不佞受而卒业，窃叹国朝在宏正间，一坏于庸相怙宠，委靡顽钝，不知人世间有可耻事。所称正人君子如三原辈，率摈斥不用。而大弊极坏，则逆瑾煽权。倒持太阿^①，窃弄神器^②。祖宗二百六十年之国脉，几不绝如线。一时朝绅靡然，无复具须眉气。两先生突起，睽孤势处疏逖于上，无结知之素于下；无朋党之援，不殉同闬之私；不惜干霄之焰，出万死一生之中；徼万一见听之幸，积于衷之所无欺，而发于性之所欲吐。子曰：勿欺也。而犯之又曰：信而后谏。则两先生之自信信人，为何如哉？秋佩读易伊川洞，立斋晚从白沙游，处则嘿嘿，出则谔谔，其素所蓄积也。独怪学士大夫居恒扼腕，恨不披沥谈天下事。及至事权到手，荃蕙化而为茅。非中靡于弱骨，则外张于虚气，非剿袭于雷同，则苟且以了局。不则其植党也，其鬻权也，一人也，众有所独归，则媚之以干泽；众有所偶去，则借之以沽名。一疏也，非藏头露尾，中人主之猜，则借甲指乙，凭在覆之射。若两先生者，岂不明目张胆、解衣折槛，烈丈夫哉！可以欺人，可以自欺，不可以欺天下。后世犹欲刻其疏而信诸后，则两先生之自信信人为何如，藉令两先生在执鞭所欣慕焉。

恩荣堂序
明经筵^③讲官卫国史

张君善吉，字本谦，蜀之涪州人，济南教授成功先生冢嗣也。先生由举人授学正，克立师道而士类多造就，年未五十即卸仕家居。阆唐有淑德，君承庭训。以明经登成化丙戌进士第，拜官兵科都给事中。朝廷以其克称厥职，推本父母之教，封教授。君如其官，唐为孺人，赐之敕命以褒嘉之。君念二亲年皆六十又一，去膝下日久，乃上

---

① 太阿：宝剑名。相传为春秋时代楚王命铸剑名家欧治子、干将所造。李斯《谏逐客书》："垂明月之珠，服太阿之剑。"引伸为权柄。

② 神器：神圣之物。《老子》第二十九章："天下神器，不可为也。"后借指帝位、国家。《汉书·叙传》："距逐鹿之瞽说，审神器之有授。"《旧唐书·李敬业传》："犹复包藏祸心，窥窃神器。"

③ 经筵：宋代为皇帝讲解经传史鉴特设的讲席。自大学士翰林侍读学士，翰林侍讲学士至崇政殿说书皆得充任讲官，其他官员亦有兼任之者。以每年二月至端午节、八月至冬至节为讲期，逢单日入侍，轮流讲读。见《宋史·职官志二》。后元、明、清三代仍袭旧制。经筵讲官成一种荣誉很高的学术职衔。

章乞归省亲。蒙诏给之，且恩赐楮币以为道里费。诸同寅谓君父母俱庆，而有是恩典。又得锦衣归，庆以志具荣。其荣孰尚焉？遂以"恩荣"额其奉亲之堂。谒予文序之，用以赠君行。予惟父母之教子，孰不欲其擢高科、跻膴仕①？为之子而稍负侠者，亦孰不欲立身扬名，以显其亲？然有命焉，不可强也。故子显荣而亲不我逮，父寿考而子不显荣者，比比皆是。求其克兼遂所愿，欲如君父子者，殆十中而仅一二见也，不深可喜而可嘉耶？虽然，余窃有告焉。诗曰："无言不酬，无德不报"。故人之有德于人一语，而终身不忘，感人一饭而委身图报。君之所受于上者，如天之仁也。所以酬而报之，宜何如耶？今给事中最为要官，而侍天子左右，凡政令之施于下，与下之所以陈于上者，皆给事详审而后，五府六部行之，其或事有迟违谬戾，即参驳之，而人无敢不服。不宁惟是上而厥职之，或有阙次而任用之，或非其人，又次而闾阎行伍之弊有未革、有未剔者，给事中悉得以纠正。而廷论之故非他官之，各司一职、各专一事者，比士君子出而试用不得骤陟，宰辅得居是任，亦仅足以行其志也。君归而复来也，与夫职之所当为者，悉明目张胆之言，而不少有顾忌，使忠直之气动于朝，宁謇谔之誉脍炙士林，庶几哉克报君恩于万一，于职乎为无忝矣，君尚勉之。君勉于是则崇阶峻秩之超迁，龙章凤彩之荐臻，朝廷必不为君吝；而其恩荣又奚翅今斯，而其恩荣又奚翅今斯！

送太子少保礼部尚书涪陵刘公致仕序

明大学士② 邱濬 谥文庄

太子少保礼部尚书掌太常寺事涪陵刘公凌云，年未耄以足不良于行乞致③。其事上

---

① 膴仕（wǔ shì）：高官厚禄。《诗经·小雅·节南山》："琐琐姻亚，则无膴仕。"王安石《节度使加宣徽使制》："比以明扬，屡更烦使，遂跻膴仕，良副讦谟。"

② 大学士：官名。唐天宝初年，在崇玄署（管理释道的官署）置大学士一人，由宰相兼领，至德时，于集贤殿书院置大学士，贞元时并罢。五代后梁曾置金銮殿大学士。北宋时设置浙广，多系优礼大臣的官衔。明太祖废丞相，以大学士充顾问。至明中叶，以大学士为内阁长官，起草诏令，批答奏章，官品较低，实握宰相之权。清代虽提高品级，职任反不重要。雍正中设立军机处，此后大学士职权为军机大臣所替代。惟军机大臣及内外各官之资望特重者，仍授大学士作为荣典。大学士皆以殿阁名入衔，明设中极、建极、文化、武英等殿和文渊阁、东阁大学士，无定员。清乾隆十年（1745）以后，大学士专以三殿（保和、文华、武英）三阁（文渊、体仁、东阁）入衔，满、汉各二人；协办大学士满、汉各一人，均为文臣最高的官位。除少数例外，汉人非翰林出身不授此官。

③ 乞致：请求允许退休。致，即致仕。《公羊传·宣公元年》："退而致仕"。

弗许。既而章再三上，上以其情词恳切，特俞其请，且敕有司月给粮米，岁给舆隶，以示优礼大臣之意。嗟呼！圣天子之于大臣，恩礼一何隆哉？然此非特以为公。盖以公所职掌者，国家之礼乐，佐天子以郊天享庙者逾十年。每遇大礼，致辞于殿陛之上，周旋于坛壝之间，咫尺天颜。以道引赞助圣躬，以祼献所以对越上帝，灵承列圣在天之灵，以致其顾歆于以受禄于天，而锡绥和丰穰之庆于天下，非但供一事莅一职者可比也。公寅清勤恪，服劳有年，为先皇帝所眷注。今上嗣登宝位，方赖公之用而顾容其以私去。噫！岂得已哉？盖古者仁君之于其臣下也，方其壮而强也，用之必尽其才，而不遗余力。苟或疾而耄焉，则亦便其私而不强其所不能。致事而归，犹必使之得所安养，以终其天年，其仁义之兼尽也如此。后世则有不然者矣。欧阳子尝言："两汉以来，虽位至三公，毋上印绶，即自驾其车辕一辞高爵，遂列编氓。"而韩文公亦云："中世士大夫以官为家，罢则无所于归。"由是观之，则前代之仕者，平生竭力以尽心所事，一旦老而休焉，盖有不得其所者矣。孰若公生盛时，起家诸生而荐历华要，叠荷恩封及其祖考若妣官登入座，位极人臣。兹其归也，而又特给之日食，资以人力。昔人所谓虽有还政之名，而仍享终身之禄者，公实有之。公世以农畯为业，有田园之乐，有林泉之胜，仓囷足，禾稼亭，沼饶花木，有可以养生之具，有可以适趣之景。昔人谓闭门归隐，则俯仰山林之下者，公亦实有之。矧今年方五十有九，距古人引年之期犹将十稔，兹以疾而预告，非以老而谢事。近时公卿大臣有以老疾家居者，朝廷有事往往起之，具有成例。公偶以疾去，非废不可起也。国计之重，甚于身谋；民瘼之瘰，急于己疾。公之归也，其尚颐精神、近医药，以毋忘乎圣天子之所轸念，九重之使朝临，而万里之辕晡驾可也。予犬马之齿较公为长，归装久束，第以国史事重未敢言私。然旦暮间尔，公之再来，予已去矣。予与公同年登第，今三十有六春秋矣。在班行中特相亲厚，公行其太常，僚属序公厚德，相率求予文以赠行，于是乎书兼以致予意云。

刘秋佩先生奏疏序

陈计长　州人

余为童子时，受知于枕岩王夫子，期望独至时，枕岩师为渝城司马。一日过涪，授以邹刘合刻。且曰：刘秋佩公，尔同乡人。其英风劲节，人所耳闻，尔所目睹，宁不景仰遗风欤？余展刘公奏议读讫，因想见苏文忠序田锡奏议集曰："古之君子，尝忧治世而危，明主盖谓君子有徙薪之忧。不能不抱燋头之戒。"田公在端拱、咸平间，宋德殷隆，非所称哲辟无讳者耶。而田公侃侃于谏垣，所指之事，皆当时所讳辨。河溃于蚁隙，卜燎原于星燧，潜洗□中之隐忧，预防意外之变态。在田公亦自恃其言能射，覆听易转圜耳。亡何竟不能安其位，出副转运，出刺陈州。由是思言者固难，听言者为尤难也。言之于讳，言之朝固难；即言之于无讳之朝，亦未见有容其直而安其位者。如我涪刘秋佩先生奏议遗稿，予稽其世，不有较难于田公乎？方先生入侍掖垣时，主上维新茈治，万机待整，而先生不敢少默，犹先发逆瑾之奸，摘其燭灶之实。商度靡遗，致犯龙鳞，竟罹廷杖。在先生自分瞑目矣，幸赖君恩获保归田。后虽以逆瑾之败，不负从前謇谔① 拔之泥淖，升以三千石之任，而终于郡守。未及大用，讵不惜哉？嗟嗟！田公之章奏虽不见知于当年，犹得见知于后主。至使后之人主采集其章句，以遗令嗣将人臣之渊谋远计，昭如日星，在田公亦不可谓不遇也。今先生之奏议既不能回天，于俄顷又不为之垂监于令嗣，俾一生贯日之孤忠，终归泯没乎？虽然，人之所泯者，在一时；而其所不泯者，在后世。人之所泯者，在后世之庸人，而不能不见重于后之君子。我师王公贞介，自持力追劲节。取先生遗稿，重订付梓。再三披诵，凛凛有折槛埋轮之风。意何壮哉！或谓先生之传后曰："稿可焚也，惧以卖直也，而未审后人之景慕。"曰："稿可翻也，将以诲忠也。"余与枕岩师皆为诲忠计，而虑无以扬挖其风标，敢向先生作知己哉？惟是先生之去，余籍者咫尺，耳目者久，况辱枕岩夫子之命，不敢以不文，而不为之序。

收掩浮尸公会序
陈爔

　　古有掩骼埋胔之政，悯暴露也。窃谓暴露之苦，尤莫甚于水厄。盖无主之骸骨，其散在郊野者，尚未至于沉没，取杯土以覆之，颇易为力。至水面浮尸，其来也，不知所自；其去也，不知何止。洪涛出没，断梗飘零，即有见而生怜者，非惮其烦劳，即

---

① 謇谔：忠正直言。《后汉书·陈忠传》："忠臣尽謇谔之节，不畏逆耳之害。"

畏其臭腐。坐听湮没，荡然无归。仁人君子能无恻然？则收而掩之，其事当不容缓。或曰："江水泛滥之时，溺者多矣，焉得尽其类而收之？"不知博济之说，圣人犹病得尺得寸。惟视其力之所及与行乎，心之所安已耳。且使人人能推广此意，则所拯者又岂患寡乎？兹集同人公募得钱若干，属领袖分承生息。一年所入之息，即以供一年所需之费，必使垂诸久远。诚恐事久怠生不无弊窦，爰定章程，刊立碑记。树之龙王庙中，并刊本分散捐赀诸君子，俾各有其据，庶不至有侵散之虞。是以效托钵之请，为乘韦之先仁，希力挽狂澜于以泽流枯骨。谨序。

募修天庆宫放生池序
东关外　何炎午

城东天庆宫，前朝古刹也，相传晏亚夫尝读书于此。流连光景，如见先型隙地一区，拟拘亭其上，周以回廊之固，而凿其下为放生池，计非千金不能集事。客有问于余者曰："放生池处处有之，诚于吾涪为阙典，然要之福田利益耳。今以名贤故地而顾汲汲于是者，有说乎？"余曰："然。天地之德，曰生；帝王之治，曰好生，生理同然也。然天地有时以生，有时以杀；帝王亦有时以生，为杀生理同。而所以生者，不同也。释氏之教，绝男女之欲，去君父之伦，生机阏矣。而其在于己，虽焚指烧顶而不惜，其在于物，谓草木昆虫皆佛性，身之可舍生，安用放足？以见其颠倒背戾而不能与于斯也。夫士君子立身行事，必宜衷诸圣人之道；圣人之道，可以杀生，而不流于忍。即可以放生，而不病其迂。夫子之不纲不宿，高柴之不杀不折，非此类。与国大夫生鱼之畜，受欺校人，而圉圉洋洋得所一叹，千载下犹可想其仁心之为质焉。今之言放生者，意何权舆于此，无为而为之，行其心之所安；有为而为之，乐其仁之能强，乡先生而可作也。其将以是请也。"客曰："善"。遂书之，以为捐赀者劝。

周彝山公传
南平刘君硕

公讳茹茶，字自饴，号彝山，别号丹井，孝于公之六世孙也。生万历四十四年，甫八岁出就外傅，肄举子业，名公先正便以道器重之。其尊先人勤王讨贼不暇，宁家后因谗谮值钦件核议，公奔走建白，事乃雪。继而国运艰难，城烬民屠。公留心刑名、水利、孙吴诸家书，手著捷略，为同乡春石王先王所敬重。乙酉二月，遇健侠数十拥庐跪请，强之从戎，公乃儒服以出，报闻阁帅，批转塘报，令公兵马。同川镇贾登联一路，恢省沿途望尘倾投，日积日多，遂引兵三千人渡江津。不一月，恢复永、荣七城，屡揭布捷闻。谕以孤军不可深入，班师暂驻江津，善候赏例。以一贡酬功，可以兵马委旗鼓杨道成代管。只骑赴桐梓地方省亲，亲及公皆病。病五月，众兵因杀道成而散。公病愈，复请命阁帅收拾兵马、战船，事方就绪，而重镇曾彦侯全师丧亡，胞兄建芳报没于江津。为人弟者，宁无痛念？然或思及时势而色聃矣。公只身不避，屡犯贼锋，往收兄葬。中途受劫于乱民，仅以身脱。盖丁酉年之三月也，入江津城。见兵将绝食，谒王镇公号瑞吾□，因进筹曰："争名者于朝，争利者于市，今日之利在合宜移镇正安山界，乘彼麦熟，因粮于敌以徐规进取。"王公善其议，公入山谷抚爱父老，晓以大义，不屠一牛，不掠一物，所在民皆安堵。八月师进遵义，戊子恢复成都一带。公以此拜湖南路正总兵，祖父三世俱特晋荣禄大夫。公因亲病具奏缴印致仕，辛卯壬辰先后丁难送终。读礼隐遁山林，不一足入市。半面千人，训子课孙以终身焉。合而观之，公其纯忠纯孝者欤！当健侠拥请，时事实由天，非人力也。乃其捷略诸书，见重于时。公之学业早被彼苍安排，其名久倾服豪杰矣。第当人人称公，在在称侯之日，公必请命而后出，其于君臣名位，凛然不紊。至其恢复城邑，一月三捷之功，不能过是，乃以一贡为赏例，将欲以明经统雄兵乎？抑另选飞将以克敌乎！方略如是，而欲翊主中兴也固难。乃公即委兵裨将，只骑省亲，揆之人情，有僮仆数十，尚不肯舍弃，安能舍数千甲兵以自孤？其势缘公以儒术从戎，孺慕心切，富贵原不在念。而报国未遂，复行请命。非古之大儒以纯心为，进退者，不应尔也。后来功名成、宠章锡、抱印敕以□，此中苦心，总为父母在，不忍以身许人。一生事业固已结束明白，而为臣为子之心，终可以无恨。且公尝为予言，少时遇一道人，语之曰："汝仙侣也，当同我去。汝若不去，必定是要读书成名。且劝汝留心积福，贫道二十九年后来接汝。"公问其故，道人不言，止命书字于手，公写一必字，道人曰："明明心下一把刀，后来减减杀机，可以积福，可以昌后。"长记此语在心，所以后面从戎，并不轻试一剑之锋。及退归时，并将手著捷略诸书取而尽焚，仍讲究程朱道理，以还我本来面目。庶几践道人积福昌后之言。噫！公其再来人乎，怀投笔封侯之才，而仅以小试终，盖有所感而然也。是全忠全孝而怀璧以退，老可谓始终善全者与。

夏老姑传
明庶吉士[①]李长祥　达州人

夏氏老姑，州人也。父子霄，万历间明经[②]生。姑夏氏，远祖江南英山人。元末因避乱之蜀，其后或在壁山，或在江津，或在涪，而涪为盛世。世以科名显，为涪望族。涪之人思结婚姻，必曰夏氏。子霄生三女，姑幼。及年十五，议娶妇者数求姑。子霄正为姑卜，姑忽忆女子以貌事人者也，人之情何限貌？不终善其意，中道而变之者，多矣。吾不幸为女子，女子必事人，吾不愿也。于是屏膏沐反，绔丝为布，一身无所饰。父母大惊异，姑前告之以其故，则曲与劝止。姑志已定，无可如何，各流涕痛怜随之矣。久之，年渐长，家之人无所呼，呼为老姑。姑好读书，与诸兄辨析古今，有卓识，诸兄多逊服。而性严峻，常绳上下以礼，家之人皆惮之。或群僻处燕笑，影见姑，亟曰："老姑来矣。"皆散去。有喜女者，不知其何姓氏，姑婢也，与姑少长等。夏氏世世科名贵显，诸兄又有贵者，家婢左右侍立，姑皆不役，独役喜女，以喜女坚忍，能附姑者也。役之久亦不欲妻人，竟与姑愿终寡，姑亦深任之，卒与姑终寡以死。姑以女子守三十年死，喜女亦竟以女子与姑守。姑死，喜女哭三年自尽。涪之人至今称述其事，父老犹欷歔出涕，以为老姑之役喜女也，识喜女也，故卒得喜女也，能终始也。喜女之终始，老姑也，识老姑也，其役于老姑也，不苟役也，日常出汲，老姑盖不仆役，故喜女出汲。一日出汲，将抵家，有男子噪渴奔来乍吸其水。饮讫，喜女倾之，其人曰："何为然？"曰："吾此水以供吾老姑者也。公男子吸之，吾不忍以余供姑也。"其人愧谢。过见之者，

---

①　庶吉士：官名。明代初置，始分于六科，练习办事，明永乐后专属翰林院，清代翰林院设庶常馆，选新进士之优于文学书法者，入馆学习，称翰林院庶吉士。三年后（亦有提前举行者），在下次会试前进行考核，称"散馆"。考试成绩优良者，分别授以翰林院编修、检讨，正式成为翰林，成为"留馆"。其余分发各部任主事等职，或以知县优先委用。庶吉士通常称"庶常"。

②　明经：唐代科举制度中的科目之一，与进士科并列，主要考经义。清代将"明经"用作贡生的别称。

莫不相顾叹息不已。喜女于是复往水处汲之，返焉。李长祥曰："夏老姑之世有女夏氏，适张氏，子庠生诩，诩早死。夏氏年二十无子，或劝之再嫁，夏氏不言。但默告之诩神主，家人不识其何故，无何引刀断其左耳矣。夏氏解学画以诩，改欲得其形貌，画成追思，仿佛画之似，即毁去笔墨不复画。自是，饮食坐寝，必在诩影前。器必双葬，诩时即作双茔。如是者二十年，死遂同穴。"考之，则老姑之姑也。姑之去世，旋踵耳，又老姑出焉，夏氏之女子何不幸哉？何幸哉？呜呼悲夫。

何母陈太宜人传

国朝大学士陈宏谋　广西人

　　癸卯春，宏谋举于乡。秋七月，将试礼部，晤涪陵何君乐田于都门。滚滚红尘中，而君言论丰采甚谦退，不啻幼束于父兄之教者，余心窃异之。既而第南宫，诸君多改庶常，而余与乐田同纂修，兵部趋走，编摩之暇，辄往来过问。评诗论文，兼各说家世事。久乃知其母夫人荼蘗中之衍其祥，而流其泽者，为已远矣。乐田尝语余曰："家母姓陈氏，考讳用世，为本州名族，代有闻人。母氏幼娴姆教，贞静幽闲。康熙庚午，余先君子举孝廉，母氏于归，年才一十有九。当是时，祖母倪孺人在堂，母氏视膳问安必洁必诚。中群厕牏皆手自盥涤，未尝委之婢妾也。越五载，先君子以干济才艰于时，倏忽见背。遗予等一子一女，茕茕孑孑，惟母氏是依。母氏日间料理家务，夜则促予坐纺车侧，课读之余，教以力学慎交，勿坠先人遗绪。余每夜阑就卧，漏率三四下，寤时犹见母氏青檠荧荧，手纺指擘不辍也。予依依膝下二十有余年矣，今虽幸能负薪而远羁职守，定省久缺，迢迢数千里，昼不能晤，梦寐之间，如亲见之子。"其谓我何言毕出涕。宏谋曰："乐田可谓孝子矣。抑余聆其言有以得夫人之孝，得夫人之节，兼得夫人之义方①。敬其母，而不可见一一，于其子遇之夫。败检之行，酿于姑息舐犊之爱。贤者不免世之二三其德者，既不足以取之。即矜言节烈而后嗣不振，颓其家声，终吝之道也。夫人松坚冰洁，教其子成名，克永先绪，柔质而有刚德。傥既醉之卒章所谓

---

　　①　义方：教子的正道。《国语·周语下》："上得民心，以殖义方，是以作无不济，求无不获。"《后汉书·张步传》："王闳惧其众散，乃诣步相见，欲诱以义方。"

女士者，非欤！”何君砥砺廉隅[①]，文章报国。将来显荣崇大，俾其母叠被锡命如欧阳夫人，则益以彰德门之庆，而增彤管[②]之辉也。如夫人者，可以风矣。

涪陵何氏烈女传

明经冯懋柱　州人

古来至美之事，必先有一不美之事成之。忠臣孝子之名至美也，而必由其不美者先在君父。即妇人之节烈亦然，或成于遇之不幸，若董氏之封发，齐女之守符是也；或激于事之不顺，若张氏之断臂、李氏之陨崖是也。乃遇不必其不幸事，不必其不顺而亦以节著，此又其节之奇者也。涪陵明经何述先，世族也。无子，育三女，以节见者二：长女，为余长子媳。长子纶早殁，遗三孙女，媳誓死不再嫁。此其节之常，未为奇也。奇莫奇于次女之烈，次女名多姑，生而颖异，多气骨，父钟爱之，欲为之觅佳婿焉，且欲令其赘门易姓以为后。适有酉阳冉氏子求婚于其家，从其议述先诺之。冰人[③]遂投一帖以为定，继而冉氏子悔之，不愿为其后，述先恶之，因返其帖。厥后别有议婚者，将诺之未果。彼为女子而选良配，父道也；无子而欲纳婿以为后，人情也，非不幸也，非不顺也。不意女闻之，而遂有死心焉，以为身虽未字，一诺便为百年，再诺即再嫁也，乌可以不死。一日谓其姊曰：“予性好水，水能洁身。异日者长江为予死所矣Z”姊曰：“死亦安往不可，奚必于江。”答曰：“刎颈而死者，令父母见尸则抱痛。且葬于棺衾，是尚以既死之身累父母也，非孝也。曷若以长江为予之椁，以鱼龟为予之棺，茫茫万顷，杳不知其所之也。宁不甚善。”其姊以为戏言而不之觉。忽于是岁四月初四日，潜投于江，身浮而不沉，流一里许，舟人见而救之。其母引之以归，自是不复言死，终日谈笑自适，从不作一愁戚态，家人亦不之觉也。复于五月二十五日，投江而死。维时家人寻踪至江，但见岸头足迹，仓忙沙崩草拂，若野马奔驰状。吾想其时，金石

---

① 砥砺廉隅：砥砺：磨炼。廉隅：品行端方。谓磨炼而使品行端正不苟。宋苏轼《除苗授武泰州军节度使制》：“砥砺廉隅，得士君子之概。”《礼记·儒行》：“近文章，砥厉廉隅。”

② 彤管：红色的笔。据传为古代女史官记事用。《后汉书·皇后纪序》：“女史彤管，记功书过。”

③ 冰人：即媒人。《晋书·索紞传》：“孝廉令狐策梦立冰上，与冰下人语。紞曰：冰上为阳，冰下为阴，阴阳事也。士如归妻，迨冰未泮，婚姻事也。君在冰上与冰下人语，为阳语阴，媒介事也。君当为人作媒，冰泮而婚成。”后称媒人为冰人。

之心不知何如其激烈也。越四日，涪有蔺姓者，见其尸出于平西坝，肌肤完固，面貌如生。报之父母，父母觅其处不见。旋流至酆都，酆都人掉舟往收之，舟将近而尸忽沉矣。如是者三，终不欲令其母见，似与前言隐相合也。彼女子未字而死节奇矣，死而出之从容，则更奇。至其初投江而死，若有默为救之者，尸出而乌鸦不敢近。若有默为护之者，尸三浮而忽三沉，若有默成其志者。其节也奇，则其报之也亦奇。然而非奇也，宜也。呜乎！以弱小之闺英，而有此凌霜之气节，则不独男子逊其慷慨，即豪杰亦谢其雍容。求之古人中，岂多觏欤？独怪夫今之人闻恶则信，闻善则疑。疑之者，疑其尸不获而其事未可传也。不知正惟尸不获而其事愈足传，盖身湮没矣，名其湮没哉？余野人也，以野人而为野史，非僭也，因序其大略如此。设有采风者过焉，吾且赋诗以陈之。其诗曰："少小闺中女，冰心贯斗牛。百年无二诺，一死重千秋。英魄随波洁，芳名逐水流。须眉道上客，羞许吊江头。"

双节传

国朝孝廉何浩如　州人

双节者，谓孝廉杜公昭之妻夏孺人、孝廉嵋公之女，及处士夏公锡之妻蔡孺人、庠生如兰公女也。俱生望族，夏长于蔡一岁，幽闲贞静，善女工，通书史。乾隆癸亥，蔡年十八归于夏，次年甲子，昭登乡荐 ①，而夏亦以二十岁适杜家，盖两孺人为从姑嫂。往来过从，相得无间，有自来也。越四载，戊辰，夏孺人方二十四岁，昭卒；而是年锡之卒也，蔡孺人才二十三耳。皆无嗣，止一女。两孺人各哭其夫，哀感苍冥，濒于死者屡焉。顾念弱女无依，隐忍苟活。于是，夏孺人归母家，与蔡孺人誓死守节，出入必偕。初嵋公之配高孺人矢志柏舟，称未亡人至此二十有五年矣。于夏为母，于蔡为从姑。当是时，一堂相对，俨若严师。两孺人依依膝下，屏服饰，谨言笑。凡子侄至亲有请见者，非奉高孺人命不出中堂。至于疏逖亲戚，若男仆辈有历年未经谋面者，每旦盥栉后即坐高孺人侧，取齐孟姬、卫共姜、楚伯嬴及古今之从一而终者，互相讲说，

---

① 乡荐：起于唐代的举荐制度，由州县地方官推举，直接赴京师应礼部考试，叫乡荐。顾云《上池州卫郎中启》："伏念自随乡荐，便托门墙。"后来称乡试（省试）中举为"领乡荐"。

以励节操。日午，则取班大家女诫十一章以课女，兼教之以刺绣缝裳。至晚则侍高孺人说闺中事，每及所天，未尝不感慨欷歔，泪涔涔下也。如是者亦有年，厥后家计日薄，乏儋石①储，先世之臧获②婢妾无一存者。两孺人遂合爨③纫麻缉苧，共给饔飧④。荆钗布裙，亲操井臼，女当有家之年，皆不禄错节盘根于斯极矣，而两孺人之心益坚、节益懋。岁戊戌高孺人以上寿终，两孺人哭之恸，盖自苦志以来，相依者三十载，哭其亲，正以哭其师也。今既各周甲子矣，犹然足不出闺门，言不闻峻厉。尺步绳趋，罔敢纵佚，碌碌然如处女。非松坚冰洁，有得于坤维之正气，而能若是乎？且其年相若、遇相同、心相知，而节相等，是盖又有天焉不可多得也。作双节传。

周煌列传

国史

周煌，四川涪州人。乾隆二年进士，改庶吉士，散馆授编修，六年充山东乡试副考官，七年充会试同考官，十二年充云南乡试正考官。二十年十二月，诏偕侍讲全魁册封琉球中山王尚穆。寻迁右中允，二十一年迁侍讲，二十二年复命。奏渡海泊舟姑米山，遇风祷天妃灵应事，请加天妃封号。别须谕祭文，与海神并祀。下部议行以随往兵丁在琉球滋事，失约束，部议革职。上念其出使外洋，遭遇风险，从宽留任。纂辑《琉球国志略》呈，命武英殿排印颁行。二十三年三月大考二等，准其开复。十二月迁左庶子，命在尚书房行走，二十四年迁侍讲学士。二十五年充福建乡试正考官，疏言闽闱旧设十二房，后因易经卷少议裁一房，今查诗经卷及四千同考四员，未能分校裕如，请堵一员以复旧额十二房之数。部议从之。二十六年擢内阁学士，提督江西学政。三十一年擢刑部侍郎。三十二年调兵部侍郎，提督浙江学政。三十八年五月命偕刑部侍郎永德往四川，会讯璧山县民控武生邓贵榜勒派侵冒案，十月复命。会审逢溪县生员黄

---

① 儋石：亦作"担石"。《汉书》："一石为石，再石为儋。"常用来形容米粟为数不多。
② 臧获：古代对奴婢的贱称。《方言》第三："荆淮海岱杂齐之间骂奴曰臧，骂婢曰获。齐之北鄙，燕之北郊，凡民男而婿婢谓之臧，女而妇奴谓之获。"
③ 合爨：一起烧火做饭。
④ 饔飧（yōng sūn）：饔，烹制菜肴。飧，晚餐。饔飧即早饭晚餐。

定献，控知县藉军需勒派案，俱鞫[①]虚，议罪如律。四十四年二月充四库全书馆总阅。十二月擢工部尚书。四十五年三月充会试副考官，以中式前列试卷语意粗杂，磨勘大臣，奏请应议部议罚俸。九月调兵部尚书。四十六年八月赴热河行在，带领武职引见。时川省查办啯匪，谕曰："文绶办理啯匪一案，平日不能督率文武属员缉捕，以致窜入楚黔邻境，已屡经降旨严饬，并降为三品顶带，从宽留任，令其督缉。兹据周煌奏：'川省啯匪，近年每邑俱多至百十余人，常川骚扰，并有朋头名号。带顶坐轿乘马，白昼抢夺，如入无人之境。通省官吏罔闻，兵民不问，甚至州县吏役身充啯匪。如大竹县衙役之子，号称一只虎等。'语可见啯匪肆行不法，已非一日。文绶身为总督，乃竟漫不经心，以致养痈贻患，甚至白昼抢夺，拒捕伤差，公然无忌。若不及早严办，将来党羽日起，安知不酿成苏四十三之事？此时务须痛加惩创，尽绝根株，以戢凶暴而靖地方。并谕新任四川总督福康安，防护煌原籍村庄。"四十七年二月命在尚书房为总师傅。十月以办理明臣奏议草率交部议处，寻免之。十一月谕曰："周煌不胜总师傅之任，着回原衙门办事。"十二月命紫禁城内骑马。四十九年调左都御史。五十年正月以病乞休。上念其奉职有年，小心勤慎。诏以兵部尚书致仕，加太子少傅衔。四月卒。谕曰："原任左都御史周煌，由翰林洊擢正卿，在尚书房行走有年。老诚端谨，奉职克勤，今春遘疾，陈情解任。曾晋秩太子少傅加兵部尚书衔，准其回籍调理。前两次祗迎道左，特亲加询问，谕令加意调摄，以冀痊可。兹闻溘逝，深为轸惜，着加恩晋太子太傅，派散秩大臣，带领侍卫十员往奠。所有任内降革处分，俱予开复。应得恤典，该部察例具奏。"寻赐祭葬如例，谥文恭。子兴岱，现官内阁学士。

孝子彭天翔先生传

廖鸿藻

先生姓彭，名学鸿，字天翔，四川涪州之罗云里人也。高、曾以来，代有隐德。祖讳景新，父讳觐光，孝义并详州志。先生天性敦笃，幼逮事王父，最得欢心。弱冠遭父丧，哀毁骨立，苫次三年不入内室，间党称之。服阕补弟子员，品学为同辈所推服。

---

① 鞫：审讯罪人。《汉书·景武昭宣元成功臣表》："鞫狱不实。"

家故贫，授徒里中，资其束脩以养母皮太孺人。从游日众，先生入则具甘旨，承色笑，昆弟妻子怡怡愉愉；出则为诸生徒讲说经义，勉以躬行，各就其材质之高下，务引于中道，娓娓不倦。其论文宗法昌黎①，以气为主，滂濞②沛艾③，大小毕浮。诗学白香山④，书法临柳诚悬⑤，皆有时名。然数奇屡困场屋，弟子守师说取科弟者踵相接，而先生卒不售。晚入明经科，拥皋比⑥，穷年矻矻，意豁如也。或训责诸生方严，切闻母声则止，屏息定气乃敢入，夷怿婉顺，若未始有怒者。太孺人疾，药饵必亲进，未尝顷刻离左右，瘳乃复。初病革，忧无所出，窃尝所遗粪以卜休咎⑦。既失恃，庐墓悲号，悽感行路。年余，遂卒于墓侧。先生待人谦和，然是非所在，不稍徇里。有争者，数造庐就质曲直，先生为之剖析情谕令解释，亦咸恶服焉。尝偕诸父老作乡社十约，以禁子弟越礼轻薄之行。州牧徐公时敏深赏之，为播其文于诸乡。乾隆戊戌蜀东饥，先生劝里中富人出粟，设法赈济，全活甚众。饔飧仅粗给，犹节啬以赒族戚之乏食者。罗云故有峰顶寺，年久倾圮，众谋修之，请先生任其事，募锱庀材，人人乐从，不逾时而工竣。其为乡所敬信如此。先生生于乾隆戊午年，卒于乾隆乙卯年。殁后，涪之绅士追录其嘉言懿行之大者，呈诸大吏，请于朝以孝子旌，则道光九年也。元配吴孺人先先生卒，继室张孺人孀居时甫二十八岁。嘉庆戊午冬，教匪蹿涪之北境，村舍为墟。孺人挈两孺子仓卒逃难，昏夜步行数十里，渡江求救于旧门人杨光祐兄弟。募敢死士二十人荷戈提矛，迁五世神祖画像、家乘、图书于江之南，比半渡而贼已截岸焚掠矣。守节凡三十余年而卒，道光五年以节孝旌。子三：长应槐、次应桂、次松年，孙十余人。旧史氏曰：吾闻之蜀人，先生之病于墓侧也，长子应槐自北返，未及舍而先生已将易箦，伯兄天池问所欲言，先生慨然曰：“应槐归，宜教以士大夫之行，为人学范文正公可也。幼子长，

---

　　①　昌黎：唐文学家、哲学家韩愈。字退之，河南河阳（今河南省孟州市）人，自谓郡望昌黎，世称韩昌黎。

　　②　滂濞：同澎湃，水势盛大貌。司马相如《上林赋》："横流逆折，转腾潎冽，滂濞沆溉。"

　　③　沛艾：马疾行时头摇动貌。《汉书·司马相如传下》："沛艾赳螑，仡以佁儗兮。"颜师古注引张揖曰："沛艾，駊騀也。"张衡《东京赋》："齐腾骧而沛艾。"薛综注："沛艾，作姿容貌也。"

　　④　白香山：唐诗人白居易。字乐天，晚号香山居士，后称白香山。

　　⑤　柳诚悬：唐书法家柳公权，字诚悬，京兆华原（今陕西铜川市耀州区）人，官至太子少师。工书，正楷尤知名。初学王羲之，后学颜真卿、欧阳询，骨力遒劲，结体劲紧，自成面目，对后世影响很大，与颜真卿并称"颜柳"。

　　⑥　皋比：讲席。古人坐虎皮讲学，皋比即虎皮，故因以"皋比"借指讲席。

　　⑦　休咎：吉凶、善恶。

亦以是训之。他何言。"嗟夫！先生其有味乎！先忧后乐之旨，与抑范文正公置义田、赡宗族。先生其有志未逮，与人之善事父母者，必能以父母之心为心。记曰："尊祖故敬宗，敬宗故收族。"可以知先生之孝矣。

夏节妇何氏传

周汝梅

今上建极之二十四年，岁乙卯六旬，万寿覃恩汪濊遍沾臣民，而绰楔①之旌，尤兢兢于天下节义，所以正人心而端风化，至深切矣。于是邑诸生东岩何泰如胪列其姊夏节妇事，将以上请，而以状属余传。按状，节妇年十九嫁，二十一寡，今年六十有一，苦节四十一年，于旌宜尤不可不为之传。节妇姓何氏，东岩长姊也。幼端凝，寡言笑，尤工女红。父母绝爱怜之。适同邑夏之璇翁，讳姑邹。夏固贫士，节妇虽归，常寓居母家。之璇之死，即在东岩居宅。维时苍黄拘祸，莫知所从。节妇一恸便绝竟日，夜方醒。嗣是多方谋殉，哭不绝声。至泪血淋漓，下地尽赤，几于丧明。姻党咸慰以遗腹当生，不可绝之璇后，节妇始领之。时维乾隆戊戌五月也，是岁九月生子熙载。节妇又恸之璇之死不及其子之生。故呱呱者在床，而悲来填胸，愈不可耐。尝有触儿啼笑，泪涔涔不能自已者，如是有年。比熙载渐长，为之衣食，为之教诲婚娶，长养子女，数十年来，皆出节妇十指勤劬所致。中间伯氏早殁，嫂改适所遗子女，仰给于节妇。又两终翁姑丧葬，此其卓卓可纪者。

论曰：妇人之义，从一而终，节固妇人常分哉。然苦节不可贞如夏节妇者，可谓穷已。早岁孀居，无如何已，而垂白昏耄，犹勤勤于朝夕，赖纫针以自活，则何以称焉。节妇与吾妻兄弟也，尝言节妇事甚具，素秉刚简，与人无亲疏远迩。有不可面折不讳故，竟亲党眷属无一当其意者。嗟！嗟！刚为天德，夫子制义而节妇一之，其亦天与其性欤！

---

① 绰楔：古时树于正门两旁，用以表彰孝义的木柱。《新五代史·李自伦传》："其量地之宜，高其外门，门安绰楔，左右建台，高一丈二尺，广狭方正称焉"。也指明清时期的官府牌坊。

烈士王公樑材传

舒廷杰

王樑材，涪人。其先世出西江，远祖仙当宋时宦涪，以忠毅显。后迁黔之绥阳，复归涪遂家焉，越十余传。而樑材生性刚直，状雄伟，成童就外传能通经史，事亲最孝。其父应文与母氏游或有疾，辄废寝食，侍汤药，疾愈乃复初。父母卒，庐其墓者，前后六年。厥第客周家贫，力学无资，凡应试之费，均不吝惜。且负气豪侠，恤孤寡、抑强横、修桥樑、瘗枯骨、人咸德之。嘉庆四年，教匪王三槐入境，荼毒居民，比邻纷纷逃窜。因太息曰：大丈夫当乃心王事，为民捍患，而乃挈妻若子，仓皇远遁，吾不屑为且不忍为也。适州牧李公培垣募团练首，樑材欣然率众千余人拒贼，于界石场与贼遇，歼毙探马头目张水寿及其党数百人，贼溃。众德之曰：吾境安全，公之力也。后若贼来，再祈保护，君宜稍息。樑材不听，次日追至垫江县之西字河。先夜有伙贼谭大才混入队中，暗以水灌枪炮，临阵举发不应。贼围之数重，所率乡男奔散。樑材与家丁王天钟等十七人俱力战而死。呜呼！公之于国家，非有职守之可也，非有爵禄之荣也，非有训练之师军旅之众也，乃以一介布衣，倡义领众能杀贼，搴旗以死，勤事可谓忠矣。嗣于嘉庆二十一年蒙恩赐入昭忠祠，没有荣施。宜哉！公子用予贡成，均孙新甲补增广生，杰素交好，闻其事甚悉，因纪其颠末，以为欲自振拔者劝。

□节妇传

李惺

女子不必有过人之德、盖世之行，但使妇职克尽、礼法自持，已足光闾里而扬闺教。至若妇职克尽、礼法自持，而且德能过人、行可盖世，则又将维持人心、劻励风俗，以传播于无穷。盖必经数十年饮冰茹蘗而心靡他，又必养老抚孤而心无遗恨，其节乃于是乎全。余备员史馆，窃欲发其潜德以为彤管辉，不谓适得之于节孝孟母焉。孺人出文氏，为涪邑望族。生而贞静，寡言笑，妆饰但求整洁，待人则温惠性成。长适德扬公，敬戒不违，相见必以礼。奉翁姑外藏覆，罕逢其怒。操井臼，勤纺织，悉以一身任之。结褵十余载，而德扬公遽捐馆舍①，孺人仓皇遭变，痛不欲生。然转念堂上哀老、膝下孤儿，不得不翻然隐忍，为其夫一补未完之事。对舅姑强收啼痕，凡衣服饮食必经手进，有疾辄昼夜侍之无倦容，君舅君姑罔不得其欢心，如是者有年。子一，名光泽，孺人教甚严，爱劳兼至，不以一子稍姑息。同堂夫弟，惟谦和先生一人，孺人令其子依以为教，至于成立，未尝作析产想。盖以侄辈多，人虑其分则力杀也。以故，自弟以及子若孙同居三十余载，内外无诟言。家素封孺人，衣食不嫌粗恶，俭以自奉，有余则以赒戚族中之贫苦无告者。训子义方，相率而为仁厚之行，其性然也，族党莫不贤之。岁在丁酉，为孺人周甲之辰，当道曾胪列其事闻于朝，仰荷恩纶，此亦有德获报之常无足异。第见名门巨族，夫人命孺于簪珥脂钿外，少所留意其于妇职也几何。又尝见儒林士类，博通今古，于节义谈之甚悉。一旦通显，概置性分于不讲，其能完大节也几何？孺人生乡曲，未读书，能明大义。其妇职克尽、礼法自持，反为名门巨族所不及。是不可以光闾里而扬闱教乎？且也历数十年，饮冰茹蘗而心靡他，养老抚孤而心无遗恨，以视儒林士类之有亏性分者又何如？是不可以维持人心、劻励风俗乎？其子光泽为余门下生，入成均、习举子业，屡蹶文场。来谒时只陈厓略以其状，乞余为之传。夫孺人一生之懿德，状固纪之详矣，余思传者，传也，如儒人者亦书其大者而传之也已。

节妇余母邹孺人传

冯维征

节妇邹孺人，处士德伦余君妻也。孺人为巴邑鸣皋先生次女，年十八归余君。调琴瑟者六载，生二子一女。余君殁，是时孺人翁姑膝下只此一男，顿负丧明痛，匪可言宣，而孺人则含悲撤饰，以承色笑。由是矢志柏舟，代其夫养衰龄之父母，抚失怙之婴儿，备尝辛苦阅二十余年。堂上亲先后归窆，孺人尽哀尽礼，无一恨事。其孝行卓卓如是，至义方之教，更有流人齿颊者。方孺人之伤破镜也，两郎君尚在褓襁，其

---

①　捐馆舍：捐弃所居之馆舍。旧时因以为死亡的讳称。《战国策·赵策二》："今奉阳君捐馆会。"黄宗羲《李因传》："光禄捐馆，家道丧失。"

先夫甫工持筹，广积贮，家计颇丰，一切玩弄之物，不难予诸其怀，纨袴气习窃恐由此酿之。乃孺人延师课□，绝无姑息意。卒使其嗣克成先德，藉隶成均，家声有以大振。匪孺人和凡示教，何由得此？嗟！嗟！世之嫠妇[①]不少矣，求如孺人之生养死葬，克妥夫灵于九原者，已寥寥不多觏。而又娴姆仪、谙大义，不以骄奢淫佚放纵后昆，谆谆劝勉，时勖以祖武、孙绳为之嗣者，果守母教，绍箕裘，鲁敬姜克成文伯不过尔尔。彼巾帼中溺爱而不知劳者，闻孺人之风，应滋愧矣。先是，孺人之舅为承欢无人故，置侧室，复生两子，未成立，其舅姑遂见背，庶姑与弱弟似茕茕者。然孺人事之无异志，抚其弟倍极恩勤，即庶姑亦心感之。且孺人有堂嫂寡而无依，以数十亩田房为嫂作养老费，里邻莫不称其慷慨。他如父族母党悉荷提携，种种善事，皆本慈爱所成，宜乎都人士为之请旌，以表其节孝也。余故乐为之传，用志不朽。

乞谥宋景濂先生疏

刘菱　州人

臣闻之，记曰：节以一惠，谥以易名，故生而有爵，死则有谥，周之道也。先王制治，谓歆善而耻恶，夫人之同情；彰善而瘅恶，为治之要务。如彼贤圣，固无事于抑扬；乃若中人，直有待于惩劝。故自成周至于今日，率用此道鼓舞士风。盖其节惠之法，善善恒长，恶恶恒短。德学有闻，才节兼邵，无他疵疾，固宜与之美谥；尺璧而微瑕，或瑕不掩瑜，则节其善以为谥。即行虽未有闻，而一善不可掩，则但取其善以为谥，皆以示劝也。善泯而恶扬，乃得恶谥，则以示戒之故。虽孔文子犹得谥文，而幽厉则孝子慈孙不能改也。汉唐以下，谥之善多，谥之恶少。本朝制谥，不宣其恶，列圣爱，惜人忠厚尤至。若夫少有过咎，或遭谴谪，则节惠之典例不复异以是坊士，士犹有弃道攨驰法守以自速戾者，然后知节惠之靳，所以忧天下也。然过咎有生青有怙，则谴谪有幸有不幸。罪出于怙，诚不足矜；罪出于青，则皆可宥。故欧阳修以罪黜州郡去，而卒犹谥文忠；苏轼以罪窜海外归，而卒亦谥文忠。盖修有文章，兼有忠劳，故宋薄其辜；轼有文章，兼有忠能□，宋略其过。宋之遇士大

---

① 嫠妇：寡妇。《左传·昭公十九年》："莒有妇人，莒子杀其夫，已为嫠妇。"

夫亦庶几乎先生矣。国家创基之初，物色老儒于金华山中，首得宋景濂之文学，故高太祖之接礼亦厚□，顾问则有裨补圣聪之益，掌纶綍则有黼藻圣治之功，讲左氏传则劝读春秋，论黄石书则请观谟典。语及军略以得人为规，语及牛租以捐利为讽，总元史笔削居多，封功臣讨论甚当。神仙之问谓此心曷移以求贤才，衮冕之词谓此服祗用以祀天地。至云帝王之学，独衍义为要；三代之治，必仁义为归；册历有编，知命之迹可考；辨奸有录，知人之鉴自昭。宝训作而贻谋燕翼①之道以传，祖训序而创业守成之戒俱在。律历咨之制度，郊庙为之乐章，纪创修事同乘志铭功德，语协旅常属之政事，则辞属之议论则不辞。问之君子，则对；问之小人，则不对。诚悃形于事，行忠告寓于文词。是以予之敕符，予之楚辞，皆宠以奎画；予之袭衣，予之耳灵，悉出以特恩。赐坐于便殿，而叹其纯；赐饮于御筵，而强之醉。致仕而置之左右为日甚久，来朝而延之禁中为礼甚优。辞则为之觞，道途去则为之感。梦寐受恩至此得，君可知方为赞善之时，茂修勤学之职，读书请究兴亡之故。谨礼请防言动之非，称呼致父师之名，褒赏侈旧学之翰。故圣谕谓为开国文臣之首，而士论尊为间世儒者之宗。偶孙慎干犯于班行，濂亦连坐于桑梓。法从未减犹安置于茂州，天不慭遗遂丧亡于夔府。既不蒙葬祭，亦不蒙赠谥，当世莫为之言，盖以为罪人也。至今莫为之言，又以为往事也。臣惟我太祖昭代之圣君，而濂以学问文章为昭代之名臣。顾以外至之愆，遂废身后之典。臣今独为之追言，则以为缺典也。欧阳修、苏轼皆以得罪于宋，或出或窜，及其没也，宋以其一代文宗，不以有罪而夺其谥。濂之文章实为本朝欧苏。当时得罪自其孙，不自其身。天地之大当见容也，日月之明当见察也。见容见察则漏泉之泽，当身恤矣。臣往年得罪言路，欲言之而未及。今者蒙恩，承乏适濂之乡郡故，敢以濂为言。伏望圣慈追念濂为圣祖文学旧臣，为本朝文章大家，略可赦之。青流非常之恩，兴久废之事，特敕礼官讨论，内阁画一，赐濂扬明之典，则圣明彰善之政，善善之心，激昂人才之风，光辉文治之运。一举而兼得，追迹先王矣，宋安得专美哉。臣下情无任陨越仰望之至。

---

①　燕翼：1. 善为子孙计谋，《诗经·大雅·文王有声》："武王岂不仕，诒厥孙谋，以燕翼子。"毛传："燕，安；翼，敬也。"陈奂传疏："言武王以安敬之谋遗其孙子也。" 2. 辅佐。《后汉书·郑兴传》："昔张仲在周，燕翼宣王，而诗人悦喜。"

荐兵部尚书刘大夏疏

刘蘅

臣惟成天下之治功，在贤才；别天下之贤才，在公论；寄天下之公论，在科道。科道者，明贤辨奸、遏恶扬善之门也。科道之言，同出于至公，则劾一奸恶而群邪落魄，荐一君子而士类扬眉。公道昭明，忠良必遂，天下未有不治者也。苟或家立町畦，人怀封畛，好恶拂乎公论，爱憎僻于私情，则忠谗混淆、邪正杂揉，天下未有不乱者也。昨者尚书马文升致仕，会推员缺，或荐或劾，众议哗然。其中亦有公论不明、弹劾失实者，臣不得不辨。且如尚书刘大夏，臣不详知其人。尝于兵部阅章疏，见其敷奏有方，心窃慕之；及见先帝委任之隆，陛下嘉留之切，臣意一时之望也。今乃有劾其有愧于先进之人，谓不得与马文升相伯仲而亟宜黜退者，则是非乖谬亦甚矣。昔我太祖皇帝谓廷臣曰："观人之法，即其小可以知其大，察其微可以知其著，视其所不为可以知其所为。"臣尝奉此言以观当代之士夫如刘大夏，官至二品不为其子乞恩，比之纵子庇婿者为孰优小者？如此大者可知其子弟俱在原籍，恪守家法，寂无形迹。比之纵容家人商贩，四方嘱托衙门者，为孰优微者？如此著者可知历。官数十年，居家不逾中人之产，比之田连阡陌、甲第通衢者，为孰优？其所不为如此，则其所为可知矣！夫以大夏持身如此，而诸臣下有断断不可之意，则公论先晦于朝廷。其何以服天下哉？臣非曲为大夏辨论也，但念天之生才甚难，国家之得才尤难。才用于时，而保全始终之节为更难。玷人之行，如玷贞女。臣窃为今之士夫不取也。记曰：古之君子进人以礼，退人以礼，今之君子进人若将加诸膝，退人若将坠诸渊。故马文升一人也，有劾其贪奸欺罔者，又有颂其劳绩茂著者；刘大夏一人也，有荐其简质无私者，有劾其识议鄙薄者。甲可乙否，莫知适从。昔汉御史大夫张忠注奏京兆尹王尊罪，壶关三老公乘舆上书，讼尊之冤曰：一尊之身，三期之间，乍贤乍佞岂不甚哉！今一人之身，数日之内屡变其说，此正所谓乍贤乍佞也。陛下从何听信焉？人谓闵珪有挤井下石之嫌者，不知挤谁于井；有谓大夏有蹊田夺牛之状者，不知夺谁之牛。迹其心，若为马文升不平焉者，殊不知文升官高一品，寿逾八旬，投闲颐老，实惟其时，亦惟其愿也。荷蒙陛下，厚其恩礼，准其致仕。予夺之柄，悉在朝廷。闵珪何能挤于井，大夏何能夺之牛哉？如斯言论，大伤国体，殊非治世所宜有者。况今皇上新政之初，凡厥庶僚正宜同心一德，共图治理。

却乃方底圆盖，牴牾时政。臣恐坏天下之公论，惑陛下之见闻，生人心之荆棘，而使老臣不安其位，人主孤立于上，故不得不详悉为陛下言之也。乞敕吏部查勘，闵珪、刘大夏果有前项挤石下井、蹊田夺牛情由，宜奏请黜罢。如无此事，亦宜究治造言之人，使老臣得以安其位而行其志，勿使负屈于青天白日之下也。更祈备查刘大夏历官年劳，应否荫子缘由，上请圣裁。如果相应，乞准其子一人送监，以为人臣尽节者。劾如此，则言路正，公论明，人心服，而天下安矣。

劾^①逆珰^②刘瑾疏

刘菠

正德元年十二月二十二日，户科给事臣刘菠谨题。为痛陈忠悃，乞斥奸佞，以全君德，以保圣躬，以为宗社、生灵至计事，臣闻事之急者，不能缓声。今臣当奸佞悮国之秋，世道危疑之际，不得不极力、不痛切为陛下言之也。

窃照近侍太监刘瑾、马永成、谷大用、张永、魏彬、罗祥、邱聚、张兴等，或先朝旧臣，或春宫近侍，受恩至厚，被宠最隆。当皇上继统之初，正国家多事之际，为官者正宜小心恭谨，辅英君之妙才；因事纳忠，引陛下以当道。庶几稍报先帝之厚恩，光辅今日之太平。何各挟技能争献谀论，蛊惑君心，靡所不为。导引圣驾专事宴游，或于西海子，或于南城内；或放鹰犬，或肆射猎；或登高走马，轻忽万乘，或搬弄杂剧，亵渎九重；或盛奏郑卫妖艳之音，或依稀竹叶八风之舞；或出入之无节，或暮野之未休；或于文华殿前搏兔，而喧声著闻，青宫岂搏兔之所；或于厚载门交易，而贵贱杂踏，天子岂交易之人？事势异常，人心忧惧。虽殿下聪明英姿，刚敏不为所惑，然习与正人居，不能不正，如芝兰种之沃壤，不见其长，日有所增；习与不正人居，如宝石以之砺刀，不见其亏，日有所损。是以视事莅朝渐至稀晚，读书讲学未见缉熙，国事因之日非，

---

① 劾（hé）：1.审决公案。《说文解字·力部》："劾，法有皋也。"段玉裁注："法者，谓以法施之。"《尚书·周书·吕刑》："汉世问罪谓之鞫，断狱谓之劾。"；2.揭发罪状。如弹劾、参劾。《后汉书·朱晖传》："晖刚于为吏，见忌于上，所在多被劾。"劾状、劾疏，均为揭发罪状的上报文书。

② 珰（dāng）：1.古时女子的耳饰，2.屋橼头的装饰，如瓦当。3.汉代宦官武职的冠饰，因中常侍是宦官，故后来即以"珰"为宦官的代称。

圣德为之稍累。此辈乃投闲抵隙，诬上行私。一言一笑，都有机关；一行一止，揣知上意。或有所荐引，或有所于求，或因喜而希赏，则府库钱帛用之如泥沙；或恃爱而乞恩，则玉带蟒衣施及童稚；或机务因之擅决，或章奏落其掌中。聪明渐以壅蔽，弊政因而日滋。丝纶之布，多不惬夫人情；朝报一出，人皆付之嗟叹。台谏非不进言，求塞责耳，从与不从在朝议；府部非不执，奏供职业耳，行与不行随圣断。夫岂忍国家耶？亦见时势难为，付之无可奈何而已。

臣备员谏职，深切痛心，自知言出祸随，未暇顾惜。姑即今日弊政可为，痛哭流涕者，为陛下言之。且如今日取进太仓四十万之银两，藏府已竭，而必欲搜括，今皆用之何所御焉？马房食粮，五七岁之童稚，岂堪勇士。而今皆影射，岂不传笑四方，织造停免矣！而又织造传奉查革矣，而又传奉盐法，方差大臣整理，而朱达等又奉买残盐，则奔竞之门大开，整理何益？地土方差科道清查，而张永等又奉买地方，则□□□路渐启，清查何补？各营管操太监何必数数？更起用新人，固不如用旧人也。各处镇守内臣何必纷纷替回？养饥虎固不如养饱虎也。名分不正，则小吏可骂尚书而不知罪，此可恕也，孰不可恕；威令不行，则阉监可犯陵寝而不问死，是可忍也，孰不可忍也。王忻、郑广不曾传奉四部，而与甘宁监枪则政体纷更，渐不可守矣。常经索官库银两，准雇觅水手，则弊端滋蔓，渐不可遏矣。国家大事，数人坏之而有余，虽百官之交章千言争之，而不足败祖宗之家法，伤清明之治化。略陛下之初政，成天下之祸乱，皆刘瑾也。况今各处灾伤民穷，盗起兵威。财力竭于内，北虏南蛮横于外。彗孛飞流见于天，日有食之于岁之首。汉唐季世，桃李冬花，其应甚烈。今桃李且秋花矣。正统十四年，雷击奉天殿鸱吻，未几而有土木之难[1]，今雷又击鸱吻矣。以古今罕见之灾异并见于此时，皇天之意盖不可测。臣私忧过计，如涉春冰，验天象以睹人事，决非太平之兆；察民情与夫国势，皆有土崩之形。而且人心悠悠，大臣不以死争。不知今日之天下，为安、为危、为否、为泰也。昔汉儒贾谊云："抱火厝之积薪之下而寝其上，火未之及燃，因谓之安。"天下之势何以异此。臣思方今备边无良策，只增年例之银；理财无大道，谋及广东之库。浙江既奏军士无粮饷者已历数月，山西交奏岁

---

① 土木之难：也称土木之变，明英宗被瓦剌军所俘的事件。明正统十四年（1449）瓦剌贵族也先率军分四路攻明，宦官王振挟持英宗率五十万人亲征，至大同，闻前方小败，就惊慌撤退；后来退兵时又要英宗临幸他的家乡蔚州（今河北蔚县），行军路线屡变。八月，在土木堡（今河北怀来东）被敌追及。将士饥渴疲劳，仓促应战，死伤过半，英宗被俘，王振也死于乱军中。

入不谷，岁出者几五十万。小民困苦而征敛益急，帑藏窘乏而用度日奢。今日之财用如此，陛下何所恃而不动心哉？去年警报犯北边，选择大军出征。旬日之间，奏疏不勾三万。有盔者无甲，有马者无鞍，大将不识军人，军人不识把总。以此御敌，所谓驱群羊而格猛虎也，今日之兵威如此，陛下又何所恃而不动心哉？夫军马钱粮，国之命脉也。今命脉微矣，譬如人身外貌丰肥，而脉理沉涩，不急就医，死期立至。岂可沉湎酒色，坐待其毙乎？臣所以揣腹扪心，将废寝食而莫知其所以矣。陛下此时正宜兢兢业业，侧身修行，亲贤远奸，图维治理。早朝宴罢，节用裕民，庶可以转灾为福，易危为安。讵可谓天下无事，高枕肆行，安闲般乐，而不思税驾之所耶？臣每入朝，远而望之，圣体清癯，毋乃先帝之在，念皇储未有，终是陛下，正宜保养精神元气，以及后主。若复游幸过度，未免伤神。夫千金之子，坐不垂堂，而况祖宗神灵惟陛下一脉，可不慎哉？臣言至此，肝胆毕碎矣！今刘瑾恣所欲为，百巧千班，惟恐陛下游乐之不足。其于宗社之关系欲何如？其于先帝之遗训欲何如？其于两宫之厚望欲何如？今日外议汹汹，恨此数人，痛入骨髓，憾不扼其吭而啖其肉。且数人之中，惟瑾最险恶，而陛下进瑾为司礼太监，使之得监军务，是假虎以翼也。臣若失今不言，恐此辈祸胎养成，乱本牢固，则昔之十常侍，及近日王振之祸复见于今，咎将谁诿？伏望皇上念我太祖高皇帝之取天下，间关百战，出万死于一生；念我成祖文皇帝之定天下，北伐南征，竟终天于异域；念我宣宗章皇帝之缵天下，内难纵横，而干戈谋动于邦内；念我英宗睿皇帝之理天下，外夷继叛而播迁流离者数年；念我孝宗敬皇帝之奄弃天下，顾命之言，反覆丁宁之不已。无非欲陛下之进德修业，敬天勤民，为祖宗绍基业，为万世开太平，为生民增福寿也。陛下倘能深念列圣创业之难，俯念愚臣进言之悃，乞敕锦衣卫刘瑾数人拿送法司，明正典刑。另选择安静良善内臣数辈，置诸左右，以充任使。更望陛下出入起居，不近玩好；视听言动，俱循理法。使人欲退，听天理流行；以之讲学，则清心而目明；以之修身，则道存而诚立。推而措诸天下，太平之业不难致矣。臣不胜迫切待命之至。

旌陈母赵夫人节孝疏

明福建盐运司　　陈茛　州人

崇祯年月，臣祖母赵氏年二十七岁，称未亡人。相倚命者，仅臣父致孝弱龄耳，四壁萧条，穷愁备历。竭养寡姑黄氏备至，襄事尽礼。茹荼饮冰，已不堪行道酸伤矣。乃赋性峻方，虽臣父一脉如线，绝不作妇人怜惜态。出则延师督课，归则纺绩，伴呫唔声丙夜不休，仍以忠孝二字时为提醒。起居言动，不令丝毫逾越。因渐训及臣兄弟诸孙继来。因资臣父补增广生，为州庠名儒。臣兄直举万历十年乡试，臣举万历三十四年乡试，臣兄直之子计安举天启四年乡试，余尚居业未竟，皆出臣父一经家传，而又孰非祖母督诲之力也哉？臣兄直历任郿县、广信府同知，清异声绩，两地可考。臣历任栾城、良乡，冰蘗①冲途，叨蒙②今职。遡本追源，则又皆祖母苦节之遗训也。臣父在州庠时，里耆绅士公举上之。按臣宋仕旌扁其门，即欲奉闻，而臣祖母以妇节应尔。且年未及格，暂止嗣后。享年八十六岁，守节近六十年。臣自栾城归，且终且殡矣。适臣乡值重庆府兵变，又何敢烦地方官旌节之请也？兹念臣父前受直封郿县知县，臣栾城县之赠例格莫伸，今又恭遇恩诏，应加授刑部主事矣。臣父屡受皇恩，高厚莫极。不转思其始为谁乃致九原之幽德，尚有未阐井里之观望，久而未惬，此臣之日夜忧思，鳏鳏③欲控而又咽咽④不敢冒陈者也。伏读恩诏内一款，表扬节妇，所以扶植纲常，劝励风俗，政之大本。缘有司苦于坊价难措，遂使幽芳不扬。又云其子孙自愿相资造坊者，有司官给与扁额。臣再三庄诵王言，因庆恭逢圣世，抑可使薮泽无不耀之幽光，遐陬无不宣之神化也。臣于此时不一控陈是，臣下负水源之始基于家，既不可为子，上负风励之盛政于朝，亦何以为臣乎？察得御史王琪、主事吴加宾皆为祖母旌节具疏上请，臣之乌私实与相同。为是，沥陈冒昧，具疏上闻。

吏部尚书夏松泉公墓志铭

明尚书　许国　谥文穆

嗟乎！任事之臣，岂不难哉！事有纤巨夷险，才有长短具兼；才者，又或以贿败，

---

① 冰蘗：蘗即树芽。饮冰食蘗，比喻生活清苦，处境艰难。冰蘗为"饮冰食蘗"的省略表达。
② 叨蒙：叨，谦辞，表示受之有愧。《后汉书·蔡邕传》："并叨时幸，荣富优足。"蒙，敬辞，承蒙。王安石《答司马谏议书》："昨日蒙教。"
③ 鳏鳏：恐惧的样子。《汉书·刑法志》："故虽地广兵强，鳏鳏常恐天下之一合而共轧己也。"
④ 咽咽（yè yè）：悲切呜咽之声。

即不败，或不能不动于毁誉荣辱之故。能不动矣，而世又往往挠之，事孰与任？余观尚书夏公，所谓任事之臣，非耶。公名邦谟，字舜俞，号松泉，涪人也。其先庐人而徙蕲水，已又徙蜀璧山，凡三徙，竟家涪之黑石里。高祖辅，辅生朝佐，朝佐生友纶，友纶生彦策，公父也。与大父俱赠户部尚书，母夫人郭氏。公生而不群，宏治甲子领乡荐，正德戊辰举进士。除户部主事，监德州仓。改吏部考功，稽勋谪出，为两淮运判，转同知通州。升佥事，督贵州学，历云南参议，湖广、浙江、江西副使，参云南政。以福建按察使，转广西右使，贵州、江西左使。进右副都御史，督苏松赋兼抚江南。出入南北户部侍郎、尚书。中外四十二年，官数十转，皆簿书、钱谷、甲兵之任。又数往来西南夷间，即得善地，乃又辄值其多事。公为人廉直，视国事如其家，不避疑怨，毅然肩之。初监德州，廪廥出纳则躬阅钩概，群吏敛手。在吏曹持论不阿，同列严惮之，狠以考察出公，欲挠公所为，既谪两淮。两淮故为利薮，四方豪贾窟其中。时权珰黩货，诸豪借势横甚。有司莫敢问，公一切绳之以法。即豪日伺公，竟莫得其隙。在通州，布条格、平徭赋，岁省万数。又计擒黠盗，民勒石志思焉。会朝议边学，亦□文第其等。名贵诸生争言不便，有司持数岁，莫敢决。公至则以文之优劣，稍参年之浅深为之等，而诸生帖然。摄巡守官普定有桀虏三，屡逮不获，公计获其一。边储久蠹莫能清，公力清之。参议时会嘉靖初革金齿，中官、参将填者更置永昌府，群小大噪，飞语撼当事者，公搜恶党悉论如法，竟定永昌副使。时湖北盗屡扑复炽，延蔓余十年，檄公讨之。公谍贼所负险，突兵乱而以奇兵分批夹捣，歼渠魁①十二，俘其党五百余，湖北以平。遭母丧，起补浙。寻丧父，补江西，涉云南，诸任有声，而福贵未及。任督赋苏松，亲磨勘赋额，悉如周文襄。故所参定法，太仓盐徒秦璠、王良等，啸聚海上，诏操江都御史王学夔、总兵汤庆提兵剿之，而公足馈饷以佐，公兵则与戮力援枹而先，将士遂枭璠、良，斩获贼党，释其协从。捷奏，并赐金币，增俸一级焉。在户部时，户部岁八百四十余万，而藩禄边饷五十倍其八，势浸不支。公殚心计，追逋搜羡，衰权征赎，多方筹之用，赖以不诎。既总吏部，益厉清白，重咨访，日被殊誉。每春秋祈报，及永明殿，帝社稷坛诸大祀，数诏公代拜。会考察，上以属公不听。公辞，公与众旌别诸所去留，悉当人心。而揽权者忌公，哄言官论公短于风采，公遂致仕。嗟乎！如公

---

① 渠魁：首领。《尚书·夏书·胤征》："歼厥渠魁，胁从罔治。"

而短于风采耶？天下不患多事，患无任事之臣。夫臣幸而任事，孰非所宜任者。今官卑事巨，则曰非所及；官崇事纤，则曰所不屑。当其夷曰无开畔，当其险曰难斡旋，实诿之曰余有待，稍及于己曰如掣肘。何则事无时而可任也？若公者今何可得耶！今世以考察，谪者未有能自振者也。而公卒，所树立如此，岂苟而已哉！公自莅官始终一节。既归，则杜门绝请谒，独嗜翰墨，以诗酒徜徉。人既高公出处而闻其卒也，沐浴衣冠，戒舆从如之官状，遍召所亲，诀分布家事，进觞微酣，坐而暝。夫死生之际，亦足观公矣。奉谭大夫荣状，来丐余铭。铭曰：矫矫夏公，为世名臣。木直而伐，蠖屈以伸。人将谓公，一蹶不振。公无卑官，其气逾劲。自兹扬历，皋藩台省，巨细悠宜。文武惟允，官之失德。由宠赂章，公为太宰。冰清鉴光，操以终始。盖其天性。事国如家，失得勿问。帝眷固殊，憎口兹厉。优哉游哉，聊以卒岁。出处之际，公亦有言。出吾禹稷，处则颜渊。公言可复，公逝不迷。死生尚尔，有何誉毁？人臣任事，于公爱式。拜公墓者，请视兹石。

明敕授文林郎知河南武安县事入名宦
崇祀乡贤何公讳仲山墓志铭
明户科给事中　刘蒩　邑人

忠孝廉节，儒者之大关也。故见利思义，见危授命。孔子以为成人，临大节而不夺；曾子以为君子如敬轩，何公非即所谓其人也耶？谨按状：公讳仲山，其先庐江人。自高祖万户侯德明公，始以游宦居蜀。曾祖舜卿公、王父清公，俱以伯爵袭职。清公致身事君，没于王事。太翁友亮公，以文弱辞荫，乃由贡生任巴东县。生三子，公其仲也。为人孝友成性，学富才优。成化丁酉举人，选授河南武安县令。其居官也，爱民如子，宽猛适宜，众口洋溢，称召杜①焉。会邻邑土寇作乱，率众来攻，公仓卒之间，穷于捍御。城陷被执，慷慨誓死，守正不阿。贼亦素重其人，欲生用之，乃缚之高竿。集矢攒射，而公心如铁石。言词愈厉，迫胁终日，卒莫能少夺其志，贼义而释之。凡仓库

---

① 召杜：即召父杜母的省写，代指有惠政的地方官。召，指召信臣，西汉元帝时南阳太守，兴修水利，发展生产，百姓尊称其为"父"。杜，即杜诗，东汉时任南阳太守，惠政安民，百姓尊称其为"母"，后人并称召父杜母。

钱谷，俱无少损，且与金三百委而去之。公义不受污，尽匿文庙天花板上。解组之日，乃语其士人俾取之，以修圣庙。呜呼！士穷乃见节义。彼人当读书谈道，莫不激昂磊落，轩然自命为古之贤人。一旦临小利害仅如毛发，乃低首下心，婢膝奴颜，颓然丧其所守，甚且有见锱铢而动色者。闻公之风，其亦可以少愧也夫。善夫，公之言口格致诚，正透三关，方为学者。忠孝廉节，少一字决不成人。以公之言，考公之行，真言而行之者。孔子之所谓成人，曾子之所谓君子，其在斯乎？归田力学不倦，耄而不衰。司院以闻，乃谕旨崇祀乡贤。娶戴孺人，生一子岑，拔贡。生孙四：长卫、次楚、俱贡生，次秦、次襄。戴孺人另葬文家坝。公葬中峰寺，亥山巳向。张大夫柱以状来，余故乐而志之。至公之学问文章，特其性情之流露者，兹不必赘。铭曰：人莫得而生之，亦莫得而死之。呜呼！公也而能如斯，维予小子，仰而企之。彼偷生者，尚其避之。

明敕授文林郎知湖北松滋县事入名宦崇祀
乡贤何公珩所何母吴孺人墓志铭

明陕西参政　谭荣

忠孝之行，君子之大节也。然非发于至性，则必行焉，而或强饰焉。而不诚，即能宜于家，不能宜于国。而欲其不愧于心也，难矣！环斗何君，既改葬，其父珩所先生、母吴孺人兼乞余言以志。呜呼！余于先生，盖知之详矣！先生之德行、政事，涪之大夫小民以及楚之妇人孺子，无不饫闻[①]而乐道之矣。余虽有言，何足为公荣哉？按状：公讳楚，字珩所。其王父敬轩公，任武安令，慷慨抗贼，大义凛然。父龙泉公，生四子，公其季也。年七龄遭龙泉公疾，涕泗横流，寝食俱废，即毅然尝粪以辨吉凶。龙泉公顾而泣曰："吾家以孝相承，孺子如此，无恨矣。"及长，言动不苟，茹古含今。冢宰[②]杨二明、夏松泉，工部尚书何来山数先生仰其懿行，欲藉以式子弟，竟投刺纳贽，邀设绛帐。公以二人在堂，一过辄归。虽秋闱不售，亦安之怡然。不易菽水之乐，问

---

① 饫（yù）闻：即饱闻，或知道得十分详细，饫：1.古代私宴的名称，《诗经·小雅·常棣》："饮酒之饫。"毛传："饫，私也。不脱履升堂谓之饫。"2.饱食，《后汉书·刘盆子传》："十余万人皆得饱饫。"引伸为饱足。饫闻即用此引伸义。

② 冢宰：官名，又名太宰，为六卿之首。《尚书·商书·伊训》："百官总已以听冢宰。"

寝视膳色养无违。娶孺人吴，亦能相与有成，克终厥德。故里巷之称至行者，无不啧啧以公为最。当路交荐于朝，以贡生任楚之松滋令。其在官也，公明正直，毅色贞声，节用爱人。易事难说感德者，竖立生祠歌功者，潜为颂祷。而公目不略视，耳若罔闻。列宪重其为人，交章扬荐，崇祀乡贤。嗟乎！公之行谊如此，岂行而或强饰而不诚者乎？又岂仅宜于家，而不宜于国者乎？语曰：求忠臣，必于孝子之门。余于先生不将益信也耶！解组后，父母继没，惟与伯兄卫仲、兄秦相依事之，如父老而愈谨，所得禄余，咸以推瞻族人，不肯少为居积。生一子以让，登万历戊子贤书[①]，出武昌县令，转升大名府，即今之所称。处处甘棠，依依鸟鸟，敕建懿孝名儒坊者，其龙泉公之所谓以孝相承，积而弥光者耶。公享年八十有五，与吴孺人俱葬鹤游坪之文家坝。公左吴右，酉山卯向。铭曰：以公为子，黄香不死。以公为臣，召杜同伦。兹山之侧，为公之宅，可掩者其形，不可掩者其德。炳炳焉，麟麟焉，余能状公之行，不能料公之泽。

明诰授中顺大夫知北直大名府事入名宦
崇祀乡贤环斗何公墓志铭

明云南巡抚　曹愈参

呜呼！德行学问，文章人品，士君子之不可缺者也！余自束发受书，即思一遇其人，将求其制行之卓卓、清言之娓娓者，以则而效之如环斗先生，非即所谓其人也耶。余于先生相交最久，知之最深。其先庐江人，洪武初，万户侯德明公始以游宦居蜀。曾祖敬轩公官武安，凛然大节，崇祀乡贤。王父龙泉公为白河令，其尊人珩所公，幼而尝粪，纯孝性成。长官松滋，贤声啧啧。当路叠荐其人，亦以乡贤崇祀。先生其子也，生而颖异，博极群书。而且至性过人，自得深造，不屑屑以帖括见长。为诸生时即联其室曰："读圣贤书，不身体力行真是对牛弹琴；开仁义口，却色取行违果然面人心兽。"呜呼！是可以知先生矣。万历戊子登贤书，不忍睽违膝下，辍试南宫，任彭山教谕。青毡对雪，班笔生花。当路荐之，转武昌县尹，三年报最卓异循良。先生淡情

---

① 贤书：本指举荐贤能的文书。《周礼·地官·乡大夫》："乡老及乡大夫群吏献贤能之书于王。"后世因称乡试考中为登贤书。

仕宦，有怀二人连疏告养未蒙谕允。先生喟然长叹，每悔初年不宜应举。升北直大名府，甫一年，复以终养上告，情辞哀切，恻然动人。壬寅春，始获谕告归里，承欢菽水，闭户著书。慷慨施予前后嫁孤贫之女，厝无子之丧，不下数十人。斑衣数年，父母继没，先生泪皆成血，几不欲生。庐墓三年，形销骨立。刺史刘录其行谊文章，列呈上报，各大宪亦交章荐举，叠推起复。先生膱怀毛檄，倍益伤心，因夜月驾孤舟复庐于墓，如守制时将终身焉。朝夕皆怨，慕牖尽哀。辞司院不忍遂夺其情，乃详具颠末以闻。请旨崇祀名宦乡贤，并敕建懿孝名儒坊，以旌其孝。呜乎！先生之德行如此，人品如此，至学问文章则皆载在集中，可覆而按者，后之君子其将以先生为何如人耶？先生所著有《答客篇》《归来稿》《南北两都赋》《盂璧摛辞》《九权书》《黄老辨》《五行释劝》《旷怡篇》《春秋笔记》《思亲哀辞》《修盂璧文昌宫四明亭》《白衣读易》《两洞建琴台开双池》，俱编入《蜀志》。卒于天启三年癸亥，享年七十二岁。葬鹤游坪文家坝，西山卯向。娶曾恭人，石屏太守所能公女也。生五子：士俭、士俊、士倬俱庠生；士修贡生，士任乙酉举人。

呜乎！以先生之德行道义，其酝酿之深厚者，当必有以流泽于无穷。诸子勉之，以无负先生焉可也。铭曰：先生之品，如凤如麟。先生之笔，有鬼有神。无以状先生，其将进而求于古之贤人。

陈母夏安人墓志铭

翰林院侍读学士　吴伟俊　菊村

余尝览史传，概自古危乱之际，贞姬孝女泯灭于兵火者，不可胜纪。间有一二幸而全，全而子孙备，戴其行迹俾后人，因其事以追考其世，则夫身殉而名不存者，亦得附著焉。以显而此一二人者，天若有意留之，不使之并没，如涪州陈母夏安人，非其彰彰者乎？安人今松江郡丞陈君三石，讳计长之配。而用其子命世等之行状为请，三石，余友也，泣而言曰：吾妻获邀，今天子之覃恩以得封，而其卒也，在乙丑之年正月六日，是为张献忠破蜀后之五岁。当吾提携细弱，奔走窜伏于穷山绝箐之中，其得脱于万一者，翳安人黾勉搘持是赖。今计长窃禄此方，诸子克有宁宇，而安人年已不待。诗有之“将恐将惧，惟予与汝，将安将乐，汝转弃予，惟仁人君子，赐之不朽”之一言，庶有以慰其无穷之悲乎！余因诺其请为之铭。按状，安人夏氏，其先以宗人故冢宰，讳邦谟，为望族。而癸未进士。员外郎，讳国孝之孙女也。父可洪，诸生。母赵氏尝病已革，安人刲股肉进以愈。年十七归于陈，栾城令讳某郡丞，君之大王父也。栾城有母曰：刘太恭人年八十余矣。蜀道远，而栾城初仕，母老不能从行。栾城之配曰文恭人请留安人。长跽请曰："吾舅万里远宦，姑不行无以主内政，太恭人晨昏定省，则新妇事也。"盖涕泣固请，而后许久之。刘太恭人以无疾逝。先期君与其叔与兄以公事不得已，于省会既闻讣，而望国以哭，则安人已踊而成丧。自余阁之奠，以及于浴衣、含玉、附身、附棺，终事毕，举栾城归，而询诸左右，长御知大小敛无遗憾者，乃聚其弟若子以泣，召安人前而劳之曰："若有大功于吾陈氏。"安人逊谢"不敢当。"初君之举贤书也，少尝上南宫，一再不第归。同辈多卒业于京师，往往得官自栾城。亡后，秦楚有寇难蜀道梗，君犹豫不成行，独坐恒拊髀自叹，安人宽慰之曰："人生穷达会有命，母在，君奈何以身蹈不测？且吾幸有先人余禄，以娱奉甘旨，不亦可乎？"君从之，得以一意闲居养志。与其兄推财让分，遇函札①则倾囊橐以赈贷。宗亲里党凡此皆安人赞之也。文恭人病目，医言得人血可治，安人潜刺臂出血渍之，不使姑知。文恭人临殁，诀曰："吾昔者，不能视吾姑饭，含以累汝，今吾二子在膝下，而获殁身汝手，夫何恨？西土将乱，诸孙少，汝必勉之。"安人泣而受命。呜乎！亦可谓之孝矣。安人生于丁未之六月十七，距其卒乙丑春得年四十有三。即以其月权厝于涪南三里马援坝之阳。有六子：名世、维世、命世、德世、辅世、寿世。皆已出。孙二，幼未名也。安人能训诸子，诸子亦克尽其孝。名世与辅世以贡为明经；命世中庚子四川乡试；余三人诸生，所娶皆名族。初文恭人之丧也，君挈子姓避乱，自涪至黔之婺县。同年生西充李乾德雨然者，怀其偏沅巡抚节，间行归家亦抵婺，相抱恸哭。李公者，智略士。自其在沅中，数以计破贼，战不利而后走。既入蜀，闻西充陷，其父被杀，益愤结思报而与君相知，谋起事以拒献忠。安人从东厢微闻其语，既入，亟戒之曰："李公重臣，君父遭大难，义不可以没。没君儒者，未尝居官任事，其材与地大非李公者。比我闻诸先姑居危邦，

---

① 函札：函，同凶。函札亦作"凶札"。指五谷歉收，疾疫流行。《周礼·地官·司关》："国凶札，则无关门之征。"郑玄注引郑司农云："凶谓凶年饥荒也；札谓疾疫死亡也。越人谓死为札。"又《周礼·地官·均人》："凶札则无力政，无财赋。"贾公彦疏："凶谓年谷不孰，札谓天下疫病。"《隋书·食货志》："若艰凶札，则不征其赋。"

慎毋为。"指名因顾视诸子曰："君独不为若等计耶？"君出而盛推让，李嘿言已不足共事者。李亦知其意，不复强而敬君长者，谋以妻子托之。安人与君参语许诺，喜曰："李公不负国，而君可不负李公。其胜于从李同死者多矣。"其后李公没于兵，而君以免室家完。具第四子德世为雨然婿。李氏弱息，实赖君以存。然后知安人之言，不徒以为其诸子也。嗟乎！岂不贤且智哉！安人之厝也，以乱故礼不备三石之言。又曰："献忠蹢蜀，弃胔①之不葬者，高于邑陵之堆。吾妻得土为幸。讵敢谋诸楄柎②。然以吾之流离白首，诸子侨于异邦，他日者归扫先恭人之垄，以为伉俪谋同穴，期尚有待，惟郎菆宫告哀。西望呜咽于魂，气之无不之而已。"余曰："我闻楚蜀间好为哀些之辞，今陈氏之速铭也。语多怆恻，请变铭体。"而系之以歌曰："涪水潺湲兮，涪山巉屼。虎豹喑唔兮，风雪孱颜。从夫本末兮，哺子草间。黄雀啁啾兮，猿猱以攀。丹枫陨叶兮，血泪斑斑。苟尽室之可免兮，一身奚观。彼巴姬之何辜兮，委骨江边。幸坏土之犹在兮，从姑以安。念夫君之远道兮，匹马征鞍。倘梦魂之可越兮，宁愁间关。乱曰：已焉哉！伏波驻兮铜柱滩，马鬣封兮西风寒。望不见兮涕汍澜。莼羹兮郫筒，鹤唳兮啼鹃。劖赤甲兮片石，刻铭辞兮千年。"

陈公杰如先生墓志铭

国朝兵部侍郎　李先复　通江人

乡先达陈公杰如先生，博闻强记，好学人也。先世楚之麻城人。明初入蜀，籍于涪。诗礼传家，科名显世，代有闻人，至今涪陵称望族焉。方太翁三石先生由中书省董漕云间。先生守家园，精举子业。以丁酉副车③掇魁于庚子，一时文名大著，学者多向慕之。先生

---

　　①　胔（cī）：肉未烂尽的骸骨，《周礼·秋官·蜡氏》："掌除胔。"郑玄注："《月令》曰：掩骼埋胔，骨之尚有肉者也，及禽兽之骨皆是。"

　　②　楄柎（pián fù）：古时棺中垫尸体的长方木板。《左传·昭公二十五年》："若以群子之灵，获保首领以殁，唯是楄柎所以藉干者，请无及先君。"杜预注"楄柎，棺中笭床也。"

　　③　副车：1.古代帝王外出时的从车，《史记·留侯世家》："击秦皇帝博浪沙中，误中副车。"司马贞索隐："《汉官仪》：'天子属车三十六乘，属车即副车，而奉车郎御而从后。'"2.清代称乡试（即省试）的副榜贡生为副车，《称谓录》卷二十四："今以举人为公车，其以副车称副榜，固其所也。"

自视歁①然也。大翁四丈夫子，各抱大志，都不屑屑为贵公气习，独先生力学不倦，卓然有大魁天下之志。故五上公车，益不辞苦，癸丑夏乃就拣选。予初赴都门同事始获交先生。恨相见之晚，而窃幸其得，就正于先生者，亦未为迟已。先生之为人也，方正不阿，刚直而不屈。于物务矫举之行不与俗同俯仰。故其为文也，古而奥，坚而洁，自成一家。只求独得于己，未尝巧合于人。即性情、学术，时流于笔墨之间。甲寅乙卯后，肆力经史，旁搜诸子百家，兵农三式诸书，罔不惯习。先生卒耿介难合，世不见用先生；先生亦不求用于世。故予甫宰大冶时，仅一往过焉。先生遂高尚其志，山居课子，闭户著书，安贫乐志，竟以辛巳岁终。嗟乎！人生聚散辄数十年，遥遥数千里外，音书莫寄，典型云亡，可胜悼哉！逮予官京师，进职司马，吾乡之赴礼闱者，皆先后得见。其戊子珏坚、辛卯果则先生侄也；甲午峙岱，则先生子也；丁酉恺又先生侄也。夫莫为之前，虽美弗著；莫为之后，虽盛弗传。若先生者，可谓著而传也。先生之为公子也，席履丰厚而劳劳北上，往来吴楚间。每归惟载书数乘外，略无他物。居家不事田产，布衣蔬食，处不求安。其所以营谋蓄积者，只此邺架②青缃③，为一生燕贻之计。故先生倡之子与侄继之，济济乎一门之美盛，未有涯已。向使先生挟重赀，时志在温饱，日日求田问舍，利启后人，则子若侄辈，善者犹为田舍富翁，不善者贪淫败德，并田产而失之，乌能似续诗书科第，云礽不绝，叔侄、父子、兄弟联芳济美、后先辉映如此哉？戊戌春，峙子以理墓事求谒，索志于予。予交先生久，知先生最深，故为之志。而铭曰："环而曲兮，美且都架屋连书，是为先生之居；安且固兮，莘而密草木茂息，是为先生之室。"

周彝山公墓志铭

国朝吏部侍郎　韩崶

公讳茹荼，字自饴，号彝山。先世为楚之营道县人。以明初入蜀，缵④宋儒周茂叔

---

① 歁（kàn）：本义为欲得，引伸为不自满。《孟子·尽心上》："如其自视歁然，则过人远矣。"

② 邺架：韩愈《送诸葛觉往随州读书》诗："邺侯家多书，插架三万轴。"邺侯即李泌。后因以邺架比喻藏书处。

③ 青缃：亦称青箱。指世传家学。《宋书·王准之传》："自是家世相传，并谙江左旧事，缄之青箱，世人谓之'王氏青箱学'。"陆龟蒙《药名离合夏日即事》诗："青箱有意终须读，断简遗编一半通。"

④ 缵（zuǎn）：继承、继续。

绪，明旌孝子允升之六世孙也。上世屡以科第功名显，而循良著绩者，则尊大父虬侯梓溪，其尊人诚所公劳身王事，授钺讨贼，有克复勋。当熹皇帝之朝，陛语三接，宠锡有加焉。生子三，公其季也。少而精敏，崭然露头角。诸子百家书一博涉，辄自通条理取用。丁国之乱，兵劫之从戎，出其所学用之行阵，无坚不攻，无城不固。恨不得于时，不究所用，然其绪余所建立，已得晋褒其先人三代。呜呼！士穷乃见节义，当甲申之难，蜀川杀人如麻。富家大族不自保卫，公能以一卷书为乱兵主帷幄之筹，足兵足食，信固不解民免屠戮，兵不血刃，播州以宁。当夫秦人伪窃术笼英雄，公脱然富贵弃若敝屣，负双亲深隐。名义不失，继之玉步[1]，既改甘心肥遯，不矫首阳之节[2]，不高枋得之名[3]。蔬食饮水，性自定也；僧冠道服，身自适也；独善安时，不自辱也；成子力学，不相累也。此可以窥公之事业矣。公须眉昂然，眉毫如剑，静坐不苟嚬笑。慎微谨小，议论有证据出入经史。生平重然诺，全寄托大节赋，性仁爱，保全人命者甚众。其于家法尤严，一举一动，皆义方训。彼勖其子之言曰："不望汝为第一品官，但望汝为第一品人。"此可以卜公之学术矣。公素有痰疾，不健于行。至癸酉有小疴永诀其子，语言朗朗，容色霭霭，一无所系念。以是岁之二月二十四日卒。公子于庚辰年春以公车来京师，具状请铭于余。余略其状而为之铭曰：商山之侣，赤松之群，添一友兮，德义峥嵘。世称其武，亦称其文。文也有道，好善力行。武也不屈，介节孤贞。末明义士，昭代逸民。公辞不受，不累于名。不累于名，长启后人。

周墨潭公墓志铭

国朝翰林院编修　俞长策

盖自易呈八卦，书载九畴，故天道著消长之宜，而人事有荣枯之感。生不满百，芸窗[4]励尔经纶；劳则倍千，薪传寓此怀抱。气质性理义性，凡人乳合不离；梦觉关人

---

[1] 玉步：指行步合乎礼法，雍容有节的步态。杨炯《遂州长江县先贤孔子庙堂碑》："历三辰而玉步，照四极而金声。"

[2] 首阳之节：首阳山。《史记·伯夷列传》："武王已平殷乱，天下宗周，而伯夷、叔齐耻之，义不食周粟，隐于首阳山，采薇而食之。"首阳之节，即指伯夷、叔齐义不食周粟的高风亮节。

[3] 枋得之名：枋，权柄。枋臣为权臣，枋相为执政大臣，枋得为既得的官位权力。

[4] 芸窗：即书斋。冯廷登《洮石砚》："芸窗尽日无人到，坐看闲云吐翠微。"

鬼关，达士犀分彻照。今思蜀地不乏名才，缅怀周公理学真脉。金章耀彩，已蜚声于前朝；铜柱铭功，复嗣音于后代。然而中流砥柱，不可无人；金璧生辉，端赖硕彦。出坎大变，岂仅莱服升堂；集木小心，无待荆花献兆。加以气冲霄汉，囊备程朱之精；笔阵风云，口吐班马之艳。巫山数峰秀，秀色拟高峰以争妍；峡水层澜清，清节与鸣澜而和韵。是以手探月窟，即佩桂香；足蹑天根，不染尘俗。无何两楹入梦，二竖出迎。非为化鹤之新翔，即归潜龙之故室。吉穴可久安也，勒铭以永祀焉。铭曰：天地之精，笃产伟人。申为岳降，传亦列星。前哲既往，后贤嗣兴。含辉有耀，亦擅奇英。惟此周公，苏海为群。辞章灿烂，远继少陵。秉性越俗，大节克敦。隆栋一折，天亦垂青。彼君子兮，入白帝乡；鹃啼巴国，猿号夜郎。众籁悲悽，如鼓笙簧。矧在同类，不慕端方。忆飞海上，无从舟航。早登道岸，魂栖扶桑。忆在人间，休有烈光。貌去神存，随地翱翔。譬若浮云，聚散无涯。羽化反贞，非等落花。譬如团月，盈虚有差。生寄死归，不用咨嗟。其食维何，云中杯箪。取之如寄，饮露餐霞。其居维何，天拘丽华。龙吟虎啸，山水为家。超然灵境，别有宇宙。复乘风马，任其疾走。或降于庭，以妥以侑。或升于天，在帝左右。上帝命之，保艾尔后。老干蟠根，新芽发秀。绵绵瓜瓞①，长邀紫绶。享祀不忒，永奉笾②豆。

周南梁先生墓志铭

国朝鸿胪寺③卿   陈兆仑

丁巳之春，兆仑充会试同考官，得蜀士曰周煌，问其年，才二十有四，熟察其言论举动，甚谦退，不类生长宦族而少年得志者。叩之，则称其父天门令。君之训曰：人必有可以贫贱之具，而后可以富贵，否则贪得冒进而不知止。贪得冒进而不知止，必一旦失之而儳④焉不可终日。谅哉斯言！吾因之想见其人。周生官翰林之岁，其父罢官，阅今十有二年。父讣至，澜行涕泣，徒跣赍行状，踵门索为墓志，且云是先人志也。按状，

---

① 瓞（dié）：小瓜。

② 笾（biān）：古代祭祀或宴饮时盛果脯的竹器。

③ 鸿胪寺：官署名。秦曰典客，汉改为大行令，汉武帝时改为大鸿胪。掌管诸侯王及少数民族首领的迎送、接待、朝会、封授等礼仪以及赞导郊庙行礼，管理郡国计史等事。北齐始置鸿胪寺，历代沿袭。主官为鸿胪寺卿。唐一度改司宾寺。旋复旧。南宋、金、元不置。明、清复置。清末废。

④ 儳（chán）：苟且，不严肃。

君姓周氏，讳琪，字象圆，号易亭，别号南梁。其先为楚之营道县人，仕元爵万户。明初隐姓为伏，迁于蜀之涪州。曾王父曰诚所公，王父曰彝山公，仕明皆贵显。父曰墨潭公，讳俨，康熙庚午举人。母曰徐太孺人。君为墨潭公第三子，由康熙辛卯举人，十年不转一阶，然其贤与能则上官无不知者。楚俗剽轻，荆鄂之间尤繁剧难治。君知摄汉阳县事，旋知通城，改知江陵，又改知巴东，最后知天门。天门之民，思之号所筑堤曰周公堤。而自知通城以来，又数摄旁县事，以故名声出同辈右，所至倚重。君之署汉阳也，会楚苦水患，流民觅食者多集汉口。君甫视事三日，汉镇豪煽众哗于市，声言欲劫官仓，君侦其诈，且众不附也，部吏卒将缚其豪而未发。即有张其事以告大吏者，大吏急召守令及前令至，作色曰："此固与新令无涉，第此何如事而无一纸见及耶？"君对曰："新令既受事，无所逃罪。顾报闻不以实，或转以滋事则罪更，何如太守某目之谢不为动。"大吏曰："尔不吾告，吾既已戒将弁且渡江。"君曰："镇本不变，若兵行乃真变耳！如职计请予二日，限捕首事者治之，众当自解，不须兵也。"大吏悟而从之，事遂息，民以无惊。时雍正五年，太岁在未之夏四月也。其秋补知通城，通城于武昌为僻邑，其民屋角或悬大竹笼其上，名曰家法，族子弟行窃则纳而投之池。有汪氏儿十余岁，窃布裤见获，族会治毙之，并及其母与同母之女弟。汪氏儿词连崇阳民王某，汪以告其兄，其兄亦杀某以谢汪氏。君至则悉执其首，从抵以重罪，由是遂除家法。夫通城之与汉阳，君非有私德怨。于其民也，寝兵于前，而执法于后，宽猛不同，同于弭乱而已。此惟读书通政体者知之，不足为一二文吏道也。君性刚介，耻迎合上官，上官则才之。凡被灾要地及邑有滞案，与苗疆初内属者，辄以烦君。故更调兼摄，几无宁岁。荆守某以蝥得罪来代者，阿大吏意必致之死。以江陵首邑欲引为助，卒不可其后。君于天门亦以忤守意被拘劾罢。呜乎！凡人之情，见异己者如见怪物焉。君所由被拘者也，则立异之不可也。纵不见为异已而见为胜已，庸独可乎？盖消患于未形，则事隐而不见功。决策于独谋，则功成而反致忌。又况好谀恶直贤者，不免急用缓弃，自古而然。如君所为，直自取病耳。人乎何尤？君既归卧里门，家无长物。日讽咏竹屋中，课其诸孙，怡然若自得者，岂所谓可以贫贱者恃此其耶？然则君固无憾于地下矣。铭曰：周氏之先，名伏三郎。自楚徙蜀，世居涪江。谭宏之乱，身为父悍，兄俨幸全，弟儒及难。俨生文林，克承欢心。请旌先世，用表幽沈。起家孝义，一行作吏。慈惠之师，不善侧媚。去官食贫，含饴弄孙。使星归觐，闾里为荣。魂兮无恻，穿碑深刻。生夸金貂，没颂铜墨。

陈母熊安人墓志铭

国朝观察[①]　彭端淑　丹棱人

　　稽古贤媛载诸史册者，历今千百余年尚垂不朽，未尝不咨嗟太息之故，于吾川国朝兵燹后，凡闺中妇女，其行事卓卓可传者，得于所闻，力为表章，然亦寥寥不可多觏。今年秋，余年家子[②]陈君廷璠，以其母安人熊太君墓铭为请。余读其行述，而喟然曰：嗟乎！是真可传也已。安人生于涪州，系本郡明经英公之女，而吾宁翁先生之淑配也。生而沉静，厚重寡言，动必以礼，年十九归宁翁。家固素寒，黄太夫人在堂，常忧甘旨不给，脱簪珥以奉。一切日用饮食及薪水之属，不辞劳勚[③]。使宁翁不以家事营心，一志于学。乙卯得登贤书者，皆安人之力也。最可异者，太夫人素有咳嗽疾，用茅根煎汤饮之，立愈。一日病甚，夜深倏作。方是时，家无同侣，安人仓皇失措，不得已携锄执火取之。越宅数百步，行穿古墓间。燐火光怪，毫不知惧。及至其处，将锄之置火于地，火将灭，四顾寂寥。方用为忧，俄而余烬复燃，其光炯炯迥异于常。因得取归以进，而疾以疗。太夫人闻之，叹曰："此吾妇孝思所感，言之使我心悸者也。"呜呼！此之能然。而安人平昔之生养死葬，必敬必诚，与夫一切宜室宜家可无再述矣。及其随任会同官署也，每泣下曰："昔常不足而今有余，恨太夫人曾不得享一日之养。"于是自奉俭约，一如平时。因佐宁翁，捐私项以济贫，赍蚕豆以种边，皆巾帼中绝无而仅见者也。至调任绥宁，其俗每于元日，一二老妪入内谒见夫人，安人亦不之拒。慰以温语，给以饮食，告以孝友姻睦之谊，皆唯唯而退。其后来者渐众，及旋里之日，数百妇女挽舟而泣，其德意之感人又如此。铭曰：贤哉夫人，天生淑德。虔供中馈，克敦妇职。日勤日俭，不忧逼仄。孝思惟诚，鬼神来格。阴火荧荧，惊魂动魄。处丰以约，衣不重帛。化及边妇，声称啧啧。书诸简编，永堪为则。

---

　　① 观察：清代对道员的尊称，唐代始设观察使，主考察州县宦吏政绩，宋代为武宦遂转职衔，元代废。

　　② 年家子：科举时代同年登科者互称为年家。称其长辈为年伯，称同辈为年兄，称后辈为年家子。

　　③ 勚（yì）：劳苦。

皇清诰授光禄大夫予告太子少傅兵部尚书
晋赠太子太傅谕祭葬谥文恭海山周公墓志铭

彭元瑞

乾隆四十九年九月，左都御史周公以末疾解职得旨慰留加摄，越三月再请，谕俟千叟宴礼成，明年正月六日，盛典届期，公疾不克入。加赉赋诗，如预宴例。翌日太子少傅兵部尚书予告，有小心勤慎之褒。春寒未果行。十一日上行祈谷礼，三月二日躬耕籍田，公再掖拜于城闉。温询再三，亲解赐佩囊，四月朔公薨于京师邸第。谕加其老诚端谨，奉职克勤。晋赠太子太傅，派散秩大臣奠醊。赐祭葬，谥文恭。五十一年十二月二十七日葬于七贤冈山庄之原首。乙趾辛。小门生彭元瑞谨按状志墓。公讳煌，字景垣，号海山，四川涪州人，其先世赠光禄大夫，工部尚书，讳茹荼，曾祖考也。康熙庚午科举人。赠光禄大夫工部尚书，讳俨，祖考也。康熙辛卯举人，湖北巴东县知县。赠光禄大夫工部尚书，讳琪，考也。其历官由乾隆丙辰科举人、丁巳科二甲进士，翰林院庶古士，编修，右春坊，右中允，入直侍郎，兵部左侍郎，工部尚书，兵部尚书，尚书房总师傅，赐紫禁城骑马，其司文衡，三为山东、云南、福建乡试考官，一为会试总裁，一为顺天乡试同考官，再为江西、浙江提督学政。其撰述有《应制集》《海东集》《豫章集》《湖海集》《蜀道吟》《海山存稿》《江右庠音选》《诗林韶濩选》。而《琉球国志略》旨命武英殿板行者也。其配曰文夫人，诰赠一品夫人。继方夫人，诰封一品夫人。今皆合葬。其后嗣男子七人，翰林院编修宗岐，翰林院编修兴岱，乾隆癸卯科举人兴峥、兴岷、宗岳、宗华、宗畲。女一人。孙男六人、女六人。

公绩学砥品，泊于荣利，在翰林十九年，始晋一官。卒受特达之知，授学青宫，正位七卿。公仪体伟岸，声如洪钟。与人交，无款曲耳语。遇有不可面折，无所避退。未尝非毁人，合于君子三变之容。故望者或以严毅难犯，而天下之人咸知其坦怀挚谊，孚信有素，以是益景附之。世或谓直道难行，非也。公以严气正性、践平履坦，始终一致。呜乎！可谓正直大臣矣。铭曰：中山之封，以荣海东。鸾章麟服，衔使惟公。台飔告暴，舟礁姑米。忠信陟波，务持大体。明神昭昭，帝乃嘉愿。以笃简在，荐陟钜任。三谳于蜀，持法允钦。告谕父老，宣播德音。在乡言乡，汝母引嫌。命衔闾里，一德堂廉。惟神所呵，惟帝所护。正直是与，千秋隧固。

皇清敕赠中宪大夫翰林院侍读学士甘肃巩昌府伏羌县知县
调任安西府敦煌县知县尺符周公暨德配陈恭人合葬墓志铭

李棨

　　赠翰林院侍读学士尺符周公暨德配陈恭人既葬之十有九年，其长子宗泰缄所为家状，遗书京师，肃予铭其考妣之墓，予谊不获辞。按：公讳铣，字尺符，一字绪庐。其先楚之营道人。明成祖克金陵，避难隐姓名，徙蜀之涪州遂家焉。曾祖茹荼，湖南路总兵官。祖俨，以孝廉旌孝子，祀乡贤。考珙，由乡举起家，历知湖北天门、江陵县。三世并以公弟文恭煌，官工部尚书，追赠如其官妣杜、继任并封一品夫人。公举乾隆戊午乡试，以大挑授仁寿教谕。五年选甘肃伏羌知县，移知敦煌，未考卒于官。任教谕时，厘学规勤，较课士争师之。及令伏羌未一载，民为刊德政歌。邑志久不修，公修之。八十余年，忠孝节义，搜采无罣漏，时称完书。李某者，明季滥祀忠烈，公覆其事，言之上官，罢其祀。开渠灌田，至今称周公新渠。葺朱圈书院，民即院旁建祠祀公。太史知公者为明公，山胡公季堂、毕公沅欲荐公于朝，而公竟不起。公少时敏达有至性，年十三丧母，时封公客于渝城。弟妹皆髫稚，公治丧一遵礼法，及事继母以孝闻。一试礼闱，以封公年及耆欲致仕时，文公已列官翰林，公遂不言仕进。奉封公家居，色养备至。宅之东偏，辟地筑室，疏泉凿池，杂植花木为封公憩息所。封公顾而乐之，名曰"可园轩"，为爱莲比。失怙，年且艾，哀毁几至灭性。又以继母年高，不复计偕终。继母丧，乃谒选皆其卓卓可纪者，配陈恭人。汉平望族，娴书史在室时，刲股肉疗父病。及归公，孝事舅姑，处娣姒无违言。公故，廉吏遗产，仅中人资。恭人持家俭约，延名师训二子，先后领乡荐。人谓内助之贤，俾循良早食报云。公与文恭少时友爱，终身无闲。及文恭子兴岱官翰林学士，以其封典赠公及陈恭人，则又孝友征之先见者也。公生于康熙己丑二月十三日，卒于乾隆庚寅十月十日。恭人后公一年生，其卒也后公二十年。合葬于涪州马禄埧山庄，壬山丙向。子男二人。宗泰庚子举人，今任武进令；宗泗甲寅举人，侯选知县。女八人。孙男四人：廷楫、廷樾、廷榦、廷桢。女孙四人。铭曰：兄侍父，弟侍君，年既耄兮勤斯民，斯民百口兮称廉仁。惟廉仁兮厥有后，翳恭人兮鞠且佑。马禄之山固既安，郁松楸兮靡疆寿。

皇清光禄大夫都察院右都御史周公神道碑铭

江苏武进县人赵怀玉　味辛

公姓周氏，讳兴岱，字冠三，一字东屏，世为四川之涪州人。高祖茹荼，明湖南路总兵官。曾祖俨，康熙庚午举人，旌表孝子。祖珙，湖北汉阳县知县，考煌兵部尚书赠太子太傅，谥文恭。前妣文、妣方皆一品夫人，文恭公七子，公其次也。少颖悟，器局异常童。读书动辄成诵。长，从钱唐陈太常兆仑游。太常故海内名宿，特契之。乾隆三十五年中本省举人，明年成进士。改翰林院庶吉士，授编修。充国史馆纂修官。四十二年充顺天乡试同考官，旋丁方太夫人忧。免丧充文渊阁校理。四十八年为山东副考官。文恭公尝典山东试，人以为荣。五十年丁文恭公忧。五十三年擢左春坊，右赞善。明年转迁司经局洗马。又为陕西副考官。迁右庶子，擢侍讲学士。视广东学政。政尚严明，厘革旧弊。五十六年擢内阁学士兼礼部侍郎。五十八年充会试知贡举武会试总裁。五十九年为湖北正考官。六十年授礼部右侍郎，充顺天乡试监临武会试总裁，是岁十一月有旨南书房行走。嘉庆元年荫一子入官，二年转左。时三省教匪滋蔓，纯皇帝垂问情形，公据实陈奏，不稍讳饰。四年正月纯皇帝升遐[①]，上命权工部右侍郎，调吏部右侍郎。时方特诏征言，屡进封事，虽家人弗及知也。二月兼管乐部事，充经筵讲官，转左权户部左侍郎。十二月，奉命祭告川陕获溇，因请回籍省墓。五年正月，调户部右侍郎。上以教匪滋事以来，所遇焚掠民人，多不得已而从贼，迨悔罪投出而所谓安抚者，又有名无实。命公宣旨誊黄，且告地方官善为经理。路出梓潼，值贼众蜂至，居民咸欲走避，公于马上宣布威德，令无播徙，以安人心，民皆感泣慰留，礼成还涪。人以文恭亦尝乘传归里，传为盛事。是役也，凡所有见闻，必以入告。事有不便于民者，则移檄大吏除之。略有措施焉。六月管理户部钱法堂事。六年为殿试读卷官、江西正考官，恩赏黑狐端罩。七年正月，以典试江西。尝有出示等事，降补侍读学士。是岁当试翰詹，公以目疾自陈，并请休致。三月复降编修，十年迁侍讲，十一年擢内阁学士，充玉牒馆副总裁。十二年授兵部右侍郎。十三年权户部右侍郎，擢左都御史。十四年权理国子监事，充武会试总裁。

---

① 升遐：升天。张衡《思玄赋》："涉清霄而升遐兮，浮蔑蒙而上征。"升遐作婉辞，指皇帝之死。潘岳《西征赋》："武皇忽其升遐……"王安石《本朝百年无事劄子》："升遐之日，天下号恸。如丧考妣。"

公素患肺疾，然当官勤瘁，未尝敢以疾辞。至是喘频发，因乞假调摄，甫半月，遂不起，时嘉庆十四年十一月九日也，春秋六十有六。夫人杜氏，工部主事鹤翱女。慈和有家法，先公二年卒。子廷授，二品荫生，工部屯田司主事，予女夫也。廷抡国子监生，女三，婿曰山东莱州府知府张问陶，候补县丞林蕃，举人王赓。孙十人。公姿貌严毅，望之俨然。居官一以文恭为法。兄宗岐，亦官翰林，早殁。赞善乙酉转左春坊，左赞善，迁司经局洗马，充陕西乡试副考官。旋授右春坊、右庶子，翰林院侍讲学士。庚戌视广东学政。辛亥擢内阁学士兼礼部侍郎。癸丑还充会试知贡，举武会试总裁。甲寅充湖北乡试正考官。乙卯迁礼部右侍郎。充顺天乡试，监临武会试总裁。入直南书房，嘉庆丁巳转礼部左侍郎。戊午充顺天乡试监临。己未调吏部右侍郎。兼管乐部事务，充经筵讲官。转吏部左侍郎。祭告川陕狱渎。庚申调户部右侍郎，辛酉充殿试读卷官。充江西乡试正考官。壬戌降补翰林院侍读学士，癸亥以病乞休，复授编修。在实录馆行走，乙丑迁翰院侍讲，擢内阁学士兼礼部侍郎，充玉牒馆副总裁。署文渊阁直阁事，擢兵部右侍郎。戊辰充会试知贡举。寻授都察院左都御史，充武会试总裁。方公在内廷，以品学受知两朝。赏赉优渥，逾于常等。其奉命祭告狱渎时，秦蜀贼方张，四出焚劫，胁从甚众。上不忍概予殊死，命公宣布德音，贳其罪，慰谕父老，毋遽播迁失业，闻者皆感泣，民乃安堵①。过家上冢，一如文恭故事，闾里以为荣。所过州县，见事有不便于民者，辄移文地方大吏，念而撤之。盖公居平勇于任事，以身在禁近，虽时有陈奏，未足尽其职，而勤勤于奉使之日，留心民瘼如是，殆亦庶几古大臣之风与？无何以微青降职，踬而复起。陟长风纪，或以为文恭在尚书房久。上眷念旧学，推恩以及于公，不知公方正严毅故始终，卒被知遇。余交公最晚，公顾数数过余，且尝同有事于通潞，每见论及当世之利病，生民之休戚，人材之邪正，偘②偘不阿。其造膝所陈，外人无从而知，而听其议论，是是非非较然，不欺其志，亦可以知公之为人矣。公卒时年六十有六，娶杜氏诰封一品夫人。工部主事鹤翱女，有贤德。先公年殁。子二：廷授，二品荫生，工部屯田司主事；廷抡，大学生。女三：适吏部验封司，即中前监察御史张问陶，江西候补县丞林蕃，举人王赓。孙九人：克宽、克敏、克惠、克勤。廷授出克家、克恭、克信、克仁、克让，廷抡出孙女三人。铭曰：

---

① 安堵：亦作"按堵"。安居，不受骚扰。《史记·田单列传》："愿无虏掠吾族家妻妾，令安堵。"
② 偘：侃的异体字。

伟矣宫傅，援起涪水。象贤有公，克趾厥美。蜀山齾齾[1]，蜀江泝泝。灵斿归幽宫，在兹公所表。见仅止于斯，我铭其藏，增余累欷。

谕祭文

嘉靖四十五年六月十五日，皇帝遣四川布政司左参议余田

谕祭致仕吏部尚书夏邦谟曰：惟卿性质温雅，才识疏通，奋迹贤科，筮官郎署。淮阳佐运，藩臬屡迁。遂督抚于留都，荡平海寇。旋司计于农部，俾益邦储。爰跻卿执之班，特总铨衡之柄。方隆眷注，恳乞归休。宜享寿荣，遽闻哀讣。追维往劼，良切朕怀。谕祭特颁式昭，恩恤卿灵不昧，尚其祇承。嘉靖四十五年十二月初五日。

二次谕祭文

曰：惟卿早擢科名，扬历中外。年劳溘逝，益增悼惜。载颁谕祭，用示恩恤。

谕祭文

维乾隆五十年，岁次乙巳五月己酉朔越八日丁巳，皇帝遣礼部右侍郎德明谕祭于晋赠太子太傅，原任左都御史加兵部尚书周煌之灵曰：中枢著绩，表清望于垂绅；内置宣勤，缅成劳于曳履。惟奉职无愆，夙夜斯饬，终宜备哀荣。纶綍宣恩，几筵贲泽。尔周煌提躬恪谨，植品端方。早擢词科，预瀛州之荣选；荐膺文柄，历槐署之清班。属海国之疏封，命持龙节；遴词臣以奉诏，往涉鲸波。鉴其忠信之诚，嘉乃猷为之懋；爰升华于讲幄，更课读夫胄筵。星使频临，递衡文于江浙；月卿荐陟，兼奏绩夫兵刑。轺车协秋漱之平，戎府畀夏官之长。每值开韶锡宴，侍丹陛以联赓；属当听钥趋朝，许紫闱之缓鞚。台有恒春之柏，领清职于风霜；庭开介寿之觞，贲殊荣于冠服。方冀长承乎渥眷，岂期忽遘夫沉疴。甫引疾以陈情，特宣纶而予告。谓摄调之可愈，何徂

---

① 齾（yà）：参差貌，不平。

谢之遽闻。良用轸怀，官加赐醑。阶更隆夫晋赠，类胥涤乎因公。恤典从优，彝章备举。
於戏，忆自城闉接觐，弹指而晦朔俄经。怅兹台宿韬辉，转瞬而音尘顿杳。爰摅恻怆，
式享苾芬 ①。

晋赠太子太傅，原任左都御史加兵部尚书谥文恭周煌碑文

朕维经帷著，望凤标武库之才；台宿依光，特重夏官之掌。忆耆年乏人，直雅誉常
垂。稽令典以饰，终褒纶载锡，尔晋赠太子太傅，原任左都御史加兵部尚书周煌，持
躬祗慎，绩学淹通。初翘秀于词垣，爰升华于坊秩。虎符龙节，曾传诏令于中山；玉册
金章，俾煦恩光于薄海。勤劳既著，简拔宜加。贰秋卿而克奏平反，襄枢务而爰资钤
辖。采风南土，抡才则冰鉴 ② 重持；谳事西川，衔命而星轺再莅。统百工而率属，总九
伐以宣猷。南宫列桃李之英，北阙领风霜之职。每值晨趋丹禁，许鞚青丝；属当庆集兰
陔，宠颁彩服。迨赐间以摄疾，复谒觐而承恩。甫定归期，忽闻遗疏。赠恤而崇阶特晋，
奠醊而令谥攸昭。文敷经籍之华，恭著威仪之抑。於戏！缅中枢之耆望，宠额曾题；眷
遗老之音徽，丰碑是勒。丕光幽壤，庶永令名。

答总督李雨然书
陈计长　州人

仁兄书使自嘉陵来，宣布大檄。时平西坝上用事诸人想望仁兄英略，孰敢不听？
即第困踬之余，犹距踊三百，亟欲奔走从事。顾论人心于漂流板荡之余，一呼而乌合
数万。非经教养之后，不过假操戈挟矢为护身糊口之计。一旦举事而欲众志之成城也，
恐未易得，则兵不可恃。即西川号召以来，投石超距夫岂乏人。间有一二傲岸自用，
不受约束，竟不以为跃冶而隐忍，收之恐无当于缓急之用也，则将未可恃以年台长才
神智，似无藉于此。然窃闻兵家之事，必须勇者效力，智者效谋，富者效粟，应援者

---

① 苾芬：芳香。《荀子·礼论》："椒兰芬苾，所以养鼻也。"苾芬，芬芳，形容祭品的香美。《诗
经·小雅·楚茨》："苾芬孝祀，神嗜饮食。"

② 冰鉴：指镜洁如冰，比喻官员明察秋毫。

各当一面，方克有济。今见檄到而应者等于觳置。况西北寥寥，仅此东南三四镇，又各自雄一方。外无搤吭之地利，内有瓦解之人心。惊报一至，自顾不遑。宁暇为人谋，矧原无合谋之志乎？前者曾英，拥二十万众，奔溃一朝。今贼行胁令，掩袭良多。较之当日，固应什百。虽有袁武之桓，桓赳赳亦无易视此剧寇。乃为全策，弟实庸驽谬蒙，下询虽无壮发久已，手额此举矣。愤懑之情，迫于缠索。倘不审处而冒焉从事鞭弭，惧有进退维谷之患。弟与兄在同情而异地，在缓急之间耳。反复来章，殊不自安，然又何能使喉间格格不吐。况不肖倚年台为命，自当尽所欲言。故不觉其敷陈缕缕也，惟台鉴悉。

上马抚台书

陈计长　州人

治晚自京邸归，问候间，阔记在公车同舟时，知公祖负不世出之才，胸蟠武库，捧日为思者，曾为说项于长安矣。今日建牙①西蜀，正当宁侧席西顾之时，谓宜立殄元凶，首协坤命，夫复何疑？窃计今日事势，尚有大可商者。习闻此贼，不蓄老弱，不携妇女，三日一检，不私橐金，良为悍寇。且冲突靡常，兵不解甲，马不驰鞍。密令甫布昼夜三百余里，又似为飞寇。矧逆贼入川二年有余，聚党既繁，习险尤熟。旌旗所至，蔽天障日，又不啻巨寇。以三者而闪烁变现于疆场之中，或东或西，已疑宵遁矣。而倏忽露形，以为东指矣。而犹然北向，则不可不图画万全，以歼此狡贼也。今川中之义勇四应不下二十余万。而所最可恃者，莫如曾英一镇。昔者，曾英多功城一战，斩获颇多。巨魁亦觉避锐而去。惜其尚未大创一时，未得老祖台临阵秉钺耳。近闻献逆僭号省会，痛恨蜀人之不附，戮无噍类而去。躬率枭种，布满保顺间。既无意于成都，全军奔迸，势虽响迩。此曾英之所以逡巡敛锷，不即加遣耳。但思兵家之事，势不两立。固不当轻躁以示瑕，亦非可持重而处钝。想祖台神谋在握，自必万举万当。而贼势纵横不应，以合阳河下为坚垒，治晚谊属编氓。负弩前驱，分固然也。舍亲李雨然曾以总督编氓，挫贼锋于漵、浦，

---

① 建牙：古代谓出征前树立军旗。牙，军前大旗。《宋书·袁颛传》："颛诈云被太皇太后令，使其起兵。便建牙驰檄，奉表劝晋安王子勋即大位。"建牙，也指武将出征。

调度所在，无有不率。岂谓向舟无怒发哉？敢拜缄以待裁，统惟鉴其迫切。

群猪滩辩
国朝御史　夏景宣　州人

涪江东北距城三里许，有滩焉。怪石林立，色纯黑如豕。有巨者、细者、起者、伏者、蹶蹄窜者、昂首喷者、宠然而苗壮者、癯瘦欲折如失养者，磊落错出，参差万状。盛夏水势汹涌澎湃，声上接城市，夜听益彻。俗名曰：群猪夜吼，为涪陵八景之一。其由来旧矣。昔工部[①]诗有云："白狗斜临北，黄牛更在东。"余尝以公车北上，往复于巫山三峡间，诹得其所谓白狗黄牛者，非实有狗若牛也。凡以水石相遭，搏击成声，榜人[②]舟子，上下其间。率厥天真，随意命名。不以象拘，不以形求，一人呼之，千百人继而传之，盖不知几历年所矣，故少陵句中亦仍俗号，未之有改。兹之群猪得毋类是，惜乎子美无诗，猪之不幸不若狗牛之幸也。乃有好事者，易群为琼，易猪为珠，甚至刻之岩壁间，以矜新而示异意者。荆山石里早自成声，老蚌胎中便能作吼，吾不知于义何居也。抑或谓珠之于猪，有清浊之异，不无贵贱之分。将欲假一字为山水重乎？夫从来人杰地灵，山川之生色，惟其人不惟其物也。如谓清而贵者之可以假重，而浊且贱者之不足以表异也，则是历山之圣人不与鹿豕同游，而季伦之绿珠始足以昭耀千古也，益见其谬矣。至谓常有江猪喷吼者，其说尤为胶柱[③]。

重修圣庙引
周俨

皆子舆氏，以周末生于邹，其自言曰：去圣人之世若此其未远也，近圣人之居若

---

① 工部：即杜甫，唐代诗人。字子美，诗中尝自称少陵野老。一度在剑南节度使严武幕中任参谋，武表荐杜甫为检校工部员外郎，故世称杜工部。其作品多收入《杜工部集》。
② 榜人：即船夫，摇船的人。曹植《朔风》诗："谁忘泛舟，愧无榜人。"
③ 胶柱：把住瑟上的弦柱用胶粘住，以致不能调节音的高低。比喻固执拘泥，不知变通。语出《史记·廉颇蔺相如列传》："王以名使括，若胶住而鼓瑟耳。"

此其近也。生圣人后者，大都以得近圣人为幸。然自春秋而后几三千年，圣人之道如日月经天，江河行地，无一日不昭明，无一处不流洽。如董、陆、韩、周、程、朱诸先贤，皆去鲁甚远。而初不以地为限者，以代皆重学，学各有庙，诸生以时习礼其中，敬而仰之，不啻其亲而炙之也。涪郡一隅，处文教大兴之日，而亦远于圣人之居。明末流寇犯我涪境，一火三日，宫阙烬灰。圣人庙祀寝于涪者，凡十数年。我世祖章皇帝，奄有中夏，百务未举即以右文为首政。圣祖仁皇帝嗣统崇兴圣学，临雍释奠，诣阙里，焕新圣庙。凡州县之考绩，以修学校者为最。其钦圣人典礼，旷古无加也。顺治庚子，刺史赵廷正手除学宫榛莽，竖殿三间以奉祀事，虽其规制未备，然涪州文教渐次昌明。康熙二十年，刺史萧星拱刺涪，恭谒圣庙，见两庑尚阙，修以翼之。不逾年，而渐就倾颓，厥后屡议更新。因地瘠民贫，未举。康熙四十三年癸未春，刺史徐公闻其议，即引为己任，捐银二百两始其事，令予书之以为之募。

募修鹰舞寺引
周俨

　　州南三十里许，有山绵亘百里，其最高而耸翠者，为鹰舞梵刹。昼则俯瞰江流，鸥艒似叶；夜则仰瞻天象，星贯如珠。若其春也，万卉妍而香生寒谷。及其秋也，千峰紫而彩映浮霞。匪惟作一州胜概，抑且为终古巨观。较之灵光鹫岭，当无以异。余自丙寅卜居此山之下，喜其地之高，可以风而幽，可以潜其蠹立而逶迤也；若盘谷其林疎而雨积也；若辋川其涧，邃而隐僻也；如桃源之在目前，其栖闪而变化也；如麻姑之非人境，欲诛茅建舍，奉亲避暑焉，无如念方及而先君子逝矣。至今瞻望此山，犹有遗感。忽一日，僧人某持薄造门，合掌曰："某至鹰舞寺，斩棘而耕者，三年矣。是三年中，未敢向众君子持钵。喜今岁年登大有，可以募工。若及此不谋而待之来年，是委金像于草莽也。"丐公一言以为之引。余曰："士各有事，不相谋也。吾一州之中，宜修建者如先圣庙，而今则颓隘非制也，不能遂吾志以为之倡；一家之中，宜修建者如濂溪书院，而今则祀事阙如也，不能率吾族以为之理；一身之中，宜修建者如先人墓，而今且坏土未安也，不能竭吾力以为之营。况此时儿号寒于冬暖，妻啼饥于年丰，安得余赀佞佛而乃为人题疏耶？"僧乃偏袒右肩，右膝着地而言曰："是非佞佛也，公曾闻鹰舞之说乎？当释迦成道时，有群鹰集顶翔舞而下，则此刹之名，当因大士苦行而然未可与凡为刹者并观也。然此犹或瞿云家之私言耳。彼儒者有言，时当春分，鹰化应天之候，准时之序，非直作梵刹观也。况此山之下，支干叠出，凡钟灵而毓秀者，皆以是为宗祖。彼云起日出时，烟光弥天，风雨变化，不啻鲁之有东山，而齐之有泰山也。此刹一复，则凡招游而览胜者，不苦萧条焉。不但此也，高人达士，每欲梯云就日，刹成则凡读经史而服道者，不苦寂寞焉。不但此也，山踞一方之巅，烟火百里，刹成而暮鼓晨钟，时鸣天际，不啻木铎之警而迪人之徇也，则此山可以佐王功。不但此也，山蕴蛟龙之气，泉塈千丈，刹成而祈祷晴雨，呼吁咸集，当得雨旸之若，而百灵之顺也。则此山可以服圣泽。"余曰："是说也，虽近于谀，然与余当年欲诛茅建舍之心，所见若隐隐有合。且以一州之古迹计之，当亦不失为兴举废坠之意。至佛刹之施报，虽为儒者所不言，而其化人为善之心，亦足以赞王道所不及。"是为引。

初谳[①] 川案留谕乡里
周煌

使者恭膺简命，谳案八蜀，驻节会城，倏已匝月。凡我皇上之所以嘉惠远黎，地方大小吏之所以曲体民隐。与夫吾士庶民之所以趋事急公而仰遵圣化者，亦既详闻而周谘之矣。今当事竣还京，不获与父老子弟家喻户说，是用宣上德抒下情，效太平之咏歌，极中和于乐职，愿为吾乡勖焉。

夫蜀自本朝以来，重熙累洽百三十年。民目不识干戈，耳不闻鼙鼓，岂惟高曾祖父实身受之，抑亦世世子孙永享粊[②]宁之福者也。昨者，金酋倡逆土司被侵，天子以近在蜀边，虑为民患。王师大举，沃日旋收，曾未逾年，羡诺就扫。本不得已而用兵，将厥魁歼而胁宥僧格[③]。桑鱼游釜底，琐尾从人索，诺木蛙在井中，遁逃是主。皇上握乾断，镇坤维，电掣雷奔，风驰雨骤。固将以犁大小之夷庭，靖西南之绝徼者也。伏读先后钦奉□□□目军兴，迄今发过内帑银二千九万两。其他由江浙等省协解者，亦

---

①　谳（yàn）：审判，定案。
②　粊：安抚安定，粊宁，即安宁。
③　僧格（？—1670）：清蒙古准葛尔部首领。致力于国家统一，得到清中央政府的支持。

无虑数十百万。皇上之于金钱，诚无所惜矣。皇上之于闾阎，诚无所扰矣。矧夫除田租，于天下输免者，正三十六年。赐蠲缓于军行均沾者，又百四十县。夫上恤其下民，报其主天地之通义也。富者出值，贫者出力，古今之常情也。夷考今日州县，照每条银若干出夫钱若干，此犹轻尘之于山岳，涓滴之于河海，尚不足以稍助高深。而乃鳃鳃[①]过计，以为如是之烦费也。不亦悖乎？且夫尧舜在上，民日出而作，日入而息。曰：帝力何有于我。今国家薄赋敛，省徭役，历世戴德，耕凿优游，非所谓"蜀不变服而巴不化俗"者也。而如此其暗大义而略常分也，岂不惑哉？使者之来也，所过州县，田野膏腴，室家熙皞。丰年之象，安堵之形，大略可睹。夫民气和乐，而后风雨随之；人心淳厚，而后鬼神应之。兹故敬述。

圣恩遍稽舆诵，诚诸子弟，以亲上事，长之忧勉，乡三老以劝忠教孝之义。《诗》不云乎："维桑与梓，必恭敬止。"其毋忘毋忽。

再谳川案留谕乡里
周煌

金酉不靖于我，天诛者久矣。自郎卡煽乱以来，皇上念在遐荒，计其内向，非惟曲示并包抑，亦重烦劳费，所以为蜀民计者，至高且厚矣。索诺木等济恶不悛，敢行负固。天子赫然斯怒，大举六军，本谓弹丸，克期压卵。只缘贼阻幽深，遂致师行淹久。频颁内帑，积七千万两之多。悯我边氓，分免半除全之数。维时父老子弟久安，乐土素习轻徭，各励趋事之忱，并助挽刍之力。银钱入而官吏之手，未经夫米行而城乡之目皆见均。此绅士讵宜昧厥天良，矧在乡人，何遽戕其同类？乃嫌疑易起，谗间滋多，竟有愚蒙辄投天阙。使者曾分二星之荣，叠有皇华之役，无能为也。岂敢私焉？爰集犯以具辞。即准情而酌法。或欲厕身公所而无从，或以藉端渔利而不遂。挟睚眦而必报，畏拘执而潜逃。凭之众证，各图湔雪而附会。无多核以原呈，但事捃摭而矫诬，罕实情立见矣，悔何如之夫？以郡邑共输之事，则一夫岂得争先？况乎上下相维之情，则庶狱原无越控。使者来兹桑梓之邦，窃有敬恭之义，何辞哓舌？实冀回心际此班师振

---

① 鳃鳃：忧虑，恐惧貌。《汉书·刑法志》："故虽地广兵强，鳃鳃常恐天下之一合而其轧己也。"

旅之时，享有凿井耕田之福，永怀忠尽，勿务诪张，则损不在人，利亦归已。如徒蹈覆辙而不惩，且恐至噬脐^①而莫及。尚其熟思毋忽。

祭告岳渎谕贼匪及被胁难民
周兴岱

　　钦命祭告：西岳江渎使者，经筵讲官，内廷供奉户部侍郎周为晓谕：贼匪及被胁难民知悉，尔等皆皇上之百姓也。百数十年来，食毛践土^②，以养以育，无非受国家涵濡生息之恩，故得享父母妻子团聚饱暖之乐，非一日矣。自达州逆匪滋事，惟时地方官不能开诚晓谕，抚靖乱民，又不能极力防闲堵御楚匪，迁延观望，以致楚匪乘间而入。尔等附和而起，焚掠蔓延。遂使川北川东各府州县良民房屋被烧，衣粮被劫，老弱被害，子弟被掳，肝脑涂地，困苦呼天。忽忽者逾四年，扰扰者数千里。在首逆数人冥顽不灵，干犯法纪，以为东抢西夺，可以暂图温饱。不知人理既绝，天网不漏，断无幸逃国法之理。去年如王三槐、冉文俦、张汉潮、高均德等皆已擒获就戮。尔等尚不引为前车之鉴，解散徒众，及早投出自首，以免骈戮市曹。岂以釜底余生，尚可久延岁月乎？至于胁从难民，有家室田产可归，有父母妻子可保，以及零丁孤苦尚有亲友可投者，与其陷身贼薮，受其戮辱终获天诛，何不及早投归，不受刀兵驱迫之苦，重为光天化日之民？罪本可原，情殊可悯，何惮而不为也？上年，朝廷屡下宽大之诏，许尔等投诚归命，不肯尽诛，并传谕各路领兵大员，凡有投出者，皆给身票放归安插。其从前酿成事端之地方官吏，皆已分别治罪。赏罚严明，恩威并用。尔首逆及被胁难民，不趁此时革面革心，同感天恩，同归圣化。方今府库充盈，各省精兵百万，倘上干皇威震怒，饬各路进兵合剿，尽予骈诛，悔之晚矣。譬如人家有不肖子孙，干犯父母，为父母者，虽詈之挞之，犹望其改悔，不忍遽杀之也。倘终怙恶不悛，使父母不能不置之死地，祸由自取，亦复何怜？况皇上之视尔等皆赤子也。今不靖者，已逾四

---

　　①　噬脐：比喻后悔不及。《左传·庄公六年》："若不早图，后君噬齐。"杜预注："齐"通"脐"。扬雄《太玄赋》："将噬脐之不及。"
　　②　食毛践土：毛，指谷物；践，踏或踩；土，指国土。《左传·昭公七年》："封略之内，何非居士。食土之毛，谁非君臣。"谓所食之物和所居之地均为国君所有。

年。而圣慈犹如此高厚，尔等于荒山野寨中，清夜自思，苟少有人心能无感泣？至若游手无籍之民，或造作讹言，或藉端滋事，亦所难保。方今圣明在上，法令森严，断不容养痈贻患。试思何事不可以谋衣食，而敢自蹈于法网乎？使者籍居川省，世受国恩，上见皇上宵旰之勤，下念桑梓敬恭之谊。乡人之痛苦，若不陈之于皇上，是有愧乡人。皇上之德威，若不宣白于尔等，是上负皇上。今适奉命祭告江渎，入境以来，耳闻目睹，知之甚悉。在尔等匿迹穷山，不见使者之怵惕，在使者关情梓里，深怜尔等之愚顽。用是敬述德意，详布腹心。愿尔等各发天良，各图性命，各念身家，复为太平耕凿之民，无为骈首疆场之鬼。是则使者报国怀乡之厚望也。

中山赋　并序
周煌

臣煌言：臣闻古者王人使于下国，所以奖善忠、宣上德也。然若周秦八月常奏方言，春秋五善兼称咨事，入国而问俗，陈诗以观风，先王采焉以辨八方，有由然矣。臣昧道菅学，忝职史馆，谬荷选择，衔命琉球，虑负明恩，夙夜祗惧。臣谨案：琉球分在海表，自隋以来始见简策。历世而降，史官沿列名号，而前明始通职贡。至我朝，恭顺有加。前此奉使者，多访揽殊俗，笔之于书，以识遐异。而谐以声韵，播之词章，阙有间也。臣汎剽单慧，不自揣量，辀轩所莅，博考广搜，或听睹所阅，或诹询所及，凡山川形势，都邑宫室，与夫典礼制度，物产人风，各附其俗。摄其体统，以成斯赋。非敢务采色夸音声而已。抑将庶几古诗之流，合乎采风之章句，辞理野质不足以承高天之垂听。宣册府以□□□，惟慺慺之诚，蕲以宣赞盛化，光阐幽未，故敢陈闻。

　　□□颜奏，伏惟万几闲燕赐观览焉，臣煌无任煌悚屏营[①]之至。其辞曰：维大清百有十三载，累盛光乎烈骏，冠三五而登阆，被万亿以赫震，有飞车以禀朔。或测水而纳煦，散景耀以瞩幽胥，砥砺而率顺于时。百越之表，大壑之东，国曰琉球。实惟海邦，易世继祚，禀于王朝，以丐肤封。我圣皇鉴之，乃稽旧章、涣大号、颁鹄缨、降凤诏，选使星于鸾坡，载龙节于海峤。肃奉皇灵，遥临虎户，鞅鞲成围，舳舻按部。挂帆百

---

　　① 屏营：仿偟，惶恐。

尺之梢，觇风五两之羽。晷漏定辰，南针指道。马衔避旗，阳侯应祷。望鸡龙之巅自闽五虎门放洋，十一更见鸡笼山，历花瓶之岛□□□近鸡笼。闯凫翼以霞征，掣鲸波而电扫。钓鱼之台自花瓶十更见钓鱼台，渺若玦环；黄尾赤尾钓鱼台四更见黄尾屿，十更见赤尾屿，泱潆其间。姑米点墨自赤尾六更见姑米山，马齿浮鬟马齿东西二岛为琉门户。迫涨截洞，暨乎中山。夫中山者，兆基太古，萌柢大荒。洪濛絪缊，天孙启疆。辟鼋鼍之居，踞蛟龙之碛，三男二女，神人是宅。历万七千八百余年，世更代易至于舜，天乃卓荦而光赫中山世鉴始有一男一女，生于大荒，自为夫妇。生三男，伯为王称天孙氏；叔为官；三为民。二女皆三首六臂。姊名君，君为天神。妹名祝，祝为海神。传二十五代，历万七千八百二年，后因其臣利勇篡立日本人，舜天为浦添按司，举兵讨之。乃疆乃理，既庶既繁。胜国初建，奉诏称藩明洪武五年遣行人杨载赍诏至国，于是中山王察度遣其弟表贡方物。巴志中起中山自元延祐中国分为三。洪武中三王并封。山南佐铺按司巴志灭三王，奉其父为王。永乐二十年嗣位赐姓尚及冠服。推亡固存，随风乘流。内附中原。洎逢盛世，归命一尊。通冠冕于上国，传带砺于外垣。尔其地势则散涣，夷陆岿巉嵬魂。上当女牛，分野斯在琉球分野与扬州吴越回属女牛星纪之次，洲渚沈溶，岩峻堀礨。南北广斥，袤延数倍。施靡曼衍四百余里，状如长虬浮乎积水隋使羽骑尉朱宽望其地形如虬浮水中，故始曰流虬。所以取类锡名，职方附纪也。芒芒甿甿，呀哩相吞；临崖周流，四属无垠。洪潮乃复，澎濞雷奔；修鲵妖蜃，嘘噏云昏。环以崇岛，三十六所，监抚镇之各岛酋长外岁遣监抚官莅之。太平、八重、大岛各三员；马齿二员；余小岛各一员。无有龃龉，星罗棋布。萦卫周御。于是层渊为池，袭险为阻。铁沙限其门将至那霸港皆铁板沙，金城崇其堵。跨三省中山分山南山北为三省以带坰，指五岳国中辨岳、八头岳、佳楚岳、名护岳、恩纳岳为五岳以镇宇。茂区域之畋章，按经途而即叙。其山南则有兼城、大里、丰见、小禄、真壁、佐敷、振溪、通谷、曰具志头，曰麻文仁、曰喜屋武。南隅之濒，洎云城之玉泉在玉城村国王每岁祈雨于此翕触石而云吐，遵常零于龙见。应皇舞而兴雨山南省间切十二大里、玉城、丰见城，小禄兼城高岭，佐敷知念具志头、麻文仁、真壁喜屋武，其山北则归仁、都会、治始、金武、久志、羽地、旁带、本部、历大宜味、以暨国头，维边陲之险棘，极湫湄于阴阰山北省间切有九金武恩纳名护久志羽地，今归仁本部大宜味国头六省。若乃首里居中，长世守器，那霸泊津，冕绂攸萃。西原中城环列后蔽。前倚久米唐荣之地三十六姓；中朝之赐。世举茂才。敷纳明试。乃有闳宫，在真和志。原庙衣冠，守祧是寄。于左则南风之原，东风之平。澶漫靡迤，拱向作屏。于右则枕轊北谷，结湊胜连。与那有城，具志有川。越来美里，褞属缃联中山省惟首里泊那霸久米四村，不入间切，真和志南风原东风平西，原浦添宜野湾中城北谷读谷山胜连，与那城越来美里，具志川共间切十四。间切间切球音麻吃力译言府也之号，三十有五；绮绣相错，唇齿相辅。采地是颁，世禄是取。献穟纳秸，以奉其主。号为村头者，盖以百数。虽伍保而一属，等神州之小部。要统辖之有定，亦蜂屯而蚁聚。其山则南起高岭，隐鳞郁律，表以八头；锷锷列列，连冈乎国吉（山名）。中瞻辨岳，郁乎渐渐。踞土中以偃蹇，俯而观乎浦添。眺恩纳之崛锜，轶云雨而北起。名护鞠其峨峨，又林岑以参嵯。佳楚巍巍，以造天日；月经于崖嵒，历倒景而绝神焱。厥高庆而不可乎？弥度与夫仪间。姑场七里，万松龟山。樱岛石火金峰（皆山名）。运天屹嶷（在今归仁亦名上运天），砂岳辨华（在大岭砂川海中一里许），干青霄以飞翠，吐丹气而为霞。北方壶与昆阆，恍松乔之所家。其陂泽则有霸江（为中山咽喉两炮台夹峙）玉湖（即玉泉），许田（有湖在许田山下），饶波（在石火山下水东北流），大荣通津（在字胜岳下）富藏长河（在金武山下），宛潬胶鳌，浃渫盘涡。控清引浊，灌注陂陀。滴滴乎若星毕之下，泽渭布濩而滂沱。于是毛鱼布阵（极小七八月朔前后五日出海余月则否），文鳐戾空（有翼能飞俗呼飞鱼），海胆似猬（背生刺如猬蠕蠕能运行），鳎鰕如龙（大可一二尺，形极似龙），石鉅叉手（首圆下生八手），针鱼淬锋（头戴针亦名鱵），文螺紫贝，蚺螯玳瑁。诡类殊质，彩错锦缋。振鬐奋甲，拜浪扬风。喋唱颙屃，罄取乎其中。鸟则太和异鸡，王母乌凤（鸟名，一名王母鸟），元鸟秋来（燕常以七月至不巢人屋），海鹰飚送（白露日从日本随风飘至，应期不爽），容蕊（雀名），黑首麻石（雀名）白骨绿毛辨莫读史（雀名亦呼莫读吏）之异，金羽同翔古哈鲁（雀名）之仪。翻翖颉颃，随波刷荡。濯翮珠洒，鼓翅云飏。沸卉轷訇，来往于其上。其兽则牛、羊、犬、豕、野猿、山猪、马、不齧亘（马终岁食青不识栈豆），鹿乃化鱼（六月沙鱼跃岸化为鹿。鹿畏热亦化为沙鱼），其虫豸则蚯蚓寒唱，蟋蟀春鸣，毒蛇添足，蝎虎作声（声洪如雀），元蚁腹水（蚁腹有水），花豹冬雷（蚊四时皆有），晰蜴朱丹，厥耀皑皑。绿延榛莽，趯踔洼隈。尔乃皋泽，块圠林薮。趹蔓异荂，灌丛荣色。晃炫煌居。扈扈更盛，迭蓓秘醇，四时吟籀万变。花则佛桑、山丹、石竹、铁钱、吉茄（土名雷山花），火凤（人家墙上多植之以辟火），帚桃（帚桃似郁李而尤小），猿筵（一名山苏花），青阳菊芳、白露梅妍。欢冬之花，仙人之竿；美人红蕉，名护香兰（名护岳出兰），吐芬扬烈，宗生族茂，抑若沉麝竞艺，而馥郁触鼻；贝锦散彩，而繁艳错绣。其嘉卉则油树（实不可食用，以榨油），铁树（即凤尾蕉），乌木、红木、门镂、舒黄（土名呀喇苦），常盘染绿（一名福木可染绿色），梯姑吐菜（叶大如柿，每叶抽作品字形，花叶如紫木笔），地分含毒（地分有毒可药鱼），古巴梯斯（一名戊土），悉达慈姑（叶类桃子，如葡萄深蓝色不可食），福蒲卑结（木高数尺，叶似木槿而差小），右纳高株（树高三四丈，花如黄石葵），攒柯拏茎。蔚若邓林，轮菌蚪蟠，櫹蠹萧参。或从风而鸣条，或映日而垂阴。连卷岩碕之岊，幂历潭渊之浔。其果则枇杷迎春（枇杷熟最早，常以元日食新），芭蕉结夏（蕉实如手植指，一名甘露），凤梨津润（阿咀呢叶长旁刺初开花者为男树，结实者为女树，其实一名凤梨云即波罗密别种），芝子圆写（如橡栗而小，一名楮子又名椎子，甘至蒲房，实落被野。陆献桃梅，隰储蔗藕。任土所丽，亦莫不有。其蔬则女蒡、莘荞、茯苓；松露（松根所产蕈，麒麟、鸡脚、石花、昆布（四种俱海中苔藻之类，各就其形似名之），瓜畴菜畦，缤纷轧笏。阳茇阴敷，随时代苗。若其原野，则畛畷鳞接，坟衍瓜分。百谷条畅，荫医铺菜。山种豆而卒岁，陇刈麦而方春。黄粱当暑以登圃，绿秧负霜而怀新土冬暖常以十月插秧，其贿货则麻姑草簟，大岛木棉麻姑即太平山，大岛土名岛父世麻，供蕉布于刀尺土人织蕉为布，流日本之镮铤市用倭国宽永钱，太平甘缊，蜜林红黏。禀栖北谷北谷多稻田，之稻国榷。宜野之盐宜野湾晒盐处，其宝利珍，怪则硫磺鸟岛所出，红铜海螺，石松有红白二种马齿人没水取之。珊瑚交柯产自八重，隐赈葳蕤，精曜陆离。诚节慎以经理，良贾贸而咸宜。若乃荒陬诡谲，倜傥罔己。红日坠而生泉牧志村有泉，相传见红日入地而生，白沙化而为米金武村有千手院，一僧泛海至大著，神异民歌日神人游子白沙化米，石变金以筑宫谢名村有金宫蔡度，王母行其地，见石物皆黄金银，其父取作金宫楼阁，剑腾光而出水亲泊村有获剑溪，是其幽遐极异，旁魄众态。禹鼎之所不图，山经之所不载。倘神农之未知，虽伯益其犹昧。鸟可以爱云，其形仿像其概。若乃观其内奥，浮游中区，丰蔚所盛。惟王之都，亘崇埤之轞轞，越岑岭而特建；标龙冈与虎峯近王宫左右石锌镌龙冈虎峯字，托乔基之漫漫。缭垣绵联峥嵘，参岼霞驳电烂。皓曜蕀歛，通门四辟。增崖临磴，左启水门，右顾久庆俱王城门名，宏楹廓落，绵蛮黝纠。东极继世王府后为继世门，跨蹉于后。其前则欢会西向欢会王府前门名，义取朝宗。中华日仰，忠顺恪共。瑞泉刻漏二门名俱，欢会门名，广福奉神俱近王殿内门名，重闱洞出，爟炟嶙峋。霅寥窅以中处，九房王殿九间俱西向，环勾而连枑；累层构以庌豁，赫旷旷以宏敷。骈密石与雕碣，互磊砢而相扶。环材攒罗以丛倚，仡戢砉而枝柱。刊层平堂，台飔是防。木无绨锦，土无壁珰。广庭砥平，连阓对廊。用觐陪贰，布教颁常。于是波臣助理，毗代作桢。上自国相，法司权衡；大夫谒者，庶务经营。下逮百司，登仕有程。峨紫巾，曳锦带，戴华簪，飞翠盖，锵锵济济，直事听理以出，入高门者众矣。徒观乎王城之外，北屋连甍，里巷四达。街衢相经，瓯瓦茅檐，竹帘篱屏。亦有甲第当道，横陌柱列；樫木墙垒，砺石户设。重版室布层席，粉笺木壁渗绿。界白匠斫之费，动锱千百。向翁毛马，此之是宅。班列肆于辻山辻山在那霸女集地，会日中而竞走。集鱼鰕而骈坒，委懋迁于女手。并所任之重轻，咸有戴而无负。若巨鳌之冠山，时疾趋而矫首。济有无以常偏，侈化若之充皇。叛喧哗以喤呷，浑袖幕而纷蹂。若其旧俗，良辰吉日，始春终冬。炫奇斗巧以乐，熙雍掔球场岁初女子皆击球舞板为戏，而珠扬惊电响于月杖。横巨板以对舞，若飞仙之上举。饫饮海滨。士女缤纷，丽服葱菁，照水映云。抚华舟而竞渡，犯岩渊以拔河旧录六月有月之夜士民皆拔河争胜，纵金鼓以扬旌槐，惮夒龙而感蛟鼍。乃迎祖神，火炬炘炘。秋而盆祭七月十三日夜家列火炬二以迎祖神十五日盆祭，熛讹硕麟。引大年以久在，待广廷而拜月旧录八月家家拜月谓可益寿，罗赍实以华筵，焚椒兰之滏勃。守天孙以键户旧录白露先后□□□守天孙，毒螯之难逃。奉粢饼而饷鬼臈日饷鬼饼，谓猘狂之不可遭。汲新潮探雪崎正三五九月妇女相率雪崎洞拜水神祈福，飨巨石拜丛祠。徘徊降灵君，君祝祝天神。飏飏厥臂，有六宿麦既秀，新谷既尝，一日之蜡御彼女王旧录国中有女王者之宗属，世由神选以相代。五谷成时，女王渡海至姑达佳山，采其熟者嚼之，各处乃敢获，钲鼓响筝，笛和太平。唱落雁歌落雁笛曲，梵呗激殷。喽啰巫觋，舞翩婆娑。神迟□福嵯峨，膜拜贝蛮颜酡。所以希锡羡乐，嘉祐者汾沄。沸渭于前。故荒俗之缪讹也。然其君子温恭明懿，恪其典宪，附丽皇极，缘督自劝。望帝弦而北面，岩庶翼于等威。隔归墟之渤潏，凛天颜之不违。尔乃乾元圣节履端始辰，清台授时之日，职方贡篚之晨服，其荒服蹈舞扬尘。俨璇枢之遥烛，爰端拜而称臣。然后坐层台班上，揖鞮嘈嚛吁喁翕，习酌清醥以献寿。齐曲跽而擎拳，授饔饩以大飨。亦命爵而割鲜，尊卑欢乐，轨物昭宣，已事而竣，遍为德焉。及将奉禋祀，献精诚丰融，暗蔼介尔，昭明揺守。圭整皮弁。拂石鼎以炷香，诣木亭而馨荐。望于山海偏隅，所瞻貍沈；豳荤徕祇綦严，大川玉城，知念久高，率有攸报，取血启毛中山世鉴久高岛，知念大川玉城诸处春稻夏熟，至今在所春夏四庆蜡祭，慨霜露之既濡，聿感物而增思。省崇元之梵宇崇元寺即先王庙，左闲监司香火，妥先灵而罔匮。致敬恭于明神，合群祀以咸秩。懋硕德而允怀祚，多福以元吉。若夫泉崎之宫，俎豆莘莘。命教后学释菜，是遵庠序；既设典籍，纷纭惇诲。师传于兹，为群启发。旧章校理，同文于是。生徒祁祁，陶化染学；习华音而训诂，渐立志于礼乐。苟不安于蠕蠢，克兴道而慕义。更渐摩而就将，微茂德之广被。是以丝纶不贲，赫濯遐荒；怀愢奉恩，雍肃祗庄。上舞下歌，颁斌咸戾，蹑踵接肩，掎裳连襂。稽颡树颌、扶服蛾伏者，莫不蒸圣风而草靡，钦德音而丽奕。世颁玉之仪既备，币余之锡既逯，登降宴饫式礼毋废。乃复增修贡职，仰答皇赍移珍来享，倾城面内于斯之时，疏俗同熙，含和吐词。颂圣人之在上，庆沧屿之安流，景昭光之振耀，羌风翔于云游。环大瀛以为家，奄穷发与重舌。裁员峤之文锦，佩瑶池之玉玦。频伽鸣于元墀，纰罽陈于紫闼焉！独蛮陬外隅，仰辰光之末哉！

江心石鱼歌

国朝黔江知县　杜同春　江苏人

江心石梁亘千尺，下有双鱼古时迹。霜飞石出寒江空，波静鱼浮苔影碧。相传神物兆年丰，刻凿宁论自化工。盈虚消息本至理，胡为鱼也居其功。我来涪陵值俭岁，斗米三百困生计。心尤是物不肯出，未挽天心早默契。今年江波照眼明，春沙漾日波纹轻。少府携我醉石畔，指点真鱼髻鬣平。可怜岁久苦荡蚀，拂沙扪石始物色。三十六鳞乍有无，芷兮莲兮那可识？更闻去年冠盖集，曾睹鲦鲦还濈濈。失水宁忧遭豫且，经过岂效河中泣。奈何为休反咎征，苦饥怪尔终难凭。翻疑涛涌浪花拍，一朝变化俱云腾。乃今见尔心逼侧。念尔济时恐无力，鼓翼难随石燕飞，潜身幸免渔人得。忽逢一顾使君仁，拂拭重施巧匠勤。年年且慰苍生望，慎勿伤心已失真。

夏烈女毁形守志歌
夏道硕

锦水寒江江之侧，云山黯参忽异色。谁氏有女抠乾坤，山川为之亦含恻。婉柔原自出名楣，一点冰心是妇师。云屏月冷盈猿泪，翠幕霜寒罢凤吹。衡芷为心松柏质，七戒森森只从一。画图相敬俨如生，丹衷可使质太乙。当年杂佩何殷殷，还期地下共修文。梦魂惭对巫山雨，泪竹常飞湘浦云。明星沈沈妆镜坠，慷慨引刀明此志。绿云不染翡翠污，白璧耻为脂粉地。生则同衾死共窀①，九泉须合骨如银。风会不堪长太息，柏舟千载作孤吟。睢阳之齿常山舌，严将之头侍中血。古今烈妇与忠臣，炳炳芳声揭日月。

百花赞
夏道硕

春光明媚，大块烟迷。开名园以幽赏，羡化工之逞奇。帘卷东风，观不尽绿云红雨；鸟啼斗帐，梦都成紫蝶黄鹂。景翳翳以相属，色灿灿而争施。敛尊欲抒，既含羞于半面；披技相见，意巧笑于芳姿。影娟娆而历乱，态绰约而攸宜。一肌一容，迷王孙之肠断；或疏或密，牵公子之魂离。方素质而淡妆，则若耶之匀粉；及彩流而浓饰，则昭阳之日移。岂独有情而欲语，抑将无言而成蹊。困人兮天气，发兴兮遄驰。尊为王占为魁，

---

① 窀：坟墓。

从人标榜；诗为浇酒为伴，着意订期。绘紫阳之文章，落片片于水面；因濂溪之酷嗜，浮朵朵于清池。墙短纷岐，关不住满园佳丽；解装投赠，即何妨陌上委蛇。承露葳森，非鼓催于唐苑；向日舒沁，宁剪彩于隋堤。馥郁气氲，似身引乎月殿；大娇婉娈，直美逢于琼基。采采盈筐，注罗袜而莫顾；行行且止，晚步屟而谁訾。虽零露残霜，犹劲贞于香晚节；况风和旭酿，自乘兴而放新禧。翠积五城豪气，五陵磊落；声同十友联珠，十道淋漓。云流画阁之中，清香暗袭；月出东山之上，疏影横披。着雨偶肥，犹胜环儿庭前态；临风起舞，不减妃子掌上吹。可佩芬焉淑沚，亦飨英乎东篱。十里马飞，新郎君将迷归路；三年海上，旧社主未老开枝。酥润天阶，宫娥颦眉自惜；蝉鬉雕樹，好鸟偷眼下窥。步春前则美人翩来月下，殿春后则学士高咏云衣。照水亭亭，陈思不禁凌波赋；倚窗惄惄，天宝微呼睡熟时。乐平泉而坐久，就金谷而品题。自分天工之剪裁，何来晓风之威促。故知上苑之游胜，尽属谐臣之媚兹。着紫着绯，玉堂人盛服朝天子；装金装璧，肉屏里笑颜劝酒卮。允矣佳辰，趁韶华于锦绣；庆哉乐事，修脂黛于丰仪。莫待蹉跎，闲台已成璀璨；休云孤负，东园忍令参差。彼银钉之相吐，青烟仿佛；盼玉雪之徐坠，六积依稀。岂如仙洞随鹿角，那堪真蕊上蜂须。所赖韵士风流，寻枝问叶；若逢骚人雅集，命号嘲痴。家卧麒麟，谁识生前开谢；堂归语燕，频唤东主兴衰。但许珊然珮环，轻移穿径；只嫌醉余俗恶，慢揉狂持。倘折几茎于胆瓶，香生书案；即插两朵于宝髻，喜动腰肢。莫怪临老入丛，恐妖容弗爱；须信明年犹健，唯寒骨方知。三岛云封，琪树应留楚楚；五更风起，子结何恨迟迟？叹名言之莫声馨，还欣鉴之靡私。聊开绣口于梦笔，更铺玉阪于葩诗。或辒轩之足采，未风雨之可欺。

星槎刺史吴公创修考棚德政碑

涪州当水陆孔道，烦剧难理。州大夫莅兹土者，多敏达才。然体用之偏全，纯杂必有辨也。星槎刺史前官定远，卓有循声。丙戌秋来莅我涪。廉明简重，弊绝风清。州之政次第具举，其中先务之急，考棚[①]其一焉。先是，川东州县无考棚。有之，自公之治定远始。方其肇议于涪也，众有难色。公捐清俸首倡之，独断不疑，从容擘画。

---

①　考棚：科举考试中，州县初选生员时的考试场所。始于清代。

阅数载而工告竣，计费万余金，皆民间取。次乐输、济工、用无或匮，岂可与观成？难与虑始，民情固然欤。盖公所存皆实心，所行皆实政，民以此信公，公亦自信而不惑也。初，公之莅涪也，涪境岁遍饥。公劝谕富民出粟赈济，城乡活无算。又奉上宪，力行保甲，详审精密，盗辑良安。圣庙祭品阙如，公恪遵图式制造聿新，都人士皆乐观礼。其他葺①学宫、勤考校、宽徭赋、恤孤贫、造福里闾者，指不胜屈。非独考棚，然即考棚已可概公也。持大体，推诚信。不尚虚誉，不摇群诼，其用一出于纯，其体之全得自读书养性也久矣。士庶民之感激爱戴，当何如哉？

阖邑绅耆盥沐公颂

修考棚记

州牧　吴庭辉

　　川东州县，向无考棚，试则诸童列坐于公廨②。前期预搭席篷，搭篷之具取于民。差役藉以需索，扰累沿河州县。有强取船桅以供用，榜人维舟以待试毕者。试之日，唱名而入应试者，往往自挟几案以应名。拥挤杂遝③，不胜其苦。风雨骤至，则坐篷下者，群哗④而避于堂，不能禁。庚辰春，定远县试，余目见其状，如前所云。时因移建仓廒有隙地，在公堂左；又因修文庙有余材，遂成屋十数楹。足容八九百人，以为试所。其时尚无考棚之名，而重庆属之，有考棚自此始矣。至于涪州，则应试者倍于定远人数既多，其需考棚为尤亟。爰集绅士议之，择基于学署前数十武⑤，买民居以拓其地。余捐廉为之倡，绅士等踊跃捐输，争先恐后。复举谭君辉宇董其事，其子逵九孝廉及监生周步云、谭世浴等协理之。鸠工庀材，众力毕举。经始于丁亥之秋，迄庚寅春落成。气象光昌，规模严整。涪陵为人文蔚起之区，其仰今兹之广庇，思曩日之艰辛，以愈

---

① 葺：修缮，整顿、治理。
② 廨：官署。旧时官吏办公处的通称。如郡廨、公廨。
③ 杂遝：聚集的样子，众多纷乱的样子，也作"杂沓"。
④ 哗：吵闹，喧哗。
⑤ 武：古人以六尺为步，半步为武。一武即为三尺。

励其奋发有为之志也夫。

诗　选

诗以言志。篇章所著，性情见焉，故古者采诗以观民风；而列国之贞滛，以见其有关于风化，而为王迹之所寄也。盖如是其重矣！志之有诗，岂余事哉？谨编次旧志所载，更增以今人之作，俾足以贡俗而见志，不失古温柔敦厚之教云尔。

唐

黄草峡
杜甫

黄草峡西船不归，赤甲山下行人稀。秦中驿使无消息，蜀道兵戈有是非。万里秋风吹锦水，谁家别泪湿罗衣。莫愁剑阁终堪据，闻道松州已被围。

宋

涪州得山胡次子由韵（山胡，鸟也，善鸣，出黔中）
苏轼

终日锁筠笼，回头惜翠茸。谁知声嗃嗃，亦自意重重。夜宿烟生浦，朝吟日上峰。故巢何足恋，鹰隼岂能容。

荔枝叹
苏轼

十里一置飞尘灰，五里一堠兵火催。颠坑仆谷相枕藉，知是荔枝龙眼来。飞车跨山鹘横海，风枝露叶如新采。宫中美人一破颜，惊尘溅血流千载。永元荔枝来交州，天宝岁贡取之涪。至今欲食林甫肉，无人举觞酹伯游。我愿天公怜赤子，莫生尤物为疮痏。雨顺风调百谷登，民不饥寒为上瑞。君不见，武夷山中粟粒芽，前丁后蔡相笼加。争新买宠各出意，今年斗品充官茶。吾君所之岂此物，致养口体何陋耶？洛阳相公忠孝家，可怜亦进姚黄花。

北岩题壁
朱熹

渺然方寸神明舍，天下经纶具此中。每向狂澜观不足，恰如有本出无穷。

偶感贴壁
尹焞

少蒙师教指迷津，老读义经味入神。无限青山随意好，强来骑马踏红尘。

涪　州
陆游

古垒西偏系晓舟，倚栏搔首思悠悠。欲营丹灶竟无地，不见荔枝空远游。官道近江多乱石，人家避水半危楼。使君不用勤留客，瘴雨蛮烟我欲愁。

明

涪陵十韵
马提干

地居襟喉重，城依雉堞坚。东渐邻楚分，南望带彝边。舟楫三川会，封疆五郡连。人烟繁峡内，风物冠江前。溪自吴公瀹，园由妃子传。许雄山共峻，马援坝相联。滩急群猪沸，崖高落马悬。石鱼占岁稔，铁柜验诸天。地暖冬无雪，人贫岁不绵。岩标山谷子，观索尔朱仙。

和新建致远亭
礼部尚书　刘岌　州人

伊阳归去已多年，易道光辉在目前。义圣卦爻文象备，涪翁题壁古藤悬。千秋鉴透精微理，一画重生先后天。致远亭成翚旧址，尊贤遗德永昭然。

涪江泛舟
状元　杨慎　新都人

明月沈清露，秋风起白云。兰桡乘溜急，木叶下江闻。爽籁金悬奏，遥峰翠积氛。碧潭留雁影，绵衲散虹文。旅望随天豁，幽阿与岁分。登临知自好，寂寞共谁云？

赠张生一鹏归涪江并柬夏松泉
杨慎

家君新自涪州至，袖有松泉经岁字。江潭憔悴采离骚，丘壑风流闲启事。西窗剪烛话巴山，空谷跫音^①一解颜。何日陶潜三径就，追随范蠡五湖间。

寄夏松泉
杨慎

山中睡起三竿日，天上书来五朵云。念我独愁开阒寂，感君长跪谢殷勤。两年故友交情隔，千里同心歧路分。奇树花滋看已遍，不禁春色恼离群。

---

①　跫音：跫，象声词，脚步声。踏地声。《庄子·徐无鬼》："夫逃虚空者……闻人足音跫然，而喜矣。"

寿夏松泉太宰
杨慎

赤乌归来鬓未星，紫垣光焰照涪陵。山中宰相无尘事，河上仙翁有道经。春色又惊梅蕊白，薰风几换荔枝青。停云闲月多篇咏，何日沧浪一共听。

游北岩寺
湖广巡抚张善吉　州人

画舫摇摇渡野浔，四贤遗迹访钩深。江山对峙乾坤回，师友相忘谪寓心。世事转蓬朝易夕，圣经垂范古犹今。后生仰止高风下，握笔留题愧掷金。

登北岩
巡按四川监察御史李廷龙　湖南进士

北岩高耸向谁开，云际偕登目八垓。道自洪濛传蜀远，易从伊洛入涪来。风清落叶依晴路，露重飞泉点翠苔。坐语不知尘界近，恍疑踪迹是蓬莱。

游北岩寺送别友人
徐文

先贤遗迹近江浔，古寺东头一径深。易道此时知有传，经筵当日枉留心。悠悠旧事皆成梦，兀兀空崖直到今。此日清游兼送客，新诗写作赆①行金。

---

① 赆：赠给人的路费或礼物。《孟子·公孙丑下》："予将有远行，行者必以赆。"

前题
施清

一棹撑云渡水浔，清游胜地访钩深。继天立极前贤志，望海观洋我辈心。万感题诗思往古，三年宾从重当今。喜聆豪论深根柢，伊洛渊源一部金。

前题
陈智

棹歌欸乃过江浔，石磴棱层①古寺深，红叶纷飞原有为，白云聚散本无心。二南家学②真无古，三党门墙③准至今。漫把心思写离思，须知吾道重千金。

同乔金宏诣注易洞
李廷龙

竹松深处锁寒云，有客同来欲悟真。一脉崖前分洛水，四围石洞见天根。画前爻象谁凭语，心上经纶我与闻。相望川东民皞皞④，涪陵今已属人文。

九日偕但富顺李印江登北崖
张应麟

殊方又见菊花开，故国曾无白雁来。到处茱萸堪插鬓，频年风雨罢登台。偶逢剑

---

① 棱层：高耸突兀的样子。岑参《出关经华岳寺访法华云公》诗："开门对西岳，石壁青棱层。"

② 二南家学：二南，指《诗经》中的《周南》和《召南》。欧阳修《王国风解》："《周》《召》二南，至正之诗也。"家学，指家传之学。苏轼《刘壮舆长官是是堂》诗："刘君有家学，三世道益孤。"

③ 三党门墙：三党，指父族、母族、妻族。门墙，指师门，出《论语·子张》："夫子之墙数仞，不得其门而入，不见宗庙之美，百官之富。"

④ 皞皞（hào hào）：心情舒畅貌。《孟子·尽心上》："王者之民，皞皞如也。"朱熹注："皞皞，广大自得之貌。"

外神仙令，同醉霜前浊酒杯。天地西南饶物色，凭高欲赋愧非才。

北岩寺
同知　陈计长　州人

白云知所好，荒草没山路。岩石多棱棱，止许高僧住。壁立万斯年，藤萝杂古树。江翻岛亦沈，木斩台先露。幸有基址存，苦无檀越护。比邱失讲场，野鸟上阶步。转嗟西日翁，却同远山暮。徒有扣关心，遥写空归句。

北岩怀古
通判　何以让　州人

维石岩岩在北山，四围烟树入云间。当年注易人何往？此日谈经洞未关。夹岸芳洲铺锦绣，一江春水隔尘寰。登临欲究羲图蕴，遮莫忘机月下还。

题涪州北岩
蔡汝楠　浙江人

点易岩阴露未干，苔临水府碧涛寒。后儒重问伊阳秘，一画当年示子安。

北山览古
明经　夏道硕　州人

屹然江上一云屏，横绝中流势不群。山谷当年何所激，楹题知已独非君。

望铁柜城
夏道硕

仙樵幽韵自何年，城郭人民几海田。我欲结茅当胜概，萧森铁柜意欣然。

铁柜城
陈计长

铁柜久不见，屹立胡遥遥。连弩需劲卒，相传赤甲高。至今黄草峡，犹疑白战袍。石瓮迹还在，卧龙法全消。四望城虚壤，白雉顿蓬蒿。瞿塘犹象马，蜀道白云霄。余民知几许，归心方郁陶。丹灶未易觅，松枝安可樵？寂寞群猪潴，千年向夜号。

赠刘秋佩
王守仁　余姚人

骨鲠英风海外知，况于青史万年垂。紫云四塞麟惊去，红日重光凤落仪。天夺忠良谁可问，神为雷电鬼难知。莫邪亘古无终秘，屈铁何时到玉墀。

又赠刘秋佩
王守仁

检点同年三百辈，大都碌碌在风尘。西川若也无秋佩，谁作乾坤不老人。

登舌璧山眺望
明经　何楚　州人

何处岩岩天竺峰，高横一壁川之东。孤云淡锁千秋月，霁日长吟万里风。绿树枝头朝弄影，烟波江上暮流虹。仙人遗有长生诀，几向山间问赤松。

登舌璧山
何以让

四山横一璧，彩袖披青沥。静夜水淘淘，晴空声寂寂。扶桑曙色开，极浦月轮恢。

征雁穿云影，香风绕翠苔。琼瑶亘紫陌，茅草构新宅。不觉海天宽，浑忘池馆窄。旌悬竹影翻，乐奏鸟声喧。酒带清泉饮，羹和白雪飧。疏林看虎啸，画舫横流钓。触目有鸢鱼，回头堪望眺。归鸦舞夕阳，顾兔吐清光。法界星辰朗，仙家日月长。

过访何环斗先生舌璧山琴堂书院
副贡蔺希夔　州人

锦缆漾舸发，霜寒月正迢。主人卧舌璧，客子梦云霄。折柬来相从，肩舆不惮遥。孤峰乘杰阁，夹路稳仙标。洞口烟霞合，琴台音韵调。池翻鱼弄藻，天敞鹤鸣皋。树叶临风舞，梅花映雪飘。流觞飞曲水，染翰拂芭蕉。著论伸黄老，陈情友薄浇。四明楼上景，一调坐中箫。华表开歌嗉，甘泉度石桥。探书理河洛，琢句宝琼瑶。艇窄渔簑稳，山深桂树招。兴来苍翠满，意到酒棋消。自负千秋赏，宁堪半点嚣。殷勤留胜迹，谁复类金貂。

登舌璧山访何环斗
云南巡抚　曹愈参　州人

濮水寒龙剑，恒云送隼旟。题舆堪展翼，拥鹊惜悬车。江汉声犹茂，朝歌望始苏。北山思恺恺，陟岵意蘧蘧。不问三公贵，宁辞五斗储。庄周椿绰约，彭泽柳扶疏。视膳青青笋，供休白白鱼。纫兰绕畹泽，戏彩度居诸。去国轻于叶，居家味是蔬。渐逵堪作式，贲迹欲还初。吾道渔樵在，亲心菽水舒。乾坤原大冶，轩冕等蘧庐。披阅怜元草，操瓢重子虚。高椿迟楡沐，轻尘伴琴书。题凤情如昔，登龙志已摅。感时增太息，阅世可唏嘘。几见东郊外，群公钱二疏。

赠给事中张善吉乞归省亲
户部尚书　南宫白圭

紫诰新颁出建章，亲荣子贵喜非常。衣冠世济诗书泽，御敕文涵雨露香。燕乐高堂承宠渥，归来晚景亦辉光。仙郎拜庆欢情洽，醉著宫袍献寿觞。

鱼蛮
陈计长

人居市廛里，子隐淮水中。形声不相吊，心事漫形容。竹木为居室，编排浮水濛。鱼虾堪作粮，无用羡农工。劈水探鲂鲤，易如拾芥葓。于焉蕃孙子，婚嫁索水宫。此为鱼蛮乐，惟知踏浪雄。人间租税大，着地便成穜。何如鱼蛮子，两脚履虚空。虚空难久得，应与舟车同。鱼蛮抢地泣，切勿语桑宏。

涪陵
陈计长

涪陵岑寂久无烟，归去犹堪石枕眠。行尽阮车空有泪，烧残嵇锻未成仙。青山突兀频当户，绿水苍凉自涌泉。闻说广平心似铁，恐于归赋亦潸然。

伏波祠
旧传伏波征五溪蛮，驻兵于此，因有祠　陈计长

兵驻城南上壶头，将军故垒敢谁蹂。伯王伟略古今壮，辰酉獠蛮次第收。自负勋名尚夔铄，谁知筋力尽炎洲。一生事业东流水，千载令人忆少游。

涪荔
陈计长

巫山直上白云端，一片涪城草色寒。闻说荔枝佳种断，春光因甚入涪难。

涪陵八景

黔水澄清

吏部尚书　夏邦谟　州人

分得龙门一脉精，粼粼鸭绿照人明。远通贵水来仙岛，近会川流到玉京。洗墨任挥明道砚，烹茶堪汲子瞻清。东风吹散碧桃落，万点飞花镜面行。

松屏列翠

夏邦谟

形色天生岂偶然，松屏佳号至今传。千年霜雪云根老，万古虬龙铁壁坚。一本生成苍更茂，数枝犹带雨和烟。四时独对江滨立，疑是岁寒不语仙。

桂楼秋月

夏邦谟

老桂婆娑白玉楼，月华三五正中秋。天香有种清虚散，宝鉴何人玉斧修。金粟清芬横海宇，仙娥妆点出云头。岁中能有几宵好，吟到天明意未休。

荔圃春风

夏邦谟

南海移来种亦奇，贞姿绚烂艳阳时。焉知涪地珠林实，偏重昭阳国色知。当日曾劳人远贡，而今不复马飞驰。喜逢风德同尧舜，独重贤才不重斯。

铁柜樵歌

夏邦谟

长安不去逐虚名，阿涧操斤度此生。伐木倦依丹桂坐，采薪身带白云行。两三互唱层霄上，远近遥闻出谷声。此是太平真景象，红尘能解几何人。

鉴湖渔笛
夏邦谟

纶下江流不自持，小舟撑住学桓伊。疏狂有笛随时乐，断续无腔任意吹。午日梅花千古调，秋风杨柳几枝词。数声何处来云水，六国三朝动客思。

群猪夜吼
夏邦谟

涪地名滩何陡峻，卫青群豕势参差。浪翻腊雪风回夜，声吼春雷月上时。惊碎往来名利胆，苦催骚客短长诗。愚公久切移山志，鞭逐峻嶒入海湄。

白鹤时鸣
夏邦谟

万丈玉龙生壑哀，地幽尘绝景奇哉。当年云水鸣仙倡，此日名滩漾碧苔。风外羽从三岛去，浪头声向九皋来。蓬窗睡起船头坐，雪浪催诗次第裁。

黔水澄清
州牧　余光

萦回冷浸碧无瑕，图画天开景最嘉。醉后船头洗鹦鹉，水晶宫里弄烟霞。

松屏列翠
余光

胜迹天生古涧苓，根柯郁翠厌丹青。平生爱石轻珍宝，移入书斋作画屏。

桂楼秋月
余光

天香万斛散乾坤，楼对冰轮懒闭门。午夜静观无缺处，分明足蹑到天根。

荔圃春风
余光

托根涪地岂寻常，色绚猩红春正香。妃子惟夸风味别，谁知鼙鼓动渔阳。

铁柜樵歌
余光

名山如柜紫云乡，野调清幽宠辱忘。行客不知心上趣，犹訾音韵少宫商。

鉴湖渔笛
余光

霜落回沱似鉴明，红尘静处小舟横。古今多少伤心事，尽在蓬窗笛数声。

群猪夜吼
余光

急湍交流怪石横，万山雪化势如倾。月明午夜声号怒，何事江头抱不平？

白鹤时鸣
余光

苔长渔矶水落潮，浪吟仙子鹤鸣霄。北窗午夜频惊觉，疑是虞廷奏九韶。

黔水澄清

夏道硕

两江争拥一孤城，右带环流照眼明。当日五溪从此进，桃源有路任君寻。

松屏列翠

夏道硕

谡谡松涛秋韵清，宜人眉目越分明。郡城不得君声节，霜雹几寒岁晚盟。

桂楼秋月

夏道硕

花到秋来分外香，谁将折向满身芳。楼头妆拾城中月，一郡人文笔底忙。

荔圃春风

夏道硕

知是唐朝妃子传，当年走马欲登天。烟迷不见春风面，还向江头问荔鲜。

铁柜樵歌

夏道硕

况有仙樵云里声，北山高处起层城。奇花瑶草无人识，夜静犹闻杜宇吟。

鉴湖渔笛

夏道硕

因闻异曲到江滨，何处关山风月新。醉梦千家何日醒，渔歌几唤武陵人。

群猪夜吼
夏道硕

群波不肯向中流，万折千回近岸头。岂是江豚争拜舞，暗来晴雨枕边愁。

白鹤时鸣
夏道硕

图马图龙不世游，白鹤仙人下钓钩。浪拂千寻疑羽翼，至今长听唳声悠。

坐点易洞
夏道硕

点易洞前江水回，石龛犹似露珠来。时人莫谩登临览，不朽人文挂碧苔。

重修碧云亭
夏道硕

北岩石色碧云眠，昔有环亭今渺然。龙树不教云出岫，亭成依旧宿亭边。

题飞泉桥
桥系刘秋佩之女钱节妇捐资建　文珂

父忠女烈傲严霜，人迹平桥客路长。问是何年成砥柱，溪头流出柏舟香。

前题
夏可泉

偕行晚踏石桥霜，泉落银河声韵长。节性已同山石老，游情任逐水花香。

国朝

题江心石鱼留别涪陵耆庶

川牧　罗克昌　珠湖

古涪江心卧石梁，梁上凿鱼鱼徜徉。岂是王余留半面，非同沙内曳红裳。三十六鳞形质全，闻说在昔唐人镌。此石成鱼鱼赖水，胡为失水偏有年？呜呼噫嘻知之矣，纪闻纪见俱至理。白鱼八舟周载祥，圣嗣钟灵独梦鲤。讲堂鹳鹤集三鱣，公卿象服说非俚。太人占之曰维丰，此事更与瑞麟通。独茧苣钩强不起，石文潜见悉天工。我来涪陵鱼常出，岁岁仓箱盈百室。今兹休暇复往观，鱼高水面空唅窟。额手称庆与农夫，及时举籽莫荒芜。圣朝仁爱天心见，人事承庥切自图。主伯亚旅勤胼胝，三时不懈冻馁无。纯孝裂永双鲤跃，类推集祉在中孚。我将去矣无多嘱，愿尔群黎共惇笃。作善降祥鱼效灵，江石千年兆人足。

道经涪陵游北岩注易洞

四川典试　王士贞　山东人

鸡鸣截江去，磊落见残星。古洞生苍藓，层岩列翠屏。五溪秋水岸，万里碧云亭。蜀洛清流尽，千秋忌独醒。

涪州北岩注易洞

四川学政　吴省钦　江南人

江桡赴岩翠，桡动岩亦动。蚁旋附危急，衰草幕其空。三休入孤院，倾耳辨弦诵。有怀风教存，右折访崖洞。山寒地坚瘦。宿潦惨凝冻。滑汏循坡陀，打面雨飞送。举头见水帘，帘底日穿缝。始知置身处，虚厂覆帷幪。坏藤络虬龙，老树矗鸾凤。留题半磨灭，姓名孰珍重。讲筵赴编管，济恶语堪痛。阙里注周易，奥义揭尘梦。石床坐生徒，造次古礼用。尔时川党贤，应悔市争哄。堂成岁三稔，涪翁适过从。擘窠榜钩深，陈义庶善颂。自为夷陵徙，渐作讲堂供。迹削名愈高，吾学著前统。彼哉王真人，炼气习腾豇。览古心激昂，幽幽硐禽哹。

游北岩次石刻鄱阳刘应麟元韵
孝廉　何铠　州人

沦落荒亭石上开，几人闲踏碧云来。多情树色全遮暑，无力藤梢半扫台。风月当前谁作侣，乾坤笑傲且浮杯。凭高未许空怀古，致远端思济世才。

次石刻浙人蔡汝楠元韵

其一　何铠
绝壁荒苔墨未干，岩阴深处欲生寒。追寻往哲还如在，未独区区待子安。

其二　何铠
日到高岩露易干，未当暑往讵来寒。等闲识得寰中秘，玩动何如居要安。

北岩点易洞
孝廉　何裕基

有客传周易，遗踪在北山。乾坤窥橐钥，妩复见循环。春入风吹座，冬来雪满关。欲寻河洛理，翘首几追攀。

游点易洞
其一　周煌
雨余访胜出郊圻，江上晴光逗翠微。祇以羹墙寻道岸，敢将风浴试春衣。苔痕没屐青还细，桃涨浮舟碧正肥。鹿洞鹅湖真未远，扶节今始到岩扉。

其二　周煌

钩深堂畔草离离，知是康成带镇垂。蜀党既分因得谪，羲图将启未停披。山连二酉藏书处，水到三巴结字时。为想丹铅新注后，几回崇政尚茕思。

其三　周煌

谁从伊洛讨渊源，洞口犹应识旧痕。隔槛有风常入座，落花如雪正当门。斗山直北人师重，杖履之东吾道尊。亦拟尹谯来问字，空岩岑寂意忘言。

其四　周煌

祠宇千年若有神，即凭刺史构嶙峋。经帷诚敝龙文动，春社刚来燕喜新。亭外碧云凝篆古，池边流水接觞频。视今视昔浑闲事，记取闲关此问津。

游北岩注易洞
孝廉　陈于藩　州人

其一

道气巍然百丈光，碧云密锁钩深堂。望中箕踞人千户，槛外梭流水一行。不老乾坤推易力，难逢精妙折心香。此间不减桃源景，何事问津走且僵。

其二　陈于藩

争说罗君刺史才，千岩万石复新开。会知道脉如山重，曾托禅师面壁回。俯仰清虚今古意，春秋亭阁雨风催。洞门不染浮沉客，讲易天心自往来。

其三　陈于藩

先生爱道早登坛，只重儒流不重官。铁柜城边连雨夜，流杯池畔剔灯残。君臣际会非由薄，性命渊源不避艰。文运何如推宋室，当时犹负进贤冠。

北岩注易洞
李天鹏

涪城江外北山隈，旧是伊川讲易来。座上春风留古洞，阶前时雨润苍苔。搜将先圣图书秘，辟得前人阃奥开。当日儒林承正学，至今遗教得根荄。

点易洞怀古
明经　潘嵩　州人

点易人何在？人去洞已空。斯文昭千古，长使白云封。不见摩汤痕，天然露穹窿。我来寻胜迹，瞻拜致虔恭。藤萝滋化雨，桃李茂春风。樵歌高山北，鱼笛大江东。余怀感不胜，长啸豁心胸。如何发元精，炯炯贯当中。观澜欣有术，仰止得其宗。有堂颜钩深，题之自涪翁。宋室有贤人，流寓将毋同。后先相继美，指授推元功。大启乾坤蕴，图书始折衷。因此留芳躅，百世尊钜公。吁嗟铜柱滩，湮没等许雄。吁嗟铁柜城，荒址蔽屏松。从来立功名，不如道德崇。在昔风流渺，于今心源通。更赖贤刺史，一朝振鼓钟。弦歌声不辍，程门雪再逢。

题钩深堂
进士　龙为霖　巴县人

画前已有易，谁其见天心。画中自有易，千古任追寻。味淡惟元酒，声希识太音。求溪三十载，妙蕴时浸淫。小子方门外，何由测浅深。

点易洞
明经　刘会　巴县人

易道今在蜀，程子有斯言。洞中来点易，易学本渊源。继后求溪子，妙蕴贯乾元。

过涪州荔枝园
刘会

红尘妃子笑，相传采斯土。斯土久荒凉，涪人尚思古。尤物天所忌，何须怨林甫。

注易洞

孝廉　王怡

其一

空江沉绝壁，倒影浸波纹。插地媚峰静，遥天落照曛。登临足未到，结想梦曾经。今日攀援上，行踪入快云。

其二　王怡

先生精妙理，讲易见乎天。大往小来日，济屯出坎年。艰贞蒙以难，元吉视其旋。岩丁无人处，一心返自然。

牧伯谢公送诸生肄业钩深书院

周锓

数枝桃李短墙横，才荷培滋到处荣。带得九重新雨露，折开万象旧勾萌[①]。穷年黄卷方逢乐，深夜青灯不厌明。试看儒冠争拜舞，漫云竹马擅清声。

北岩注易洞怀古示诸生

孝廉　何启昌　州人

屏山何巉嶪[②]，二水自东流。注易人已往，古洞独千秋。一自为迁客[③]，门墙杰士收。上阐濂洛理，下待撞钟求。人心知响义，营祠荐庶羞。古今同生理，致此别有由。杯水覆坳堂，只以芥为舟。闻有星宿海，其大罕与侔。醯鸡处瓮中，槐穴有蚁游。人非

---

　　① 勾萌：指草木芽苗，卷者称"勾"，直者称"萌"，合称"勾萌"。《礼记·月令》："（季春月）是月也，生气方盛，阳气发泄，勾者毕出，萌者尽达。"《聊斋志异·种梨》："见有勾萌出，渐大，俄成树，枝叶扶苏。"

　　② 巉嶪：山的高峻貌。

　　③ 迁客：流迁或被贬谪到外地的官。江淹《恨赋》："迁客海上，流戍陇阴。"李白《与史郎中饮听黄鹤楼上吹笛》："一为迁客去长沙，西望长安不见家。"

鸡与蚁，讵以瓮穴休。二典传心法，八卦演羲畴。周情与孔思，志士任冥搜。求成不在速，势利杜其谋。培根加以膏，日日进竿头。时鸟歌细细，天风吹飂飂[1]。高陟峰峦上，愿言追前修。

点易洞怀古
明经　邹锡礼　州人

乘兴到北岩，平生切仰止。石径数级登，危梯就倾圮。注易人何归，注易洞尚尔。飞阁耸高冈，清流绕石趾。研朱殚一心，后儒得宗旨。我来访遗踪，青山与碧水。望古增徘徊，如见昔君子。移步叩门扉，苍苔印屦齿。长林日影西，翁郁暝烟起。带月听书声（洞旁为钩深书院），欲去犹徙倚。

点易洞
孝廉　潘喻谦　州人

屹然古洞峙千秋，俯看长江日夜流。点易先生归洛国，斯文犹自在涪州。

钩深堂
潘喻谦

子美能诗称大雅，伊川点易号钩深。双双妙绝题名手，自有涪翁鼎峙今。

北岩点易洞
王正策

北岩顶上翠屏山，拾级层层几处攀。水涌群猪翻浪裹，歌高铁柜入云间。钩深自

---

① 飂飂（liù liù）：形容风之阴凉。《淮南子·览冥训》：“故至阴飂飂，至阳赫赫。”

昔堂何在，点易于今洞未关。图画开时原有易，几人领取月明还。

注易洞怀古

孝廉　邹澍宁　州人

藤萝石径傍山隈，山静云停一洞开。参透天心逢七日，阐明经义著三才①。钩深院里余寒雪，仰止堂②前满绿苔。幸有遗编供玩索，后人犹自识根荄。

注易洞

何浩如

注易千秋迹，危岩一洞开。云从铁柜起，风逐锦江来。大道归扬阐，群儒乐化裁。北山今寂寂，谁是说经才？

江心石鱼

王士贞

涪陵水落见双鱼，北望乡园万里余。三十六鳞空自好，乘潮不寄一封书。

聚云山晚归赠源澈上人

州牧　国栋　满州人

其一

千峰环古刹，石磴入云层。暂作偷闲客，忻逢竹院僧。人随明月到，心与大江澄。

---

　　①　三才：古指天、地、人。《周易·说卦》："是以立天之道曰阴与阳，立地之道曰柔与刚，立人之道曰仁与义。兼三才而两之，故易六画而成卦。"
　　②　仰止堂：位于北岩钩深堂内。为清嘉庆七年（1802）始任涪州知州的顺天宛平人李炘所建，是纪念前贤激励后生的文化建筑小品，取"高山仰止"之义。《史记·孔子世家》："《诗》有之：'高山仰止，景行行止。'虽不能至，然心向往之，余读孔氏书，想见其为人。"

归路何愁晚，回头有佛灯。

其二　国栋

溪毛浑漠漠，山谷自棱棱。细路披榛过，危梯数级登。树瘿堪作茗，竹蔓竟为藤。他日重来访，当年到此曾。

涪州阻水
吴省钦

外水送孤蓬，叉流下武隆。鱼沈萱草绿，驿断荔枝红。山色团杯底，滩声泪枕中。碧云亭徙倚，莫遣月朦胧。

群猪滩
吴省钦

白蹢烝涉波，夜涨高数仞。膨脝伏波底，聚族肆砑磷。为豮[①]为艾豭[②]，睢盱竞观衅。磨牙吞客舟，立蹄作霆震。喷涌白浪花，漩涡列圆阵。非无舵与篙，激裂断寸寸。一起势一落，鱼腹葬同殉。连朝苦扎水，格豚恃忠信。拟操屠伯刀，肯綮恣排摈。长年启利涉，趋避贵精慎。千指争一槽，整暇如卧镇。汎济色死灰，秋风老霜鬓。

歇圣庙
何铠

其一

遗庙焜煌枕碧流，临风瞻拜识桓侯。千秋汉日昭涪水，百代精神贯益州。国士并伤歼阆郡，蜀兵犹自下黄牛。可怜一德君臣义，历尽崎岖志未休。

---

① 豮：阉割过的猪。《周易·上经·大畜》："豮豕之牙，吉。"
② 豭：公猪。《左传·隐公十一年》："郑伯使卒出豭，行出犬鸡，以诅射颍考叔者。"

其二

将军威猛冠群流，忠义端然并寿侯。天数安排分汉鼎，英雄无复会江州。权将列国存吴魏，转看编年属马牛。惟有人心长不死，思公千载祀无休。

城楼晚眺
何铠

山城雨过惯披衣，徙倚斜曛发兴微。江水滔滔新涨溺，屏松漠漠暮云飞。遐方尚遗人烟旧，彩里休传牧马归。此日野人何所冀，为农时祝稻粱肥。

城南琵琶石
何铠

片石依稀物可名，游人莫认作秦筝。鸿濛一曲浑无韵，太璞何心触有情。风月清时谁拨理，水山高处任纵横。应须更得鸱弦制，弹彻江城紫凤鸣。

奉使入蜀初至成都次少陵奇严郑公五首原韵
尚书　周煌　州人

其一
封泥珍重递皇都，一月签邮趣使符。星座岂知占郎次，田园不拟问将芜。偶逢山鸟如曾识，但觉村醪亦可酤。去定欲迟来定速，早拼心事托征夫。

其二　周煌
白花潭水点风蘋，曾记龙飞几十春。顾影剧怜成老辈，寻声多喜见乡人。旧时卖卜无门巷，故事当垆失里邻。惟有升仙桥上路，往来冠盖逐年新。

其三
浮云回岫水回溪，万里乡心未肯迷。自分锦衣荣昼夜，谁知川路又东西。桑缘少恋犹成宿，马到曾经亦踟蹰。所幸年年事奔走，也来留印雪山泥。

其四　周煌

铃索无声夜倚栏，满檐风雨作江湍。谁家宅里方携酒，（用载酒学字事谓彭乐斋弟兄）有客桥头正把竿（谓顾二密斋）。旅邸在乡疑是梦，老年行脚胜还丹。平生始识连云栈，翻笑人猜蜀道难。

其五　周煌

将老菟裘生计微，简书崇重敢怀归。极知驰檄情堪喻，差想移文事尚非。社雁只今还小住，海鸥随处尽忘机。眼看流转征轺急，及取初凉又揽衣。

奉使回川再至成都叠次少陵寄严郑公五首原韵
时花甲一周期近即用自寿　周煌

一年两度赴成都，关吏无劳问传符。出世故应怜小草，怀人已复见寒芜。穷经庭畔欣同载，卖酒垆边懒再酤。蓬矢桑弧①成往事，此身端竟是凡夫。

其二　周煌

忠信平生托藻蘋，寻盟那待隔年春。即周一万五千里，何止东西南北人。老去未妨经蜀道，归来不敢请比邻。王师近报婆娑捷，喜得军书日日新。

其三　周煌

芙蓉溪下海棠溪，一带风烟望欲迷。乡路尽分江内外，侬家原近瀼东西。游滇尚忆寻蟇②口，入蜀犹能逐驷蹄。胜有装轻闲检点，天香时惹武都泥。

其四　周煌

鸾坡鹤禁接层栏，从数流光驶似湍。常起天街宵五鼓，多分砖影日三竿。一麾讵拟终回舍，九转何烦更驻丹。最是呫叻容易过，扪心惟有报恩难。

---

① 蓬矢桑弧：本作桑弧蓬矢。古代男出生时，用桑木作弓，蓬草作箭，使人射天地四方，象征男子志在四方。《祀记·内则》："国君世子生……射人以桑弧蓬矢六，射天地四方。"陆机《答车茂安书》："桑弧蓬矢，丈夫之志；经营四方，古人所叹。"

② 蟇：同"蟆"，蛤蟆。韩愈《月蚀诗效玉川子作》："臣有一寸刃，可刲凶蟇肠。"

其五　周煌

朅来眠食意先微，梦里还家亦当归。同甲已虚四人在，兹辰又益十年非。曾过海屋开汤饼，重把星槎访织机。莫道连朝荣似昔，满城齐着锦官衣。

奉使入川得告省墓还家日作
周煌

其一

又捧纶言出禁扃，旧谙乡路此还经。巴人未喻相如檄，汉士空投李邰亭。渐近家山无偃蹇，重倚墓树亦英灵。不堪两纪归来晚，零落交亲似曙星。

其二　周煌

小筑新成背郭堂，得归恩许一旬强。亦知暂假非长假，已觉吾乡异客乡。老去心情关聚散，平生气谊属行藏。兹来莫漫留盟誓。早晚刀环乞尚方。

予告归里纪
恩述怀兼别同人得诗四首　周煌

早岁功名际圣朝，抽簪华发已萧萧。多惭素食孤恩久，敢恋青山入梦遥。罢职独闲中禁马，（前岁蒙赐禁城骑马，昨以足疾乞假。未能入直）缀班虚珥侍臣貂。封章一再陈螭陛，耆宴亲留异数邀。（两次乞休恩谕千叟宴后具奏）

其二　周煌

悬弧才感被恩光（癸卯冬余年七十。恩赍便蕃并赐"中枢耆望"扁额），弹指流年七十强。岂意初衣临祖道，更教画锦赋还乡。需云湛露颁私第（新春举千叟宴，未得躬预，蒙恩一体赏赉），旧秩新衔拜宠章（得告后蒙恩以兵部尚书致仕并加太子少傅衔）。最是天颜容再觐，翠华行处赐荷囊。（先是命儿子兴岱斋折谢恩，上赐煌克食并传谕于耕耤，回銮时谒觐。是日跪迎道左，上亲解佩包以赐。仰蒙温谕，感极涕零。）

其三　周煌

忆从橐笔入承明，箕斗空名负此生。万里乘槎惭博望（丙子奉使琉球，仰荷天庥，航海无恙），卅年稽古愧桓荣（戊寅入直书房，迄今已逾两纪）。西川曾谕三章法（奉命三次入蜀，中间得奏请省墓，异数也），南省频司九伐兵（余以兵部侍郎擢工部尚书，未久仍调兵部）。毕竟涓埃无报称，甋棱^①回首祗葵倾。

其四　周煌

衣香同惹御垆烟，南浦离情独黯然。真率最难忘旧侣（戊戌同举真率会者七人，今惟锡山漳浦两相国在朝，墨庄总宪，先赋归田，不无落落晨星之感），师资终自忝前贤（余屡司文枋，门人多在京同宦）。鸥边春雨临江驿，乌尾秋风上峡船。莫道天涯从此别，年年倚杖望魁躔^②。

过荔枝园

进士　李天英　永川人

栈阁铃声杂雨悲，马嵬谁更吊娥眉。荔支不管兴亡恨，一夜春风满旧根。

游龟龙山

孝廉　侯天章　州人

赛得酆都势最雄，山连天际水连空。波翻白浪千层雪，路挂青霄百尺虹。几杵钟回尘世梦，数声犬吠碧云中。朱衣皂盖劳生久，笑眼初开第一峰。

---

① 甋棱：宫阙上转角处的瓦脊。班固《西都赋》："设璧门之凤阙，上甋棱而栖金爵。"杜牧《长安杂题长句》之一："甋棱金碧照山高，万国珪璋捧赭袍。"

② 魁躔：魁，北斗七星中的形成斗形的四颗星名。躔，日月星辰运行的轨迹。魁躔：比喻人才众多，像天空的星星一样耀眼。

涪陵夜泊
进士　翁若梅　福建人

其一

一棹涪江夕，千峰返照开。为钦注易洞，独上雨花台。吾道资扬阐，诸儒赖剪裁。瓣香今在否，有客尚徘徊。

其二　翁若梅

木叶双堤雨，滩声一枕风。人随秋色淡，心为夜涛空。鱼暗江间石，龙潜水底宫。但饶巴国月，相伴碧流东。

涪江舟行抵武隆
翁若梅

孤棹发涪陵，单微一径入。缭曲而窈深，令我心懔慄。倏忽度危滩，凌波如拾级。百丈云际垂，缆夫一当十。时复值平流，山回径路窒。舟如掠水凫，前后互相失。五步一灵崖，幽赏不暇给。或如虎豹蹲，或象老人立。天半洒飞泉，水帘悬石室。猿狖壁上行，游鱼镜中出。四顾悄无声，片帆曳残日。蜀中山水奇，应推此第一。安得王右丞，再试辋川笔。

凤凰山
李天鹏

平地崔嵬景最奇，昔人传是凤来仪。一峦独耸头高处，众岭分披翅展时。矫矫云生思翥阁，峨峨风动欲鸣岐。登来不说丹山事，千载神鸾已在兹。

飞水洞
李天鹏

滚滚原泉出上头，悬崖飞下洞边幽。中涵石室长开户，高撒珠帘不挂钩。听去潺湲风带雨，坐来清冷夏疑秋。流行想到朝宗处，又向蓬瀛结蜃楼。

五花山
李天鹏

五山攒簇望如花，带雨浮烟浥露华。不假滋培千载茂，问谁采摘一枝夸。桂称窦氏形难肖，柳数陶门景更差。地作芳园天作幕，年年开放入云霞。

白云关
李天鹏

白云高处古禅关，着屐登来兴转删。云去碧空来古涧，禅归圆寂渺尘寰。残碑雨打长林外，故塔风摇蔓草间。安得檀那金布地，重新祇树旧时山。

白云书院
李天鹏

白云缥缈望高坰①，旧是书香肄业亭。天上落霞清笔砚，林间皎月透窗棂。只今变作浮僧宇，自昔长明处士星。三举神童成往事，何人更起出层扃。

山谷洗墨池
王怡

其一

浅草清泉透碧疏，涪翁洗砚墨吞鱼。风流往迹无人问，仿佛犹停花外居。

其二　王怡

翠黛青山学画眉，寒流嫩绿弄清漪。当时赖有高吟者，此日风光附与谁。

---

① 坰：远郊，郊野。

赠州牧赛明府
王怡

其一

万家生佛万人欢，远近喧传第一官。题柱汉廷真匪易，贤劳蜀道不辞难。苗疆曾拽星辰履，锦里齐瞻鸂鶒冠。绣像买丝原有意，飞凫何幸泪江干。

其二　王怡

江水盈盈青且涟，冰衔相映共澄鲜。碧澜座上人如玉，醉白楼中兴涌泉。鲁卓高踪风邈矣，龚黄伟绩事茫然。年来借冠非容易，今日方知父母贤。

其三　王怡

借照冰壶在眼前，涪人更喜得安全。才非百里如公刿，德重千钧仰陆宣。众口有碑能载道，齐民无计可留鞭。北山多少羊公石，政绩可磨又可镌。

碧云亭
孝廉　黄基　州人

昔人曾此劝农桑，人去亭空事杳茫。黔水倒垂波万顷，屏山遥映树千行。几层苔藓猥春草，无数蟾声噪夕阳。欲问遗踪谁可问，无言桃李笑含芳。

琴山寺
黄基

山形谁造设，古寺以琴名。音自空中出，弦从象外生。焚香挑慧指，洗垢发幽情。应有和风拂，岂无元鹤鸣。声闻天籁静，韵入上方清。不与故人去，长流一水横。

舟行黔水道中
进士　陈鹏飞　州人

黔水涪江一脉连，乘舟鼓枻溯流鲜。才临绝壁疑无路，忽转回峰别有天。过眼已忘沧海阔，当头几见斗星悬。白云封里深深处，会有诛茅住脚仙。

关滩口占
陈鹏飞

其一

重关矗峙拥双峦，泻出江流第一滩。最苦波心砥柱石，倩谁管钥锁狂澜。

其二　陈鹏飞

怒涛何事问鸥夷，击破云根是楫师。总为陶朱争学步，人家拚却最娇儿。

新滩上岸行
陈鹏飞

□□□□□惊澜，客子攀岩险处安。山径半从茅□□，履痕早向雪中残。逢人每叹沧波老，到此休嗟蜀路难。独羡商翁能忍冻，船头托出水晶盘。

重过黔水道中仍用原韵
陈鹏飞

黄茅夹岸浑相连，水出黔州色尚鲜。半缕烟沈山脚雨，数家人戴瓮中天。朝闻犬吠知村曙，梦想猿蹲怯岭悬。弹指光阴鸿雪里，不堪重问绛罗仙。

舟泊关滩口占二首
陈鹏飞

云霄路近接层峦，俯看人间最险滩。我听鹧声行不得，暂教弱缆稳惊澜。
平生忠信险为夷，说与舟人莫问师，如此风波来又去，会须学得弄潮儿。

舟泊关滩

国学　舒其文　州人

险隘自天开，巉巉在水隈。悬崖惊瀑布，雪浪卷飞雷。万壑归吞吐，孤舟畏往来。关头如有吏，应进驿中梅。

神仙洞

孝廉　何行先　州人

扣钥何年到玉岩，翠微隐人隔尘埃。药炉昼永烟消篆，棋局年深雨长苔。流水一溪瑶草秀，天风几树碧桃开。静听五夜笙簧响，知是神仙跨鹤来。

题长孙无忌墓

孝廉　舒国珍　州人

滚竹高坡吊昔贤，孤坟断碣泻寒泉。江涛白喷填精卫，陇树红花唤杜鹃。气节难回思顾命，功名特出羡凌烟。长安春色今犹好，忍说黔州被谪年。

吊何贞女

孝廉　陈廷璠　州人

坤维有正气，节烈本乎天。守贞尤足异，所遇更迍邅。岂无拟冰雪，桓门意自坚。亦闻兼教育，丸膽事犹传。妇道如臣道，委身重仔肩。从古血性人，半以情为联。处子非无性，情于何所牵。胡为轻慷慨，行不畏其难。一朝梦镜分，启匣光团团。虽当月影缺，新月不同残。啮指誓靡他，直欲剖心看。操定亲莫回，从一任凭棺。凭棺挥血泪，哭吊便于归。伏雨催寒漏，凄风透素帏。夫子何所恨，堂上黯春晖。一子遗侧室，未可忘断机。引作生平任，慈孝体夫微。上下六十年，彤管应留辉。吁嗟浩然气，生之贵集义。几人解直养，刚大称克至。丈夫首巾帼，沛乎塞天地。情弗乱性真，性弗杂情伪。大造清且宁，乃以全彼志。夫何为而为，如斯方无愧。

白鹤梁

邹澍宁

石鹤成形望宛然，中流屹立几经年。不同鸥鹭随波下，宁让蛟龙得水先。洗尽浮尘新羽翼，听来清籁杂潺湲。崆峒①旧有凌霄志，应许飞□凤阁边。

读明刘秋佩劾刘瑾疏

庠生　陈祖烈　州人

蹇蹇孤衷射斗牛，弹章直上焕千秋。丹心贯注文心豁，浩气兼行笔气遒。只冀回天惟谠论，谁知逆耳即嘉猷。卧轮扩槛传今昔，为国如公适与俦。

登城东奎星阁

孝廉　邹浉宁　州人

奎星高阁接层峦，此际登临最大观。地夹双江秋水碧，城开万户晓烟寒。光联文笔垂珠斗，气霭炉香喷麝兰。试问今朝谁造极，笑予独步上栏干。

涪陵八景

黔水澄清

御史　夏景宣　州人

矞然不滓粹而精，引入平川分外明。润物脉原通绝塞，朝宗势欲度西京。迎风杨柳高低绿，映水蟾蜍上下清。闲倚曲栏看竞渡，菱花影里一舟横。

---

①　崆峒：1. 山名。在甘肃平凉市西。《史记·五常本纪》："黄帝西至于崆峒，登鸡头（山）。"2. 古人认为北极星居于天中，斗极之下为崆峒。洛阳之地居地中，因以崆峒代指洛阳。李贺《仕和里杂叙皇甫湜》："明朝下元复西道，崆峒叙别长如天。"3. 山洞、洞窟。4. 山高的样子。

松屏列翠
夏景宣

屹立罘罳翠宛然，秦封高秩代相传。群芳亦秀容常变，众木虽高节不坚。疏影独筛清夜月，浓阴长带旧时烟。苍龙赤甲当庭峙，无事留侯去学仙。

桂楼秋月
夏景宣

可是元龙百尺楼，蟾宫兔阙满天秋。好凭李白停杯问，漫向吴刚觅斧修。此夕光分廛市宅，当年香绕泮池头。贪看天上婆娑影，莹照寰区正未休。

荔圃春风
夏景宣

是处虬珠本擅奇，名园景物异当时。白图看去浑难辨，蔡谱传来罕见知。幸有春风能鼓物，莫嗟岁月去如驰。土膏不改灵根在，足称栽培亿万斯。

铁柜樵歌
夏景宣

不解随群博利名，碧山深处自谋生。持柯晓出穿云去，荷担归来带月行。野调全从山谷响，狂吟乍续鸟歌声。采薪只合逢仙侣，看到棋终定几人？

鉴湖渔笛
夏景宣

钓罢回舟懒自持，秋江一曲仿桓伊。折残杨柳轻轻下，落尽梅花款款吹。水底鱼龙惊别调，波间风月弄新词。何人与制柯亭竹，截玉钻星慰我思。

群猪夜吼

夏景宣

河伯枭雄江险绝，将军长喙石参差，蹄翻春浪奔胜处，舌卷秋涛荡漾时。放去无踪疑入笠，听来有韵欲催诗。我来占得獠牙吉，莫遣闻声蹙两眉。

白鹤时鸣

夏景宣

不到华亭不自哀，戛然江上亦悠哉。羽随雪浪标清态，声答银涛响绿苔。谩拟乘轩投卫去，或曾入梦见苏来。江城得此清歌侣，几度闲吟漫取裁。

松屏列翠

州牧　董维祺　奉天人

文光山夺尽，秀色列屏风。形胜朱颜媛，神传绿发翁。自然参造化，绝不假人工。漫道碑无字，犹惊石结丛。

桂楼秋月

董维祺

一片小山月，偏潆危榭中。原非分玉阙，竟尔袭黉宫[①]。桂在秋还在，楼空月不空。何其消永漏，翘首问苍穹。

---

① 黉宫：古代学校。《后汉书·仇览传》："农事既毕，乃令子弟群居，还就黉学。"洪希文《踏莎行·观堂试》词："郡国兴贤，黉宫课试，书生事业从今始。"

荔圃春风
董维祺

斯圃名何日，人传天宝中。惟余芳草碧，不见荔支红。南海香同列，东川事已空。酸甜虽有味，耐得几春风。

铁柜樵歌
董维祺

空谷谁传响，声来铁柜中。烂柯人已去，伐木鸟初工。朝出樵云白，宵归载日红。并肩三五者，迥矣市尘风。

鉴湖渔笛
董维祺

无眠因浪稳，萧洒捕鱼翁。宛似桃源客，犹然苏长公。调高千嶂月，曲静一江风。试问人何在，茫茫烟水中。

群猪夜吼
董维祺

滔滔流不住，横锁在涪东。归梦声中断，乡思分外穷。黄昏疑塞马，黑夜类边风。枕上常腾沸，更深听自聪。

白鹤时鸣
董维祺

素羽为仙骥，曾鸣达九穹。猿啼千古恨，雁阵几行空。此地非栖处，何缘偶息翀。

惟于清夜里，领略梦辽东。

石鱼兆丰
董维祺

石磴双鳞甲，何年泑水宫。芝莲供吐吸，星斗任旁通。既倒澜将返，中流波更洪。前人多少句，总为兆年丰。

荔圃春风
章绪

铁柜城西驿路赊，几人重问绛枝斜。空余古苑怜芳草，漫道天工妒艳花。环佩香销曾牧马，画图珍昧对寒沙。年年亦有春风至，不是当时景物华。

鉴湖渔笛
章绪

夕阳凝晖晚景赊，湖光如练月初斜。飞凫调弄清江曲，鼓枻声新彻水涯。鹤骨忽悲雷泽柳，柯椽吹落渭滨花。为问律吕谁相和，得伴君山父老槎。

群猪夜吼
章绪

群猪相搏暮云愁，柱砥狂澜白浪收。河伯雷车过石峡，冯夷鼍鼓[①]汇双流。梦惊铁骑笳鸣塞，枕忆金风木落秋。静夜奔涛争激转，江横地轴锁名州。

---

　　① 鼍鼓：鼍，爬行动物，鳄鱼的一种，又名扬子鳄。古人认为鼍鸣是有雨的前兆。《国语·晋语九》："鼍鼋鱼鳖，莫不能化，唯人不能。"鼍鼓，用鼍皮制成的鼓。《诗经·大雅·灵台》："鼍鼓逢逢，矇瞍奏公。"矇瞍皆是盲人。

白鹤时鸣
章绪

江上潺湲白鹤洲，于今鹤去岁千秋。吹笙不复缑山见，雷鼓遗音蜀水头。日日潮声鸣太液，年年羽化咽清流。共传华表归飞后，仙语星星逐浪愁。

石鱼兆丰
章绪

波心遗迹几千年，何事神鱼石壁镌。出没槎头应瑞物，浮沈水面识机元。时和抱石双双见，岁穰文鳞六六全。藉有诗词扬不朽，大书丰稔至今传。

涪陵八景
孝廉　何铠　州人

其一

江底新听一鹤鸣，泛江寻鹤到江城。山连铁柜松屏翠，水爱黔流鉴渚清。荔圃烟开风正晓，桂楼云净月初明。高秋迥绝群猪险，时与樵渔话太平。

其二　何铠

屏松淅历奏笙簧，乐只新讴此一方。秋月清风情独爽，樵歌渔笛韵偏扬。江波寂寂群猪静，霄汉青青白鹤翔。共说冰壶澄似水，同民民乐祝如冈。

黔水澄清
孝廉　李天鹏　州人

沲①演黔南出郡边，流来一片碧澄鲜。远同泾水分秦渭，近到巫山透峡泉。洗墨最

---

① 沲：古河名。源出今山西繁峙县南，流经河北，至天津入海。

宜山谷子，烹茶堪进石岩仙。闲临柳岸窥清濑，光照菱花水镜前。

松屏列翠
李天鹏

块石如屏卧水滨，松纹绕翠色常新。婆娑影动城头月，苍茂长饶浪底春。讵有丹青描铁壁，频经霜雪助龙鳞。贞操信汝宜梅竹，移向书斋共作邻。

铁柜樵歌
李天鹏

不把渔竿不种田，生涯高寄在山巅。晓披薄雾峰头去，晚蹴白云天半还。刚听丁声来远谷，恰闻野调发幽泉。同歌击壤逢尧舜，何俟山前遇奕仙。

桂楼秋月
李天鹏

丹桂婆娑月彩连，楼头朗照正秋天。花开敞处香初满，蟾挂高时影正圆。百尺露垂金粟下，一窗风定玉轮悬。从来攀仰高天上，今在城楼近水边。

鉴湖渔笛
李天鹏

浪转沱回一鉴中，小舟横处意何穷。桃源望去溪相似，彭泽歌来曲未同。城上梅花飘五月，江边杨柳动秋风。声声长笛吹成调，疑是桓伊①作钓翁。

---

① 桓伊：东晋谯国铚县（今安徽濉溪临涣镇）人，初任淮南太守，后迁都督豫州诸军事、西中郎将、豫州刺史。官至都督江州、荆州十郡。喜音乐、善吹笛，时称"江左第一"。《神奇秘谱》所载的《梅花三弄》据说即据其曲《三调》改编。

黔水澄清
学正　王正策　大竹人

飞滩走峡势如倾，千里灂腾尚自清。水底光涵星倒列，波间影掠树横生。风摇白浪尘缘净，月入虚舟镜面行。氾出大江同赴海。源流清浊各分明。

松屏列翠
王正策

涪江城北老松青，层叠岩前敞翠屏。凤尾风摇随挂锦，龙鳞日射不镌铭。偏宜岚气浮云母，不碍霜光入画棂。仿佛天台开孔雀，虹霓闪彩夕阳亭。

荔圃春风
王正策

名园久不与凡同，未识何年望眼空。自古岸南原有圃，而今岩北只飘风。游人草踏三春碧，野戍尘销一骑红。独怪青莲留李渡，曾无只字入吟中。

桂楼秋月
王正策

百尺凌霄接斗牛，香飘万斛月当秋。银河有渡升仙岸，碧落无云倚桂楼。作赋一篇高玉宇，藏书万帙重瀛洲。遥瞻天桂通蟾窟，遮莫乘槎据上游。

铁柜樵歌
王正策

州北曾传铁柜城，于今伐木听丁丁。无腔拍共松涛好，绝调歌同谷响清。风月一肩长独啸，莺蝉满耳任争鸣。归来云树双眸豁，又见高原牧笛横。

鉴湖渔笛
王正策

湖开镜面碧波平，短笛渔舟趁晚晴。闲载清风孤艇稳，徐吹寸管暮山横。菱花映水心同彻，箬笠临风身更轻。曲调无妨随意谱，沙汀还许订鸥盟。

群猪夜吼
王正策

争从海上说长鲸，谁识群猪夜有声。震散行云银汉落，惊回归梦客舟横。双江陡处波才急，怪石攒来恨未平。莫羡滩头流不竞，禹门三汲是雷鸣。

白鹤时鸣
王正策

飞来金穴下河梁，独立亭亭水一方。石上风回翻素翮，云间响彻引员吭。只期侣凤谐诏漠，岂屑群鸡饱稻粱。学得缑山仙子诀，伫看跨鹤泪青苍。

石鱼兆丰
王正策

拟化云龙雨未行，隔年偏可慰苍生。只须石落双鳞出，即是秋高百谷成。鱼兆梦中丰有象，雪飞陌上瑞同呈。石梁自昔镌金鲤，万亿千仓岁岁盈。

黔水澄清

萧学旬　孝感人

一脉黔西水，潆潆出汉平。周旋山曲折，涵养月澄清。洲渚千年洁，楼台永夜明。烟横云澹处，渔唱两三声。

松屏列翠

萧学旬

岂是天台种，荣舒岁月奢。干非因雪老，叶不逐风斜。草络疑垂蔓，苔痕没断霞。何须开孔雀，对此兴无涯。

桂楼秋月

萧学旬

百尺凌霄峻，蟾蜍魄正圆。人同秋月冷，心共画楼悬。金粟浓如酒，山云拥似绵。客愁容易释，不到故园前。

荔圃春风

萧学旬

小圃依然在，颓垣荆棘丛。已无妃子笑，不许荔枝红。陌上春空到，溪头日自融。虬珠何处觅，惆怅久阳中。

铁柜樵歌

萧学旬

幽壑松阴暗，奇峰雪正寒。闲蹲石径上，高唱晚林端。拨雾寻归路，乘云下翠峦。

后先声互答，远彻夕阳残。

鉴湖鱼笛
萧学旬

烂醉沙汀酒，高吹短笛清。一声江月小，数曲晚烟横。浩荡湖天阔，逍遥世事轻。迢迢岑寂夜，有客倚荒城。

群猪夜吼
萧学旬

何处滩声起，奔腾入耳奇。三更风定后，万里客愁时。怒煮波中月，呼催枕上诗。欲眠眠不得，数问夜何其。

白鹤时鸣
萧学旬

闻道朱仙鹤，滩头曾自鸣。风高声更足，秋老气难平。钓艇灯全暗，芦汀月正明。即今何处去，四顾野云横。

石渔兆丰
萧学旬

不向龙门跃，淹留蟹稻乡。我方怀尺素，人共庆仓箱。苇压三冬雪，枫凋两岸霜。音书何处达，好倩雁翱翔。

黔水澄清

孝廉　周宗泰　州人

湛然独异此江渍，半绕城阗映日曛。雁度应疑天外影，鸟飞欲失水间纹。湍声远咽摇铜柱，练色空浮倒碧云。七十二溪流不尽，自能泾渭望中分。

松屏列翠

周宗泰

屏列苍松秀自储，巍然高拱北山墟。闲云野鹤频来往，城影江光任卷舒。洞口涛声刚度后，枝头月色欲升初。何须更羡王摩诘，百尺丹青画不如。

桂楼秋月

周宗泰

十里风回负郭游，木犀开候又惊秋。花团皓魄香侵座，光散金英月满楼。静夜未妨吹玉笛，澄江无事泛兰舟。寻常也复知三五，此际偏登最上头。

荔圃春风

周宗泰

彤彤日影荔枝香，远圃风和昼漏长。拂面乍殊杨柳陌，当楼初试美人妆。轻裁燕剪笼绡紫，缓织莺梭皱玉黄。莫向开元寻故事，红尘飞骑笑三郎。

铁柜樵歌

周宗泰

层楼深处与云俱，采得烟霞几万株。长啸漫云矜钓叟，朗吟何止傲耕夫。山间岁月无须计，肩上生涯泡可愉。瞥见断垣怀故址，停声小憩对城隅。

鉴湖渔笛
周宗泰

一声水面引清风，如镜湖光映短篷。断续正宜斜照里，悠扬端耐月明中。远随柳影摇新绿，细逐蘋花落浅红。制得无腔尘外曲，清闲日日醉渔翁。

群猪夜吼
周宗泰

澎湃洪流势若奔，群猪滩上月黄昏。迎风拟向岩前宿，逐石应争水底屯。每共猿猱惊客梦，偶随烟雨暗江村。轰然不止鸣终夜，白蹢于今可有痕。

石鱼兆丰
周宗泰

奇质多因妙手镌，独开生面岂徒然。乘时偶作人间瑞，垂钓偏劳月下船。六六锦鳞迎晓日，双双长鬣鼓清涟。滩头不肯随流去，一见能教大有年。

黔水澄清
孝廉　陈夔让　州人

一泓秋水自盈盈，派出黔中绕汉平。知有鉴湖空似镜，不教污浊混澄清。

松屏列翠
陈夔让

块石松纹成底事，昔人想像水之湄。何如就指山城北，一岭亭亭挺劲姿。

桂楼秋月

陈夔让

天香只合飘云外，未许登楼即月中。更上一层凭折取，恍疑身近广寒宫。

荔圃春风

陈夔让

于今江畔只春风，天宝飞驰事已空。看到郊原皆麦秀，不堪追溯荔枝红。

铁柜樵歌

陈夔让

荒城高耸接云霄，但听清歌识野樵。古堞频登声唱和，浑忘即此是尘嚣。

鉴湖渔笛

陈夔让

沱回江水漾风清，小艇随流自在行。最是可人明月夜，无腔短笛弄新声。

群猪夜吼

陈夔让

象马成形滟滪奇，群猪古号亦如之。好从声吼三更后，静想豚鱼可格时。

白鹤时鸣

陈夔让

非关警露绕江云，矫矫飞鸣势不群。每向滩头相应和，天边到处有声闻。

黔水澄清

孝廉　何浩如　州人

汉平城外水潆洄，派出黔中千里来。日暮乘舟轻荡桨，好从波底看楼台。

松屏列翠

何浩如

谡谡松声最可听，岚光一带压丹青。日长山静诗中意，莫羡天台孔雀屏。

桂楼秋月

何浩如

丹桂蟠根白玉楼，幽香馥馥正中秋。月明午夜疏棂透，人在蟾宫最上头。

荔圃春风

何浩如

江浔小圃荔枝红，盛事曾传天宝中。月夜有魂招不返，而今无复怨春风。

铁柜樵歌

何浩如

铁柜山城老薜萝，清幽日日听樵歌。名缰利锁难拘束，风月无边得意多。

鉴湖渔笛

何浩如

湖光如镜碧波平，澹荡和风趁晚晴。吹笛不须凭古调，渔舟个个有新声。

群猪夜吼

何浩如

讶是龙门吼瀑泉，良宵何事不堪眠。晓来试看滩头石，出笠群猪已有年。

白鹤时鸣

何浩如

猴山飞鹤到江干，饮啄随时大地宽。一引圆吭风太急，声声嘹唳出云端。

注易洞用吴白华先生诗韵

四川学政　周厚辕

绝磴陟秋风，一啸群木动。山腰复石折，石腹裂中空。剜苔索古镌，钳口难成诵。钩深尚有堂，点易此其洞。阴凝绍圣元，冰坚天地冻。端礼碑未书，汴水帆先送。崇政去已远，织网密无缝。一舸泛黔涪，四境乐骈繷。海外几归人，朝端鲜鸣凤。致此岩窦楼，势比邱山重。剥余硕果甘，否极群贤痛。象占箕子贞，易拟周公梦。居安序自清，乐玩辞堪用。如何洛蜀争，亦效邹鲁哄。二贤幸趋向，四坐间宾从。涪翁两字书，范守千秋颂。槛外朱碧流，遂作潢污供。此邦藉沐浴，继学得真统。繄我远游人，落帆一飞迣。仰止问津梁，山禽隔林哢。

奉命至成都敬步先文恭公癸巳出使成都次少陵将赴草堂寄严郑公五首元韵

周兴岱

其一

春风回首出皇都，杨柳青旗拥节符。岳渎声灵回北极，乡园晻蔼见平芜。三川到眼浑如昨，尊酒重来莫漫酤。正是谘诹衔命日，未须簪笔咏征夫。

其二

稻畦麦陇间溪蘋，九夏风光接九春。西顾每因劳帝眷，东来深为念乡人。莫教刀剑纷成俗，只此锄犁好结邻。圣德如天同覆载，待除旧染予维新。（教匪不靖，叠经降旨云：如果悔罪投出，咸予以自新之路。）

其三

草堂近接浣花溪，细雨寻芳路未迷。云意不随风上下，诗情常忆瀼东西。明堂清庙怀朱瑟，小砥平林老玉蹄。惭愧遭逢膺盛典，封词亲见焕金泥。

其四

忆驻星轺倚碧栏，光阴廿载似风湍（先文恭公三次使蜀，皆有和章）。灵根共仰松千尺，清节常留竹数竿。检韵重赓双鬓白，酬恩一样寸心丹。永怀德望兼公望，仰止前修欲继难。

其五

渝城东下戍烟微，峡树江云计日归。梦想松楸常在望，悬知桑柘未全非。文成谕蜀惭无补，诏许还家暂息机，两世依光趋禁近，敢将词赋遂初衣。

观音洞

在西里羊角碛滩上。其先乡人莫之奇也。偶秦人严复谦游，见其深邃灵异，俨若褒禅，甚奇之。道光辛巳捐金五百，倡首培其崎岖。共费千余金，遂成大观。于是游之者众，莫不共称为奇。今属武隆名胜焉。

陈鋈咸

人间罅漏教谁补，能手偏来作山主。忆万斯年毓秀英，藏之邃密崇朝吐。仙槎偶泛清节秋，选胜遥岑快接武。同人厌故酤新闻，求远求难势莫阻。卧游癖染宗少文，坠穴思与允川伍。开辟福门一径斜，联裾曲曲绕廊庑。如入褒禅窈而深，如寻桃源晤太古。有塔棱棱玉几堆，有田每每石为户。摩顶狞狰踞怒犀，啄粒翻腾堕鹦鹉。忽逢海市排蜃楼，欲上莲峰挹花雨。嵌成甓社湖中珠，舍利牟尼光绀宇。剪刀面佐月儿羹，仿佛公权进钗股。别涌龙湫芳洌馨，勺饮甘疑赐钟乳。天然造化施雕镂，巧运神斤斫鬼斧。呼童秉烛双瞳惊，形形色色不胜数。宽宏此腹实容之，奚事埋轮避豺虎。方将努力穷其幽，风寒习习涤酸腐。奥髓应储天上书，暗里摸索衰难鼓。怡情景物贪争先，恐惧我生所不睹。回头幸借余明归，宝山游罢掌频抚。者[1]番拾得驻颜丹，在家灵运忘家苦。缕陈奇特喧层霄，目刮金篦学壮语。我时辍诵洗心经，心通耳入亦欢舞。羡君踏破碧玲珑，憾尔倦谒神仙府。恒溪罕到是元关，迷途觉路遽如许[2]。不尽灯传无尽灯，可惜真精未领取。相招域外驰大观，巘底云高众山俯。尘情同异掾语三，世事亏盈组杂五。瑯环想待张华探，纯盗虚声误尔汝。洞前休挂稚珪文，诸法相空随傍午。

短歌行为孝子孔继智作

张克镇

欃枪[3]未灭天氛起，是谁作孽竟如彼。七十二卡一角崩（鹤游坪卡俱为防贼），漫说深沟并高垒。卯辰巳午才须臾，数万生灵同日死。孔生孔生尔是孝子一书生，有母何孺人，茹蘗倍艰辛。有嫂蒲与舒，随母患难行。际此呼吸存亡候，亦不自知其长留万古之芳馨。母曰：儿自为计，毋乱我心。我既老，儿尚少，母恩不必此时报。天荆地棘纵难逃，原不望儿成愚孝。陡然一阵黑风扫，爷娘妻子不相保。郎君亦是小英雄，霹雳一声山岳倒。谁知众贼叹纷纷，有勇如是转爱君。好与俺同群，尽足张一军。同群尔可降，即降莫逡巡。孝子昂然气尤旺，瞋目怒发挺相向。委壑填沟我亦甘，临难苟免名徒丧。愁云惨雾郁难开，千刀万刀滚滚来。耳可截，齿可抉，头可断，体可裂。只有区区一寸心如铁。试问贼何人，讵可与贼说！吁嗟乎！三军可夺帅，匹夫志难夺。

此是嘉庆四年二月事，孔孝子，名继智。

---

① 者：此处语意犹"这"。无名氏《燕子赋》："者汉大痴，好不自知。"者个，犹这个；者番，犹这番。

② 许：此处音 hǔ。犹浒。《诗经·小雅·伐木》："伐木许许"。《说文·斤部》据作"伐木所所。"《后汉书·朱穆传》李贤注引作："伐木浒浒。"俱为象声词。

③ 欃枪：慧星的别名，又名天欃、天枪。扬雄《甘泉赋》："左欃枪右玄冥兮，前熛阙后应门。"陆游《万里桥江上习射》诗"天上欃枪端可落，草间狐兔不须惊。"

题桓侯庙步藿亭明府观

张克镇

新亭初授铸刀头，威壮当年大敌秋。破贼勒铭曾立马，断桥瞋目独横矛。偏能下拜无双士，毕竟还君第一流。不是洛阳青盖入，问侯遗恨几时休。（侯初授新亭侯，曾铸一刀，勒铭刀头。宋大观中于歇圣庙祠前掘地得三印及佩钩、刁斗，刻侯名。仍沉之水中，以镇滩险。）

小江避乱述怀

园林如故赏心同，不厌清泉万斛通。四面山分江小大，八年人住水西东。地仍乐土经兵扰，天爱斯民降岁丰。重借一枝栖甚稳，书声时听鸟声中。

李贞妇割股行

王五总

敬瑜堂前孤燕飞，高秋只雁声鸣悲。燕飞雁鸣惨不乐，惊飚吹折珊瑚枝。我有笔如铁，不写浮靡写贞节。梦中昨夜吐光芒，笔花灿烂垂成缬。所写者，谁氏子？渝州小女根仙李。嫁与汉平陈氏儿，郎清女秀花初蕊。琴瑟双调无间声，鸳鸯比翼成连理。义门家本高华族，族华荫弱霜凌木。夫安贫困妾随夫，同奉堂前双舅姑。刹那弹指八年逝，逝水东流日西坠。舅往南邦各一天，姑居涪邑成两地。成两地，各一天，甑中尘起灶无烟。全凭纤纤柔黄指，绣出芙蓉五色莲。芙蓉绣出人多喜，换得青钱易柴米。磨蝎临宫运复屯，憔悴之中人病矣。缠绵委顿历年岁，费尽兰心勤奉侍。药石翻催二竖侵，阴阳早受三彭制。年壬午，月己酉，病已沈，神失守。空房独夜阴云愁，天阴雨黑闻啾啾。鬼声惨淡渐已逼，烈志精诚强欲留。尝闻古人可救亲魂复，丹忱一矢天为哭。倘得重生死不难，何况区区一块肉。五寸刀，二寸肌，以口亲肌肌移移。手挥利刃如风速，须臾血肉皆淋漓。肉掷碗中肉尚跳，不蹙蛾眉不动貌。和药亲调强入唇，欲从冰窟回春窖。谁知力挽命难回，玉楼已赴修文召。吁嗟乎噫嘻！夫既死，妾肯生？

膝前忍听呱呱声。夫亡子幼义不死，转累艰难白发亲。提笔书至此，双泪为之倾。我于氏有渭阳谊，空持涸辙哀穷鳞。要须江水活，谁施江水全其身？仁施义济世常有，大族岂虑无斯人。狼毫饱蘸松烟待，淋漓濡染传芳名。

游蔺市揽诸胜
刘邦柄

梨香溪
着屐拟寻春，忽焉阻隈澳。招招舟子来，渡我入深谷。玉雨坠濛濛，波鸥丐残腹。何以润诗肠，前村春酒熟。

松坪
松性最清冷，尘寰种不得。譬诸石隐流，名性畏人识。一路响秋涛，芳踪入静忆。堪笑我凌源，桃花殊艳极。

中峰寺
象教极广博，不外中庸理。自有野狐禅，天龙竖一指。兰若建中峰，于理或如是。执中而不偏，正法堪授尔。

鸡公山
我昔游罗浮，晓听天鸡唱。戛尔一长鸣，金蛇腾黄漾。斯山酷肖之，胡为不引吭？还当问纪渚，是否神犹旺。

题听鹤楼　周炳
鹤老不知秋，独立空山古。胡为鸣向人，遗响落江渚。江渚近城市，城市盈俗子。莫将鹤唳声，杂入管弦里。管弦声复声，更宜听鹤鸣。惟有管弦浊，愈形鹤唳清。

鹤游坪八景

李化南　棠村

八轿云飞

尊崇直欲祝三公，尽有冈峦拜下风。我笑山灵犹俗气，纷纷冠盖集云中。

雨溪浪暖

双流合注水之涯，有女桥头坐浣纱。无数鱼笛吹浪起，溪前溪后正桃花。

青牛遗迹

谁从周末溯仙源，浪指青牛卧石垣。我欲函关寻老子，真经再衍五千言。

山鹤凌波

溪头风静水无声，鹤有仙容梦亦清。安得缑山招帝子，也来此处一吹笙。

西岭芙蓉

西来爽气满山峦，幻得芙蓉万古看。好是月明花散后，美人一笑出林端。

东山屏障

画屏一幅启荆关，宜雨宜晴挂远山。难得年年春二月，花团锦簇翠微间。

磴峰金印

雾锁云封草绶缠，偶来石上证前缘。生平豪气轻苏子，何日黄金肘后悬。

黄草屯旗

山头岂果驻兵强，草色偏符远塞黄。不有将军天上落，如何旗帜尽飞扬。

春日游凤翔古刹感赋

寺创于明嘉靖四十年，迄国朝康熙年间又加补葺，寺田数十亩，均南之前人所施，今祖冢尚存寺后。地在涪白里。

李化南 棠邨

浪游踏遍径三三，问柳寻花不讳贪。刚值兴阑人倦后，小桥对面有茅菴。万山围住屋中间，时有飞云自往还。鸟亦谙禅如说法，最高枝上语绵蛮。百道奔泉下远山，终年自送响淙潺。恰如欲去岷江水，流到夔门又被关。大地春回景色奢，香风几度透窗纱。似闻诸佛欢相语，开到园中富贵花。满堂金碧蔚成霞，锁院深深静不哗。可惜好山僧占去，不留余地与诗家。二百年来墨尚新，姓名未蚀画梁尘。老僧向我从容说，此是君家旧主人。霜钟寒铸字纵横，历历前朝记大明。谁布金钱谁舍宅，千秋来此有公评。沧桑人事总堪嗟，多少田周水上沙。若使当年多爱惜，至今知又落谁家。自喜前人种福根，孤坟得傍佛长存。我来不乃苏公贵，玉带亲留镇寺门。食满斋厨酒满壶，公然留客醉浮屠。不知当日烧猪者，一点尘心洗尽无。是空是色两忘形，絮语多时酒半醒。独上高楼倚栏望，一声长啸数峰青。万口争传此地奇，缘何客过少题诗。胸中别有无穷感，自拂尘沙读古碑。山前山后石崚嶒，手拨烟云缓缓登。小憩片时尘虑绝，前身合是此山僧。一杵钟声落照微，奇情欲共鸟争飞。此行自觉风流甚，万紫千红送我归。

贺陈接三胞弟鋆父子同科
张克镇

堂堂大手笔，文坛名早擅。翩翩佳子弟，夺魁自操券。汉平科甲隆，人才原可算。德星聚一家，五色云霞灿。弟兄同一科，康熙甲午见。叔侄同一科，玉堂人共羡。父子同一科，君又开生面。兰谱以齿序，尊卑却有辨。父为同榜尊，不敢敌体慢。子为同榜屈，长辈亲道范。登科分小大，贤良策先献。蟾宫接洞房，定成博议看。才子合佳人，良缘牵一线。贤哉君家子，能作其父干。乔梓并增辉，南北居其半。转瞬春色饶，琼林即待晏。鹤鸣子相和，元音盛世赞。寄语元方兄，辛苦备赏遍。权拜小诸侯，拥书千万卷。车中王铁枪，老将应恋战。人老志不衰，努力加餐饭。

王烈妇绝命词十首（并叙）

道光二十三年三月初五日作

姜，涪陵向氏女也。嫁夫巴邑王氏长郎。未及一年，倏焉即世。迄今七载，矢志靡他。昨年不幸，翁又病亡。叔小姑孀，茕茕无恃。朝夕相对，祇令人悲憎切怛耳。近有无知之辈，渐以不入耳之言，来相劝勉。俯思衣食事小，名节事大。欲全名节，惟有身赴长流，葬鱼腹中。但孀姑在堂，群季尚幼，身死不明，未免贻累。妾冷夜掩泪，题绝命词十首，藏诸笥中，他日烧烛检阅，庶妾之死既明，妾之姑亦可无累矣。噫！诵曰：

一从燕尔效于飞，心系王郎不忍归。裙布荆钗寒士女，敢忘敬戒与无违。

幼读诗书虽不多，也知东作与南讹。蒸梨炊黍三更绩，岂怨微躯受折磨。

屈指于归未一年，儿夫倏尔丧黄泉。耕田供职缘何罪，妾欲焚香一问天。

踽踽长号呼不膺，栋摧梁折地天崩。提刀割股寻常事，孝样恩情得未曾。

无端妇口劝谆谆，怜我如梭廿五春。回首当年花烛夜，何心再觅画眉人。

夫泪未干翁继之，一家孤弱倩谁持。闲来怕读安仁赋，恐惹孀姑老泪垂。

薄浣我衣省我亲，阿娘也劝再联姻。柏舟原在中河内，母也天乎不谅人。

吾家西弟宜艰辛，能历艰辛自不贫。创业守成谁个事，须知嫂是未亡人。

阿翁服制未周年，又别孀姑各一天。此是儿家心恳处，披麻一绖报黄泉。

寄语高堂不必忧，儿魂常在此山头。明朝一息成千古，江上峰青姓字留。

鉴湖石鱼记
石韫王赵秉□题诗列后　观察　陈预

蜀之东有水曰鉴湖，在涪州所治西偏。湖之中石梁横亘百余尺，刻双鱼形，不知何人所作。鱼各三十六鳞，一衔芝草，一衔莲花，其旁又为斗称形各一。蜀之父老相传云："牧是邦者，有循吏绩则石鱼见，见则时和年丰。"余五世伯祖范卿公，明季时曾牧兹地，今乙未岁，余奉命观察川西，时莠民不靖，兵事方殷。余识司飞挽滞迹通川，欲一寻讨遗躅而未暇也。比家君目都邮书，属令访范卿公遗事，并示吴江沈所著近事业残一条。按，条内载：陈良谟，字范卿，吴江人，万历壬午举于乡，知涪州，有循吏声。江中石鱼出者三，州人皆谓惠化所感云云。余即寓书今涪牧李君，属访其事。盖石鱼之说良然，而范卿公宦迹湮没无考。惟州乘职官志有与范公同讳者冯姓，六合人，亦以明季时为涪牧。岂兵燹之余，文献无征，而后之秉笔者偶乖耶？抑别有其人也？余始祖于宋南渡时迁吴江，故世为吴江人。沈书所载，与宋乘合，而筮仕之先后亦与涪志同。若别有其人，不应符契若此，司马迁云：疑以传疑，盖其慎也。抑又思礼经有曰：先人有善而弗知，不明也，知而弗传，不仁也。余惧夫先人之清芬骏烈弗克表章，故述其梗概，俾后之君子得以考焉。

循吏标前史，先贤式此乡。观风崇豸服，稽古问渔梁。遗爱甘棠在，流波镜水长。丛残征轶事，蒐访阐幽光。华阀三吴远，高门五世昌。表微守土职，敬止况维桑。

石韫玉题

鉴湖湖水清且涟，天光荡漾云霞鲜。垂虹下吸碧波涌，蘋蘩荇藻相萦牵。石鱼有二谁所凿，欲考甲子嗟年湮。文鳞六六象惟肖，一衔芝草一青莲。或隐或见瞻政绩，此语自昔渝人传。范卿先生太邱裔，司牧兹土崇祯前。双岐五袴口碑颂，鱼也跃跃浮青渊。扬鬐鼓鬣认潜泳，似与赤子同欢然。沧桑陵谷二百载，循声惠政犹流连。使君数典不忘祖，只奉彝训来旬宣。诵芬述德志颠末，遄征文献搜遗编。丛残纪事若符契，足以传信无疑焉。大书深刻示来许，观感兴起思前贤。昆明迹浪劫灰古，石鳞甲随秋风烟。岂若此鱼被余泽，数罟不入忘其筌。濠梁之乐非所拟，矢诗窃比嘉鱼篇。

壬戌　赵秉渊题

涪陵北岩十景

陈昉　午垣

涪陵北山之阳有岩焉，曰北岩。面郭带江，中藏邱壑。志载州之八景，其一曰"松屏列翠"，即北岩绝顶处也。岩当山之半，其间有洞，深广不逾丈。洞中石磴旁列，便起居。涪人以为先儒程子注易之所，置位焉洞中。考《广舆记》，伊川谪涪时，就北岩普净院辟堂注易，黄庭坚扁曰"钩深"。今堂院已无，而洞在焉。即以洞名"点易"固宜。自洞东去五十步，有堂曰三畏斋。旧说尹和靖[①]避迹于涪，即程子注易地，盖尹子读书处也。堂之下有池，相传黄鲁直为涪陵别驾时，洗墨于此。山谷手迹至今宛然石壁间也。

---

① 尹和靖：即尹焞（1071—1142），字彦明，一字德充，号和靖处士，河南洛阳人。为程颐弟子，北宋哲学家。历任左宣教郎，充崇政殿说书、礼部侍郎兼侍讲。志尚高洁，精通理学，有《和靖先生集》《论语解》等传世。《宋史》有传。另有《和靖先生年谱》。

旁一亭为致远亭，其东为碧云亭，皆宋嘉定间州守范仲武所建。且于每岁人日，率寮属偕往宴游，当时称盛事焉。亭之西曰观澜阁，高蹲峭壁，俯瞰长流。每登阁旷览间，令人有河伯之叹。故晦翁题壁句云"每向狂澜观不足，恰如有本出无穷"。阁之得名殆亦以此。因思昔人为此，岂非以先贤故多遗迹为之广其居而欲流传于不朽欤？贤者之志固应尔尔。然北岩之足异者，尤在陵谷之奇峻，泉石之清洁，嘉葩异卉之茂美，是犹伏匿而未彰也。即昉亦习知其地，而竟莫知其擅涪陵之胜也。我晴湖刺史以积学儒宗，宦游入蜀垂四十余年。蜀中循良于刺史称最，来牧涪陵，不逾年理甚。一日渡江步至北岩，课士于钩深讲院，展拜先贤。礼成，望其地，既多其为往哲遗踪，而又喜其邱壑之胜也。命芟荆榛，除土涂，辟径通幽，编篱筑屋，引泉纳流，嘉树怪石错置乎其中。其增置精舍，如不受暑、藏壑、读书、江天独坐，妙皆因其地，全其天而并不疲于人力，文其户曰"贤关仙境"。今涪之人士其见之者，始则游观，继以宴乐。其闻而来观者，日接踵道路。抑或过客往来，类无不停桡陟岸，瞻望徘徊不忍去。至于风雨晦明，四时景物又往往各呈变态，以供赏玩于无穷。昔柳子厚有言"因土而得胜"，岂不欲因俗以成化？观刺史所作，理其细必不遗其大志，不更有深且远者耶？余于刺史治涪之五年，自豫章归，闻州人之乐语其胜也，窃尝往观，殊不独为兹山幸也。既闻命题十景，不揣固陋，勉成七律愿就正焉。

点易洞
陈昉

道岸岩岩洞府尊，名贤遗迹溯龙门。天心未必穷伊洛，羲象从教细讨论。问字青城来隐士，追踪和靖述微言。山空径寂荒苔古，露滴朱研旧日痕。

三畏斋

瓣香久已属伊川，结屋荒山思渺然。遁迹有心还避地，读书随处要知天。斯文未坠生难杀，尔室无惭梦亦仙。洛绍濂溪公绍洛，后来端不愧前贤。

洗墨池

分明点画走惊蛇，书法涪翁自一家。濡墨不同头作草，临池想见笔生花。溪光潋荡松烟合，字迹纷披雁影斜。行到曲桥刚小立，黑蛟翻处乱云遮。

致远亭

亭前芳草覆苔阴，槛外飞泉漱玉音。四面云山入图画，一天风月豁胸襟。弹琴清澈千年水，放鹤闲游万仞心。目断飞鸿书不至，怀人江上怅春深。

碧云亭

一亭高出与山齐，空水长天望欲迷。城郭午炊烟漠漠，池塘春梦草萋萋。云垂屋角千峰暗，帆过岩廊片影低。人日胜游寻往哲，同怀相约共登梯。

观澜阁

峻阁峥嵘气象超，下临无地上干霄。开轩风雨来松壑，到眼波澜学海潮。坐对南山依汉案，凭瞻北斗望星轺。晦翁独有澄观意，高咏于今未寂寥。

不受暑斋

偶涉萧斋暑便忘，此身疑住小清凉。云根半壁深深护，粉箨千竿渐渐长。绕屋自应无恶木，垂帘已觉庇甘棠。北窗开处宜高卧，暗引春风到睡乡。

藏壑舫

杯水堂坳纳芥舟，虚船偏不系汀洲。频来定有乘槎客，此处应无避隼鸥。山卷洪涛松翠合，风生轻浪麦光浮。济川若便登瀛去，好向银潢泛斗牛。

读画廊

路转廊回眼界开，山环水带绕城来。楼台远树烟中断，风雨春帆日暮回。笔法云林翻旧谱，诗情摩诘费新裁。嘉陵粉本天然绘，指向吾曹子细猜。

江天独坐轩

拓得山腰地半弓，高轩小憩念俱空。似嫌诗酒妨幽兴，妙有鸢鱼悟化工。槛外春光分草碧，檐前初日上阶红。澄怀万景观无限，收取江天一屋中。

北岩十咏

州牧　张师范　晴湖

致远亭

亭为宋刺史范仲武建，映带江山下环泉石。

静言致远得嘉名，刺史风流具胜情。谷口鸟声啼去滑，树间帆影过来轻。坡公放鹤空尘鞚，太守环滁寓酒觥。今就北岩山下望，一亭林壑落霞明。

三畏斋

斋为尹和靖先生自题也。先生去后废为梵宇，今徒僧舍仍复是斋。

三畏斋成岩壑纡，当年乐易守师模。有身多难享吾道，走蜀全名隐大儒。照槛山光挥尘静，空梁月色说经无。鳣堂兴废难磨灭，感慨先生德未孤。

点易洞

伊川先生谪居注易处。

烟波洞外一江横，岸帻研经独坐情。数百年前文运厄，九三爻里系辞精。时穷党祸符否遁，道合天人难弟兄。涪水悠悠通洛水，古贤芳躅暮云深。

涪翁洗墨池

山谷谪居，尝就之崖题壁涤砚于此，因名。

洞天幽绝梦仇池（东坡梦游仇池觉知为小有洞天之附庸也），此处涪翁涤砚时。岩壁钩深垂画铁（壁镌山谷书钩深堂三字），鲦鱼清浅哈芜靡。地偏高轨留花烬，桥曲蹄涔得月姿。往事风流犹濯濯，墨痕陈迹重尊彝。

不受暑斋

地为伊川、和靖两先生后先栖遁之所。壁镌"尹子读书处"，春夏瀑悬千尺。

师生去后梵音流（两先生去后废为梵宇，嘉庆丙子辟治一新），筑室于今洞壑幽。境转片云开玉局，襟披六月到清秋。炎凉不着尘氛远，浓澹能忘物外游。面壁一龛生静笃，飞泉千尺泻香湑。

读画廊

巴江之右汇黔水，两水合流，清浊不混，为凫鸥所集。

山光照槛水洄廊，泾渭攸分鸥鹭乡。檐外万家绿绣壤，镜中入幅写潇湘。右丞笔墨斜皴澹，梁广丹青着色香。读画此间真跌荡，如开卷轴散云房。

藏壑舫

结室如舫，面山对水。

去住无心只自然，退藏林壑极竿绵。秋风跋浪停讴棹，春霁看山稳舣船。少伯五湖烟水隔，张融一室翠微连。襄阳书画岚光洁，爱瞩陵岑缓扣舷。

江天独坐轩

轩仅容膝，江山在抱。

独坐临风抱膝吟，尽宽俯仰纵豪襟。落霞孤鹜江天阔，细雨春帆岭树深。斗室尧夫容兀傲，濠梁庄叟绝机心。小窗一面恣高放，井络岷源不费寻。

碧云亭

亭峙岩间，周览无际。

碧云亭子峭岩皴，岩草萋萋烟水亲。遗爱前朝贤刺史（宋州牧范仲武建，为劝农处也），行春于此慰农人。绿稠南亩新苗罨，青入西山远黛匀。矫首何惭高鸟去（渊明诗"望云惭高鸟"），浪花日卷大江滨。

观澜阁

阁峙岩颠，俯视一切。

杰阁挐云据上游，鱼龙嘘沫互沈浮。耶天崩浪轰霹雳，漾日轻漪狎鹭鸥。惊喜世途翻局异，观摩物理至虚俦。棹讴朝暮响空际，卷起澜光淡若秋。

主讲钩深书院二首
陈永图

堂辟钩深旧有名，今容乞假赋闲情。学原如海宜心筏，归竟无田藉舌耕。注易功精寻洞府，观澜兴洽揽江城。当年立雪知何处，快说前贤策后生。

曾向北岩怀旧游，七年讲席太勾留。门前桃李成清荫，架上图书待检搜。满院琴声答樵唱，半江灯火动渔舟。闲来揽胜皆天趣，水影山光一望收。

李渡玉皇观文社醉后题壁
刘邦柄

昔人早已乘莲去（观中有太乙真人烧丹台），此地空留旧灶台。草径半荒孤石挺，风林小坐片云开。不妨雅俗同蝇集，可有神仙跨鹤来（真人不知姓名，朝代亦不可考）。晚听梵钟归梦澈，拟将尘劫问蓬莱。

其二

山僧只解说荒唐，谰语无稽侮法王。欲击蒲牢宣险韵，因翻贝叶指生方。日移砌竹竿竿影，午放盆兰箭箭香。好把笔花呈色相，都教舍利吐奇光。

送外舅周东屏先生奉使川陕祭告岳渎。
张问陶　遂宁人

岳镇西蟠位望同，百王陵寝半秦中。人来吊古心犹壮，帝命升香气早通。腊雪全消关柳绿，春旐遥映陇云红。金天月朗应回首，曾驻辀轩为采风。（己亥典试陕西。）

其二

江源西振禹功长，星使居然指故乡。饮水也叨明主赐，题桥应笑古人狂。春轺问俗新持节，昼锦传家旧有堂。宰树英灵容展拜，恩辉分照七贤冈。

补遗

涪陵江
宋　范大成

在州东自彭水县流入大江

黄沙翻浪攻排亭，溃淖百尺呀成坑。坳洼眩转久乃平，一涡熨贴千涡生。篙师绝叫欧川灵，鸣桡飞度如奔霆。水从峨来如浊泾，夜榜黔江聊濯缨。玻璃澈底镜面平，忽思短棹中流横，钓丝随风浮月明。

涪陵江
国朝尔朱迈人

杨柳天边树，征夫未忍攀。雨遥三楚戍，春入五溪蛮。犬马分新岁，渔樵失旧山。莫弹行路曲，吾道正间关。

涪州志卷之十二

涪州知州　德恩续纂

见闻志

祥异　兵燹　仙释　寺观

大凡祲氛符瑞，足以滋生人之妄，虚无寂灭，每至混吾道之真。至若兵燹蹂躏，世道所关，纪载尤宜慎也。矧蓬岛祇园，浪传仙佛，纵使般若可乘，羽化立见，何益于世？稗野偶登，亦庄生存而不论之意耳。

祥　异

古今言灾祥者，率祖《洪范》与《春秋传》。其他史册所载，代不绝书，要皆立论以垂戒修省，非徒托之异说也。其间治忽休咎预为之兆，无不旋至而立应者。勿谓方州百里间，遂可略而弗载也。

唐

武后载初中，涪州人范端化为虎，见《新唐书》。

宋

雍熙四年，有犀自黔南入。州民捕杀之，获其皮角。

淳化三年，摩围洞庆云见石生鳞鬣。

咸平元年八月，大风坏城舍。

天圣元年三月，金铜佛出于土。

庆历三年七月戊辰夜，西南生黑气，长三丈许。经天而散。

绍兴二年大疫，死者数千人。五月渝涪皆旱。

绍兴十五年四月丙申，彗星见参度；五月丁巳化为客星。其色青白，至六月乃消。六月乙亥朔日食於井。

明

正德十六年，武隆甘露降。

嘉靖二十一年，武隆清溪左山崩。

嘉靖二十三年，武隆鬼入市肩人。

万历五年，武隆蝗虫生，禾根如刈。

万历八年三月，武隆雨沙。时黄云四塞，牛马嘶鸣。沙积如堵。

万历十四年三月，武隆火龙见，其长亘天。

国朝

康熙三十四年，蜀中郡邑大有年。

雍正元年，全蜀大稔。

乾隆九年，州役佘天禄、洪乙暴雷震死。（里有何椿、文四贩卖人口，事觉，架祸于佃户何姓，何姓闻诬，畏刑自缢。其妻鸣于官，何椿等贿差，吓逼妻亦自缢。遗一子一女，椿复诱之，潜溺于水，越数日尸浮。经刺史王验讯实情，定案详报，后何椿等解司翻供。委员覆验，而看守尸棺之州役佘天禄、洪乙受贿舞弊，更换他骸。覆验之下，尸骨迥异于是。刺史王竟以拣验不实，按例镌职。其时阖州士民无不称冤。讵意风雨骤至，雷霆奋发，剖伪尸之棺而扬其骨，州役佘天禄、洪乙亦焦头烂额，同时震毙。一时观者如堵，咸谓作奸之报云。）

乾隆二十五年七月十二日，黔水泛涨，淹侵武隆衙署仓廒。人移福寿寺避之。

乾隆四十三年戊戌，北背弹子溪巨鱼见。（溪中有巨鱼，相传岁歉则从雾中见，其形约长十余丈，移时乃逝，是岁果大荒。）

乾隆四十三年戊戌，州大旱，己亥，斗米价银贰两肆钱。

乾隆四十九年甲辰，阖州大稔。

乾隆五十一年正月初一日，日食甚。

乾隆五十一年五月初六日，地震。

乾隆五十一年六月初九日，羊角碛两岸山崩成滩。

乾隆五十七年五月，大水冲塞土涝子滩。

嘉庆三年三月，大水冲塞小葛梆滩。

嘉庆十年七月，有星孛于西，数月方没。

嘉庆十三年三月二十二夜，戴家坝冰雹大雨，冲塞老君洞滩。

嘉庆十五年三月二十五夜，冰雹大雨，冲塞曲尺子滩。

道光三年四月初三夜，岸石崩塞边滩，水极沟险。

道光三年四月初三夜，乾沟等处冰雹大雨，冲毁稻田房屋。州牧发济仓谷，抚恤之。

道光六年二月二十八申时，有光势如长虹，具首尾。自西徂东，其行有声，蜿蜒迤逦而去。

道光七年五月二十日，西里何家坝冰雹大雨，冲毁稻田房屋。州牧酌量抚恤。

道光八年三月初六日，西里马溪冰雹大雨，冲毁稻田房屋，州牧发银抚恤。

道光十年五月十二日，黔水泛涨，中嘴、巷口镇淹淤大半。关滩、土坎铺户民房多被冲毁。武隆衙署淹封头檐口。州牧开仓赈济有差。

道光十六年长里下三甲，豺狼伤人。共以数百计。

道光十七年三月二十七夜，东里石柱山等处冰雹大雨。冲毁稻田、桥梁、人口。州牧发银抚恤。

道光十八年三月二十五夜，西里石桥冰雹大雨。冲毁稻田古桥。

道光十八年四月十八夜，大雷雨竟夕，长里文家灏发蛟。冲毁粮田及清溪沟大桥，蔺市坪板桥。俱费四千金创成，均以是夜推圮无迹。

道光六年二月初四日，酆涪彭水交界地方冰雹大雨。

道光二十二年五月，虫食禾稼，稻穟不实，斗米千钱。

道光二十一年七月，西里田姓夫妇佣工晚归，携一子围炉。儿甫二岁，虎突入室，夫妇惊窜，不及顾其子。久之，虎不出。夫妇意其子必入虎口，潜于壁隙窥伺，见虎与儿列坐，儿欲眠，虎以爪戏之，竟夜如是。及天明，有邻妇陈氏乞火来，甫声扬。虎忽跃出，嗷邻妇而去。

道光二十一年七月大风损禾。旧传三窠山有风洞，鸣吼三日，怪风便发，吹落稻实。

道光二十一年州东一带地方，豺狼伤人，猎户以毒药毒之，渐息。

道光二十一年长里下三甲，许明之子年十余岁，上山牧牛，有豹扑许子于地啮之。许子大呼，牛自侧触豹，豹与牛斗。牛气稍衰，豹又啮许牛，复触豹。如是者三，家人闻声往救，乃免。

道光二十二年，长里下三甲一人自焦石坝晚归。其地素有豺患，欲寻伴侣，后若有人大步而来。心甚喜之，及近乃三豺狼。其人惊骇奔走，藏入田舍草堆中。豺随至，一蹲堆上，二列堆旁，忽作人语，互询曰年来食人几何。一曰：五六十人，一曰：三四十人，一曰：不过数人而已。二豺曰：尔食何少也？豺曰：仅食亏心之辈。若妄食，吾坐下一人，亦将食之。须臾豺去，人出述此事，众皆诧异。

道光二十二年六月，稻穗两歧，岁大熟。

道光二十三年，西里磨刀溪麦秀两歧。

道光二十三年二月十八夜，有白气如虹。自西入参井之交，直指东南，经旬日始灭。

兵　燹[①]

我国家皇图巩固，四海晏如。二百余年来，人民不见兵革，诚太平盛世，普天率土之荣幸也。涪之先其受乱不可考，惟明末寇贼蹂躏，狼烟四起。鹤唳风声，惊惨倍至。谨采夏公道硕《纪变略言》，并《蜀碧》载入，不敢多入齐东之语。

天启元年辛酉夏四月，贵州土司奢崇明反，四川巡抚王象乾死之。（奢崇明奉调入重庆，适王巡抚至演武场点兵给饷。奢崇明暗令贼目张同以标戕射杀巡抚于堂上，遂反。城中大乱，惊传至涪署，州牧胡公徒步入石柱司请兵，效秦庭之哭。司土官秦良玉率所部上援。贼趋成都。良玉入城安抚，涪境获宁。涪人为胡公构生祠于城北。）

崇正十六年癸未夏五月，江北摇黄十三家争天王袁韬，四队王友进，必反王刘维明等攻劫鹤游坪。（杀劫焚掳，人民争渡南岸避乱。）

十七年甲申春正月，贼[②]烧李渡镇。（州城恐，分守道刘龄长发操兵百余渡北哨探，遇贼，杀伤过半，余众奔回。）

六月初五日，夔巫十二隘总统曾英率部兵渡西岸，退保涪城。（英至涪，为守御计，于两江滨联以木栅，流贼张献忠尾其后。初八日，贼大至，舳舻继进，分守道刘龄长

---

①　燹（xiǎn）：多用于兵火。高启《次韵杨孟载早春见需》："久闻离乱今始见，烟火高低变烽燹。"
②　贼：此处指张献忠。

退走綦江。郡守冯良谟退走彭水。曾英以寡不敌众，退走望州关。薄暮贼追至，英下马持刀，殿于关口要路堵挡，官兵乃得过关。贼众拥上，英与短兵相接，被伤昏死落坡下。夜深贼去，英甦起，复从水路奔去。由南川至綦江，贼焚官民舍，城内外皆为灰烬。）

十一日，贼分水陆二路起营，（陆由南川，水由大江，约十八日，会于重庆。）流贼张献忠屠成都，僭称西朝。改元大顺。（事载总志。）

九月，曾英从綦江以练兵至江津，下重庆，军声复振。

乙酉春三月，贼发伪水军都督，下取川东。曾英大破之。诏封英为平寇伯。（曾英泊船两岸，警至，英令家眷退涪州，止留战船数百，号发，水师将于大海等水路迎敌。自率马步从北岸潜赴合州地，袭取广才营于多功城。贼溃，渡江淹死无数。于是两路夹攻，贼大败奔回。涪州得有两载之安。督帅王应熊为英题"督总兵"，继题"平寇伯"，有印。）

十月，献贼闻王师入川，弃城走。我兵擒献忠斩之。（献忠闻我兵至乃弃城东逃。是日大雾，对面不见人。献忠晓行，猝遇我兵于凤凰坡，中矢坠马，我兵擒献忠斩之，余众溃下重庆。）

十二月，溃贼入重庆，曾英死之。（献贼溃兵抵重庆，曾英发兵堵御，未及布置。而相随船只望风乱开，万艘蔽江。兼素所降贼兵营中放火内应，英仓皇上船，与贼争战。人众舟沈，曾英死之。贼乃渡江，走遵义，入黔进滇。曾英之溃将李占春，于大海等，放舟至涪群相劫掠。）

丁亥正月，北岸摇黄贼袁韬，亦率众数万军于涪。（涪民降顺，而劫掠如故。死亡逃散，流离不堪。）

五月，国朝肃王发贝勒、贝子诸营下取涪州，袁韬大败。渡小河东岸走贵州。

八月，李占春同诸营上复渝城（占春混名李鹞子）。

十一月，袁韬与李占春等争功，自相攻杀。占春败退下涪州。

戊子正月，李占春结营平西坝。（日以采粮劫掠为事，人众失耕，饥馑瘟疫俱作，死者十之九，由是百里无烟。）

辛卯，献孽孙可望称秦王。（从滇下黔入蜀，势并诸营，檄连占春，不听。）

七月，李占春溃。（占春为可望所败，放舟下楚投诚于国朝，而涪州已空矣。）

康熙七年五月，武隆县因被摇黄十三家败寇袁韬等败，渡小江顺道劫杀，民各逃散。地被近县占侵。钱粮难于输纳，改为巡检归入涪州。

嘉庆二年十一月二十五日，白莲教匪由黄草山入境，沿途抢戮烧毁，各乡市房屋庙宇，鹤游坪及珍溪、李渡蹂躏殆尽。民多渡南岸，或上高寨避之。前后三次入境。

嘉庆十二年，长涪连界糍粑教匪作乱，经州兵并邑人陈焕率乡勇追捕，悉平。

嘉庆十六年十二月，盐匪肆行，抢掠石家沱、蔺市、李渡、珍溪、白马等处盐店，经道宪范、重庆镇罗率兵剿捕始平。

仙　释

圣贤谓仙释怪诞不经，摈而勿问。然贾岛初为道士，力学登第；程灏出入释道，卒为大儒。盖以佛氏之三皈，即君子之三畏也；空门之五戒，即儒道之五常也。名虽异，而义则同。乌可略欤。

唐

蓝冲虚，涪人。居祖师观。神龙乙巳秋，一夕乘云而升。《通志》姓蔺，作蔺冲虚。

尔朱仙，名通微，别号元子。其先出于元魏尔朱族。遇异人得道，唐僖懿间，落魄成都市中。于江滨取白石投水，众莫测。后自省至合州，卖丹于市，价十二万。刺史召问其价，更增十倍。以其反覆，盛以钱笼，弃诸江。至涪，渔人姓石者得之，授以丹，二俱仙去。

王帽仙，出入阛阓，为人修敝冠，号王帽子。暮则卧于州天庆宫，一夕解尸而去。道士为葬之，月余，自果山贻书致谢之。

韦昉，蜀人。夜渡涪陵江，忽遇龙女，遣骑迎入宫。后昉登第，十年知简州。龙女复遗书相迎，敕命昉为北海水仙。

元

宝崖，涪人。幼寡言，不嬉戏。弃家为僧，以布裹五指烧之，曰：信佛如此可也。人以为疯疾，问：何不治？答曰：身在空耳，四体五肢，复何有耶？投火灭身而心不坏。

明

林端，号虚泉，涪人。名家子，生而颖异。就外傅，常时见黄冠相随。父母问其人，俱不答。每笞之，仅受三棒，多则避之，其鞭策皆生肉矣。恒负行李入人家，或主人不接，则虚挂中堂。与食则食，不与则囊中诸馔悉备。异香满室，反请主人共酌，尽欢乃去。适州守过访，顷刻珍羞罗列，海物生果无不备列。而筵上偶多蝇蚋。守问虚泉曰："是可驱否？"曰："可。"唤侍役取泥一握，捏作虾蟆数只，跳跃筵上，诸蝇蚋尽去。是夜守宿其家，深恶池塘蛙声聒耳。又问虚泉曰："是又可驱否？"曰："可。"即取架上白纸数张，碎作寸许，投之水中，其声遂止。次早视之，则诸虾蟆顶上各带一纸枷，喉欲作声，不能也。然告守皆正大语，绝不为幻诞之言。且嘱以省刑薄敛，忠君爱民之事。谓某虽多戏术，不过款客小技耳！故一时缙绅与之交。初不以为妄，后滇中沐上公遣使迎去，游诸名山，不知所之。此万历间事也。

乌豆禅师，成化间，住涪之白云观，数十年不火食。惟日荷锄掘生乌豆以适口。虽岩寒雪冻，赤足单衣以栖崖畔。时山多虎，乡人患之。师即寝其穴，虎不敢近而去。日有白云覆其上，虽晴空皎日，一岭如锦，云亦不散。鹤发方瞳，而不言寿以欺人。海藏满腹，而不言幻以惑世。时刘忠谏公喜其人，与之友。后坐化，其体不毁，至今人以石塔龛之，碑记尚存云。

碧峰和尚，栖州南之龙洞寺。得道前知时，文御史微时读书寺中，每试其事，无不验。一日与文对坐，偶大喝，曰："公仆有持饷自家来者，途次遇虎，我为公逐之。"公初不信，少焉，家有人至，匦器俱碎。云值虎于途，得暴雷击之而散。又，文有弟同馆，其攻苦如一。而僧曰："文伯子当贵显，惜不寿；文仲子虽止明经，却以蠡耆终。"后果验。卒之日以火葬，而一乡于烟熖中，见其依然如生焉。

宋

石碛女子，涪州太守吴侯，尝游石瓮碛，遇一女濒去解玉环付庙吏，曰：为我谢使君，异日当历显任，子孙复守此州。言讫不见。据志称：吴光辅知涪州，光辅之孙吴信中复为涪州。则兹所称子孙守涪必即其人。出《方舆考要》。

无相，涪陵人，当渡水无船，乃安钵于中流，曰：汝可自渡。便取芭蕉叶搭水渡之，钵已随至，达岸而去。出《神僧传》。

明

篆水，高原大师之首座，博综内典。尝讲《楞严经》于清莲寺，有雨花之瑞。崇祯间住重庆西湖禅院，年八十余坐化，闻莲花香气不绝。

国朝

果圆和尚，武隆福寿寺僧。其人恬静，不染世事，终日诵经为业。夜则以布裹右手中指燃油照之。诵毕，抖指如故。人有诘之，僧默不答。乾隆十年坐化去。

萧公，江西人，只身寓李渡，担水给食。便溺不向江边，恐污水府。如是有年，一日价买地基立契后，对人焚之。逢腊日，镇人数十家邀饮，公同时俱至。后有自梓里来者，询之其事，亦同。人甚诧异，公遂飞升去。随将自置地基为之立庙，造基起石。其所焚之契，在下如故。至今庙极灵显。

樵道人，住城西桓山，能辟谷，后羽化去。尝于石壁上图一月形，晦朔弦望，石上所画之月合天象焉。

清真和尚，邑人，三十为僧，不处古刹。募金创寺，虽素不相识之人，曲折劝化，亦欣然布施。常独出，腰缠多金，不畏盗贼。开创灵泉、同古两山禅院，置寺田百余亩。年七十余，夏不扇，冬不炉，破衲赤足如故。圆寂于灵泉山。

白石渔人，涪陵人。佚其姓氏，少好道术。白石江僖宗时，遇尔朱仙于江流。相与语洞曰：吾师云遇三都白石乃仙去，殆此地耶？视子类有道者，亦有所得乎？渔者曰：昔从海上仙人受三一之旨，炼阳修阴亦有年矣。仙索酒与之剧饮。分丹饵之，同至荔枝园升云而去。白石江却今鹤梁。

寺　观

昔汉明帝时，摄摩腾竺法兰始自西域以白马驮经来。初止鸿胪寺，遂以寺为名。创白马寺，此寺之所由昉 [①] 也。梁天竺国有伽蓝名招提，其处大富，有恶国王利其财，将毁之。见白马绕塔悲鸣，乃止。遂改招提为白马，释名观楼也。于上观望也，此又观之始乎？嗣是仙宇梵宫，创遍天下。第一邑一乡多寡各疏，兴废不一。志此可以觇地舆之广狭，与夫服教畏神之意焉。

---

① 昉：曙光初现。引申为开始。《公羊传·隐公二年》："始不亲迎，昉于此乎？"《列子·黄帝》："众昉同疑。"张湛注"昉，始也。"

本城

崇兴寺：西关外　　禹王宫：小东门内。

关帝庙：西关外　　碧霞宫：北门外

城隍庙：城内　　万寿宫：小东门内

文昌宫：城内　　天上宫：西关内

元天宫：大东门内　南华宫：西关外

龙王庙：西关外　　准提阁：北门城上

天庆宫：东关外　　五显庙：西门外

华光庙：西关外　　上清庙：西门外

川主庙：南关外　　梵音宫：城内

泗王庙：东关外　　东岳庙：西门外

元坛庙：西关外　　巧圣宫：北门外

三抚庙：南关外　　祖师殿：西门外

南离宫：东门外　　财神庙：西门外

青龙阁：小东门内　奎星阁：东门内

白衣庵：东门外

歇圣庙：北门外，即桓侯公

火神庙：小东门内

长里

聚云寺：一名赛酆都，州西十五里，州牧杨国栋题咏，详《艺文》。

文昌阁：州南麻堆坝。

琴山寺：州西四十里，州人黄基有题咏。

杨家寺：州西南四十里。

高峰寺：州南五十里白杨坪。

观音阁：州南三十里黄家山，神像皆石成。

地藏寺：州南三十里，州人李钟灵舍田宅为常住，孝廉陈于藩撰碑记。

崇寿寺：州南五十里宋时建修，俗名泡桐寺。

水溪子寺：州南五十里。

鹰舞寺：州南六十里，每岁三月多鹰，故名。事载《山川》。

铜鼓山寺：州南六十里。

洪福寺：州西南八十里。

梓潼宫：州南九十里，宋元丰五年建，石壁刻羊一只。

灵泉山寺：州南六十里，清真和尚募金开创。殿壁石罅中有清泉，刻石龙首接之，水从口出，下注九曲八卦井，四时不竭。凿石为殿为廊，相连半里许。

凤凰寺：州南一百里，有龙泉活水田数亩；乾隆戊戌年添建文昌宫。

太平寺：州东南一百里，陈家嘴。

云台寺：州西南一百一十里。

凤翔寺：州南一百一十里，左侧石岩刻凤翔二字。

回龙寺：州东一百二十里，明万历年建。

江西寺：州南一百三十里。

智兴寺：州南一百三十里牛心山。

高峰庵：州南一百三十里冷水关。

林家观：州南一百三十里，明成化年建，即林端仙得道处。

白云观：州南一百三十里，观外刘司谏创有白云书院。

铁瓦寺：州南一百五十里，抵巴县界。

高庙子：州南一百五十里。

广兴寺：州西南一百五十里明家场。

佛令寺：州西南一百五十里天王寺。

法华寺：明嘉靖中建，乾隆九年州人孙尚金捐银一百四十两，买置田业为常住。十一年又募修大殿、两廊房屋。

中峰寺：州西五十里，明经何岑建。

开天寺：州南一百一十里。

老女观：州西六十里，洞中石壁自生观音像，绕岩修寺，以达洞中，香火甚盛。

舞雩寺：州南四十里。

孝和寺：州西六十里。

观音寺：州南七十里。

方广寺：州西八十里。

至道观：州西八十里。

杆子寺：州南七十里。

琉璃寺：州南一百里。

圆觉寺：城西南五里，州人徐尚质捐银一百六十两置买常住田地，又捐银一百八十两修寺上殿并佛像。尚质年五十六岁甫生一子，里人以为乐施之报。

大庵寺：州西七十里。

紫云庵：州西南四十里。

续粮寺：州西一百一十里。

铁佛寺

文昌宫：蔺市坪。

东岳庙：州南八十里，万历年文可遇建。

三圣殿：州西八十里。

华岩寺：州西七十里。

雷音寺：州西九十里。

圣水寺：州西三十里，右有石洞，宽数丈，上飞泉如帘。下殿护法龛下生成一石刻龙形，上书"唐天宝三年镌"。

文昌宫：州南三十里堤口。

石神祠：州西七十里。

三圣宫：州西七十里。

琴头寺：州东八十里，山如琴头，故名。寺前有大树，高千寻，百里外望之如盖。

龙洞寺：州东九十里，寺前有洞直通寺后数百丈。明季寺圮，犹有大钟覆地。人有欲移之者，辄自鸣。故至今仍如故。

琴台寺：州西四十里，明何以让庐墓处。

游蓝寺：州东八十里，以蓝冲虚真人曾游于此，故名。

凤翔庵：州东七十里，地甚幽僻，不闻钟鼓，不知其有寺。

报恩寺：州西南六十里，州人李仕誉建并舍田为常住。

双龙庵：州东六十里，其释迦与观音铜像乃来自宝珠寺者。

水口寺：州南六十里，明崇正间龚姓建。

八阁庙：城南九十里。

梓潼观：州西南六十里，明万历叙州府教授刘道修建，施田百亩为常住。

凤阳寺：州东南八十里。

川主庙：马武垭田宗广等施田数十亩为常住。

清泉寺：州南一百二十里，旧名山王寺，半岩斜径，下临无地，有清泉出石窦，饮之可以疗疾。里人周在龙创捐重修，今称胜境。

冠峰寺：州南蔺希夔习静处，旧名万松窠。后弟子冠峰居此，故名，明万历壬子建。

钵盂寺

永兴寺

王灵寺

文昌宫：州西五十里，邑人舒光宗建。

万天宫：州南三十里酒店垭。

灵霄殿：州南十里，殿后有仙女洞。生成紫竹石柱，嵌空玲珑，两旁怪石，彷彿金童玉女状。内塑大士像，昔有仙女显化于此，今尚灵异。

天台寺

普陀寺

寺院坪

敬天寺

福闾寺

福兴寺

龙翔寺

白云寺：明刘秋佩读书处。

石保寺：旧传寺后石壁一罅出米，可供僧食。僧凿大罅，米不复出，至今凿迹犹存。有道士挂衲于此，白日上升。

惠民阁

福会寺

中台寺

朝阳寺

东海寺

五凤山寺

黑石寺

辣子寺

紫竹寺

定峰寺

环璧寺

大乘寺

叶家庵

道果寺

古竺寺

永兴寺

白里

城隍庙：分州署左。

昭忠祠：分州署左，嘉庆十四年建。

文昌宫：分州署右。

圣公庙：分州署右。

玉皇观：州西三十里，明万历建，有通名胜景坊。

文昌宫：州西三十里，唐时建，其中三官楼传有仙迹。

水府宫：州西三十里，相传萧公得道之所，万历年间建。

川主庙：州西三十里，道光十七年建。

桓侯宫：州西三十里，道光八年建。

观音寺：州西三十里，明洪武建。

水口庙：州西五十里，训导何继先建。

祖师观：州西三十里，明万历建。

禹王宫：州西三十里，嘉庆年间建。

关圣殿：州西三十里，明崇正建。

积德庵：州西三十里，明万历建。

十方堂：州西三十里，明崇正建。

镇江寺：州西三十里，乾隆四十六年建。

慧庆寺：州四五十里，明崇正间建。

妙音庵：州西三十里。

三教堂：州西一百里。

文昌宫：白里沈家场，道光二十二年募化重修乐楼一座，禁演淫词小戏。

清灵宫：白里沈家场。

桓侯宫：白里沈家场。

万天宫：白里沈家场。

禹王宫：白里沈家场。

万寿宫：白里沈家场。

南华宫：白里沈家场。

财神庙：白里沈家场。

老君庙：侧有清风茶亭，廪生谭照奎建。

普陀寺：州西二十里，地形险要，广一里许四面皆石。

琴台寺：州东八十里。

游篮寺：州东八十里。

观音寺：州东八十里。

青峰茶亭：庠生谭照奎建。

大石箐寺：迤逦里许。怪石巉崖，层梯而上。凿石进门立十二殿，多傍石所成。有洞水深五六尺，抱疾者求水，服之屡痊。又有风洞，每遇风出，声震林壑。香火甚盛。

玉皇观：白里白云山。

文武庙：汪家场。

桓侯宫：汪家场。

程家庙：打鼓寨下，庙外有大柏数围，奇古，官禁砍伐。

观音阁：白里下四甲三佛沟，谭深培修。

龙潭寺：万历间建。

桂林寺：州西北三十五里。

华岩寺：州西一百里。

猊峰寺：州西四十五里。

石龙寺：州北二十里。

包家庙：州北一百二十里。

江家寺

护国寺

福圣寺

宝藏寺

顺水寺

绍隆寺

三会庵

普明寺

寨子寺

官房寺

无为寺

东林寺

净度寺

燃灯寺：州西一百二十里。

静峰庵

雷祖殿

回龙寺：州东一百六十里。

凤翔寺：州东一百六十里。

安坝寺

古佛堂：明万历重修。山木围绕，铁铸佛身。尚书夏邦谟肄业于此。

永安寺

金钱寺：州东一百四十里。

李家寺

静室寺

杨家寺

玉皇观：白里下四甲，国初王姓建。

水口寺：州东一百四十里。

观音阁：州西三十五里，小溪上桥，像镌石壁，颇著灵应。

药王寺：分州南六里。

观音堂：分州南十五里。

傅家寺：分州东五里。

舒家观：分州北五里。

云里

白云寺：宋时建。

中峰寺：汉明帝时建。

法微寺：明万历时建。

七曲庙：雍正年间建。

圣水寺：明正统间建。

吉安寺：明正德间建。

金华寺：云里下三甲谭宗文重建。

岩洞寺：明魏姓施出。

周清庙：明正德间建。

峰顶寺：明万历间建。

吉祥庵：明万历间建。

龙洞庵：州东十里汉时建。

德兴寺：州东，明成化二年建。

大家庙：州东一百四十里。

沙坪庙：州东一百四十里。

叶家庙：州东一百三十里。

崇孝寺：明都御史曹愈参庐墓处。

地藏庵：州南三十里，邑人李钟灵舍田宅，为常住。

三山庙：州东一百二十里。

太平寺：州北五十里，明万历间建。

大兴寺：州东一百二十里，明时建。

鹿鸣庵：州北五十里，明时建。

三清堂：州东三十里。

傅家寺：州东北一百二十里。

文昌宫

平水寺

金崇观

马滩寺

黄金寺

三清观

三教寺

古楼寺

鸳潭寺

张爷庙

云凤寺

莲花寺

何家寺

回龙寺

宝珠寺

金鹅寺

慈氏寺

老官寺

居禅寺

凤翔庵

望月寺

川主庙：州西三十里，道光十七年建。

桓侯宫：州西三十里，道光八年建。

天台寺：州东十里，明正统年建，州人况初重修。

南崇寺：州东十里，国朝顺治元年建。

武隆东西两里

城隍庙：明洪武初救南京火灾，敕赐王冠，今仍之，在武隆司署右。

文昌宫：武隆司署右二里，明万历三十年建。

蜀圣宫：武隆司署司后，嘉庆十七年巡检徐镐建。

福寿寺：武隆司署后，明正德三年建。

万寿寺：武隆司署左，乾隆四十一年建。

东岳庙：东里土坎场，康熙十一年建。

惠民宫：东里土坎场，嘉庆六年建。

万寿宫：东里土坨场。

万天宫：东里中嘴场。

禹王宫：东里中嘴场。

万天宫：东里火炉铺场。

龙会寺：东里乱风坪，嘉庆十四年建。

三圣庙：东里乱风坪。

万寿寺：东里乱风坪。

宝峰寺：东里乱风坪。

救民寺：东里乱风坪。

北川寺：东里胡家营，乾隆二十一年建。

佛川寺：东里龙坝，乾隆五十一年建。

观庙堂：东里。

万天宫：东里仓沟场。

城台寺：东里仓沟场。

万天宫：东里桐梓山场。

天台寺：东里桐梓山场，明季建。

文凤山寺：东里后坪坝。

普化寺：东里桐梓山。

万天宫：东里双河场。

万天宫：东里木根铺。

万天宫：东里阒天铺。

三潮水庙：东里王家坝。

沈村庙：东里沈村凹。

双龙庵：东里长坡。

王爷庙：东里羊角碛。

王皇观：东里。

万天宫：羊角碛西岸，经斗市每岁出义学钱三十串。

王爷庙：西五甲西岸庙堡。

王爷庙：羊角元西岸下滩。

观音洞：道光元年，严复谦倡修。

火石寺：西里蒿芝坝。

万寿宫：西里石床滩。

王爷庙：西里白马镇。

铁佛寺：西里铁佛坪，明时建。

灵山寺：西里柏木沟，明时建。

关帝庙：西里长坝场。

禹王宫：西里长坝场。

涌泉寺：西里。

启教寺：西里大坛。

木瓜寺：西里弹子山。

万天宫：西里平桥场。

灵宫庙：西里南山坪。

川主庙：西里大锣溪。

万天宫：西里凉水井场。

水口庙：西里何家坝。

万天宫：西里木花洞场。

慈航阁：西里龙洞场。

关帝庙：西里杨井场。

铁佛寺：西里四季坪。

梓潼寺：西里梓潼碛。

万天宫：西里巷口镇。

万寿宫：西里巷口镇。

禹王宫：西里巷口镇。

三抚庙：西里马溪。

观音阁：西里渍沱。

海莲寺：西里麻子坝。